P.A.U.L. D. Oberstufe

Einführungsphase Ausgabe N

Herausgegeben von:
Johannes Diekhans

Erarbeitet von:
Johannes Diekhans, Christine Mersiowsky,
Achim Sigge, Alexandra Wölke, Martin Zurwehme

westermann

© 2018 Bildungshaus Schulbuchverlage Westermann Schroedel Diesterweg Schöningh Winklers GmbH,
Georg-Westermann-Allee 66, 38104 Braunschweig
www.westermann.de

Das Werk und seine Teile sind urheberrechtlich geschützt. Jede Nutzung in anderen als den gesetzlich zugelassenen bzw. vertraglich zugestandenen Fällen bedarf der vorherigen schriftlichen Einwilligung des Verlages. Nähere Informationen zur vertraglich gestatteten Anzahl von Kopien finden Sie auf www.schulbuchkopie.de.

Für Verweise (Links) auf Internet-Adressen gilt folgender Haftungshinweis: Trotz sorgfältiger inhaltlicher Kontrolle wird die Haftung für die Inhalte der externen Seiten ausgeschlossen. Für den Inhalt dieser externen Seiten sind ausschließlich deren Betreiber verantwortlich. Sollten Sie daher auf kostenpflichtige, illegale oder anstößige Inhalte treffen, so bedauern wir dies ausdrücklich und bitten Sie, uns umgehend per E-Mail davon in Kenntnis zu setzen, damit beim Nachdruck der Verweis gelöscht wird.

Druck A^6 / Jahr 2023
Alle Drucke der Serie A sind im Unterricht parallel verwendbar.

Illustrationen: Reinhild Kassing, Kassel
Umschlaggestaltung: Gingco.net Werbeagentur, Braunschweig;
Fotos: PhotoAlto/Alamy Stock Foto (v.l.), fStop Images GmbH/
Alamy Stock Foto (v.r.), PhotoAlto/Alamy Stock Foto (h.)
Druck und Bindung: Westermann Druck Zwickau GmbH, Crimmitschauer Straße 43, 08058 Zwickau

ISBN 978-3-14-**028268**-0

Inhaltsverzeichnis

Wer bin ich? Wer will ich sein? – Identität als Thema modernen Erzählens 10

„Warum kommt der Spaß nicht?" – Der Erzähler und die erzählte Welt 12

Sibylle Berg: Hauptsache weit • Nadja Einzmann: An manchen Tagen • Ludwig Helbig: Identität • Stefanie Dominguez: Unter dem Regenschirm • Botho Strauß: Mädchen mit Zierkamm • Jagoda Marinić: Im Glaskasten • Wolfgang Herrndorf: Tschick

Informationen: Erzählform, Erzählperspektive und Erzählerstandort 13 • Erzählhaltung 16 • Erzählverhalten 16 • Darbietungsformen (Arten der Darbietung) 18 • Die Darstellung einer literarischen Figur durch den Erzähler 21 • Die Gestaltung des Raumes in Erzähltexten 22 • Die Zeitstruktur als Gestaltungselement in Erzähltexten 24

Methoden: Ein Standbild bauen 20 • Die Charakterisierung einer literarischen Figur 21

- Wesentliche Elemente des Erzählens in epischen Texten erkennen und im funktionalen Zusammenhang deuten
- Literarische Figuren charakterisieren
- Die Gestaltung von Raum und Zeit in funktionaler Anbindung für die Interpretation von Erzähltexten nutzen

„Ein fetter Bonus ist auch ein Statussymbol" – Einen Erzähltext im Zusammenhang interpretieren 25

Martin Suter: Das Bonus-Geheimnis

Methode: Die Interpretation literarischer Texte als zentrales Aufgabenformat im Deutschunterricht 27

- Erzähltexte anhand wesentlicher inhaltlicher, sprachlicher und formaler Aspekte im funktionalen Zusammenhang interpretieren

„Sein inneres Leben war das des Philisters" – Traditionelles und modernes Erzählen im Vergleich 28

Hermann Hesse: Unterm Rad • Juli Zeh: Adler und Engel

Information: Tendenzen des modernen Erzählens 30

- Traditionelles und modernes Erzählen unterscheiden

„Über manche Dinge hat sie sich nie Illusionen gemacht" – Einen Roman und dessen Verfilmung miteinander vergleichen 31

Daniel Kehlmann: Ruhm. Ein Roman in neun Geschichten (Stimmen) • Christine Mersiowsky: Der Handlungsverlauf und das Ende der Geschichte „Stimmen"

Informationen: Das Motiv als zentrales Element literarischer Texte 35 • Die drei Elemente des Films: Bild, Ton und Schnitt 36

- Ausgewählte erzählerische Gestaltungsmittel von Filmsequenzen mit denen epischer Texte vergleichen

„Ich lebe als er. Ich denke wie er" – Das Doppelgänger-Motiv filmisch erzählen 37

Daniel Kehlmann: Ruhm. Ein Roman in neun Geschichten (Der Ausweg)

Information: Das Storyboard als Planungshilfe für die Dreharbeiten 38

- Produktiv und experimentierend mit Medien umgehen

Medien – Reflexion und Kritik 40

Was sind Medien und wie beeinflussen sie unser Leben? 42

Ulrich Schmitz: Im Zug • Alexandra Wölke: Was sind Medien? • Medien: Aufgaben und Funktionen • Diskontinuierliche Texte – Eine Übersicht • Funktionen der Medien für die Gesellschaft • Frank Rapp: Was ist denn eigentlich Social Media? • Alexandra Wölke: Soziale Medien und das Problem der „Filterblasen" • Klaus Janowitz: Filterblasen, Fake News und neue Medienöffentlichkeiten – Ein Blogeintrag • Meedia Redaktion: WDR-Studie: Öffentlich-Rechtliche genießen die höchste Glaubwürdigkeit, jeder Fünfte glaubt an „Lügenpresse"

Information: Der Begriff „Lügenpresse" 50

Methoden: Diskontinuierliche Texte erschließen 45 • Ein Diagramm mit dem Textverarbeitungsprogramm „Word" erstellen 51

- Sich mit Mediennutzung und Medienverhalten Jugendlicher auseinandersetzen
- Fachbegriffe zur Analyse von pragmatischen Texten anwenden
- Das eigene Textverständnis sprachlich angemessen und textgestützt formulieren

Die digitalen Medien – Das Beispiel Smartphone 52

Aktuelle Jugendstudie: Smartphones wichtiger als TV und Liebesleben • Hannes Koch: Wegweiser durch die Welt • Textsorten der journalistischen Publizistik

Methode: Einen Sachtext zusammenfassen 55

- Aufbau und sprachliche Gestaltung eines Textes beschreiben

Smartphones – Ein kritischer Blick 56

Carolin Nieder-Entgelmeier: Zehn Jahre Smartphone – Neue Debatten • Dagmar Dehmer: Das Smartphone – Wohl und Wehe • Machen Smartphones Jugendliche dumm? – Eine Streitfrage polarisiert betrachtet • „Wir sind zusammen allein" – Ein Interview mit der Soziologin Sherry Turkle aus dem Magazin der Süddeutschen Zeitung • Stefan Niggemeier: Das wahre Leben im Netz • Gary Turk: Look up.

Methoden: Argumentieren/ Erörtern 59 • Einen argumentativen Sachtext analysieren 66 • Die textgebundene Erörterung 66

- Fachbegriffe zur Analyse von pragmatischen Texten anwenden
- Einen eigenen Standpunkt differenziert und begründet vertreten
- Sich mit Wertvorstellungen in Sachtexten auseinandersetzen
- Umfangreiche und komplexe Texte erschließen
- Fachspezifische strittige Sachverhalte und Probleme auf der Grundlage eines Textes erörtern

Über Sprache nachdenken 68

Was ist „Sprache"? – Versuch einer Klärung 70

Dieter E. Zimmer: Grundmerkmale der Sprache

- Umfangreiche und komplexe Texte erschließen

Die Sprache der Gegenwart – Das heutige Deutsch 73

Jugendwort des Jahres: „Wir wissen, was ein Babo ist" • „Jugendsprache zeichnet sich durch Kreativität aus" – Ein Interview mit Sonja Gipper • Alexandra Wölke: Von der Jugendsprache und den Herausforderungen ihrer Erforschung • Tobias Becker: Lass uns kurz reden

Methode: Ein Schaubild zu einem Text erstellen 79

- Eigenes und fremdes Gesprächsverhalten beobachten und reflektieren
- Phänomene des Sprachwandels (Jugendsprache, Kiezdeutsch) reflektieren
- Wesentliche formale, sprachliche und inhaltliche Aspekte von Sachtexten im funktionalen Zusammenhang erschließen

Sprachgebrauch im Zeitalter digitaler Medien 80

Jürgen Trabant: Die Sprache in digitalen Medien • Peter Schlobinski: Sprache und Kommunikation im digitalen Zeitalter – Das Beispiel Chatkommunikation • Franziska Schramm: Warum ich blogge

Methode: Einen informierenden Text mithilfe von Materialien verfassen 85

- Fachbegriffe zur Analyse von pragmatischen Texten anwenden
- Sprachliche Handlungen kriterienorientiert in Kommunikationssituationen analysieren
- Sich mit Wertvorstellungen in Sachtexten auseinandersetzen und dadurch die Sicht der Wirklichkeit erweitern
- Sachverhalte geordnet, differenziert und adressatenbezogen darstellen

Sprachtendenzen der Gegenwart – Ein kritischer Blick 86

Dieter E. Zimmer: Migrationshintergrund • Stefanie Kara/Claudia Wüstenhagen: Die Macht der Worte • Aktion „Unwort des Jahres" • Sprachwandel oder Sprachverfall? – Exemplarische Positionen im Streitgespräch: „Geht die deutsche Sprache vor die Hunde?"

- Wesentliche formale, sprachliche und inhaltliche Aspekte von Sachtexten im funktionalen Zusammenhang erschließen
- Umfangreiche und komplexe Texte erschließen
- Sich mit Wertvorstellungen in Sachtexten auseinandersetzen
- Aus Diskussionen Schlussfolgerungen ziehen und die Ergebnisse in kohärenter Weise darstellen

„Ein Strom entrauscht umwölktem Felsensaale" – Das Motiv der Natur in Gedichten verschiedener Epochen 94

„Der schnelle Tag ist hin" – Naturlyrik des Barock 96

Andreas Gryphius: Abend

Informationen: Die Epoche des Barock 97 • Bildhafte Sprache 97 • Das Sonett 98

- Ein vorläufiges Textverständnis durch erschließendes Lesen entwickeln
- Die Funktion der Naturbeschreibung im Gedicht erkennen
- Zentrale literarische Motive der Zeit erarbeiten
- Wichtige Gestaltungsmittel barocker Gedichte erkennen und zur Interpretation nutzen
- Gemeinsamkeiten von bildender Kunst und Literatur in der Zeit des Barock erkennen
- Die Gedichtart „Sonett" als epochen- und zeittypisch identifizieren

„Wie herrlich leuchtet/Mir die Natur" – Naturlyrik des 18. Jahrhunderts 99

Barthold Heinrich Brockes: Die Heide • Johann Wolfgang von Goethe: Mailied • Johann Wolfgang von Goethe: Mächtiges Überraschen

Informationen: Das Zeitalter der Aufklärung 99 • Äußere Form und inhaltlicher Aufbau eines Gedichtes 100 • Die Epoche des Sturm und Drang 102 • Die Zeit der Klassik 103 • Das Metrum eines Gedichtes bestimmen 104

Methode: Einen Text, z. B. ein Gedicht, vortragen 101

- Die Literatur der Aufklärung als vielschichtige literarische Epoche mit unterschiedlichen Strömungen kennenlernen
- Die äußere Form und den inhaltlichen Aufbau eines Gedichtes erschließen
- Literarische Texte sinngebend vortragen
- Die Epoche des Sturm und Drang als Abkehr von der Vorherrschaft der Vernunft begreifen
- Epochenspezifische Merkmale an einem Gedicht nachweisen
- Das Metrum in seiner Bedeutung für Inhalt und Aussage eines Gedichtes erarbeiten
- Fachbegriffe zur Beschreibung und Deutung eines lyrischen Textes anwenden
- Produktiv und experimentierend mit lyrischen Texten umgehen

„Schläft ein Lied in allen Dingen" – Naturlyrik der Romantik   105

Joseph Freiherr von Eichendorff: Wünschelrute • Wilhelm Heinrich Wackenroder: Herzensergießungen eines kunstliebenden Klosterbruders • Joseph Freiherr von Eichendorff: Mondnacht • Joseph Freiherr von Eichendorff: Winternacht • Johann Wolfgang von Goethe: Früh, wenn Tal, Gebirg und Garten • Johann Wolfgang von Goethe: Rastlose Liebe

Information: Die Zeit der Romantik 107

Methode: Ein Gedicht interpretieren 107

- Die Epoche der Romantik als Gegenentwurf zur reinen Vernunftorientierung begreifen
- Die Bedeutung des Traumhaften, Wunderbaren und der Natur für die Romantik erkennen
- Eine eigenständige Interpretation auf der Grundlage fachspezifischer und literaturgeschichtlicher Kenntnisse zielgerichtet planen und verfassen

„Wie Träume liegen die Inseln" – Naturlyrik des Realismus   109

Theodor Storm: Meeresstrand

Informationen: Die Klangfarbe eines Gedichtes 109 • Die Zeit des Realismus 110

- Lesetechniken zur Erschließung von Gedichten nutzen
- Die Klangfarbe eines Gedichtes ermitteln und zur Interpretation nutzen
- Experimentierend mit lyrischen Texten umgehen
- Epochenspezifische Kenntnisse in die Analyse einbeziehen
- Ein eigenes Gedicht unter Berücksichtigung epochenspezifischer Merkmale verfassen

„Nur drüben in Knorrs Regenrinne" – Naturlyrik des Naturalismus   111

Arno Holz: Rote Dächer!

Information: Die Zeit des Naturalismus 112

- Die Bedeutung der Natur in einem naturalistischen Gedicht erarbeiten
- Ein eigenes Gedicht unter Berücksichtigung epochenspezifischer Merkmale verfassen

„Ein Schweigen in schwarzen Wipfeln wohnt" – Naturlyrik des Expressionismus   113

Georg Trakl: Im Winter

Information: Die Zeit des Expressionismus 115

- Gemeinsamkeiten von bildender Kunst und Literatur in der Zeit des Expressionismus erkennen
- Die sprachliche Gestaltung eines Gedichtes genauer untersuchen
- Ein eigenes Gedicht unter Berücksichtigung epochenspezifischer Merkmale verfassen

„Am ehesten noch sitzend in Eisenbahnen/Fällt dem Volk das Frühjahr auf." – Naturlyrik der Neuen Sachlichkeit   116

Bertolt Brecht: Über das Frühjahr

Information: Neue Sachlichkeit 117

- Das Verhältnis von Mensch und Natur in einem Gedicht der Neuen Sachlichkeit erarbeiten
- Die Neue Sachlichkeit als Gegenbewegung zum Expressionismus verstehen

Gedichte miteinander vergleichen   118

Georg Trakl: Verfall • Friedrich Hebbel: Herbstbild

Methode: Gedichte miteinander vergleichen 118

- Gedichte verschiedener Epochen unter Einbezug literarhistorischer Kenntnisse interpretieren und aufgabenbezogen miteinander vergleichen

„Dünnbesiedelt das Land" – Naturlyrik von 1945 bis heute   119

Sarah Kirsch: Im Sommer • Volker Braun: Durchgearbeitete Landschaft • Norbert Hummelt: der erste schnee • Ludwig Fels: Natur

Information: Lyrik der Gegenwart 121

- Die große Unterschiedlichkeit moderner Lyrik in Inhalt und Form erkennen
- Die verschiedenen Sichtweisen auf das Verhältnis zwischen Mensch und Natur differenziert darstellen

Inhaltsverzeichnis

„Habe Mut, dich deines eigenen Verstandes zu bedienen!" – Die Epoche der Aufklärung   122

„Sobald Licht gebracht wird, klären sich die Sachen auf" – Das Zeitalter der Aufklärung   124

Daniel Chodowiecki: Aufklärung • Christoph Martin Wieland: Sechs Antworten und sechs Fragen • Peter Braun: Das Zeitalter der Aufklärung • Immanuel Kant: Beantwortung der Frage: Was ist Aufklärung?

Methoden: Einen Sachtext schrittweise erschließen: Die Fünf-Schritt-Lesemethode 126 • Den Inhalt eines Sachtextes erschließen 129

- Eine Abbildung beschreiben und deuten
- Lesestrategien und -techniken zur Erschließung von Sachtexten nutzen
- Einen umfangreichen und komplexen Sachtext erschließen

Religiöse Toleranz als Leitidee der Aufklärung – Lessings Drama „Nathan der Weise"   130

Daniel Chodowiecki: Höher als jeder Glaube steht die Vernunft • Peter J. Brenner: Aufklärung und Religion – Hintergründe zu Lessings Drama „Nathan der Weise" • Martin Zurwehme: Lessings Drama „Nathan der Weise": Überblick über Handlung und Figuren • Mirjam Pressler: Nathan und seine Kinder: Al-Hafi • Gotthold Ephraim Lessing: Nathan der Weise (3. Aufzug, 7. Auftritt)

- Einen Sachtext und eine Abbildung in Beziehung zueinander setzen
- Lesestrategien und -techniken zur Erschließung von Sachtexten selbstständig nutzen
- Informationen aus einem Sachtext in einem Schaubild darstellen
- Wesentliche sprachliche und inhaltliche Aspekte eines literarischen Textes im funktionalen Zusammenhang erschließen
- Das Textverständnis sprachlich angemessen formulieren

Der Glaube an die Erziehbarkeit des Menschen – Fabeln der Aufklärung   137

Gotthold Ephraim Lessing: Die Gans • Der Wolf und der Schäfer • Der Stier und der Hirsch • Die Sperlinge • Martin Zurwehme: Fabeln in der Zeit der Aufklärung • Gotthold Ephraim Lessing: Der Dornstrauch • Die Wasserschlange • Der Tanzbär

- Wesentliche formale und inhaltliche Aspekte von Fabeln im funktionalen Zusammenhang erschließen
- Vorwissen über Fabeln aktivieren, um Lessings Texte zu erschließen
- Lesestrategien und -techniken zur Erschließung von Sachtexten selbstständig nutzen
- Einen umfangreichen und komplexen Sachtext erschließen
- Literaturgeschichtliche Kenntnisse über die Epoche der Aufklärung nutzen, um ein erweitertes Textverständnis von Lessings Fabeln zu erreichen
- Mehrdeutigkeit als spezifisches Merkmal literarischer Texte erkennen

Bürgertum und Adel im 18. Jahrhundert – Das bürgerliche Trauerspiel   140

Martin Zurwehme: Der Aufstieg des Bürgertums im 18. Jahrhundert • Gotthold Ephraim Lessing: Emilia Galotti (2. Aufzug, 6. Auftritt) • Martin Zurwehme: Der Weg zu einem Theater des Bürgertums – Der Wandel des Theaters in Deutschland im 18. Jahrhundert

- Lesestrategien und -techniken zur Erschließung von Sachtexten selbstständig nutzen
- Literarische Texte sinngebend und der Form entsprechend vortragen
- Sich mit Wertvorstellungen in literarischen Texten auseinandersetzen

Miteinander reden – Die Interpretation einer Dramenszene mithilfe von Kommunikationsmodellen 147

Michael Fuchs/Martin Zurwehme: Das Kommunikationsquadrat nach Schulz von Thun und die Anwendung auf eine Dramenszene • Martin Zurwehme: Grundlegende Merkmale menschlicher Kommunikation – Die Axiome Watzlawicks • Gotthold Ephraim Lessing: Emilia Galotti (3. Aufzug, 5. Auftritt)

- Bedingungen gelingender und misslingender Kommunikation analysieren
- Sprachliche Handlungen in fiktiven Kommunikationssituationen analysieren
- Signale für Macht- und Dominanzverhältnisse in Kommunikationssituationen identifizieren

Eine Dramenszene selbstständig interpretieren 152

Gotthold Ephraim Lessing: Miss Sara Sampson (1. Aufzug, 1. Auftritt)

- Fachbegriffe zur Interpretation literarischer Texte anwenden
- Das Textverständnis auf der Basis von Analyseergebnissen erklärend darstellen
- Die Interpretation einer Dramenszene aufgaben- und adressatengerecht, eigenständig und zielgerichtet planen und verfassen

Methoden und mehr … 154

1 Texte analysieren bzw. interpretieren – Ein Überblick 156

2 Texte planen und schreiben – Literarische Texte 158

Den Inhalt eines literarischen Textes wiedergeben 158
Einen Erzähltext interpretieren 161
Die Technik des Erzählens – Ein Überblick 165
Ein Gedicht interpretieren 167
Eine Dramenszene interpretieren 174
Eine Filmsequenz interpretieren 179

3 Texte planen und schreiben – Sachtexte 186

Den Inhalt eines Sachtextes zusammenfassen 186
Einen argumentativen Sachtext analysieren 190

4 Texte miteinander vergleichen – Ein Überblick 196

5 Gedichte miteinander vergleichen 198

6 An der Darstellung feilen – Texte überarbeiten 202

7 Richtig zitieren 205

8 Rhetorische Figuren 207

9 Zuhören und Informationen verarbeiten – Protokollieren 211

10 Grammatisches Wissen festigen 214

Wortarten 214
Wortarten im Überblick 214

Das Verb und seine Formen 217
Unterschiedliche Verbarten 217
Infinite Verbformen 218
Personalform, Tempusform und Handlungsart (Genus Verbi) 219
Der Modus 222
Die indirekte Rede 223

Satzglieder und Satzgliedteile 224
Satzglieder im Überblick 225
Attribute im Überblick 226

Vom Satzglied zum Gliedsatz/Nebensatz 227
Gliedsätze/Nebensätze im Überblick 227
Besonderheiten 228
Parataxe oder Hypotaxe 228

11 Rechtschreibung 230

Fehlerschwerpunkte erkennen 230
Rechtschreibprobleme durch einfache Verfahren lösen 231
Kurze Vokale – Schärfung 232
Lange Vokale und Doppellaute – Dehnung 233
Der lang ausgesprochene i-Laut 234
s-Laute 235
das oder dass 237
Groß- und Kleinschreibung 238
Zusammen oder getrennt? 241
Die Arbeit mit dem Wörterbuch 243

12 Zeichensetzung – Das Komma 245

Kommaregeln im Überblick 245
Unter die Lupe genommen – Das Komma in Aufzählungen 247
Unter die Lupe genommen – Das Komma bei Einschüben und nachgestellten Erläuterungen 248
Unter die Lupe genommen – Das Komma in Satzgefügen 249
Unter die Lupe genommen – Das Komma in Infinitivgruppen 251
Texte zum Üben 253

Lösungen 256

Grammatisches Wissen festigen 256
Rechtschreibung 262
Zeichensetzung – Das Komma 268

Verzeichnis der Textarten 275

Stichwortverzeichnis 277

Textquellenverzeichnis 279

Bildquellenverzeichnis 284

Wer bin ich? Wer will ich sein? – Identität als Thema modernen Erzählens

Spätestens seit Beginn des 20. Jahrhunderts bestimmen die stetig fortschreitende Technisierung und die damit verbundene Zunahme neuer Medien unsere Gesellschaft. Was den einen an der immer komplexer werdenden Welt fasziniert, verunsichert den anderen gleichermaßen und lässt ihn orientierungslos zurück. Die Frage des Individuums nach dem Sinn des Lebens in einer modernen gesellschaftlichen Ordnung prägt auch die Literatur des 20. und 21. Jahrhunderts.

In dieser Einheit beschäftigen Sie sich mit epischen Texten (Kurzgeschichten, Romananfängen), welche das Thema „Identität" bzw. „Identitätskrise" als Problem des modernen Menschen aufgreifen und aus verschiedenen Perspektiven beleuchten. Dabei untersuchen Sie grundlegende erzählerische Mittel. Sie lernen zudem wesentliche Merkmale modernen Erzählens kennen und vertiefen Ihre Kenntnisse und Fähigkeiten bei der Interpretation epischer Texte.

Einen zweiten Schwerpunkt dieses Kapitels bildet das filmische Erzählen: Hierbei wenden Sie zentrale Grundbegriffe der Filmanalyse an und lernen, erzählerische Gestaltungsmittel ausgewählter Filmsequenzen mit ihrer jeweiligen literarischen Vorlage zu vergleichen.

1. Tauschen Sie sich mit Ihrem Sitznachbarn oder Ihrer Sitznachbarin darüber aus, was Sie unter dem Begriff „Identität" verstehen.

2. Schauen Sie sich die Abbildungen an und lesen Sie die Zitate. In welcher Weise nehmen sie Bezug auf das Thema „Identität"?

3. Mit Ausnahme des Zitats von Ludwig Helbig handelt es sich um kurze Auszüge aus Erzählungen. Formulieren Sie – ausgehend von den Zitaten – Ideen, worum es in diesen Texten gehen könnte.

4. Erläutern Sie das Zitat von Ludwig Helbig, indem Sie Ihre ganz persönliche Sichtweise zur Erklärung heranziehen.

5. Was bedeutet es für ein Individuum, dass es mit diesen beiden Dimensionen der Identität konfrontiert ist?

Thomas Hirschhorn, Eye to Eye Subjecter, 2010, Installationsansicht Neuer Berliner Kunstverein (n.b.k.)

„Und weg, hatte er gedacht. Die Schule war zu Ende, das Leben noch nicht, hatte noch nicht begonnen, das Leben."
(Sibylle Berg)

„Das macht nichts, sie muss sich nicht erinnern. Meine Erinnerungen reichen für uns beide. Ich werde ihr jeden Tag zeigen, wer ich bin."
(Stefanie Dominguez)

„In der Dimension der **sozialen Identität** wird vom Individuum erwartet, dass es sich so verhält wie alle anderen in der gleichen Position; in der Dimension der **persönlichen Identität** dagegen
5 wird erwartet, dass sich das Individuum so verhält, als ob es einzigartig sei."
(Ludwig Helbig)

„Es gäbe die Möglichkeit, wirklich die Frisur zu wechseln. Die Haare wachsen lassen, einfach ein anderer Typ sein."
(Botho Strauß)

„Warum kommt der Spaß nicht?" – Der Erzähler und die erzählte Welt

Sibylle Berg ist eine deutsch-schweizerische Kolumnistin und Schriftstellerin, die neben Kurzprosa und Romanen insbesondere auch Theaterstücke schreibt. 1996 siedelte die in Weimar geborene Tochter eines Musikprofessors und einer Bibliothekarin in ihre Lieblingsstadt Zürich um und nahm dort einige Jahre später die Schweizer Staatsbürgerschaft an. Seit 2013 hat Berg einen Lehrauftrag an der Zürcher Hochschule der Künste im Bereich Dramaturgie.

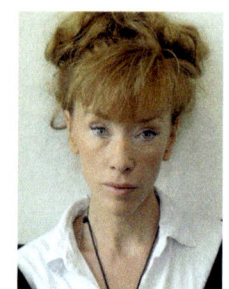

Sibylle Berg (geb. 1962)
Hauptsache weit

Und weg, hatte er gedacht. Die Schule war zu Ende, das Leben noch nicht, hatte noch nicht begonnen, das Leben. Er hatte nicht viel Angst davor, weil er noch keine Enttäuschungen kannte. Er war ein schöner Junge mit langen dunklen Haaren, er spielte Gitarre, komponierte am Computer und dachte, irgendwie werde ich wohl später nach London gehen, was Kreatives machen. Aber das war später.
Und nun?
Warum kommt der Spaß nicht? Der Junge hockt in einem Zimmer, das Zimmer ist grün, wegen der Neonleuchte, es hat kein Fenster und der Ventilator ist sehr laut. Schatten huschen über den Betonboden, das Glück ist das nicht, eine Wolldecke auf dem Bett, auf der schon einige Kriege ausgetragen wurden. Magen gegen Tom Yan[1], Darm gegen Curry. Immer verloren, die Eingeweide. Der Junge ist 18, und jetzt aber Asien, hatte er sich gedacht. Mit 1000 Dollar durch Thailand, Indien, Kambodscha, drei Monate unterwegs, und dann wieder heim, nach Deutschland. Das ist so eng, so langweilig, jetzt was erleben und vielleicht nie wieder zurück. Hast du keine Angst, hatten blasse Freunde zu Hause gefragt, so ganz alleine? Nein, hatte er geantwortet, man lernt ja so viele Leute kennen unterwegs. Bis jetzt hatte er hauptsächlich Mädchen kennengelernt, nett waren die schon, wenn man Leute mag, die einen bei jedem Satz anfassen. Mädchen, die aussahen wie dreißig und doch so alt waren wie er, seit Monaten unterwegs, die Mädchen, da werden sie komisch. Übermorgen würde er in Laos sein, da mag er jetzt gar nicht dran denken, in seinem hässlichen Pensionszimmer, muss Obacht geben, dass er sich nicht aufs Bett wirft und weint, auf die Decke, wo schon die anderen Dinge drauf sind. In dem kleinen Fernseher kommen nur Leute vor, die ihm völlig fremd sind, das ist das Zeichen, dass man einsam ist, wenn man die Fernsehstars eines Landes nicht kennt und die eigenen keine Bedeutung haben. Der Junge sehnt sich nach Stefan Raab, nach Harald Schmidt und Echt[2]. Er merkt weiter, dass er gar nicht existiert, wenn er nichts hat, was er kennt. Wenn er keine Zeitung in seiner Sprache kaufen kann, keine Klatschgeschichten über einheimische Prominente lesen, wenn keiner anruft und fragt, wie es ihm geht. Dann gibt es ihn nicht. Denkt er. Und ist unterdessen aus seinem Zimmer in die heiße Nacht gegangen, hat fremdes Essen vor sich, von einer fremdsprachigen Serviererin gebracht, die sich nicht für ihn interessiert, wie niemand hier. Das ist wie tot sein, denkt der Junge. Weit weg von zu Hause, um anderen beim Leben zuzusehen, könnte man umfallen und sterben in der tropischen Nacht und niemand würde weinen darum. Jetzt weint er doch, denkt an die lange Zeit, die er noch rumbekommen muss, alleine in heißen Ländern mit seinem Rucksack, und das stimmt so gar nicht mit den Bildern überein, die er zu Hause von sich hatte. Wie er entspannt mit Wasserbüffeln spielen wollte, in Straßencafés sitzen und cool sein. Was

---
[1] **Tom Yan:** thailändische scharf-saure Fischsuppe – [2] **Echt:** deutsche Popband, die 1994 gegründet und 2002 wieder aufgelöst wurde

ist, ist einer mit Sonnenbrand und Heimweh nach
60 den Stars zu Hause, die sind wie ein Geländer zum
Festhalten. Er geht durch die Nacht, selbst die Tiere
reden ausländisch, und dann sieht er etwas, sein Herz
schlägt schneller. Ein Computer, ein Internet-Café.
Und er setzt sich, schaltet den Computer an, liest sei-
65 ne E-Mails. Kleine Sätze von seinen Freunden, und
denen antwortet er, dass es ihm gut gehe und alles
großartig ist, und er schreibt und schreibt und es ist
auf einmal völlig egal, dass zu seinen Füßen ausländi-
sche Insekten so groß wie Meerkatzen herumlaufen,
70 dass das fremde Essen im Magen drückt. Er schreibt
seinen Freunden über die kleinen Katastrophen, und
die fremde Welt um ihn verschwimmt, er ist nicht
mehr allein, taucht in den Bildschirm ein, der ist wie
ein weiches Bett, er denkt an Bill Gates[1] und Fred
75 Apple[2], er schickt ein Mail an Sat 1, und für ein paar
Stunden ist er wieder am Leben, in der heißen Nacht
weit weg von zu Hause.

(1997)

> **Information**
>
> ### Erzählform, Erzählperspektive und Erzählerstandort
>
> Vom **Autor** eines Erzähltextes unterscheidet man den **Erzähler**, der als vermittelnde Instanz zwischen Leser und Autor, von dem er erfunden ist, tritt.
>
> In der Regel kommen zwei unterschiedliche **Erzählformen** vor, die **Ich-Erzählform** und die **Er-/Sie-Erzählform**. Der zentrale Unterschied liegt darin, dass der Ich-Erzähler (vor allem) von sich selbst, während der Er-/Sie-Erzähler von jemand anderem erzählt.
>
> Bei der **Erzählperspektive** unterscheidet man zwei Sichtweisen, die der Erzähler einnehmen kann. Er kann sich auf das beschränken, was er als Betrachter von außen wahrnehmen kann (**Außensicht**); er kann aber auch in die Figuren hineinsehen und ihre Wahrnehmungen, Gedanken und Gefühle mitteilen (**Innensicht**).
>
> Der Erzähler kann somit unterschiedliche **Standorte** zu dem Erzählten einnehmen. Die zentrale Frage ist hier die der zeitlichen und räumlichen **Nähe** bzw. **Distanz** des Erzählers zu der von ihm erzählten Welt. Bei dem allwissenden bzw. olympischen Standort hat der Erzähler räumlich und zeitlich den Überblick über die Figuren und die Handlung. Er erzählt aus großer Distanz. Auf der anderen Seite kann der Erzähler den Eindruck vermitteln, dass er sich nahe am bzw. mitten im Geschehen befindet.
>
> Bei der Ich-Erzählform kann in diesem Sinne zudem zwischen **erzählendem** und **erlebendem Ich** unterschieden werden: Während beim erzählenden Ich eine zeitliche Distanz zum Erzählten aufgebaut wird, entsteht beim erlebenden Ich der Eindruck von Nähe bzw. Unmittelbarkeit zu der erzählten Handlung.

1. Erläutern Sie den Titel der Erzählung „Hauptsache weit".

2. Tauschen Sie sich mit Ihrem Sitznachbarn oder Ihrer Sitznachbarin darüber aus, wie die Hauptfigur auf Sie wirkt.

3. Klären Sie den Inhalt des Textes und deuten Sie ihn, indem Sie folgende Fragen stichwortartig beantworten und Ihre Aussagen mithilfe geeigneter Textstellen belegen:
   - Was verspricht sich der Jugendliche von seiner Reise?
   - Erfüllen sich seine Erwartungen? Warum (nicht)?
   - In welcher Gefühlslage befindet sich der jugendliche Protagonist bzw. worunter leidet er?
   - Welche Bedeutung hat es für ihn, seine E-Mails lesen und beantworten zu können?

4. Beschreiben Sie mithilfe des Informationskastens die Rolle des Erzählers in diesem Text, indem Sie die Erzählform, die Erzählperspektive und den Standort des Erzählers kennzeichnen.

5. Beschreiben Sie die sprachliche Gestaltung des Textes und erläutern Sie deren Funktion. Berücksichtigen Sie dabei u. a. den Satzbau und die Wortwahl und deren Bedeutung im Hinblick auf die Erzählperspektive und den Erzählerstandort.
➔ Rhetorische Figuren, S. 207 ff.

6. Schreiben Sie den ersten Abschnitt (Z. 1–9) in eine Ich-Erzählform um.

7. Begründen Sie, warum es relativ leichtfällt, diesen Text in eine Ich-Erzählform zu bringen.

---

[1] **Bill Gates:** amerikanischer Unternehmer; Gründer der Microsoft Corporation – [2] **Fred Apple:** Anspielung auf Fred C. Anderson, ehemaliger Chief Financial Officer der Apple Computer Inc.

8. Untersuchen Sie, wie der Erzähler die Reiseerfahrungen des Jugendlichen in der Fremde bewertet. Inwiefern ist hierbei die Beschreibung des Handlungsortes von Bedeutung?

9. Fassen Sie die Ergebnisse Ihrer bisherigen Erarbeitung der Kurzgeschichte „Hauptsache weit" in einem schriftlichen Text zusammen, indem Sie schwerpunktmäßig auf die besondere Darstellung des Jugendlichen durch den Erzähler eingehen. Im Zentrum Ihrer Interpretation sollen also die Erzählform, die Erzählperspektive und der Erzählerstandort stehen. Arbeiten Sie dabei mit Textbelegen.
➔ Richtig zitieren, S. 205 f.

So können Sie Ihren Text beginnen:
Sibylle Bergs Kurzgeschichte „Hauptsache weit", die 1997 erschienen ist, wird von einem Erzähler vermittelt, der es dem Leser erlaubt, den jugendlichen Protagonisten aus der Innensicht kennenzulernen. […]

Nadja Einzmann. Nach ihrem Studium der Germanistik und Kunstgeschichte verfasste die 1974 in der Nähe von Karlsruhe geborene und heute in Frankfurt lebende Schriftstellerin Gedichte und Kurzgeschichten, die in Zeitschriften und Anthologien (Erzähl- und Gedichtsammlungen) veröffentlicht wurden. Nadja Einzmann ist mehrfach ausgezeichnet worden, u. a. erhielt sie 2007 den Hölderlin-Förderpreis der Stadt Bad Homburg.
Der vorliegende Erzähltext stammt aus ihrer 2001 erschienenen Kurzgeschichtensammlung „Da kann ich nicht nein sagen".

Nadja Einzmann (geb. 1974)
An manchen Tagen

An manchen Tagen warte ich, dass etwas passiert. Auf einen Anruf; dass das Haus einstürzt; oder der Arzt mir sagt, dass ich nur noch wenige Wochen zu leben habe. Ich sitze im Bett und warte, und meine
5 Mutter klopft an die Türe. Zu berichten hat sie nichts. Sei so gut, sagt sie, bring den Müll hinunter, oder: Wie wäre es mit einem Spaziergang, es ist ein wunderbarer Tag, sonnig, und die Spatzen pfeifen es von allen Dächern. Nein, rufe ich ihr zu, durch die geschlossene Tür, mir ist nicht danach, mir ist nicht nach Welt. Und 310
ich sitze im Bett, der Himmel schaut blau durch mein Fenster oder umwölkt sich, oder ein Gewitter zieht auf. Mein Bett ist mein Schiff, mein Bett ist mein Floß, ich treibe dahin, Haie und andere Meerestiere unter mir und Sterne und Himmel über mir. Was soll ich 15
unternehmen mit dir, sagt meine Mutter und stellt mir das Abendessen vor die Tür. Keines meiner Kinder, keines meiner Kinder, alle sind sie normal und gehen zur Arbeit, gehen morgens aus dem Haus und kehren abends zurück, nur du nicht. Was soll nur werden mit 20
dir? Es gab Zeiten, da ich anders war, solche Zeiten hat es gegeben. Ausgesprochen lebhaft war ich. Keine Aufgabe war sicher vor mir, und dann noch zum bloßen Zeitvertreib zeichnete ich und voltigierte und focht¹ und tanzte die Nächte durch. Meine Geschwis- 25
ter sahen müde aus, wenn sie von der Arbeit kamen. Sie hatten sich das Weiß in ihren Augen blutig gesehen über den Tag, und auch ihre Hände waren wund und schmerzten. Mir sah man keine Mühen an. Ich schwebte über den Boden, wo andere gingen, und 30
dass ich mich bückte, kam nur sehr selten vor. Ja, es hat Zeiten gegeben, da ich anders war, und ich trauere ihnen nicht nach. Packt eure Herzen in Alufolie, dass sie geschützt sind, wenn ihr aus dem Haus geht, und reicht sie nicht frei herum! Es hat Zeiten gegeben, da 35
ich anders war, und meine Mutter trauert ihnen nach. Kind, sagt sie, willst du nicht aufstehen, dass dein Vater mit dir fischen gehen kann und deine Geschwister dir berichten von ihrem Tag? Nein, sage ich, mir ist nicht nach Welt. In meinem Bett sitze ich, das mein 40
Floß ist, und der Seegang ist hoch. Salziger Wind fährt mir durchs Haar und die Wellen überschlagen sich.
(2001)

1. Tauschen Sie sich mit Ihrer Sitznachbarin oder Ihrem Sitznachbarn über die Eindrücke aus, welche Sie von der Ich-Erzählerin bzw. von dem Ich-Erzähler gewonnen haben. Erläutern Sie in diesem Zusammenhang auch, welche Bedeutung die Erzählform, die Erzählperspektive und der Erzähler(innen)standort für die Wirkung des Textes haben.

¹ **focht:** finite Verbform von „fechten" (hier: 1. Person Singular, Präteritum, Indikativ)

2. Beschreiben Sie das Problem der Ich-Erzählerin bzw. des Ich-Erzählers. Gehen Sie in diesem Zusammenhang auch auf ihre bzw. seine gegenwärtige Situation (z. B. Verhältnis zur Mutter) ein.

3. Erläutern Sie, mit welchen sprachlichen Mitteln die Ich-Erzählerin oder der Ich-Erzähler ihre bzw. seine innere Verfassung verdeutlicht.
↪ Rhetorische Figuren, S. 207 ff.

4. Schreiben Sie die Episode um, indem Sie die Erzählform und/oder die Erzählperspektive bewusst verändern (z. B. Er-/Sie-Erzählung aus Sicht der Mutter), und vergleichen Sie die Wirkung des neu entstandenen Textes mit der literarischen Vorlage.

5. Setzen Sie sich mit der Frage auseinander, was durch eine Ich-Erzählung besonders gut dargestellt werden kann und was hingegen nicht. Beziehen Sie gegebenenfalls auch eigene Schreiberfahrungen in Ihre Überlegungen ein.

6. Diskutieren Sie abschließend darüber, ob es sich eher um eine Ich-Erzählerin oder um einen Ich-Erzähler handelt.

Ludwig Helbig war zunächst als Gymnasiallehrer tätig, bevor er 1970 als Professor für die Didaktik der Politischen Bildung an die Pädagogische Hochschule Ludwigsburg berufen wurde. Neben zahlreichen Zeitschriftenaufsätzen und Rundfunkbeiträgen veröffentlichte er mehrere Schul-, Sach- und Fachbücher.

Ludwig Helbig (geb. 1925)
Identität

Identität kann zunächst als ein anderer Begriff für Rolle eingeführt werden. Identität bezeichnet dann das an einem Individuum, was es an Positionen einnimmt, an die Rollen geknüpft sind: z. B. Arzt, Ehe-
5 mann, Vater von zwei Kindern, Villenbesitzer, Clubmitglied. Handeln aufgrund dieser Identität(en) bedeutet also, gemäß den jeweils angesonnenen[1] Erwartungen sich verhalten. Darüber hinaus aber steht der Begriff der Identität für das Bedürfnis des Individuums, sich in wechselnden Interaktionen als mit 10 sich selbst übereinstimmendes, also als identisches, zu verstehen. Wir alle kennen Situationen, in denen wir mit uns unzufrieden sind, weil wir vielleicht nicht die Zivilcourage gehabt haben, unsere Meinung aufrichtig zu äußern, sondern uns einer anderen 15 Meinung unterworfen haben, ohne von ihr überzeugt zu sein. Wir haben dann unsere Identität nicht gewahrt. [...]
In der Dimension der **sozialen Identität** wird vom Individuum erwartet, dass es sich so verhält wie alle 20 anderen in der gleichen Position; in der Dimension der **persönlichen Identität**[2] dagegen wird erwartet, dass sich das Individuum so verhält, als ob es einzigartig sei. Das heißt: Die Vielzahl sozialer Identitäten nebeneinander, die Vielzahl von Rollen, die jedes In- 25 dividuum innehat, führt dazu, dass bei der konkreten Ausgestaltung *einer* dieser Rollen von den anderen nicht ganz abgesehen werden kann. Dass aber ein Individuum eine Vielzahl von Rollen innehat und diese Rollenvielfalt nie genau mit der eines anderen Indivi- 30 duums übereinstimmen wird, ist bereits ein Merkmal der anderen Dimension: der persönlichen Identität. Die persönliche Identität (oder Individualität) umfasst jene Kombination von Eigenschaften (also auch Rollen, die es zugleich innehat), die nur für ein be- 35 stimmtes Individuum zutrifft. Die persönliche Identität verknüpft die jeweils individuellen, lebensgeschichtlichen Ereignisse und deren Ausprägung [...] zu einer Einheit, zu einer unverwechselbaren Biografie. Die persönliche Identität beginnt mit dem Namen 40 (dem „Identitätsaufhänger"), sie umfasst die Tatsache, dass das Individuum bestimmte Eltern hat, dass es bestimmte Schulen besucht hat usw. [...]
Sowohl die persönliche als auch die soziale Identität sind von anderen zugeschriebene, nicht selbst ent- 45 worfene Identitäten. „Sie stehen zueinander im Widerstreit, denn in der biografischen Dimension, der ‚personal identity', wird vom Individuum verlangt, zu sein wie kein anderer. In der [...] ‚social identity' dagegen wird das Individuum betrachtet, als ob es 50 mit den vorgegebenen Normen voll zur Deckung zu bringen sei. In dieser Dimension wird ihm folglich zugeschrieben, zu sein wie alle anderen" (Krappmann 1971, S. 30).

---

[1] **Ansinnen:** Forderung, Verlangen – [2] In der Fachliteratur wird diese Dimension häufig auch als „personale Identität" bezeichnet.

Jede Interaktion erfordert also vom Individuum – wenn auch jeweils in durchaus unterschiedlicher Weise –, sich zugleich darzustellen wie alle anderen [...] und sich darzustellen in seiner unverwechselbaren Einzigartigkeit. Obwohl sich diese Dimensionen ausschließen, verlangen sie doch beide Berücksichtigung. „Zwischen ihnen zu balancieren ist die Leistung, die als **Ich-Identität** bezeichnet werden soll" (Krappmann, a. a. O.).

(1979)

1. Entwerfen Sie ein Schaubild, in dem der Unterschied zwischen sozialer und persönlicher Identität und das damit verbundene Problem der eigenen Identitätsfindung deutlich werden. Beziehen Sie dabei auch den Begriff der „Identitätsbalance", den der Soziologe und Pädagoge Lothar Krappmann verwendet, in Ihr Schaubild mit ein.
   ↳ Ein Schaubild zu einem Text erstellen, S. 79

2. Diskutieren Sie mit Ihrem Sitznachbarn bzw. Ihrer Sitznachbarin mögliche Folgen, wenn ein Mensch entweder seine persönliche oder seine soziale Identität unausgewogen ausgebildet hat.

3. Wenden Sie die Informationen aus dem Sachtext von Ludwig Helbig auf die Kurzgeschichten von Sibylle Berg und Nadja Einzmann an. Beurteilen Sie in diesem Zusammenhang noch einmal das Verhalten der Protagonisten.

4. Durch die Art und Weise, wie ein Erzähler ein Geschehen wiedergibt, kann er zum Ausdruck bringen, was er davon hält und wie er es bewertet. Man spricht in diesem Zusammenhang von der Erzählhaltung. Untersuchen Sie die beiden Kurzgeschichten noch einmal diesbezüglich. Nehmen Sie auch die Informationen aus dem folgenden Kasten zu Hilfe.

5. Verfassen Sie einen fiktiven Brief an eine der beiden Figuren, in dem Sie deren Verhalten beurteilen bzw. Ratschläge geben oder von Alternativen schreiben.

6. Alternativ können Sie eine der beiden Kurzgeschichten (oder Teile daraus) so umschreiben, dass eine eher neutrale Erzählhaltung zum Ausdruck kommt. Welche Wirkung entsteht auf diese Weise?

7. Bestimmen Sie in den beiden Erzählungen auch das Erzählverhalten. Dabei geht es um die Frage, wie deutlich der Erzähler bzw. die Erzählerin in Erscheinung tritt. Nehmen Sie die Informationen in dem folgenden Kasten zu Hilfe.

Information

Erzählhaltung

Der Erzähler kann dem von ihm erzählten Geschehen und den von ihm dargestellten Figuren neutral gegenüberstehen, er kann aber auch eine wertende Einstellung einnehmen und zeigen (**Erzählhaltung**). Letztere kann z. B. zustimmend oder ablehnend, ironisierend, satirisch, kritisch oder humorvoll sein.

Information

Erzählverhalten

Ein weiterer wichtiger Aspekt der Erzähltechnik ist das **Erzählverhalten**. Hier kann zwischen **auktorialem**, **personalem** und **neutralem Erzählverhalten** unterschieden werden.

- Beim **neutralen** Erzählverhalten wird das Geschehen wie von einem unbeteiligten Beobachter dargestellt, der sich auf die äußerlich wahrnehmbaren Vorgänge konzentriert.

- Beim **auktorialen** Erzählverhalten tritt eine Erzählerfigur deutlich hervor, die das erzählte Geschehen arrangiert und kommentiert, indem z. B. Rück- und Vorausblicke oder deutliche Wertungen eingefügt werden, und sich dabei auch direkt an den Leser wenden kann. Der Erzählerstandort des auktorialen Erzählers ist oft der des allwissenden Erzählers.

- Beim **personalen** Erzählverhalten beschränkt sich der Erzähler auf die Sicht einer oder (im Wechsel) mehrerer Figuren, sodass er als vermittelnde Instanz für den Leser nicht erkennbar ist.

Das **Erzählverhalten** kann innerhalb eines Textes **wechseln**. Die Erzählerfigur kann sich in einzelnen Textpassagen z. B. deutlich kommentierend bzw. wertend äußern und ein Geschehen an unterschiedlichen Orten wiedergeben. Der Erzähler kann sich dann wiederum in anderen Textpassagen ausschließlich auf das Erleben einer Figur beschränken und sich in diesen Passagen personal verhalten.

Stefanie Dominguez. Die in Paderborn aufgewachsene Autorin schreibt bislang ausschließlich in ihrer Freizeit, denn ihr Ziel ist es, zunächst ihr Studium der Psychologie zu beenden, bevor sie sich festlegt, ob und in welchem Rahmen sie ihr Talent für die Schriftstellerei beruflich nutzen möchte. Einige ihrer Gedichte und Kurzgeschichten erschienen bereits in Anthologien und Schulbüchern.

Stefanie Dominguez (geb. 1996)
Unter dem Regenschirm

„Entschuldigung, schöne Frau, darf ich mich vielleicht zu Ihnen setzen?", fragte er die ältere Dame, die mit einem Schirm in der Hand und einem aufgeschlagenen Buch auf der Parkbank saß. Weit und breit war kein Mensch zu sehen, selbst die Enten hatten sich in die Sträucher um den See zurückgezogen.

Sie hob den Kopf. Ihre Augen blickten hell und wach, doch ihre Hände zitterten leicht. Um ihre Lippen spielte ein kleines Lächeln, sodass sich die Krähenfüße um ihre Augen vertieften. Sie deutete auf den Platz neben sich und las wortlos weiter.

Der alte Mann beobachtete sie über den Rand seiner Brille hinweg, wie sie die Buchstaben lautlos mit den Lippen formte. Wie sie sich die Tränen aus den Augen wischte.

„Ein trauriges Buch?"

Sie nickte wieder und strich mit den Fingern über den Einband. Vergilbt war er, der Schriftzug leicht verblasst. Der Einband verlor bereits seine ersten Seiten. Dennoch war es ein besonderes Exemplar, voller Weisheit, voller Erinnerungen. Der alte Mann zeichnete selbstverständlich mit den Fingern die Worte auf dem Buchrücken nach, als ginge er einer Gewohnheit nach.

„Dieses Buch habe ich schon unzählige Male gelesen."

Sie lächelte ihn an und wirkte dabei verschmitzt wie ein junges Mädchen. Mit der linken Hand drehte sie an ihrem Ehering, schien sich dessen jedoch nicht bewusst zu sein. „Dann haben Sie einen guten Geschmack." Sie hob den Zeigefinger. „Schon als ich gesehen habe, wie Sie auf dieses Buch gestarrt haben, wusste ich es."

Nun musste auch er lachen. „Wussten Sie was?"

„Sie wissen ein gutes Buch zu schätzen. Auch wenn es noch so alt ist."

Er nickte ernst. „Das tue ich."

Eine Weile schwiegen sie. Es war eine angenehme Stille, die nur von dem stetigen Plätschern des Regens unterbrochen wurde. Er prasselte auf ihren Schirm und rann an seiner Schulter herab, doch er störte sich nicht daran.

„Eine Frau sollte nicht alleine bei so einem Wetter hier sitzen", meinte er schließlich. Ächzend stützte er die Hände auf die Knie und erhob sich. „Kommen Sie, ich bringe Sie nach Hause."

Als sie keine Anstalten machte, mit ihm zu gehen, winkte er sie ein wenig energischer zu sich heran. „Na los, kommen Sie. Ich begleite Sie nach Hause."

Wieder dieses Lächeln. „Ein Gentleman sind Sie also auch noch."

Er nahm ihren Arm und legte ihn auf seinen. „Ein Mann der alten Schule."

Kichernd wie ein Schulmädchen hakte sie sich bei ihm unter. Und so schlenderten sie zurück zu dem Haus hinter der Parkanlage.

„Erzählen Sie mir von sich", bat sie ihn.

Der alte Mann blieb unvermittelt stehen, sodass sie beinahe stolperte. Ebenso abrupt setzte er sich auch wieder in Bewegung.

„Da gibt es nicht viel zu erzählen."

Sie stupste ihn mit dem Zeigefinger in die Seite. „Das glaube ich nicht. Sind Sie verheiratet?"

Sein Kehlkopf hüpfte auf und ab. „Ja."

Die ältere Dame stieß einen dramatischen Seufzer aus. „Das dachte ich mir. Die guten Männer sind immer verheiratet." Sie zwinkerte ihm zu und er musste lachen.

„Sie war anders als die anderen Mädchen", erzählte er schließlich. „Sie hat mir widersprochen, eigentlich ständig. Sie ist schlagfertig und so klug, so unglaublich klug."

„Das klingt nach einer wunderbaren Ehe."

„Oh ja, das ist sie."

Vor der Eingangstür hielt er inne, klappte den Schirm zu und reichte ihn ihr. Ohne den Schirm wirkte sie kleiner, verletzlicher irgendwie. „Schlafen Sie gut, Margarethe."

Er beugte sich noch einmal vor, um sie auf die faltige Wange zu küssen, dann verabschiedete er sich. „Ich hoffe, Sie gehen bald wieder einmal mit mir spazieren."

„Das würde ich gern."

Der alte Mann sah ihr nach, wie sie in den Korridoren

verschwand. Eine Weile stand er einfach nur da und blickte auf die Stelle, an der sie verschwunden war. Eine junge Frau erschien an der Tür zu seiner Rechten, doch er drehte sich nicht zu ihr hin.

„Da sind Sie ja!", rief sie. Ihre Gesichtszüge entspannten sich. „Wo haben Sie sie gefunden?"

„Im Park."

Die Frau legte ihre Hand auf seine Schulter und drückte sie. „Sie hat Sie wieder nicht erkannt, oder?" Der alte Mann schüttelte den Kopf. Seine Augen ruhten noch immer auf den Schatten, die seine Frau verschluckt hatten.

„Manchmal denke ich, die Demenz ist keine Krankheit. Sie ist ein Tier, das die Erinnerungen frisst."

Da endlich drehte er sich zu ihr um und nahm ihre Hand in seine, als wollte er sie trösten. „Das macht nichts, sie muss sich nicht erinnern. Meine Erinnerungen reichen für uns beide. Ich werde ihr jeden Tag zeigen, wer ich bin."

(2016)

1. Tauschen Sie sich mit Ihrem Sitznachbarn bzw. Ihrer Sitznachbarin über Ihre Gedanken während des Leseprozesses aus und ordnen Sie die vorliegende Kurzgeschichte in das Thema „Identität" ein.

2. Kennzeichnen Sie das Erzählverhalten und stellen Sie einen Zusammenhang zum Inhalt und zum Thema der Kurzgeschichte her.

3. Beschreiben und deuten Sie das Verhalten des Mannes und der Frau. Berücksichtigen Sie dabei auch die Sprechweise der beiden. Stellen Sie Ihre Ergebnisse in einem Schaubild dar.
➔ Ein Schaubild zu einem Text erstellen, S. 79

4. Erläutern Sie den Symbolgehalt der Überschrift und beziehen Sie diesen nach Möglichkeit in Ihr Schaubild ein.

5. Bilden Sie eine Kleingruppe mit vier Personen und bereiten Sie gemeinsam einen anschaulichen Lesevortrag vor. Begründen Sie, weshalb sich dieser Text in besonderer Weise für szenisches Lesen eignet.
➔ Einen Text vortragen, S. 101

Information

Darbietungsformen (Arten der Darbietung)

Der Erzähler kann das erzählte Geschehen auf verschiedene Weise darstellen, wobei zwei **Darbietungsformen** zu unterscheiden sind:

Eine Textpassage, in der erzählt wird, ohne dass die Figuren direkt sprechen, wird als **Erzählerbericht** bezeichnet. Dieser dient dem Erzähler dazu, das zu Erzählende (ausführlich) beschreiben, kommentieren oder auch werten zu können.

Neben dem Erzählerbericht kann der Erzähler mithilfe der sogenannten **Figurenrede** zudem die ausgesprochenen und unausgesprochenen Äußerungen der handelnden Figuren wiedergeben, was wiederum auf unterschiedliche Weise geschehen kann:

- **direkte Rede** (mit einleitendem bzw. hinweisendem Verb): „Eine Frau sollte nicht alleine bei so einem Wetter hier sitzen", meinte er schließlich.
- **indirekte Rede** (Konjunktiv): Er meinte schließlich, dass eine Frau nicht alleine bei so einem Wetter dort sitzen solle.
- **erlebte Rede** (3. Person, Präteritum, zwischen direkter und indirekter Rede, Gedanken einer Figur, die aber nicht in der 1. Person und nicht in direkter Rede wiedergegeben werden): Er wusste es. Sie wird mich wieder nicht erkennen. Er kannte diese Situation. Der Park. Die Bank. Wie jeden Tag würde er sie auch heute dort finden. Ganz allein.
- **innerer Monolog** (1. Person, Präsens, ohne einleitendes Verb): Ich weiß, sie wird mich wieder nicht erkennen. Ich muss nur in den Park gehen. Ganz allein auf der Bank werde ich sie vorfinden. Im sogenannten „Bewusstseinsstrom" bzw. „stream of consciousness" wird der innere Monolog in extremer Form bis hin zur Auflösung sprachlicher Zusammenhänge weitergeführt.

6. Zeigen Sie mithilfe geeigneter Beispiele die im Text verwendeten Darbietungsformen auf. Erläutern Sie in diesem Zusammenhang auch deren jeweilige Funktion und Wirkung.

7. Schauen Sie sich noch einmal die beiden Kurzgeschichten von Sibylle Berg und Nadja Einzmann an und beschreiben Sie vergleichend die dort verwendeten Darbietungsformen und deren Wirkung.
➔ Texte miteinander vergleichen – Ein Überblick, S. 196 f.

8. Was Sie noch machen können:

a) Erläutern Sie in einem zusammenhängenden Text, warum es sich bei allen drei Erzählungen jeweils um eine Kurzgeschichte handelt. Begründen Sie auch, warum sich diese Textart in besonderer Weise für die jeweilige Thematik eignet.

b) Schreiben Sie die Kurzgeschichte „Unter dem Regenschirm" neu auf, indem Sie in der Er-/Sie-Erzählform die Handlung aus der Sicht der Betreuerin wiedergeben.

Botho Strauß wurde 1944 in Naumburg/Saale geboren. In Köln und München studierte er Germanistik, Theatergeschichte und Soziologie. Von 1970 bis 1975 war er Dramaturg an der Schaubühne am Halleschen Ufer in Berlin, wo er heute als freier Schriftsteller lebt. Sein schriftstellerisches Werk wurde mit zahlreichen internationalen Preisen ausgezeichnet.

Botho Strauß (geb. 1944)
Mädchen mit Zierkamm

Es ist Mittag, und sie sonnt sich in der kleinen Anlage vor der U-Bahnstation. Sie bückt sich nach einem Teil, einem Haarschmuck, etwas, das verloren neben der Bank am Boden liegt.

Sie selbst trägt ein stakig kurzes Punkhaar, steife Strähnen, wie in einer Alb-Nacht[1] gezaust und zu Berge stehen geblieben. Vanilleton mit schneeweißen Streifen. Dazu ein violetter Pulli mit schlappem Schalkragen, ein sehr knapper Lederrock, schwarze Strumpfhose, schwarze abgelaufene Stiefeletten, auch die Augen in schwarz ausgemalten Höhlen. Sehr kleines Gesicht, dünne, mondbleiche Haut, sodass an der Schläfe die Ader blau hervorschimmert. Zierliche, glatte Nase, bleigrün gestrichene Lippen, ein etwas zu breiter Mund, abfallendes Kinn.

Was also anfangen mit der kleinen Schildpattharke[2]? Sie betrachtet sie, sie wendet sie, kratzt mit dem Daumennagel am Lack. Echt oder nicht? Sie lehnt sich zurück, nimmt das hübsche Fundstück zwischen die spuchtigen[3] Finger, spielt damit, als riefe es irgendeine Erinnerung herauf, an eine Freundin, eine Schwester vielleicht oder auch an die eigene Frisur, wie sie vor Jahren war ... Dann werden die Ellbogen hochgezogen und auf die Banklehne gestützt, die Beine überkreuz, der rechte Fuß wippt angestrengt. Die lasch herabhängende Hand schaukelt das Ding, zwischen Zeige- und Ringfinger geklemmt, immer noch schielt sie hin mit leicht geneigtem Kopf, hält es anhänglich im Blick. Ein denkwürdiges, ein willkommenes Ding, eine kleine Freude offenbar.

Das Ding ist keine Spange. Wie heißt es? Haarklemme? Wie sagt man genauer? Steckkamm. Die einfachsten Dinger, die man immer vergisst, verliert.

Das Mädchen ist bisher schlecht und recht mit den Menschen ausgekommen. Ihrer Meinung nach haben sie alle zu viel von ihr verlangt. Sie hat sich immer in der Lage befunden, irgendjemand anblaffen zu müssen. Sie hat ein loses Mundwerk, sagte man früher. Aber das ist es nicht. Ihr Mund hat sich zu einer kleinen schnellfeuernden Schallwaffe entwickelt. Sie lässt sich nichts gefallen, aber ihr gefällt auch von vornherein nie etwas. Alle wollen irgendwas von ihr, das sie absolut nicht will. Weil einfach nichts von ihr gewollt werden soll. Was sie aber will, versteht sowieso keiner. Meistens ist sie allein am Vormittag. Aber irgendwer findet sich im Lauf des Tages, in der Spielhalle, im Café oder in den Anlagen. Irgendwer, bei dem sie dann haltlos zu quasseln beginnt. Wie eine verrückte Alte. „Ansichtssache", ihr Ticwort; es schiebt sich wie das Leerklicken im Magazin zwischen die Salven gepfefferter Ansichten. Sie besitzt jede Menge Munition von diesem aufsässigen Unsinn. Zuerst muss sie sich Luft verschaffen und mit dem Mund wild in der Gegend herumballern. Aber damit ist es noch nicht

---

[1] **Alb-Nacht:** unruhige Nacht aufgrund von Albträumen – [2] **Schildpattharke:** Haarspange aus dem Horn der Seeschildkröte – [3] **spuchtig** (niederdt.): zart, mager

vorbei. Jetzt zieht sie scharf und beginnt das gezielte Anblaffen. Die Flappe, der vorgestreckte Hals, die ausgefahrenen Lippen richten sich auf einen zufällig querstehenden Mitmenschen. So überhaupt nur, im Angriff, nimmt sie ihn wahr. Irgendetwas wird er schon gesagt haben, irgendetwas Missverständliches, das sie in Wut versetzt. Und wenn nicht, der Wechsel von Ballern zu scharfem Schnauzen vollzieht sich von selbst, braucht keinen äußeren Anlass.
„Unheimlich aggressiv" nennt sich das. Tatsächlich kann man nur wenig dagegen tun. Man beruhigt sie mit nichts, man kann nicht auf sie einreden. Das Beste ist, man sucht schnell das Weite. Dann tut sie nichts, sie springt einem nicht in den Rücken. Wenn man außer Sicht ist, beruhigt sie sich. Früher schwer, jetzt zu gar nichts mehr erziehbar. Weiß alles, weiß auch, warum. Wer kümmert sich außerdem um eine Zwanzigjährige, die ihre beste Zeit hinter sich hat, herumhängt und mit niemandem zurechtkommt? [...]
Es gäbe die Möglichkeit, wirklich die Frisur zu wechseln. Die Haare wachsen lassen, einfach ein anderer Typ sein. Sie beugt sich vor, hebt die Hand, sieht sich das Stück von Nahem an. Schildkrötenpanzer. Braungelb geflecktes Horn. Drecksding. Schildkrötenmörder. [...] Jedenfalls müssten die Ohren frei bleiben. Man kann sich ja auch mit dem Ding die Haare bloß an der Seite hochstecken. Aber ich habe ein viel zu kleines Gesicht für lange Haare.
Früher ja. Aber im Sommer ist es die Hölle.
Das Mädchen nimmt, was es zuerst eine Haarklemme, dann einen Steckkamm genannt hat, zwischen die Ballen der rechten und linken Hand. Sie spreizt die Ellenbogen und drückt zu. Das Horn zerbricht, sie lässt beide Teile zwischen ihren Beinen zu Boden fallen. [...]
Was kommt jetzt? Dies wäre der geeignete Moment für etwas Neues.
Alles nur kurz. Und das immer wieder.
Immer dasselbe, aber nur kurz. [...] Höchste Zeit, sich anderswo umzusehen. Das Mädchen zieht den Saum seines Minirocks vor – weit entfernt, damit die Knie zu bedecken. Uralter, zweckloser Anstandsreflex. Man sieht ohnehin die Strumpfhose bis in den Zwickel. Das Mädchen steht auf. Es schlurft in den knautschigen Stiefeletten über den gepflasterten Anlagenweg. Dürre, nach innen verdrehte Beine. Kein Tag ohne Erleichterungen.

(1987)

1. Finden Sie sich in einer Kleingruppe zusammen und tauschen Sie sich über Ihre Eindrücke bzw. Vorstellungen von diesem Mädchen aus. Beziehen Sie dabei auch Ihre Kenntnisse über den Identitätsbegriff mit ein.

2. Stellen Sie gemeinsam eine für das Mädchen offenbar alltägliche Situation in Form eines Standbildes dar, wenn es einem „zufällig querstehenden Mitmenschen" (Z. 57 f.) begegnet. Probieren Sie dabei unterschiedliche Verfahren aus und bewerten Sie, welches Ihnen besonders sinnvoll erscheint.

Methode

Ein Standbild bauen

Das Standbild dient der szenischen Interpretation literarischer Texte, indem einer Gruppe von Beobachtern eine bestimmte Textstelle als Standbild dargeboten wird, wie dies üblicherweise beim Anhalten eines Filmes entsteht. Insbesondere die Beziehungen der Figuren untereinander können mithilfe eines Standbildes – durch die Position der Darsteller zueinander und ihre Körpersprache (Mimik, Gestik und Körperhaltung) – gut veranschaulicht werden. Standbilder zu unterschiedlichen Situationen können zudem das sich entwickelnde bzw. verändernde Verhältnis zwischen Figuren verdeutlichen.
Die Beobachter beschreiben zunächst, was zu sehen ist, und versuchen anschließend, das Standbild zu deuten. Abschließend erläutern die Darsteller, welche Absicht sie mit ihrem Standbild verfolgt haben.
Beim Bau des Standbildes gibt es mehrere Möglichkeiten:

- **Stummes Standbild:** Die Gruppenmitglieder setzen sich mit dem Text intensiv auseinander und sammeln Ideen für die Gestaltung ihres Standbildes. Der Regisseur der Gruppe setzt dies konkret um, indem er die Darsteller wie Puppen modelliert.
- **Sprechendes Standbild:** Zusätzlich zum stummen Standbild spricht jeder Darsteller einen besonders bedeutsamen Satz aus der literarischen Vorlage oder er erfindet einen solchen Satz, der zu der jeweiligen Figur passt.
- **Angesprochenes Standbild:** Die Darsteller des Standbildes beantworten die Fragen der Beobachter zu ihren Gedanken, Empfindungen und ihrer Haltung zu den anderen Figuren.
- **Mobiles Standbild:** Die Gruppe baut zunächst ein stummes Standbild, welches sich anschließend jedoch auflöst, indem sich jeder Darsteller einen oder mehrere Schritte von seinem ursprünglichen Platz entfernt und seine neue Position begründet.

3. Schauen Sie sich unterschiedliche Standbilder an und leiten Sie daraus ab, über welche zentralen Eigenschaften das „Mädchen mit Zierkamm" verfügt.

4. Beschreiben Sie, wie Sie sich den Erzähler vorstellen, und erläutern Sie, welcher Typ Mensch sich aus Ihrer Sicht hinter dieser Instanz verbirgt.

5. Weisen Sie im Einzelnen am Text nach, welche Haltung der Erzähler gegenüber dem Mädchen einnimmt und welchen Eindruck er dem Leser bzw. der Leserin zu vermitteln versucht. Berücksichtigen Sie in diesem Zusammenhang auch die unterschiedlichen Darbietungsformen und deren Funktion.
➔ Darbietungsformen (Arten der Darbietung), S. 18

Information

Die Darstellung einer literarischen Figur durch den Erzähler

In Abhängigkeit von seiner Erzählweise (Erzählhaltung, Erzählverhalten, Darbietungsform usw.) kann der Erzähler die handelnden Figuren in vielfältiger Weise darstellen und das Verstehen des Lesers bzw. der Leserin auf diese Weise lenken:

Mithilfe der Figurenrede ist es ihm möglich, die Figuren selbst zu Wort kommen zu lassen. Die Aussagen einer Figur über die eigene Person und/oder die übrigen Figuren sowie etwaige direkte Urteile bzw. Bewertungen des Erzählers in seinen Erzählerberichten gewähren dem Leser einen unmittelbaren Einblick in die Eigenschaften und Wesenszüge der jeweiligen Figur, wie sie vom Erzähler gesehen wird (**direkte Charakterisierung**).

Sofern sich der Erzähler mit unmittelbar wertenden Kommentaren in seinen Erzählberichten zurückhält, kann der Leser jedoch auch aus der Art und Weise, wie der Erzähler seine Figur sprechen, handeln oder ihre Gedanken mitteilen lässt, Rückschlüsse auf deren Charakter ziehen (**indirekte Charakterisierung**).

6. Interpretieren Sie Botho Strauß' Kurzgeschichte „Mädchen mit Zierkamm" im Hinblick auf die Darstellung der Protagonistin durch den Erzähler. Planen Sie Ihre Charakterisierung, indem Sie zunächst die im folgenden Methodenkasten genannten Bereiche stichpunktartig bearbeiten. Denken Sie daran, Ihre Aussagen mit geeigneten Textstellen zu belegen.
➔ Richtig zitieren, S. 205 f.

Methode

Die Charakterisierung einer literarischen Figur

In zahlreichen erzählenden Texten stehen konkrete Figuren im Zentrum des Geschehens. Durch die Art und Weise, wie ein vom Autor konstruierter Erzähler diese Figuren sprechen und handeln lässt, entsteht beim Leser oder der Leserin ein bestimmter Eindruck von dieser Figur, der in einem Prozess der Textbearbeitung konkretisiert werden muss, um der jeweiligen Erzählung gerecht zu werden und die **Figur** sachgerecht zu **charakterisieren**. Im Einzelnen geht es dabei um folgende Informationsbereiche:

1. Daten zu dem Text, in dem die Figur eine Rolle spielt
2. Äußere Merkmale (Name, Geschlecht, Alter, Beruf, Aussehen, soziales Umfeld ...)
3. Wesentliche Charaktereigenschaften und Verhaltensweisen (Gewohnheiten, hervorstechende Wesensmerkmale, Selbstbild, Weltbild ...)
4. Beziehung zu anderen Figuren (Wahrnehmung durch andere Figuren, eigene Sicht auf diese Figuren ...)
5. Veränderungen im Verlauf des Geschehens (mögliche Entwicklungen, Einstellungsveränderungen)
6. Sprachgebrauch und Sprachverhalten (auffällige Sprechweisen und Gesprächsstrategien, nonverbale Kommunikationsweisen wie Gestik, Mimik, Körperhaltungen)
7. Zusammenfassende Bewertung (Funktion der Figur für das Geschehen, Lenkung des Lesers durch die Darstellungsweise des Erzählers, persönliche Bewertung ...)

7. Tauschen Sie sich in der Gruppe über Ihre Texte aus. Legen Sie zu diesem Zweck zunächst Kriterien fest, sodass Sie eine gemeinsame Grundlage für die Beurteilung haben.

8. **Was Sie noch machen können:**
Schreiben Sie die Kurzgeschichte neu auf und wählen Sie dabei eine eher neutrale Erzählhaltung.
➔ Erzählhaltung, S. 16

Jagoda Marinić. Die deutsch-kroatische Schriftstellerin und Journalistin, die als Tochter kroatischer Einwanderer im schwäbischen Waiblingen geboren wurde und Erzählungen, Theaterstücke, Essays und Romane schreibt, kam eher zufällig zu ihrem heutigen Beruf, als sie sich 1999 mit einem kritischen Beitrag nur einmal „kurz einmischen" wollte in die Diskussion über die doppelte Staatsbürgerschaft, von einem Verlag entdeckt wurde und sogleich im Literaturbetrieb für Aufsehen sorgte.
Der vorliegende Text stammt aus ihrem Erstlingswerk „Eigentlich ein Heiratsantrag", einer Anthologie mit kurzen Erzählungen.

Jagoda Marinić (geb. 1977)
Im Glaskasten

In dem kleinen Glaskasten des kleinen Kinos, in dieser kleinen Stadt, da saß eine nicht ganz so kleine alte Dame und verkaufte den Menschen, die sich abends einen Film in diesem Kino ansehen wollen, Karten.
5 Die alte Dame gehörte für alle Menschen dieser kleinen Stadt zu diesem Kino, genauso, wie es sich gehörte, dass in einem Kino Filme gespielt wurden. Obwohl jeder sie in dieser Stadt kannte, hatte die Dame ihrerseits niemanden hier, den sie kannte, von dem
10 sie gekannt sein wollte.
Wie das dann so ist, in kleinen Städten: Plötzlich bekommen solche Leute ein buntes Leben von den Bewohnern ihrer Stadt, so bunt, wie es nur geht, damit das Leben derer, die es erzählen, nicht ganz so unbunt
15 verläuft.
Sie ist also eine alte Dame und eigentlich eine ganz feine Dame, weil sie immer so fein gekleidet ist, am liebsten in violetten oder rosa Kleidern, und vor allen Dingen trägt sie immer einen Hut. Einen rosa oder
20 violetten Hut. Und klug solle sie auch sein, die Dame, man erzählt sich, dass sie sogar mal studiert habe. Fächer für kluge Leute studiert habe, und manche behaupten, dass sie auch schon Geschichtenschreiberin gewesen ist, weil sie früher immer so schöne Ge-
25 schichten erzählt habe und weil einige behaupten, vor langer Zeit mal in einer Zeitung eine Geschichte von ihr gelesen zu haben.
Warum die Dame allerdings ihr Leben lang in diesem kleinen Kino, in diesem kleinen Glaskasten, Karten
30 verkauft hat, wusste dann dennoch keiner so genau zu sagen, und nur das fragten sie die alte Dame, wenn sie sie außerhalb des Glaskastens trafen. Sie wiederum konnte darauf keine Antwort geben und hielt sich deshalb mit der Zeit lieber in ihrem Glaskasten
35 als in ihrem Tag auf, denn in ihrem Glaskasten, da konnte sie den Leuten Karten geben, aber in ihrem Tag, da konnte sie nichts geben, schon gar keine Antworten. Also schwieg sie, die alte Dame.

(2001)

1. Klären Sie den Inhalt der Kurzgeschichte „Im Glaskasten", indem Sie …
   * die Situation der alten Dame und
   * die Sichtweise und das Verhalten der übrigen Bewohner der Kleinstadt ihr gegenüber beschreiben.

2. Erläutern Sie, wie der Erzähler die Vorstellungen der Kleinstädter von der alten Dame wertet und mit welchen sprachlichen Mitteln er dies deutlich macht.
   ➔ Rhetorische Figuren, S. 207 ff.

3. Schreiben Sie in Form eines Ideensterns Ihre Assoziationen zu dem Begriff „Glaskasten" auf.

4. Bestimmen und erläutern Sie die Funktionen des Glaskastens als Handlungsort der Kurzgeschichte mithilfe der folgenden Informationen.

Information

Die Gestaltung des Raumes in Erzähltexten

Als Raum wird bei Erzähltexten zunächst einmal der jeweilige **Handlungsort**, an welchem das Erzählte stattfindet, verstanden. Er steht immer im Zusammenhang mit den dargestellten Figuren und kann dabei verschiedene Funktionen haben:

* Er ist zuerst **Handlungsraum** für die Figuren, z. B. als Innen- oder Außenraum, historischer oder gegenwärtiger Raum, städtischer oder ländlicher Raum usw.
* Oft ist der Handlungsort zugleich der **Lebensraum** der Figuren: Das können die häuslichen oder beruflichen Umstände und die engere heimatliche Umgebung sein. Die handelnden Figuren stehen im engsten Zusammenhang mit ihrem Lebensraum und sind ohne ihn nicht vorstellbar.
* Darüber hinaus gibt es in Erzähltexten auch **Stimmungsräume**, in denen sich bestimmte innere Zustände der handelnden Figuren spiegeln, wie Freude und

Glück, Vertrautheit der Figuren mit ihrer Umgebung, aber auch Angst und innere Zerrissenheit, Armut, Krankheit, Verwahrlosung usw. Hier geht es also um die **Atmosphäre**, in die das Geschehen eingebettet ist bzw. die von dem Geschehen erzeugt wird.
- In vielen Erzähltexten haben die dargestellten Räume eine **symbolische Bedeutung**. Sie können Hinweise etwa auf die Schicksale der dargestellten Figuren geben, auf eine höhere – göttliche – Ordnung, auf eine Harmonie im Zusammenleben der Menschen oder auf eine Gefahr – für eine Figur, eine Familie, ein Volk, eine Kultur usw.

Bei der Gestaltung des Raumes können **mehrere Funktionen gleichzeitig** erkennbar sein. Der Lebensraum von erzählten Personen kann zugleich Stimmungsraum sein. Auch lassen sich in einem Handlungsraum oft symbolische Verweise entdecken.

5. Führen Sie Ihre Ergebnisse zu der Kurzgeschichte „Im Glaskasten" mithilfe des folgenden Schreibauftrags zu einem Fließtext zusammen: Interpretieren Sie die Kurzgeschichte „Im Glaskasten" im Hinblick auf die Bedeutung des Handlungsortes.
➔ Texte analysieren bzw. interpretieren – Ein Überblick, S. 150 f.
➔ Einen Erzähltext interpretieren, S. 161 ff.

6. Was Sie noch machen können:
Schauen Sie sich noch einmal die vorausgegangenen Erzählungen an und erläutern Sie die Bedeutung des jeweiligen Handlungsraums, in dem sich das Geschehen abspielt. Berücksichtigen Sie dabei auch die symbolische Bedeutung der Räume und die Atmosphäre, die durch sie erzeugt wird.
➔ Texte miteinander vergleichen – Ein Überblick, S. 196 f.

Wolfgang Herrndorf. Der in Hamburg geborene deutsche Schriftsteller studierte zunächst Malerei an der Akademie der Bildenden Künste in Nürnberg, bevor er als Illustrator und Autor unter anderem für die Satirezeitschrift „Titanic" arbeitete.

Wolfgang Herrndorf (1965 – 2013)
Tschick

Der vorliegende Auszug stammt aus Herrndorfs Roman „Tschick", mit dem 2010 sein schriftstellerischer Erfolg in besonderer Weise begann. Er handelt von zwei jugendlichen Außenseitern, die von zu Hause weglaufen und mit einem gestohlenen, klapprigen Lada Niva in die „Walachei" zu Tschicks Großvater fahren wollen. Obwohl beide nicht genau wissen, wo diese eigentlich liegt, begeben sich Tschick und der Ich-Erzähler, Maik Klingenberg, auf ihre abenteuerliche Reise ins Ungewisse. Diese findet nach einem Unfall auf der Autobahn schließlich ein jähes Ende.

„BREMS!", schrie er. „BREEEEEEMS!", und mein Fuß bremste, und ich glaube, erst sehr viel später habe ich den Schrei gehört und verstanden. Der Fuß bremste von allein, weil ich ja auch vorher schon immer gemacht hatte, was Tschick sagte, und jetzt schrie er „Bremsen", und ich bremste, ohne zu wissen, warum. Denn es gab eigentlich keinen Grund zu bremsen.

Zwischen dem Laster und der Leitplanke wäre Platz für mindestens fünf Autos gewesen, und es wäre mir frühestens im Jenseits aufgefallen, dass der Lkw diese Seite der Autobahn gar nicht frei gemacht hatte, sondern frei gerutscht. Sein Heck war nach links geschmiert, und obwohl wir genau hinter dem Laster fuhren, sah ich auf einmal direkt vor mir die Fahrerkabine auf der Mitte der Autobahn – und wie sie vom Heck links überholt wurde. Der Lastwagen verwandelte sich in eine Schranke. Die Schranke rutschte vor uns davon, auf der ganzen Breite der Autobahn, und wir rutschten hinterher. Es war ein so ungewohnter Anblick, dass ich hinterher dachte, es hätte mehrere Minuten gedauert. In Wirklichkeit dauerte es nicht einmal so lange, dass Tschick ein drittes Mal „BREMS" schreien konnte.

Der Lada drehte sich leicht seitwärts. Die Schranke vor uns neigte sich unentschlossen nach hinten, kippte krachend um und hielt uns zwölf rotierende

24 Wer bin ich? Wer will ich sein? – Identität als Thema modernen Erzählens

Räder entgegen. Dreißig Meter vor uns. In absoluter Stille glitten wir auf diese Räder zu, und ich dachte, jetzt sterben wir also. Ich dachte, jetzt komme ich nie
30 wieder nach Berlin, jetzt sehe ich nie wieder Tatjana, und ich werde nie erfahren, ob ihr meine Zeichnung gefallen hat oder nicht[1]. Ich dachte, ich müsste mich bei meinen Eltern entschuldigen, und ich dachte: Mist, nicht zwischengespeichert.
35 Ich dachte auch, ich sollte Tschick sagen, dass ich seinetwegen fast schwul geworden wäre, ich dachte, sterben muss ich sowieso, warum nicht jetzt, und so rutschten wir auf diesen Lkw zu – und es passierte nichts. Es gab keinen Knall. In meiner Erinnerung
40 gibt es keinen Knall. Dabei muss es wahnsinnig geknallt haben. Denn wir rauschten vollrohr in den Laster rein.

(2010)

1. Beschreiben Sie, wie der jugendliche Ich-Erzähler den Autounfall erlebt und welche Empfindungen dieses Ereignis in ihm auslöst. Berücksichtigen Sie dabei auch die sprachliche Gestaltung und die Darbietungsformen.
➔ Darbietungsformen (Arten der Darbietung), S. 18

2. Erläutern Sie in diesem Zusammenhang die Gestaltung und Funktion der Zeitstruktur mithilfe der folgenden Informationen.

Information

Die Zeitstruktur als Gestaltungselement in Erzähltexten

Viele Erzähltexte sind gekennzeichnet von einer **chronologischen Abfolge** der Handlungsschritte (lineares Erzählen). Die chronologische Ordnung des Geschehens kann der Erzähler aber durch **Rückblenden** und **Vorausdeutungen** durchbrechen (nicht lineares Erzählen).

Die Zeitspanne, die benötigt wird, um einen Text zu lesen, wird als **Erzählzeit** bezeichnet; die **erzählte Zeit** dagegen ist die Zeitspanne, über welche sich die erzählte Handlung erstreckt. Erzählzeit und erzählte Zeit können unterschiedlich zueinander im Verhältnis stehen:

- **zeitraffendes Erzählen:** erzählte Zeit > Erzählzeit (z. B. durch Aussparungen und Zeitsprünge)
- **zeitdehnendes Erzählen:** erzählte Zeit < als Erzählzeit
- **zeitdeckendes Erzählen:** erzählte Zeit = Erzählzeit (z. B. bei Textpassagen in Form von Dialogen)

3. Informieren Sie sich über den Handlungsverlauf und den Ausgang des Geschehens und begründen Sie vor diesem Hintergrund, warum das Motiv der Reise geeignet ist für einen Roman, in dem der jugendliche Protagonist eine persönliche Entwicklung durchläuft. Berücksichtigen Sie dabei auch Ihre Kenntnisse über den Begriff der Identität.
➔ Das Motiv als zentrales Element literarischer Texte, S. 35

---

[1] Maik ist in seine Mitschülerin Tatjana verliebt und hat die Sängerin Beyoncé, deren Fan sie ist, porträtiert, um ihr ein ganz besonderes Geburtstagsgeschenk überreichen zu können.

„Ein fetter Bonus ist auch ein Statussymbol" – Einen Erzähltext im Zusammenhang interpretieren

In den bisherigen Abschnitten dieses Kapitels haben Sie die verschiedenen erzähltechnischen Gestaltungsmittel kennengelernt, die für literarische Texte der Großgattung „Epik" konstitutiv sind: Zentral ist hierbei der **Erzähler** in der von ihm erzählten Welt, in welcher sich die **Figuren** innerhalb der Grenzen von **Raum** und **Zeit** bewegen und miteinander interagieren.
Während Sie diese vier strukturgebenden Elemente bislang weitgehend isoliert voneinander betrachtet und untersucht haben, sollen Sie Ihre erworbenen Kenntnisse und Fähigkeiten nun in Form einer vollständigen Interpretation zusammenführen.

1. Fassen Sie, um sich einen Überblick zu verschaffen, mithilfe der Informationskästen zuvor Ihre Kenntnisse noch einmal in einer Mindmap zusammen. Schreiben Sie zunächst den Ausdruck „Elemente des Erzählens" in die Mitte und entwickeln Sie daraus eine übersichtliche Mindmap.
➔ Ein Schaubild zu einem Text erstellen, S. 79

Martin Suter, der seit 1991 als Schriftsteller arbeitet, ist eigentlich gelernter Werbetexter. Nach seiner Ausbildung wurde der Schweizer bereits im Alter von 26 Jahren Creative Director einer renommierten Werbeagentur in Basel und gründete wenige Jahre später zusammen mit einem Partner eine eigene Werbeagentur.
Parallel zu dieser Arbeit begann er zu schreiben, z. B. Reportagen für die Zeitschrift GEO sowie zahlreiche Drehbücher für Film und Fernsehen. Bekannt wurde er einer breiteren Öffentlichkeit unter anderem durch seine wöchentliche Kolumne[1] „Business Class", die von 1992 bis 2007 in namhaften Schweizer Zeitungen veröffentlicht wurde. Ausgewählte Kolumnen, zu denen auch der vorliegende Text zählt, sind zudem in Buchform erhältlich.

Martin Suter (geb. 1948)
Das Bonus-Geheimnis

Kälin hat einen Bonus von – er kann es nicht einmal laut denken – (sechshundertvierzigtausend) bekommen. Das muss man sich mal auf der Zunge zergehen lassen: (sechs-hun-dert-vier-zig-tau-send). Hey!
5 Nicht einfach theoretisch! Wenn er übers Internet in sein Gehaltskonto geht, steht dort: „Gutschrift: 640 000,00." Eigentlich sollte er die Zahl längst portioniert und auf andere Konten, Wertschriftendepots etc. verteilt haben. Aber er lässt sie noch ein wenig dort stehen. Aus ästhetischen Gründen. Und weil er 10 so manchmal in sein Gehaltskonto gehen und sich an ihr weiden kann.

[1] Unter einer **Kolumne** (lat. *columna* = Stütze, Säule) als journalistische Kleinform wird im Pressewesen ein kurzer Meinungsbeitrag verstanden, der sich über nicht mehr als eine Zeitungsspalte erstreckt. Da die Kolumne einer (Tages-)Zeitung meist an gleicher Stelle und mit gleichem Titel platziert wird, weist sie einen hohen Wiedererkennungswert auf, wodurch ihr eine wichtige Traditions- und Kundenbindungsfunktion zukommt.

Darüber sprechen kann er nämlich mit niemandem. Das hat er unterschrieben. Ausnahme: Lebenspartnerin. Wenn er jetzt verheiratet wäre oder in einer festen Beziehung lebte, dürfte er zum Beispiel nach Hause kommen und schon in der Diele rufen: „Hallo, Schatz, rat mal, wie hoch mein Bonus ist."

Aber Kälin ist Single. Bewusst. Er ist vierunddreißig (und sechshundertvierzigtausend Bonus!) und lässt sich noch ein wenig Zeit mit einer festen Bindung. Der Bonus ist der erste Anlass, an der Richtigkeit dieser Entscheidung zu zweifeln.

Ein fetter Bonus ist ja nicht nur ein Dank für geleistete Dienste und eine Motivation für kommende. Ein fetter Bonus ist auch ein Statussymbol. Nur: Was nützt ein Statussymbol, wenn man es geheim halten muss?

Am Anfang begnügt er sich damit, ab und zu vor einem der Spiegel in seinem Loft[1] zu stehen und sich zuzuraunen: „Sechshundertfuckingvierzigfuckingtausend."

Aber der Mensch ist ein kommunikatives Wesen, vor allem der beraterisch tätige. Und es gibt ja auch die nonverbale Kommunikation. Zum Beispiel wäre ein Porsche 911 Carrera Coupé in Arktissilbermetallic mit Carbon Interieur, 19-Zoll Sportdesign Rad, Bi-Xenon-Scheinwerfern und ohne Modellbezeichnung eine recht beredte Art auszudrücken: Der Mann hinter diesem Steuer hat sich einen hochanständigen Bonus verdient. Aber das Statement ist etwas ungenau. Wie kommuniziert Kälin, dass der 911er Carrera Coupé nur ungefähr ein Fünftel der Extrawertschätzung durch seinen Arbeitgeber repräsentiert?

Oder soll er es unter dem Siegel der Verschwiegenheit Carl, seinem besten Freund, verraten? Auf Carl kann er sich verlassen. Carl würde es für sich behalten. Aber besitzt er auch die innere Größe, sich über die Nachricht, dass Kälin einen Bonus von schätzungsweise fünf von Carls Jahresgehältern kassiert hat, aufrichtig zu freuen? Wäre es nicht eher eine Belastung für ihre Freundschaft? Würde Carl nicht anfangen, ihn anzupumpen?

Beneiden würde er ihn bestimmt. Und beneidet zu werden ist kein unwichtiges Motiv, seinen Bonus bekannt geben zu wollen. Nur hat man den Neid lieber von seinen Feinden als von seinen Freunden.

Zum Beispiel von Jenni. Wie gerne würde er Jenni sagen: „Übrigens, mein Bonus war dieses Jahr ziemlich okay – sechshundertvierzigtausend." Und dann zuschauen, wie er erstickt.

Der Gedanke lässt Kälin nicht mehr los, und als er, wie jeden Mittwochmorgen, mit Jenni durch den Wald joggt (in Kälins Kreisen joggt man mit seinen Feinden) und dieser wieder so betont unangestrengt mit gezogener Handbremse neben ihm hertrabt, kann er sich nicht zurückhalten. Er stoppt Jenni und macht ihm Zeichen, dass er etwas sagen will.

Und während er noch um Atem ringt, platzt Jenni heraus: „Übrigens, mein Bonus war dieses Jahr ziemlich okay – neunhundertfuckingsiebzigfuckingtausend!"

(2009)

---

1. Diskutieren Sie mit Ihrem Sitznachbarn bzw. Ihrer Sitznachbarin, welches Bild von einem Arbeitnehmer der „Business Class" im Text vermittelt wird, und leiten Sie hieraus die mögliche Intention des Autors ab.

2. Untersuchen Sie nun Martin Suters Kolumne „Das Bonus-Geheimnis" genauer, indem Sie stichwortartig notieren, was Ihnen hinsichtlich
- der Darstellung des Protagonisten durch den Erzähler,
- der sprachlichen Gestaltung,
- der erzählerischen Gestaltung (Erzähler, Figuren, Raum und Zeit) und
- der Wirkung des Textes auf den Leser auffällt.

3. Formulieren Sie anschließend das Thema des Textes, indem Sie das zentrale Problem des Protagonisten in einem prägnanten Satz zusammenfassen. Berücksichtigen Sie dabei auch Ihre Kenntnisse über den Begriff der Identität.

4. Lesen Sie die Informationen im Kasten auf S. 27 und interpretieren Sie Martin Suters Kolumne „Das Bonus-Geheimnis" unter besonderer Berücksichtigung
- der Figurencharakterisierung,
- der Erzählweise und
- der Bedeutung des Titels.

➔ Texte analysieren bzw. interpretieren – Ein Überblick, S. 156 f.
➔ Einen Erzähltext interpretieren, S. 161 ff.

---

[1] **Loft:** ein zur Wohnung umgebauter Lager- oder Industrieraum

Methode

Die Interpretation literarischer Texte als zentrales Aufgabenformat im Deutschunterricht

Bei der **Interpretation eines Erzähltextes** geht es darum, einen kürzeren oder längeren Erzähltext, ggf. einen Textauszug, genau zu **untersuchen** und die darin enthaltene Aussage zu **deuten**. Wichtige Untersuchungsaspekte können dabei sein:

- die Erzähltechnik,
- die Figurengestaltung,
- die Raumgestaltung,
- die Zeitgestaltung,
- konkrete Merkmale der Textart.

Voraussetzung für eine gelungene Interpretation ist in jedem Fall der Einbezug der konkreten **sprachlichen Gestaltung** und deren Funktion.

Zur **Verschriftlichung** der eigenen Untersuchungsergebnisse stehen grundsätzlich **zwei unterschiedliche Methoden** zur Verfügung:

A

Bei der **linearen Interpretation** werden auf der Grundlage einer Textgliederung die einzelnen Abschnitte des Erzähltextes systematisch in chronologischer Reihenfolge, also Abschnitt für Abschnitt, interpretiert. Im Detail kann dabei wie folgt vorgegangen werden:

1. Worum geht es in diesem Abschnitt?
2. Was ist hier das Besondere an der Erzähltechnik, sprachlichen Gestaltung (z. B. rhetorische Figuren, Wortwahl), Figurengestaltung usw.?
3. Welche Aussagen zur Deutung können getroffen werden?
4. In welcher Weise stützt die sprachliche Gestaltung die Deutungsaussagen?
5. Überleitung zum nächsten Abschnitt

Diese Vorgehensweise führt grundsätzlich zu genauen und detaillierten Ergebnissen, allerdings besteht die Gefahr, dass zu kleinschrittig gearbeitet wird und die übergeordneten Deutungsaspekte aus dem Blick geraten.

B

In der **aspektorientierten Interpretation** werden diese Deutungsschwerpunkte von vornherein von Ihnen festgelegt und benannt (z. B. das Verhalten einer bestimmten Figur, die Beziehung zwischen den Figuren, die Erzählweise oder die Bedeutung der Farb-Metaphorik …). Häufig werden die Aspekte auch in der Aufgabenstellung genannt und können dann nacheinander abgearbeitet werden. Daraus ergibt sich in der Regel eine sehr problemorientierte und zielgerichtete Vorgehensweise. Dabei werden die Deutungsaspekte, die nicht im Fokus des Interesses stehen, vernachlässigt.

5. Tauschen Sie sich in der Gruppe über Ihre Texte aus. Legen Sie zu diesem Zweck zunächst Bewertungskriterien fest oder orientieren Sie sich an den Informationen im Anhang des Buches (S. 161 ff.), sodass Sie eine gemeinsame Grundlage für die Beurteilung haben. Überarbeiten Sie Ihre Interpretationen anschließend.

„Sein inneres Leben war das des Philisters" – Traditionelles und modernes Erzählen im Vergleich

Hermann Hesse, Sohn eines deutsch-baltischen Missionars, erlangte mit seinen Prosawerken „Siddhartha" und „Der Steppenwolf", aber insbesondere auch mit seinen philosophischen Gedichten wie etwa „Stufen", das er nach langer Krankheit verfasste, weltweite Bekanntheit. Für sein Lebenswerk wurde ihm 1946 der Nobelpreis für Literatur verliehen.

Mit dem vorliegenden Auszug beginnt Hesses Roman „Unterm Rad".

Hermann Hesse (1877 – 1962)
Unterm Rad

Herr Joseph Giebenrath, Zwischenhändler und Agent, zeichnete sich durch keinerlei Vorzüge oder Eigenheiten vor seinen Mitbürgern aus. Er besaß gleich ihnen eine breite, gesunde Figur, eine leidliche
5 kommerzielle Begabung, verbunden mit einer aufrichtigen, herzlichen Verehrung des Geldes, ferner ein kleines Wohnhaus mit Gärtchen, ein Familiengrab auf dem Friedhof, eine etwas aufgeklärte und fadenscheinig gewordene Kirchlichkeit, angemesse-
10 nen Respekt vor Gott und der Obrigkeit und blinde Unterwürfigkeit gegen die ehernen Gebote der bürgerlichen Wohlanständigkeit. Er trank manchen Schoppen, war aber niemals betrunken. Er unternahm nebenher manche nicht einwandfreie Geschäf-
15 te, aber er führte sie nicht über die Grenzen des formell Erlaubten hinaus. Er schimpfte ärmere Leute Hungerleider, reichere Leute Protzen. Er war Mitglied des Bürgervereins und beteiligte sich jeden Freitag am Kegelschieben im „Adler", ferner an je-
20 dem Backtag sowie an den Voressen und Metzelsuppen[1]. Er rauchte zur Arbeit billige Zigarren, nach Tisch und sonntags eine feinere Sorte.
Sein inneres Leben war das des Philisters[2]. Was er etwa an Gemüt besaß, war längst staubig geworden und bestand aus wenig mehr als einem traditionellen, 25 barschen Familiensinn, einem Stolz auf seinen eigenen Sohn und einer gelegentlichen Schenklaune gegen Arme. Seine geistigen Fähigkeiten gingen nicht über eine angeborene, streng abgegrenzte Schlauheit und Rechenkunst hinaus. Seine Lektüre beschränkte 30 sich auf die Zeitung, und um seinen Bedarf an Kunstgenüssen zu decken, war die jährliche Liebhaberaufführung des Bürgervereins und zwischenhinein der Besuch eines Zirkus hinreichend.
Er hätte mit jedem beliebigen Nachbarn Namen und 35 Wohnung vertauschen können, ohne daß irgendetwas anders geworden wäre. Auch das Tiefste seiner Seele, das schlummerlose Mißtrauen gegen jede überlegene Kraft und Persönlichkeit und die instinktive, aus Neid erwachsene Feindseligkeit gegen alles 40 Unalltägliche, Freiere, Feinere, Geistige teilte er mit sämtlichen übrigen Hausvätern der Stadt.
Genug von ihm. Nur ein tiefer Ironiker wäre der Darstellung dieses flachen Lebens und seiner unbewußten Tragik gewachsen. Aber dieser Mann hatte einen 45 einzigen Knaben, und von dem ist zu reden.

(1906)

(Aus lizenzrechtlichen Gründen folgt dieser Text nicht der reformierten Rechtschreibung.)

1. Diskutieren Sie, wie die Figur Joseph Giebenrath auf Sie wirkt, und untersuchen Sie, mit welchen erzähltechnischen Gestaltungsmitteln der Erzähler dem Leser dieses Bild vermittelt. Berücksichtigen Sie dabei vor allem die Erzählform, die Erzählhaltung, das Erzählverhalten und die Darbietungsformen.
➜ Die Technik des Erzählens – Ein Überblick, S. 165 ff.

2. Welches Bild vermittelt der Erzähler von sich selbst? Diskutieren Sie darüber, welche der folgenden Adjektive passend sind, um ihn zu beschreiben: souverän, unsicher, allwissend, unscharf, strukturiert, verwirrt, bewertend.

---

[1] **Metzelsuppe:** Wurstsuppe – [2] **Philister:** kleinbürgerlich-engstirniger Mensch, Spießbürger

3. Interpretieren Sie den vorliegenden Textauszug im Hinblick auf die Darstellung der eingeführten Männerfigur durch den Erzähler.
  ➔ Texte analysieren bzw. interpretieren – Ein Überblick, S. 156 f.
  ➔ Einen Erzähltext interpretieren, S. 161 ff.

Juli Zeh. Die in Bonn geborene Autorin studierte zunächst Jura mit Schwerpunkt Europa- und Völkerrecht, ehe sie sich zunehmend der freiberuflichen Arbeit als Journalistin und Schriftstellerin zuwandte. Mittlerweile sind ihre Werke mit zahlreichen Literaturpreisen, u. a. dem Hölderlin-Förderpreis und dem Thomas-Mann-Preis, ausgezeichnet worden.

Juli Zeh (geb. 1974)
Adler und Engel

Der vorliegende Romananfang stammt aus ihrem Debütroman „Adler und Engel", der bereits in mehrere Sprachen übersetzt worden ist. Für den 33-jährigen Ich-Erzähler Max, erfolgsverwöhnter Jurist und Leiter einer Anwaltskanzlei, ändert sich das Leben schlagartig, als er am Telefon Zeuge wird, wie sich seine psychisch labile Freundin erschießt. Er kann ihren Tod nicht verwinden, vernachlässigt seine Arbeit, wird arbeitslos und verfällt zunehmend dem Alkohol und Drogen. Die Handlung beginnt mit dem nächtlichen Überraschungsbesuch der gefühllosen Radiomoderatorin Clara, nachdem Max seine Lebensgeschichte in ihrer Livesendung erzählt hat.

Sogar durch das Holz der Tür erkenne ich ihre Stimme, diesen halb eingeschnappten Tonfall, der immer klingt, als hätte man ihr gerade einen Herzenswunsch abgeschlagen. Ich nähere ein Auge dem Türspion
5 und sehe direkt in einen übergroßen, weitwinklig verborgenen Augapfel, als läge im Treppenhaus ein Walfisch vor meiner Tür und versuchte, in die Wohnung hereinzuschauen. Ich fahre zurück und drücke vor Schreck auf die Klinke.
10 Ich war sicher, dass sie schwarzhaarig ist. Aber sie ist blond. Sie steht auf meiner Fußmatte, das linke Auge zugekniffen, den Oberkörper leicht vorgebeugt zu der Stelle, an der sich eben noch, bei geschlossener Tür, die Linse des Spions befand. Ohne Eile richtet sie sich auf. 15
Oh Scheiße, sage ich. Komm rein. Wie geht's.
Gut, sagt sie, hast du vielleicht Orangensaft da?
Habe ich nicht. Sie guckt mich an, als müsste ich jetzt sofort losrennen und im Supermarkt an der Ecke drei Flaschen von dem Zeug erstehen. Wahrscheinlich 20 wäre es dann die falsche Marke und sie würde mich noch einmal losschicken. Ich sehe sie zum ersten Mal, und soweit ich es erkennen kann, während sie in meine Wohnung hineinspaziert, hängt an ihr keine Gebrauchsanweisung dran. Sie hat geklingelt, ich ha- 25 be geöffnet.
Drei Sekunden später sitzt sie am Küchentisch und wartet auf gastgeberische Aktionen meinerseits. Ich bin wie gelähmt von der Erkenntnis, dass es sie erstens wirklich gibt und dass sie zweitens tatsächlich 30 hier auftaucht. Sie macht sich nicht die Mühe, ihren Namen zu nennen. Offenbar geht sie davon aus, dass zu einer Stimme wie ihrer nur ein Mädchen wie sie gehören kann, und irgendwie ärgert es mich, dass sie recht hat damit, trotz der langen blonden Haare, die 35 sie jetzt zurückwirft, damit sie hinter der Stuhllehne herunterhängen. Schon nach den ersten zwei Minuten mit ihr wird es schwierig, mich daran zu erinnern, wie ich sie mir vorgestellt habe, während ich ihrer dämlichen Sendung zuhörte. Ein bisschen wie 40 Mata Hari[1], glaube ich. Sie wirkt definitiv zu jung, sie sieht aus wie ihre eigene kleine Schwester. Aber sie hat diese unverkennbare Stimme, deren beleidigter Klang sich immer auf die Ungerechtigkeit der Welt im Ganzen zu beziehen scheint, während sie den al- 45 bernen Geschichten ihrer Anrufer zuhört. Es sind vor allem Männer. Sie hört sie an und macht ab und zu Hmhm-hmhm, dasselbe tiefe, brummende Hmhm, mit dem ihre Mütter sie in den Armen gewiegt haben. Manche fangen an zu heulen. Ich nicht. Dafür begeis- 50 terte mich von Anfang an die unglaubliche Kälte, mit der sie ihre schluchzenden Anrufer mitten im Satz abwürgt, wenn sie die vorgeschriebenen drei Minuten Sprechzeit überschritten haben. Sie muss grausamer sein als die Inquisition[2]. 55

(2001)

[1] **Mata Hari** (javanisch: Auge des Tages, Sonne) war der Künstlername der ebenso exotischen wie exzentrischen Nackttänzerin Margaretha Geertruida Zelle (1876–1917) aus den Niederlanden. Aufgrund ihrer Spionagetätigkeit für den deutschen Geheimdienst während des Ersten Weltkriegs wurde sie am 25. Juli 1917 von den Richtern des französischen Militärgerichtes zum Tode verurteilt. – [2] **Inquisition:** Gericht, das im Auftrag der katholischen Kirche im 12. bis 18. Jh. mit großer Härte und grausamen Untersuchungsmethoden gegen Ungläubige und Ketzer vorging

1. Vergleichen Sie den Erzählanfang von Juli Zehs Roman mit dem von Hermann Hesse (S. 28) hinsichtlich
   - der Einführung in die Handlung,
   - der Darstellung des Protagonisten,
   - der Rolle und Sprache des Erzählers,
   - der gewählten Erzählperspektive und
   - der Beeinflussung des Lesers durch den Erzähler (Leserlenkung).

   ➔ Texte miteinander vergleichen – Ein Überblick, S. 196 f.

2. Lesen Sie die Informationen im Kasten und treffen Sie eine begründete Entscheidung, welcher der beiden Erzählanfänge der Konzeption modernen Erzählens folgt.

Information

Tendenzen des modernen Erzählens

Parallel zum Beginn der Moderne durchlebt auch die Literatur um 1900 einen kunstästhetischen Wandel, indem traditionelle erzählerische Gestaltungsmittel zunehmend durch **moderne Formen des Erzählens** ersetzt werden. Im Folgenden werden exemplarisch einige Tendenzen aufgezeigt:

Dargestellt wird immer häufiger der **passive, orientierungslose, fremdbestimmte, innerlich zerrissene, einsame Protagonist**, der oft keine individuellen Eigenschaften aufweist und mit sich und der unbewältigten Vergangenheit bzw. Gegenwart beschäftigt ist. **Überforderung und Sprachlosigkeit** der Figuren manifestieren sich im inneren Monolog als eine bevorzugte Darbietungsform.

Aus Letzterem folgt wiederum der nicht selten weitgehende **Verzicht auf eine geschlossene, kontinuierliche Handlung** zugunsten der Darstellung vornehmlich innerer Vorgänge. Kennzeichen für die oft fragmentarische äußere Handlung sind Leerstellen, Zeitsprünge, ein unvermittelter Beginn der Erzählung.

In dieser Konzeption kommt auch dem **Erzähler** eine **neue Rolle** zu:
Das auktoriale Erzählverhalten einer Er-/Sie-Erzählung wird vorzugsweise ersetzt durch eine Ich-Erzählung in Verbindung mit personalem Erzählverhalten **mit entsprechend eingeschränkter und zum Teil sehr subjektiv gefärbter Darstellung**. Dieser moderne Erzähler neigt zur Unzuverlässigkeit, denn er vermittelt mit dem Erzählten kaum noch ein in sich geschlossenes, übersichtliches Weltbild mit klaren Wertmaßstäben (Gut vs. Böse). Vielmehr sind die Informationen meist unvollständig oder sogar widersprüchlich, weshalb der **Leser** moderner Erzähltexte aufgefordert ist, sich sein **eigenes Urteil** über die Welt zu bilden.

Gleichzeitig nimmt sich der moderne Erzähler häufig das Recht auf eine uneingeschränkte Freiheit in Bezug auf die Darstellung des von ihm erzählten Geschehens. Diese äußert sich unter anderem in der Sprache der handelnden Figuren, die entsprechend der jeweiligen Charaktere deutlich differieren kann (Dialekt, Jargon, Auflösung des Satzbaus usw.).

3. Nur wenige Jahre nach der Veröffentlichung ihres Debütromans „Adler und Engel" und dem damit einhergehenden Beginn ihrer schriftstellerischen Karriere äußerte sich Juli Zeh zum auktorialen Erzählverhalten folgendermaßen:

„Einer erzählenden Autorität fehlt heute in Familie, Schule und Politik die Entsprechung. Ohne feststehende, hierarchisch gestützte Ordnungsprinzipien gibt es in unserem täglichen Erleben vor allem das der Umwelt und sich selbst ausgelieferte ICH und darüber den blauen oder grauen Himmel.

Warum sollten wir beim Schreiben die Haltung eines Über-ICHS[1] simulieren, das alles weiß und deshalb regiert? Warum sollten wir beim Lesen eine solche Haltung akzeptieren? Ist auktoriales Erzählen nicht irgendwie ‚undemokratisch'?"

Nehmen Sie mit Blick auf die beiden Erzählanfänge der Romane von Hesse und Zeh zur Position der Autorin Stellung. Beantworten Sie in diesem Zusammenhang auch Zehs Frage, ob auktoriales Erzählverhalten „nicht irgendwie ‚undemokratisch'" sei.

---

[1] Die Begriffe **Ich** und **Über-Ich** gehen auf die Theorie des Psychoanalytikers Sigmund Freud zurück: Die menschliche Psyche besteht demnach aus drei Instanzen, von denen das Über-Ich das Gewissen verkörpere, welches insbesondere durch die von der Gesellschaft anerkannten Werte und Normen geprägt sei und vor allem durch Erziehung erworben werde. Dem Über-Ich stehen die ureigenen und unbewussten Triebe, das sogenannte Es, entgegen, die das Individuum befriedigen wolle, um sich selbst zu verwirklichen. Aufgabe des Ichs sei es folglich, zwischen diesen gegensätzlichen Instanzen zu vermitteln bzw. eine Balance herzustellen, um sich in seinem sozialen Umfeld angemessen zu verhalten.

„Über manche Dinge hat sie sich nie Illusionen gemacht" – Einen Roman und dessen Verfilmung miteinander vergleichen

In diesem Abschnitt beschäftigen Sie sich intensiv mit Daniel Kehlmanns Roman „Ruhm" (2009) und dessen Verfilmung. Der Roman besteht aus neun in sich abgeschlossenen Geschichten, die jedoch durch das Spiel mit Identitäten miteinander verbunden sind. Im Folgenden sind die Erzählanfänge bzw. Auszüge[1] ausgewählter Geschichten sowie entsprechende Filmstandbilder aus der zugehörigen Romanverfilmung abgebildet.

A
Der Ausweg
Im Frühsommer seines neununddreißigsten Jahres wurde der Schauspieler Ralf Tanner sich selbst unwirklich.
Von einem Tag zum nächsten kamen keine Anrufe mehr. Langjährige Freunde verschwanden aus seinem Leben, berufliche Pläne zerschlugen sich grundlos, eine Frau, die er nach seinen Möglichkeiten geliebt hatte, behauptete, daß er sie am Telefon übel verspottet habe, und eine andere, Carla, war in der Lobby eines Hotels aufgetaucht, um ihm die schlimmste Szene seines Lebens zu machen: Dreimal, hatte sie geschrien, habe er sie einfach so versetzt!

B
Rosalie geht sterben
Von all meinen Figuren ist sie die klügste. Vor beinahe siebzig Jahren war Rosalie jung und gut in der Schule, dann hat sie die Lehrerinnenakademie absolviert und vier Jahrzehnte unterrichtet. Sie war zweimal verheiratet und hat drei längst schon erwachsene Töchter, jetzt ist sie Witwe, ihre Pension ist ausreichend, und über manche Dinge hat sie sich nie Illusionen gemacht; darum ist sie auch nicht erstaunt gewesen, als ihr der Arzt vorige Woche gesagt hat, daß Bauchspeicheldrüsenkrebs nicht heilbar ist und daß es nun sehr schnell zu Ende gehen wird.

C
Ein Beitrag zur Debatte
[...] Leo Richters Zimmer, dachte ich. Guckte rum, öffnete Schubladen, Schränke. Lara Gaspards Zimmer. Wars ja irgendwie auch. Mein Gott.
In den Schränken das übliche Zeug. Unterwäsche, ein Laptop (fuhr ihn hoch, aber er verlangte Passwort), paar Bücher [...]. Ich hockte mich aufs Bett. Hört mal, ich will nichts bullshitten, ich war so durch den Wind. Und hatte natürlich auch Angst: Wenn Leo jetzt reinkäme, der wär im Stande und ruft Hilfe. Aber irgendwie mußte ich ihm auffallen. Mußte in die Geschichte. Denn was hatte ich sonst? Die Chance käm ja nicht mehr. Ich hätte ihm sogar Fresse gegeben, wenn das geholfen hätte, aber er war doch nicht da.
Als ich mich umguckte, sah das Zimmer schon aus, na frage nicht.

D
Osten
[...] „Mein Gott, endlich! Bitte helfen Sie mir."
Ihr Paß, sagte er, sei alt.
„Wie bitte?"
Das Zeichen im Paß. Alt.
Sie verstand nicht.
Er blickte zur Decke und überlegte eine Weile, bis ihm die richtigen Wörter einfielen: Ihr Visum sei abgelaufen.
„Natürlich! Ich sollte gestern abfliegen, aber man hat mich nicht abgeholt."
Ohne Visum könne sie nicht hier sein.
„Aber ich will doch gar nicht hier sein!"
Das gehe auch nicht. Ohne Visum.

---

[1] Aus lizenzrechtlichen Gründen folgen die Textauszüge nicht der reformierten Rechtschreibung.

Wer bin ich? Wer will ich sein? – Identität als Thema modernen Erzählens

1

2. Tauschen Sie sich mit den anderen Kursteilnehmern über Ihre Erwartungen, Überlegungen und Fragen, welche die Textauszüge und Bilder bei Ihnen hervorrufen, aus.

3. Diskutieren Sie, welche Aspekte zum Thema „Identität" hier bereits angedeutet werden. Beziehen Sie dabei auch die Titel der Geschichten in Ihre Überlegungen ein.

➔ Ludwig Helbig, Identität, S. 15 f.

2

Daniel Kehlmann. Der in München geborene Schriftsteller wuchs in Österreich auf und studierte nach seiner Schulzeit an der Universität Wien Philosophie und Germanistik. Bereits 1997 erschien sein erster Roman, weitere Veröffentlichungen folgten – unter anderem auch sein Roman „Die Vermessung der Welt" (2005), der in über vierzig Sprachen übersetzt und schließlich verfilmt wurde. Kehlmann wurde mit zahlreichen Literaturpreisen ausgezeichnet und avancierte zu einem der erfolgreichsten deutschsprachigen Autoren der Nachkriegszeit.

3

Daniel Kehlmann (geb. 1975)
Ruhm. Ein Roman in neun Geschichten (Stimmen)

Bei dem folgenden Textauszug handelt es sich um den Romananfang von Daniel Kehlmanns Werk „Ruhm. Ein Roman in neun Geschichten", bei dem der Autor voneinander scheinbar unabhängige Episoden kunstvoll zu einem Textganzen verknüpft. In dieser ersten Geschichte „Stimmen" werden bereits die Themen und Motive des gesamten Romans entfaltet.

4

1. Ordnen Sie die vier Standbilder aus der Verfilmung des Romans „Ruhm" den Erzählausschnitten der jeweiligen Kurzgeschichte zu. Begründen Sie Ihre Entscheidung.

Noch bevor Ebling zu Hause war, läutete sein Mobiltelefon. Jahrelang hatte er sich geweigert, eines zu kaufen, denn er war Techniker und vertraute der Sache nicht. Wieso fand niemand etwas dabei, sich eine Quelle aggressiver Strahlung an den Kopf zu halten? Aber Ebling hatte eine Frau, zwei Kinder und eine Handvoll Arbeitskollegen, und ständig hatte sich jemand über seine Unerreichbarkeit beschwert. So hatte er endlich nachgegeben, ein Gerät erworben und gleich vom Verkäufer aktivieren lassen. Wider Willen war er beeindruckt: Schlechthin perfekt war es, wohlgeformt, glatt und elegant. Und jetzt, unversehens, läutete es.

Zögernd hob er ab.

Eine Frau verlangte einen gewissen Raff, Ralf oder Rauff, er verstand den Namen nicht.

Ein Irrtum, sagte er, verwählt. Sie entschuldigte sich und legte auf.

Am Abend dann der nächste Anruf. „Ralf!" rief ein heiserer Mann. „Was ist, wie läuft es, du blöde Sau?"

„Verwählt!" Ebling saß aufrecht im Bett. Es war schon zehn Uhr vorbei, und seine Frau betrachtete ihn vorwurfsvoll.

Der Mann entschuldigte sich, und Ebling schaltete das Gerät aus.

Am nächsten Morgen warteten drei Nachrichten. Er hörte sie in der S-Bahn auf dem Weg zur Arbeit. Eine Frau bat kichernd um Rückruf. Ein Mann brüllte, daß er sofort herüberkommen solle, man werde nicht mehr lange auf ihn warten; im Hintergrund hörte man Gläserklirren und Musik. Und dann wieder die Frau: „Ralf, wo *bist* du denn?"

Ebling seufzte und rief den Kundendienst an.

Seltsam, sagte eine Frau mit gelangweilter Stimme. So etwas könne überhaupt nicht passieren. Niemand kriege eine Nummer, die schon ein anderer habe. Da gebe es jede Menge Sicherungen.

„Es ist aber passiert!"

Nein, sagte die Frau. Das sei gar nicht möglich.

„Und was tun Sie jetzt?"

Wisse sie auch nicht, sagte sie. So etwas sei nämlich gar nicht möglich.

Ebling öffnete den Mund und schloß ihn wieder. Er wußte, daß jemand anderer sich nun sehr erregt hätte – aber so etwas lag ihm nicht, er war nicht begabt darin. Er drückte die Auflegetaste.

Sekunden später läutete es wieder. „Ralf?" fragte ein Mann.

„Nein."

„Was?"

„Diese Nummer ist ... Sie wurde aus Versehen ... Sie haben sich verwählt."

„Das ist Ralfs Nummer!"

Ebling legte auf und steckte das Telefon in die Jackentasche. Die S-Bahn war wieder überfüllt, auch heute mußte er stehen. Von der einen Seite preßte sich eine fette Frau an ihn, von der anderen starrte ein schnurrbärtiger Mann ihn an wie einen verschworenen Feind. Es gab viel, das Ebling an seinem Leben nicht mochte. Es störte ihn, daß seine Frau so geistesabwesend war, daß sie so dumme Bücher las und daß sie so erbärmlich schlecht kochte. Es störte ihn, daß er keinen intelligenten Sohn hatte und daß seine Tochter ihm so fremd vorkam. Es störte ihn, daß er durch die zu dünnen Wände immer den Nachbarn schnarchen hörte. Besonders aber störten ihn die Bahnfahrten zur Stoßzeit. Immer so eng, immer voll, und gut gerochen hatte es noch nie.

Seine Arbeit aber mochte er. Er und Dutzende Kollegen saßen unter sehr hellen Lampen und untersuchten defekte Computer, die von Händlern aus dem ganzen Land eingeschickt wurden. Er wußte, wie fragil die kleinen denkenden Scheibchen waren, wie kompliziert und rätselhaft. Niemand durchschaute sie ganz; niemand konnte wirklich sagen, warum sie mit einem Mal ausfielen oder sonderbare Dinge taten. Man suchte schon lange nicht mehr nach Ursachen, man tauschte einfach so lange Teile aus, bis das ganze Gebilde wieder funktionierte. Oft stellte er sich vor, wieviel in der Welt von diesen Apparaten abhing, von denen er doch wußte, daß es immer eine Ausnahme war und ein halbes Wunder, wenn sie genau das taten, was sie sollten. Abends im Halbschlaf beunruhigte ihn diese Vorstellung – all die Flugzeuge, die elektronisch gesteuerten Waffen, die Rechner in den Banken – manchmal so sehr, daß er Herzklopfen bekam. Dann fragte Elke ihn ärgerlich, warum er nicht ruhig liege, da könne man sein Bett ja ebensogut mit einer Betonmischmaschine teilen, und er entschuldigte sich und dachte daran, daß schon seine Mutter ihm gesagt hatte, er sei zu empfindsam. […]

Das Telefon läutete wieder, und eine Frau fragte ihn, ob er sich das gut überlegt habe, auf so eine wie sie verzichte man nur, wenn man ein Idiot sei. Oder sehe er das anders?

Nein, sagte er, ohne nachzudenken, er sehe das genauso.

„Ralf!" Sie lachte.

Eblings Herz klopfte, sein Hals war trocken. Er legte auf.

Den ganzen Weg bis zur Firma war er verwirrt und nervös. Offensichtlich hatte der ursprüngliche Besitzer der Nummer eine ähnliche Stimme wie er. Wieder rief er beim Kundendienst an.

Nein, sagte eine Frau, man könne ihm nicht einfach eine andere Nummer geben, es sei denn, er bezahle dafür.

„Aber diese Nummer gehört jemand anderem!"

Unmöglich, antwortete sie. Da gebe es –

„Sicherungen, ich weiß! Aber ich bekomme ständig Anrufe für ... Wissen Sie, ich bin Techniker. Ich weiß, daß sich bei Ihnen dauernd Leute melden, die von nichts eine Ahnung haben. Aber ich bin vom Fach. Ich weiß, wie man –"

Sie könne gar nichts tun, sagte sie. Sie werde sein Anliegen weiterleiten.

„Und dann? Was passiert dann?"

Dann, sagte sie, werde man weitersehen. Aber dafür sei sie nicht zuständig.

An diesem Vormittag konnte er sich nicht auf die Arbeit konzentrieren. Seine Hände waren zittrig, und in der Mittagspause hatte er keinen Hunger, obwohl es Wiener Schnitzel gab. Die Kantine hatte nicht oft Wiener Schnitzel, und normalerweise freute er sich schon am Tag vorher darauf. Diesmal jedoch stellte er sein Tablett mit dem halbvollen Teller in die Stellage zurück, ging in eine stille Ecke des Eßsaals und schaltete sein Telefon ein.

Drei Nachrichten. Seine Tochter, die vom Ballettunterricht abgeholt werden wollte. Das überraschte ihn, er hatte gar nicht gewußt, daß sie tanzte. Ein Mann, der um Rückruf bat. Nichts an seiner Nachricht verriet, wem sie galt: ihm oder dem anderen. Und dann eine Frau, die ihn fragte, warum er sich so rar mache. Ihre Stimme, tief und schnurrend, hatte er noch nie gehört. Gerade als er ausschalten wollte, läutete es wieder. Die Nummer auf dem Bildschirm begann mit einem Pluszeichen und einer zweiundzwanzig. Ebling wußte nicht, welches Land das war. [...] Er hob ab.

„Sehen wir uns nächsten Monat?" rief ein Mann. „Du bist doch auf dem Locarno-Festival? Die werden das nicht ohne dich durchziehen, nicht unter diesen Umständen, Ralf, oder?"

„Bin wohl dort", sagte Ebling.

„Dieser Lohmann. War ja zu erwarten. Hast du mit den Leuten von Degetel gesprochen?"

„Noch nicht."

„Wird aber Zeit! Locarno kann uns sehr helfen, wie Venedig vor drei Jahren." Der Mann lachte. „Und sonst? Clara?"

„Jaja", sagte Ebling.

„Du altes Schwein", sagte der Mann. „Ist ja unglaublich."

„Finde ich auch", sagte Ebling.

„Bist du erkältet? Du klingst komisch."

„Ich muß jetzt ... was anderes machen. Ich rufe zurück."

„Schon gut. Änderst dich nie, was?"

Der Mann legte auf. Ebling lehnte sich an die Wand und rieb seine Stirn. Er brauchte einen Moment, bis er sich wieder zurechtfand: Dies war die Kantine, rings um ihn aßen die Kollegen Schnitzel. Gerade trug Rogler ein Tablett vorbei.

„Hallo, Ebling", sagte Rogler. „Alles klar?"

„Na sicher." Ebling schaltete das Telefon aus.

Den ganzen Nachmittag war er nicht bei der Sache. Die Frage, welcher Teil eines Computers defekt war und wie es zu den Fehlern hatte kommen können, die die Händler in ihren kryptischen Schadensmeldungen beschrieben [...], interessierte ihn heute einfach nicht. So fühlte es sich also an, wenn man etwas hatte, auf das man sich freute.

Er zögerte es hinaus. Das Telefon blieb ausgeschaltet, während er mit der S-Bahn nach Hause fuhr, es blieb ausgeschaltet, als er im Supermarkt Gurken kaufte, und auch während des Essens mit Elke und den zwei einander unter dem Tisch tretenden Kindern ruhte es in seiner Tasche, aber er konnte nicht aufhören, daran zu denken.

Dann ging er in den Keller. Es roch modrig, in einer Ecke stapelten sich Bierkisten, in einer anderen die Teile eines provisorisch zerlegten IKEA-Schranks. Ebling schaltete das Telefon ein. Zwei Nachrichten. Als er sie gerade anhören wollte, vibrierte das Gerät in seiner Hand: Jemand rief an.

„Ja?"

„Ralf."

„Ja?"

„Was denn jetzt?" Sie lachte. „Spielst du mit mir?"

„Würde ich nie tun."

„Schade!"

Seine Hand zitterte. „Du hast recht. Eigentlich würde ich ... gerne mit dir ..."

„Ja?"

„... spielen."

„Wann?"

Ebling blickte sich um. Diesen Keller kannte er wie nichts anderes auf der Welt. Jeden Gegenstand hier hatte er selbst hingestellt. „Morgen. Du sagst, wann und wo. Ich bin da."

„Ist das dein Ernst?"

„Finde es raus."

Er hörte sie tief einatmen. „Im *Pantagruel*. Um neun. Du reservierst."

„Mache ich."

„Du weißt, daß es nicht vernünftig ist?"

„Wen interessiert das?" fragte Ebling.

Sie lachte, dann legte sie auf.

210 Diese Nacht faßte er zum ersten Mal seit langem wieder seine Frau an. Zunächst war sie nur verblüfft, dann fragte sie, was denn los sei mit ihm und ob er getrunken habe, dann gab sie nach. Lange dauerte es nicht, und während er sie noch unter sich spürte, war
215 ihm, als täten sie etwas Ungehöriges. [...]

(2009)

1. Stellen Sie im Gespräch mit Ihrem Sitznachbarn bzw. Ihrer Sitznachbarin Vermutungen darüber an, worum es in dieser Geschichte im weiteren Verlauf (bzw. im ganzen Roman) gehen könnte.

2. Lassen Sie den Romantitel „Ruhm" auf sich wirken und halten Sie Ihre Assoziationen zu diesem Begriff stichwortartig in Form einer Mindmap oder eines Ideensterns fest.

3. Lesen Sie den Anfang des Romans „Ruhm" noch einmal und notieren Sie stichwortartig die Themen und Motive, die bereits in dieser ersten Geschichte vor dem Leser bzw. der Leserin ausgebreitet werden. Legen Sie hierfür eine Tabelle nach folgendem Muster an:

Themen und Motive	Textbeleg(e)
Medienkritik: Moderne Technik/ Kommunikation	„Jahrelang hatte er sich geweigert, eines [ein Mobiltelefon, Verf.] zu kaufen, denn er war Techniker und vertraute der Sache nicht." (Z. 2 ff.)
...	...

Information

Das Motiv als zentrales Element literarischer Texte

Im Gegensatz zum Thema, welches das Kernproblem eines literarischen Textes in seiner Gesamtheit erfasst, stellt ein **Motiv** (lat. *motivum* = Antrieb, Bewegung) in der Literatur die kleinste inhaltliche bzw. stoffliche Einheit eines Textes dar.

Ein Motiv kann immer wieder aufgegriffen und neu kombiniert werden und sich dabei in verschiedene Richtungen entfalten. Die Ausgestaltung von Textpassagen und -aussagen zu einem durchgängigen Motiv dient dazu, die **Aufmerksamkeit des Lesers** zu lenken, um deren Bedeutung (z. B. für den weiteren Handlungsverlauf) hervorzuheben und Zusammenhänge zwischen Textteilen zu verdeutlichen, die ohne ein Motiv nicht ohne Weiteres zu erkennen wären.

Die **Deutung eines Motivs** ist folglich wesentlicher Bestandteil der Interpretation literarischer Texte, wie etwa das Motiv der Reise, welches in Herrndorfs Roman „Tschick" den inneren Reifeprozess des Protagonisten vom Jugendlichen zum Erwachsenen symbolisiert. Weitere Motive, die in literarischen Texten immer wieder auftauchen, sind z. B. das Motiv der Augen, des Spiegels, des Doppelgängers.

4. Lesen Sie die folgenden Informationen und diskutieren Sie, ob und inwiefern der Titel des Romans zu der Hauptfigur der vorliegenden Geschichte, dem Techniker und verheirateten Familienvater Ebling, passt.

Christine Mersiowsky (geb. 1970)
Der Handlungsverlauf und das Ende der Geschichte „Stimmen"

Aus Mangel an Courage versetzt Ebling die fremde Anruferin, jedoch findet er zunehmend Gefallen daran, sich am Mobiltelefon als Ralf auszugeben, zumal ihm bei einem zufälligen Blick auf ein Filmplakat der Gedanke kommt, möglicherweise die Rufnummer 5 des berühmten und begehrten Schauspielers Ralf Tanner erhalten zu haben. Er taucht in diese für ihn fremde Welt ein, und schnell entwickelt sich bei ihm eine Sucht: Ebling starrt unentwegt auf das Display seines Mobiltelefons und wartet nervös auf den 10 nächsten Anruf. Ohne es überhaupt wahrzunehmen, vergisst er sogar, zur Arbeit zu gehen, und bleibt zwei Tage unentschuldigt fern.
Von einem Tag auf den anderen nehmen die Anrufe plötzlich ein Ende. Sein Mobiltelefon läutet erst wie- 15 der, als sein Vorgesetzter den Grund für seine Abwesenheit erfahren möchte. Ebling entschuldigt sich und erscheint am nächsten Tag wieder bei der Arbeit, die ihm jedoch nicht länger gefällt, stattdessen ist er viel zu sehr mit seinem Mobiltelefon beschäftigt, bis 20 ihn sein Kollege schließlich auf seine Pflichtverletzung aufmerksam macht und Ebling zur Rede stellt: „Versteh das jetzt bitte nicht falsch. Aber wer sollte dich schon anrufen?"

(2017)

1. Ordnen Sie die in Form eines Storyboards vorliegende Filmsequenz in den Handlungsverlauf der Erzählung „Stimmen" (vgl. S. 32 ff.) ein.
   ➔ Das Storyboard als Planungshilfe für die Dreharbeiten, S. 38

2. Bestimmen Sie die jeweils gewählte Einstellungsgröße und erläutern Sie deren mögliche Wirkungsabsicht bzw. Funktion.
   ➔ Eine Filmsequenz interpretieren, S. 179 ff.

3. Vergleichen Sie die Einstellungsgrößen Groß und Weit miteinander und erläutern Sie an diesem Beispiel die grundsätzlichen Möglichkeiten, die Einstellungen mit kleinem bzw. großem Bildausschnitt jeweils bieten.

4. Bei der dritten Einstellung wurde eine andere Kameraperspektive gewählt. Erläutern Sie den Unterschied zu den ersten beiden Abbildungen und den hierdurch entstehenden Effekt. Gehen Sie in diesem Zusammenhang auch darauf ein, wie das Ende dieser Filmsequenz zu deuten ist.

5. Lesen Sie die Informationen im Kasten und untersuchen Sie den Bildinhalt der zweiten Abbildung noch einmal genauer.
   Legen Sie zu diesem Zweck eine Tabelle nach dem unten angegebenen Muster an und bearbeiten Sie zunächst lediglich die erste Spalte.
   ➔ Eine Filmsequenz interpretieren, S. 179 ff.

Bild	Ton	Schnitt
Kameraführung	Sprache der Figuren	Art der Montage
…	…	…

Information

Die drei Elemente des Films: Bild, Ton und Schnitt

Bild: Das Besondere des Mediums Film ist das bewegte Bild. Im Rahmen der Filmanalyse werden hier vor allem
- Kameraführung (Einstellungsgrößen, Kameraperspektiven und -bewegungen),
- Ausstattung (Raum, Requisiten, Kostüme usw.),
- Beleuchtung und
- Farbgestaltung

untersucht.

Ton: Der aus dem **On** (Tonquelle im Bild) oder **Off** (Tonquelle außerhalb des Bildes) kommende Ton besteht hauptsächlich aus der Sprache der Figuren. Unterstützt wird das bewegte Bild zudem durch Geräusche und Musik.

Schnitt: Beim Schnitt interessieren insbesondere die Art der Montage (z. B. Parallelmontage), die Länge der jeweiligen Kameraeinstellungen sowie die jeweils gewählten Einstellungsverbindungen. Letzteres meint den Übergang von einer Kameraeinstellung zur nächsten, welcher entweder durch einen harten Schnitt oder weich mit einer Blende erfolgen kann.

6. Schauen Sie sich die dazugehörige Filmsequenz (00:13:19 – 00:16:01 Std.) an und ergänzen Sie Ihre Tabelle entsprechend.

7. Interpretieren Sie die Filmsequenz im Hinblick darauf, welche Stimmung der Anruf der fremden Frau bei Ebling auslöst.

8. Lesen Sie die ausgewählte Textstelle (S. 34, Z. 185 – 215) erneut und beurteilen Sie deren filmische Umsetzung mithilfe geeigneter Kriterien (z. B. Auswahl und Gestaltung der Räume, Wahl und Aussehen der Darsteller, Textnähe zur literarischen Vorlage).

„Ich lebe als er. Ich denke wie er" –
Das Doppelgänger-Motiv filmisch erzählen

Daniel Kehlmann (geb. 1975)
Ruhm. Ein Roman in neun Geschichten (Der Ausweg)

Bei dem folgenden Text handelt es sich um einen Auszug aus der vierten Kurzgeschichte „Der Ausweg". In dieser Episode wird erzählt, wie dem erfolgreichen Schauspieler, Ralf Tanner, sein Leben von einem Tag zum nächsten entgleitet, nachdem der Mobilfunkanbieter seine Rufnummer irrtümlich an einen anderen Kunden vergeben und dieser schnell Gefallen an seiner neuen Identität gefunden hat. Ralf erhält folglich keine Anrufe mehr, berufliche Pläne zerschlagen sich scheinbar grundlos und ihm werden von enttäuschten Frauen in der Öffentlichkeit Szenen gemacht. Aus seiner Frustration heraus sucht Ralf Tanner das Looppool auf – eine Bar, in der Laiendarsteller auftreten, um prominente Persönlichkeiten zu imitieren.

Kurz darauf fand er sich selber auf dem Podium wieder. Menschen starrten ihn an, und er sprach seinen berühmten Dialog mit Anthony Hopkins aus *Ich bin der Mann im Mond* nach. Anthony gelang ihm sehr
5 gut, bei seinen eigenen Passagen war er unsicher. Die Leute klatschten und johlten, er sprang zurück in den Saal, und die Frau, mit der er getanzt hatte, sagte in sein Ohr, sie heiße Nora.
Der Mann, dem die Diskothek gehörte, klopfte ihm
10 auf die Schulter und gab ihm fünfzig Euro. „Das war in Ordnung, wenn auch nicht toll. Tanner spricht anders, und die Hände hält er ungefähr so." Er machte es vor. „Du siehst ihm ähnlich, aber seine Haltung kannst du noch nicht. Schau mehr von den Filmen
15 an! Komm nächste Woche wieder."
Als er und die Frau auf die Straße traten, erschrak er. Ihm fiel ein, daß er sie nicht mit zu sich nehmen konnte. Sobald sie das Haus und die Dienstboten sehen würde, würde sie wissen, daß er nicht der war,
20 der er zu sein behauptete – oder vielmehr, daß er genau der war. Er tat, als ob er den wartenden Chauffeur nicht sähe, winkte ein Taxi heran und erfand etwas über einen Bruder, der gerade zu Besuch sei; und mit einem Blick, dem er ansah, daß sie ihm kein

Wort glaubte und ihn für verheiratet hielt, sagte sie, 25
es sei aber nicht aufgeräumt bei ihr.
In ihrer kleinen und sehr ordentlichen Wohnung verbrachte Ralf Tanner die beste Nacht seines Lebens. Nicht er, sondern ein anderer umfaßte Noras Leib und schleuderte sie mit einer Kraft hin und her, wie 30
er sie nie besessen hatte. [...]
Beim nächsten Auftritt im *Looppool* allerdings machte er keine gute Figur. Während er auf dem Podium stand und seinen Text sprach, fühlte er sich plötzlich verloren. Etwas ging schief, er war verkrampft, seine 35
Stimme klang gepreßt, und als er versuchte, sich daran zu erinnern, wie er die Hände in jener Szene gehalten hatte, fiel ihm nicht mehr ein, wie es eigentlich gewesen war, was er empfunden und gedacht hatte, sondern er sah nur das Bild von sich selbst auf der 40
Leinwand vor sich. Er spürte, wie die Aufmerksamkeit der Zuschauer ihm entglitt, und nur sein Schauspielerinstinkt zwang ihn dazu, den Auftritt zu Ende zu bringen.
Dann sah er, auch der andere Ralf-Tanner-Darsteller 45
war da. Von YouTube wußte er, daß er beeindruckende Perfektion erreicht hatte, aber in Person war die Ähnlichkeit noch erstaunlicher. Sein Händedruck war fest, und er hatte den scharfen Blick, den Ralf von sich selbst auf der Leinwand kannte. Er war groß 50
und breitschultrig und hatte eine Ausstrahlung von Stärke, Festigkeit und Mut.
„Sie machen das noch nicht lange", sagte er.
Ralf zuckte die Achseln.
„Ich bin seit seinem zweiten Film dabei. Am Anfang 55
habe ich es nebenbei gemacht, da war ich noch im Fundbüro. Dann ging es aufwärts mit ihm, und ich habe gekündigt." Der Mann sah ihn mit schmalen Augen an. „Steigen Sie jetzt hauptberuflich ein? Es braucht lange Übung. Es ist sehr schwer. Um einen 60
Menschen darstellen zu können, muß man mit ihm leben. Oft gehe ich auf der Straße und merke gar nicht, daß ich es als Ralf Tanner tue. Ich *lebe* als er. Ich denke wie er, manchmal bleibe ich tagelang in der Rolle. Ich *bin* Ralf Tanner. Das braucht Jahre." 65
Der Besitzer des *Looppool* wollte ihm diesmal nur dreißig Euro geben. Es sei wirklich nicht besonders

gewesen, und mit der Ähnlichkeit sei es auch nicht weit her.
70 Für einen Moment flammte Empörung in ihm auf. Er sah dem Mann ins Gesicht, und offenbar spürte der tatsächlich jenen Blick, den er aus einem Dutzend Filme kannte; er trat zurück, starrte auf seine Schuhspitzen und murmelte etwas Unverständliches. Seine
75 Hand glitt in seine Tasche, und Ralf wußte, gleich würde er einen weiteren Geldschein herausholen. Aber dann merkte er, wie seine Kraft wich und die Wut sich auflöste. Er sei ja noch ein Anfänger, sagte er. „Schon gut." Der Mann warf ihm einen mißtraui-
80 schen Blick zu. Er zog die Hand leer aus der Tasche. „Ich werde mich bemühen", sagte Ralf. Etwas daran gefiel ihm. Bewies das nicht, daß er endlich frei war?

(2009)

1. Interpretieren Sie den vorliegenden Textauszug im Hinblick auf die gegenwärtige Situation der Hauptfigur, indem Sie folgende Fragen mit Ihrem Sitznachbarn bzw. Ihrer Sitznachbarin beantworten:
- Warum sucht der Schauspieler das *Looppool* auf, um ausgerechnet sich selbst darzustellen?
- In welcher Gemütsverfassung befindet sich der Protagonist offensichtlich?
- Was scheint Ralf Tanner zu beschäftigen, wonach sehnt er sich möglicherweise?
- Warum hält sich Ralf Tanner am Ende dieser Begebenheit für frei?

2. Ordnen Sie den Auszug in das Thema „Identität" ein. Beziehen Sie dabei insbesondere auch den Titel dieser Geschichte in Ihre Überlegungen ein.
→ Ludwig Helbig, Identität, S. 15 f.

3. Lesen Sie die Informationen im Kasten und entwerfen Sie in Kleingruppen das Storyboard für eine kurze Filmsequenz zur ersten Begegnung des Schauspielers Ralf Tanner mit seinem Doppelgänger im *Looppool* (Z. 53–65), indem Sie …
- Ihr Hauptaugenmerk darauf legen, wie Sie das Thema „Identität" filmsprachlich umsetzen können.
- das bewegte Bild (Ausstattung, Beleuchtung, Farbe) konkret gestalten.
- die zentralen Kameraeinstellungen (Einstellungsgröße, Perspektive) zeichnen.

Information

Das Storyboard als Planungshilfe für die Dreharbeiten

Während in einem Drehbuch die Inhalte des Films in Form von Dialogen und Regieanweisungen dokumentiert werden und somit der Darstellung eines Dramentextes ähneln, dient das **Storyboard** dem Filmteam während der Dreharbeiten als **visuelles Hilfsmittel**: So werden in einem Storyboard die wichtigsten Kameraeinstellungen mit ihrer jeweiligen Einstellungsgröße und Perspektive festgelegt und, ähnlich wie in einem Comic, skizzenhaft gezeichnet.
Damit später bei den Dreharbeiten das Timing von Bild und Ton stimmt, wird die zentrale Äußerung einer der handelnden Figuren aus dem Drehbuch übernommen und der jeweiligen Skizze zugeordnet. Auf diese Weise entsteht eine Art Bilderbuch des Films vor dem Film.
Ergänzt wird das Storyboard häufig durch weitere zentrale filmsprachliche Gestaltungsideen (Beleuchtungseffekte, Kamerabewegungen, musikalische Untermalung usw.), welche stichwortartig am Rand vermerkt werden.
Ein Beispiel:

Filmsequenz: Ebling erhält einen Anruf von einer Unbekannten (aus: „Stimmen")			
Nr.	Kameraeinstellung (Einstellungsgröße, Perspektive)	Text (Dialoge, Regieanweisungen)	Notizen (Bild, Ton, Schnitt)
1		verführerische Frauenstimme aus dem Off: „Spielst du mit mir?" entrückter Gesichtsausdruck Eblings	Fokus auf Eblings Emotionen (**Groß**) → längere Kameraeinstellung <u>ohne</u> Schnitt
2	…	…	…

4. Der Regisseur einer Romanverfilmung hat vor Beginn der eigentlichen Dreharbeiten ein wichtiges Mitspracherecht bei der Besetzung der verschiedenen Haupt- und Nebenrollen.
Diskutieren Sie in Ihrer Gruppe, wie der Darsteller der Figur des Ralf Tanner aussehen und welche Eigenschaften er eventuell bereits von sich aus mitbringen sollte. Nennen Sie Ihre Anforderungen oder visualisieren Sie diese mithilfe von Fotos (Zeitschriften, Postkarten usw.) oder Skizzen.

5. Erläutern Sie, was sich möglicherweise verändert, wenn Ihr Wunschkandidat für den geplanten Zeitraum der Dreharbeiten nicht zur Verfügung steht oder kurzfristig ausfällt und die Rolle anderweitig besetzt werden muss.

4. Erläutern und bewerten Sie insbesondere die Idee der Filmregisseurin, von der literarischen Vorlage abzuweichen und diese Szene auf der Besuchertoilette stattfinden zu lassen. Gehen Sie in diesem Zusammenhang auch auf das Spiegel-Motiv ein.
➔ Das Motiv als zentrales Element literarischer Texte, S. 35

Ralf Tanner im Looppool

1. Beschreiben und deuten Sie das folgende Filmstandbild mithilfe des Fachvokabulars der Filmsprache (S. 36).

2. Schauen Sie sich die Filmsequenz zu Ralf Tanners Begegnung mit seinem Doppelgänger im *Looppool* (00:21:13 – 00:26:06 Std.) an und vergleichen Sie die Filmsequenz mit Ihrem Entwurf.

3. Lesen Sie die zugrunde liegende Textstelle (Z. 53 – 65) erneut und beurteilen Sie deren filmische Umsetzung mithilfe folgender Leitfragen:
   - Was ist hinzugefügt und/oder ausgelassen worden? Warum?
   - Welcher Aspekt wird durch die Visualisierung bzw. Konkretisierung der literarischen Vorlage besonders hervorgehoben?
   - An welcher Stelle und inwiefern hat die Verfilmung den Text erweitert? Warum?

5. Beschreiben Sie am Beispiel des Spiegel-Motivs die besonderen Gestaltungsmöglichkeiten, die das Medium Film im Vergleich zum Medium Buch bietet.

6. **Was Sie noch machen können:**
   a) Lesen Sie zunächst Daniel Kehlmanns Roman „Ruhm" im Ganzen oder schauen Sie sich dessen Verfilmung an, um anschließend folgende Aufgaben zu bearbeiten:
      - Recherchieren Sie nach Rezensionen (= Kritiken) zum Roman bzw. Film und informieren Sie sich darüber, wie das Werk bei den Rezipienten angekommen ist.
      - Wählen Sie eine Kritik, die Sie überzeugt, überrascht, verärgert hat oder Ihnen aus anderen Gründen besonders aufgefallen ist, aus und verfassen Sie einen Leserbrief an die Rezensentin bzw. den Rezensenten, in welchem Sie Stellung zu deren bzw. dessen Position nehmen.
   b) Wählen Sie einen der im ersten Teil dieser Einheit zu findenden Erzähltexte aus und entwickeln Sie dazu oder zu einem Teil daraus eine Filmsequenz. Gestalten Sie zunächst ein Storyboard.

Medien – Reflexion und Kritik

Medien sind allgegenwärtig – und sie beeinflussen uns, ob wir es wollen oder nicht. Durch die Nutzung von Medien bilden wir uns unsere Vorstellungen von der Welt und unsere Meinungen darüber, was richtig und falsch, gut oder schlecht ist. Die breite Zugänglichkeit zu vielen Medien ist Voraussetzung und Bestandteil unserer modernen Informationsgesellschaft und bietet jedem die Chance, sich weiterzubilden. Andererseits birgt eine unreflektierte und vielleicht auch ungesteuerte Nutzung von Medien auch Gefahren, die von Desorientierung über Manipulation bis hin zur Abhängigkeit reichen. Sich darüber bewusst zu werden, was Medien sind, wie sie wirken und wie man sie auf eine sinnvolle Weise für sich nutzen kann, stellt daher eine wichtige Kompetenz dar, die mithilfe dieses Kapitels weiterentwickelt werden soll. Methodisch stehen hier insbesondere die Zusammenfassung sowie die Analyse von Sachtexten und diskontinuierlichen Texten als Schreibformen, die schrittweise vorgestellt und eingeübt werden, im Vordergrund.

Die erweiterten technischen Möglichkeiten der Medien, insbesondere im Hinblick auf die Digitalisierung unserer Lebenswelt, haben das Spektrum der Einsatz- und Nutzungsmöglichkeiten so weit eröffnet, dass kaum ein Bereich des Alltags und Berufs existiert, der nicht mithilfe von Apps gestützt werden könnte. Weil gerade diese neuen Medien – insbesondere das Smartphone – unsere Welt stark verändert haben und dies in der Zukunft noch weiter tun werden, ist es wichtig, mediale Entwicklungen und damit verbundene gesellschaftliche Prozesse zu beobachten, zu diskutieren und zu bewerten.

Ein zweiter Schwerpunkt dieses Kapitels besteht deshalb darin, kontroverse Positionen zum Thema „Smartphone" zu erarbeiten und zu erörtern. Dazu wird erweiternd und aufbauend am Beispiel medienkritischer Texte der Aufgabentyp der „textgebundenen Erörterung" vorgestellt und eingeübt.

„Die Medien sind die mächtigste Instanz der Welt. Sie haben die Macht, die Unschuldigen schuldig und die Schuldigen unschuldig zu machen – und das bedeutet eine große Macht. Denn sie kontrollieren die Denkweise der Massen."
(US-Bürgerrechtler Malcom X, 1925–1965)

1. Beschreiben und erläutern Sie die Abbildungen. Leiten Sie thesenartig Aussagen im Hinblick auf das Thema „Medien" ab.

2. Bilden Sie selbst Hypothesen über die Bedeutung der Medien für die Nutzer und den (heutigen) Medienkonsum.

3. Stellen Sie in der Lerngruppe die Ergebnisse beider Aufgaben vor und diskutieren Sie sie. Welche Thesen sind bei Ihnen im Kurs besonders umstritten?

Demonstration am 4. November 1989 in Berlin

Was sind Medien und wie beeinflussen sie unser Leben?

Ulrich Schmitz
Im Zug

Im Zug. Einer liest eine Tageszeitung, der andere eine Illustrierte. Rechts daneben eine Dame studiert einen Computerausdruck über ein Säuglingsbeatmungsgerät. Gegenüber der junge Mann mit den Diskman-
5 Kopfhörern – „City of Angels" steht auf dem CD-Beiheft – berührt mit einem spitzen Kunststoffgriffel sechs oder sieben Stellen auf dem Fenster seines MessagePad[1]. Ein dort angezeigtes Ergebnis notiert er per Kugelschreiber auf Papier und schreibt dort weiter,
10 wo er das Medium zuletzt wechsele: Text, Zahlen, Tabellen. Zwei Sitzreihen weiter liest eine Mutter einem Jungen eine sehr lange Geschichte vor. Ein Jugendlicher tippt und liest Botschaften an seinem mobilen Telefon. Der Schaffner kommt und lässt eine
15 fehlende Zusatzfahrkarte ausdrucken. Der Wagen wimmelt vor Auf- und Inschriften, auch an den Kleidern, Getränken und Gepäckstücken der Passagiere. Draußen fliegen Plakatwände vorbei. Aus den Lautsprechern hört man: „Der Tisch im Speisewagen ist
20 nun für Sie gedeckt." Drüben ein Laptop, dort die Programmzeitschrift. In der ersten Klasse ist ein Bildschirm in jeden Sitz integriert. Hinten dudelt ein Handy eine immer lauter werdende Melodie, bis der Besitzer es erlöst: „Ja? Ich bin jetzt hinter Münster. 13
25 Uhr 57 Köln stand in diesem Flyer."
Alltag zu Beginn des dritten Jahrtausends. Medienfreie Kommunikation zieht sich in altmodische, intime oder elitäre Reservate zurück. Schrift wandert in Bilder ein, Geräte prägen die Vermittlung von Botschaf-
30 ten. Niemand gilt als verrückt, der stundenlang allein vor einem Bildschirm hockt oder lauthals in eine Hörmuschel spricht statt mit seinem stummen Gegenüber. Medien formen unsere Gesellungsweise und uns als Individuen. Wir nehmen sie an wie ein Kind die Spra-
35 che. Mediatisierung geht einher mit Entkörperlichung: Anwesende sprechen kaum miteinander, Kommunikationspartner sind fern und teils fremd oder anonym; Mediennutzer bewegen sich wenig. Hier im Zug wird Bewegung vollends an Technik delegiert. Eine Ursze-
40 ne moderner Medienkommunikation.

(2004)

[1] **MessagePad:** Tablet-Computer von Apple

1. Sprechen Sie mit Ihrem Sitznachbarn bzw. Ihrer Sitznachbarin darüber, ob Ihnen die vorliegende Szene „[i]m Zug" bekannt vorkommt. Berichten Sie davon, welche Beobachtungen zum Medienkonsum Sie selbst beim Reisen in Zügen oder Bussen gemacht haben.

2. Der Text stammt aus dem Jahr 2004. Ist er Ihrer Meinung nach immer noch aktuell? Welche Medien müssten, wenn man ihn heute schriebe, hinzukommen? Welche wären „abgelöst"?

3. „Mediatisierung geht einher mit Entkörperlichung" (Z. 35): Wie wird dieses Phänomen im Text erklärt? Inwiefern erkennen Sie eine mögliche Wertung?

4. Arbeiten Sie heraus, welche unterschiedlichen Medienarten die im Text geschilderten Personen nutzen. Ordnen Sie diese nach selbst gewählten Kategorien und gestalten Sie eine dazu passende Mindmap, die Sie dann mit weiteren Ihnen bekannten Medienarten ergänzen. Sie können sich dabei an der folgenden Grafik sowie an der Vermittlungsweise der jeweiligen Medienarten (visuell, auditiv, audiovisuell) orientieren.

5. Diskutieren Sie das Fazit, wonach Medien „unsere Gesellungsweise und uns als Individuen" (Z. 33 f.) formen.

Alexandra Wölke (geb. 1978)
Was sind Medien?

Der Duden definiert den Begriff „Medium" als „vermittelndes Element" bzw. als „Einrichtung, organisatorischen und technischen Apparat für die Vermittlung von Meinungen, Informationen, Kulturgütern".
In dieser Formulierung werden bereits einige Merkmale von Medien erkennbar, auf die die sehr unterschiedlichen Versuche einer genaueren Festlegung Bezug nehmen: Medien dienen der Kommunikation, der gesellschaftlichen Vernetzung und der Herstellung von Öffentlichkeit. Sie haben eine technische Seite, was unter anderem dazu führt, dass Medien dem kommunizierten Inhalt eine ganz bestimmte Form geben. Durch ihre sich ständig erweiternden technischen Möglichkeiten können Medien Zeit und Raum überwinden, Informationen speichern und so der Traditionsbildung dienen. Unter Philosophen ist dabei die Auffassung, ob es sich bei der menschlichen Sprache um ein Medium handelt, umstritten. Die einen sehen in ihr eine Art universales Medium, in dem sich alles Verstehen vollziehe. Die anderen behaupten, dass sie nicht als etwas Vermittelndes, Instrumentelles, was die Bereiche Mensch und Welt miteinander verbinde, gesehen werden müsse, sondern als etwas dem Menschen wesensmäßig Eigenes. Danach wäre sie kein Medium. Unstrittig ist, dass sie zum Medium wird, sobald sie schriftlich fixiert wird, und dass es fraglich ist, ob eine kulturelle Leistung wie die Medienproduktion ohne sie überhaupt möglich wäre. Medien nehmen, je mehr ihre Nutzung selbstverständlich wird und sich im Alltag oftmals auch unbewusst vollzieht, großen Einfluss auf die Erfahrungsmöglichkeiten und das Selbst- und Weltbild der Nutzer. Die Macht der Medien auf das Subjekt entsteht nicht zuletzt auch dadurch, dass Medien die komplexe, dreidimensionale und schwer fassbare Wirklichkeit gliedern, verdoppeln und interpretieren. Damit bilden sie Raster und Ordnungssysteme, mit welchen wir die Welt wahrnehmen.
Basierend auf der Ausbildung medienspezifischer Zeichensysteme und Ausdrucksmöglichkeiten entstehen mediale Produkte mit einem symbolischen Charakter, welche in unterschiedlicher Weise in einem Bezug zur Wirklichkeit stehen können. So sind etwa fiktionale mediale Produkte (z. B. Filme, Bühneninszenierungen, Texte) nicht an das Tatsächliche gebunden und erlauben symbolisches Probehandeln. Damit können Medien, wenn sie instrumentalisiert werden, etwa durch gezielte Propaganda und PR, tatsächliche Machtsysteme unterstützen. Sie können andererseits aber durch das Potenzial des symbolischen Probehandelns, etwa durch die Verbreitung von Ideen, welche Herrschaftssysteme kritisieren und Alternativen des Zusammenlebens vorstellen (z. B. in Dystopien oder Utopien), dabei helfen, diese Machtstrukturen kritisch infrage zu stellen.
Die Allgegenwart der Medien, ihr großer Einfluss und ihre sich oftmals unbewusst vollziehende Nutzung lassen es notwendig erscheinen, ihre Funktions- und Wirkungsweise genauer zu untersuchen. Gerade weil viele Medien, insbesondere im Bereich Bild, Film und Musik, an unbewusste Tiefenschichten des Menschen wie etwa an seine Ängste, Hoffnungen und Gefühle appellieren und hier ihre Wirkung entfalten, hat sich die Medientheorie unter anderem zur Aufgabe gemacht, unbewusst ablaufende Prozesse zu untersuchen und dem Bewusstsein zugänglich zu machen, damit ein reflektierter Umgang mit Medien möglich wird.

1. Erschließen Sie den Text, indem Sie
   – die Merkmale, die ein „Medium" auszeichnet, herausarbeiten,
   – die Kontroverse darüber, ob es sich bei der menschlichen Sprache um ein Medium handelt, wiedergeben,
   – Aussagen über das Verhältnis zwischen den Medien, der Wirklichkeit und dem Mediennutzer erarbeiten,
   – zuletzt benennen, welche Aufgaben die Medientheorie hat und welchen Zwecken sie dient.
   Halten Sie Ihre Ergebnisse in Form eines Schaubildes fest.
   ➔ Ein Schaubild zu einem Text erstellen, S. 79

2. Finden Sie aus Ihrem eigenen Erfahrungsbereich Beispiele für die Behauptung, dass Medien an die Tiefenschichten des Menschen rühren? Erzählen Sie im Gespräch mit dem Nachbarn davon, wann und warum die Nutzung eines Mediums bei Ihnen starke Emotionen oder Impulse ausgelöst hat.

Medien: Aufgaben und Funktionen

Dass Medien nicht nur für das Individuum, sondern auch in ganz entscheidender Weise für den Staat und die Gesellschaft wichtig sind, zeigt sich nicht zuletzt auch in der Verankerung des Themas „Medien" im Grundgesetz. Die folgenden Informationen aus einer Veröffentlichung der Bundeszentrale für politische Bildung werfen ein Licht auf den Zusammenhang zwischen Medien, Politik und Gesellschaft und helfen dabei, die Aufgaben und Funktionen von Medien genauer betrachten zu können.

Artikel 5 des Grundgesetzes garantiert die Pressefreiheit und die Freiheit der Berichterstattung. Medien informieren, kontrollieren, kritisieren – setzen aber auch eigene Themen und beeinflussen die öffentliche Meinung.

Für die Teilnahme an Wahlen und an der politischen Meinungsbildung ist ein Mindestmaß an Information über politische Vorgänge erforderlich. Begründete Entscheidungen können von den Bürgerinnen und Bürgern nur auf der Basis einer möglichst unvoreingenommenen Information getroffen werden.

In einer modernen Demokratie übernehmen diese **Informationsfunktion** neben den Publikationen der Parteien und Verbände insbesondere die Massenmedien. Artikel 5 des Grundgesetzes garantiert die Pressefreiheit und die Freiheit der Berichterstattung durch Rundfunk und Film. Die Pressefreiheit schützt die Medien vor einem Eingriff der staatlichen Gewalt und die Straffreiheit von Meinungsäußerungen. Auf diese Weise dienen die Medien als Mittler zwischen der Politik und den Bürgern [...]

Oft werden die Massenmedien ihrer Bedeutung aber auch ihres Einflusses wegen als **„Vierte Gewalt"** (neben der Legislative, der Exekutive und der Judikative des klassischen Systems der Gewaltenteilung) bezeichnet. Dabei schwingt in dieser Bezeichnung einerseits ein Unbehagen darüber mit, dass Journalisten und Medien ihre Einflussmöglichkeiten missbrauchen könnten. Andererseits hebt dieser Begriff die wichtige Kontrollfunktion hervor, die Massenmedien bei der Aufdeckung von Missständen und Amtsmissbrauch haben.

Neben Kritik und Kontrolle verstehen sich Medien auch als **Anwalt der öffentlichen Meinung** gegenüber dem Staat. Durch bewusste Themensetzung und Filterung der Informationsfülle können Medien aber auch eine aktivierende und mobilisierende Instanz für die Bürger übernehmen. Das Herstellen von Öffentlichkeit spielt dabei eine wichtige Rolle, da die dadurch geschaffene Transparenz des Staatswesens ein wichtiger Bestandteil einer liberalen Demokratie ist. Zwar sind die meisten der mehr als 300 überregionalen und regionalen Abonnementzeitungen in Deutschland in privater Hand, bei den Rundfunk- und Fernsehsendern aber existiert [...] das sogenannte duale Rundfunksystem [...].

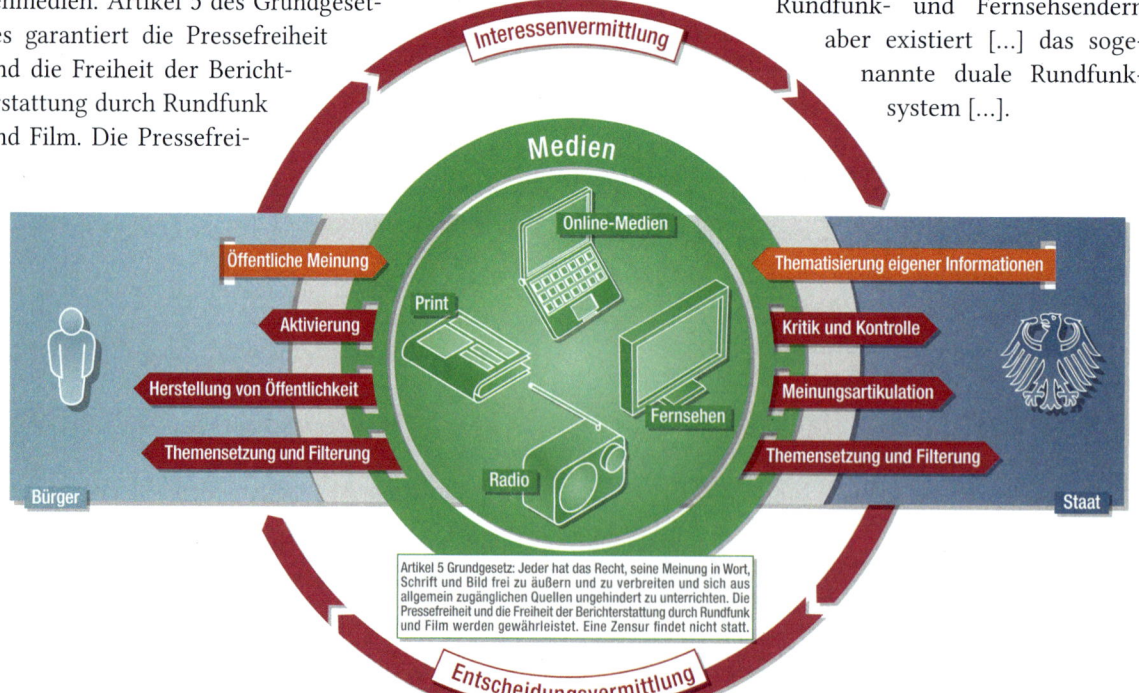

Bundeszentrale für politische Bildung, 2009, www.bpb.de   Lizenz: Creative Commons by-nc-nd/3.0/de

Den **öffentlich-rechtlichen Sendeanstalten** (z. B. ARD, ZDF und Deutschlandradio) kommt dabei eine besondere Bedeutung zu. Laut Bundesverfassungsgericht sollen sie die Grundversorgung der Bevölkerung mit Informationen und Unterhaltung gewährleisten. Um diese Aufgabe unabhängig vom Staat und wirtschaftlichen Interessen wahrnehmen zu können, werden sie durch Beiträge aller Bürgerinnen und Bürger, Unternehmen und Institutionen finanziert.

1. Betrachten und beschreiben Sie das Schaubild auf S. 44. Wie wird die Beziehung zwischen dem Bürger, den Medien und dem Staat dargestellt?

Methode

Diskontinuierliche Texte erschließen

Diskontinuierliche Texte sind „Texte", die **grafische** und **textuelle** Elemente haben. Dabei sind diese Elemente aufeinander bezogen und müssen bei der Erschließung in ihrem Zusammenhang berücksichtigt werden. Sie werden verwendet, um einen zumeist komplexen Sachverhalt prägnant und anschaulich darzustellen. Diskontinuierliche Texte haben den Vorteil, dass sie in einer hohen Kommunikationsgeschwindigkeit fast „automatisch" aufgenommen werden können und durch die Bildanteile gut im Gedächtnis bleiben. Allerdings wird der Sachverhalt auch reduziert dargestellt, sodass Informationen verloren gehen oder Details fehlen können. Um diskontinuierliche Texte systematisch zu erschließen, können Sie in drei Schritten vorgehen:

1. Orientieren Sie sich zunächst einmal grob, indem Sie die Abbildung betrachten, sich einen **Überblick** verschaffen und Überlegungen hinsichtlich des **Themas** anstellen.
2. Werten Sie einzelne Details aus, indem Sie die **Text-Bild-Komposition** genauer erschließen und nach ihrer Bedeutung fragen.
3. Verarbeiten und vernetzen Sie die Erkenntnisse im Zusammenhang: Fügen Sie alle einzelnen Erkenntnisse zu bestimmten Teilen des diskontinuierlichen Textes zu einem **Gesamtergebnis** zusammen.

Folgende Formulierungen können hilfreich sein: „In der Infografik geht es um …", „Die Grafik besteht aus … Teilen/Elementen", „zunächst ist … zu erkennen", „die farblich markierten Elemente verweisen auf …", „es wird ein Zusammenhang zwischen … deutlich", „der Pfeil zeigt die Abhängigkeit zwischen … und …", „es handelt sich um eine Wechselbeziehung zwischen … und …", „dem einzelnen Bürger steht … gegenüber", „die Rolle der Medien besteht darin, …", „der Kasten verweist darauf, dass …", „insgesamt erkennt man …"

Diskontinuierliche Texte – Eine Übersicht

		Diskontinuierliche Texte (Nicht lineare Texte)		
Tabellen und Listen	**Numerische Grafiken**	**Erklärgrafiken**	**Topografische Grafiken**	**Mischformen**
z. B. Statistiken, Sportergebnisse, Klimatabellen, Stellenausschreibungen, Aktienkurse, Fahrpläne, Formulare	z. B. alle Arten von Diagrammen, Umfrageergebnisse, Wirtschaftsentwicklungen, Klimadiagramme, Ländervergleiche	z. B. schematisierte Arbeitsanleitungen, Gebrauchsanweisungen, Installationsanleitungen, Erste-Hilfe-Anleitung, anatomische Zeichnungen und Schaubilder	z. B. Straßenkarten, Landschaftskarten, Netzkarten, Reliefkarten, Navigationsgrafiken, Baupläne, Lagepläne	z. B. Werbung, Zeitschriftenseiten, Hypertexte[1], Lexikonartikel, Reisekataloge, Karikaturen

erscheinen allein oder in Kombination miteinander z. B. als **Schaubilder** und komplexe **Infografiken**

(Grafik: Gert Egle, www.teachsam.de, CC-BY-SA 4.0)

[1] **Hypertext:** computerbasierter Text mit sogenannten Verlinkungen

2. Lesen Sie den Informationstext zu den Merkmalen diskontinuierlicher Texte (S. 45) und erschließen Sie dann Elemente der Infografik (S. 44) in ihren Einzelheiten. Beziehen Sie sich dabei auf folgende Fragen, die Sie stichwortartig beantworten:
   – Welcher komplexe Sachverhalt wird hier veranschaulicht? Welche Fragen werden beantwortet? Was wird ggf. andererseits ausgeklammert?
   – Welche Bedeutung haben Formen und Farben der Infografik?
   – In welche Richtung gehen die Pfeile? Wie sind sie jeweils beschriftet?
   – Warum wird Artikel 5 aus dem Grundgesetz integriert?

3. Lesen Sie den Text, der der Infografik zugeordnet ist, und setzen Sie ihn in einen Bezug zur Grafik. Welche Aspekte werden noch zusätzlich erhellt?

4. Erklären Sie einem Lernpartner unter Rückgriff auf die Analyse das Schaubild auf S. 44, indem Sie einen Kurzvortrag vorbereiten und ihn dann halten.

5. Im Folgenden erhalten Sie einen weiteren diskontinuierlichen Text zum Thema „Medien". Erschließen Sie diesen schrittweise unter Rückgriff auf die eingeführte Methode, indem Sie …
   – sich einen groben Überblick verschaffen und benennen, mit welchem Thema/welcher Fragestellung sich das Schaubild beschäftigt,
   – die einzelnen Elemente des Schaubildes untersuchen und die Aussagen, die hier jeweils gemacht werden, herausstellen,
   – die Ergebnisse zu den Funktionen von Medien mit ihrem bisher erworbenen Wissen über Medien in Beziehung setzen und für die einzelnen Aussagen ggf. eigene Beispiele zur Veranschaulichung finden und
   – zuletzt zusammenfassend mithilfe der Infografik beschreiben, welche Funktionen Medien für die Gesellschaft wahrnehmen.

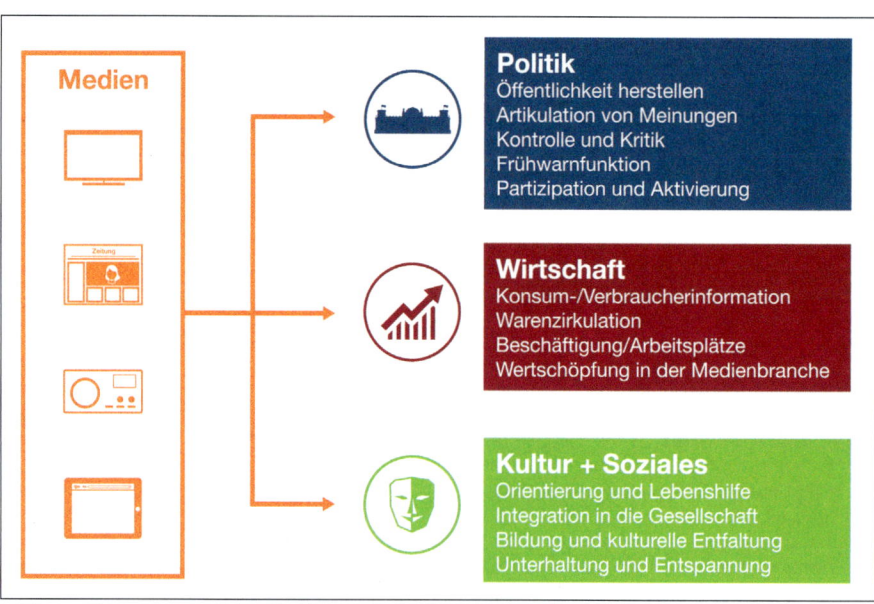

Im Folgenden wird der Frage nachgegangen, was es mit den sogenannten sozialen Medien auf sich hat. Machen Sie sich zunächst Ihr Vorwissen zum Thema bewusst.

1. Der folgende Text von Frank Rapp ist mit der Frage „Was ist denn eigentlich Social Media?" betitelt. Antworten Sie vor der Lektüre spontan auf diese Frage und greifen Sie dazu ggf. auf die Mindmap, die Sie zum Thema „Medien" erstellt haben (S. 42, Aufgabe 4), zurück. Tauchen darin soziale Medien auf?

Frank Rapp
Was ist denn eigentlich Social Media?

Im Alltag wird Social Media oft auf soziale Netzwerke begrenzt. Jedoch ist die Welt der sozialen Medien viel größer und bunter als nur Facebook, Twitter und Co. In diesem Artikel erfahren Sie, was soziale Medien sind, worin Unterschiede zu klassischen Massenmedien bestehen und welche Anwendungen den sozialen Medien zugeordnet werden können.

Social Media oder soziale Medien sind i. d. R. leicht zu bedienende Internet-Anwendungen, die es Nutzern ermöglichen, Informationen auszutauschen, miteinander zu kommunizieren und sich untereinander zu vernetzen. Dabei stellen Anbieter von Social-Media-Plattformen eine technische Infrastruktur zur Verfügung, die von Nutzern mit selbst erzeugten Inhalten, sogenanntem User Generated Content wie bspw. Videos, Bildern, Texten, Rezensionen oder Podcasts, gefüllt und mit anderen Nutzern geteilt werden.

Während bei klassischen Massenmedien wie Fernsehen oder Radio eine eindimensionale Kommunikation stattfindet (one-to-many-communication) und Nutzer somit lediglich Konsumenten der bereitgestellten Informationen sind, ermöglichen soziale Medien eine direkte Kommunikation (many-to-many-communication). Durch einen wechselseitigen Prozess, bei dem die Rollen zwischen Kommunikatoren und Rezipienten ständig wechseln, sind Nutzer sozialer Medien sowohl Produzenten als auch Konsumenten von Informationen. Deshalb werden Social-Media-Nutzer in der Literatur auch oft als Prosumenten oder Produser bezeichnet.

Unterschiede zwischen klassischen Massenmedien und Social Media bestehen außerdem in der Möglichkeit und dem Interesse an der Veröffentlichung von eigenen Inhalten und Beiträgen, sogenanntem User Generated Content. Informationen werden in sozialen Medien i. d. R. ohne vorherige Filterung durch Gatekeeper wie Journalisten, Redakteure oder Verleger veröffentlicht. Ihre Reichweite wird jedoch durch Meinungsführer, den Grad der Nutzer-Vernetzung sowie die Sichtbarkeit innerhalb von Suchmaschinen beeinflusst. Auch im Social Web gilt: Was nicht gefunden wird, das existiert nicht. Hohe Informationsfilter sowie technologische und ökonomische Zugangsbarrieren in klassischen Massenmedien führen zu einer begrenzten Möglichkeit und dadurch zu einem geringen Interesse, eigene Inhalte zu erstellen. Soziale Medien hingegen machen das Erstellen eigener Inhalte leicht und fördern dadurch sowohl das Interesse als auch die Bereitschaft, eigene Inhalte zu erstellen. Aufgrund von Aktualität erzielen soziale Medien außerdem eine hohe Sichtbarkeit innerhalb von Suchmaschinen, was das Interesse an der Erstellung und Veröffentlichung von eigenen Inhalten zusätzlich fördert. [...]

[Die einzelnen Angebote] können gebündelt und in den folgenden sieben Social-Media-Gruppen zusammengefasst werden:

- **Soziale Netzwerke** zum Knüpfen und Pflegen von privaten und geschäftlichen Beziehungen sowie zur Kommunikation. Ein Beispiel ist Facebook.
- **Mobile Communities** sind darauf ausgelegt, von unterwegs genutzt zu werden. Sie werden daher i. d. R. über mobile Endgeräte genutzt und bieten Funktionalitäten wie bspw. standortbezogene Bewertungen von Restaurants, Hotels oder Sehenswürdigkeiten. Beispiele sind Foursquare oder Qype.
- **Media-Plattformen** zum Hochladen und Austauschen von Dateien und Dokumenten wie bspw. Fotos, Videos oder Präsentationen. Beliebte Media-Plattformen sind YouTube oder Flickr.
- **Foren und Bewertungsportale** zum Meinungsaustausch sowie zur Bewertung von Produkten und Dienstleistungen. In Deutschland beliebte Foren und Bewertungsportale sind Ciao oder HolidayCheck.
- **Blogs und Microblogs** zum Erstellen und Verbreiten redaktioneller Inhalte und persönlicher Meinungen wie bspw. WordPress oder Twitter.
- **Social Bookmarks** zum Speichern und Austauschen von Internet-Lesezeichen wie z. B. Mister Wong, AddThis oder Delicious.
- **Open-Source-Plattformen** zum Erstellen und Editieren von öffentlich zugänglichen Internetseiten wie bspw. Wikipedia, MediaWiki oder Wikidot.

Soziale Medien sind dadurch geprägt, dass sie durch Gemeinschaften zum Leben erweckt und am Leben erhalten werden, d. h., sowohl der inhaltliche Aufbau als auch die Pflege basieren auf einer Vielzahl von Nutzern. Somit haben alle Social-Media-Anwendungen einen sozialen Aspekt – was bereits in der Bezeichnung „Social Media" zum Ausdruck kommt – inne, der für den Erfolg einer jeweiligen Anwendung von wesentlicher Bedeutung ist.

(2013)

1. Klären Sie mithilfe einer Recherche unbekannte Begriffe und verschaffen Sie sich dann einen inhaltlichen Überblick über den Text, indem Sie ihn gliedern und den einzelnen Abschnitten eine aussagekräftige Überschrift verleihen.
2. Arbeiten Sie aus dem Text eine Antwort zu der im Titel aufgeworfenen Frage heraus und vergleichen Sie diese mit Ihrer spontanen Antwort. Hat sich Ihr ursprüngliches Verständnis erweitert?
3. Stellen Sie die Eigenschaften traditioneller Massenmedien denen der „sozialen Medien" gegenüber. Nutzen Sie dafür eine Tabelle.

	Traditionelle Massenmedien	**Soziale Medien**
Eigenschaften	Einseitige Kommunikation (one-to-many) …	…
Nutzungsverhalten	…	

4. Welche Unterschiede bestehen im Nutzungsverhalten in traditionellen Massenmedien und in sozialen Medien? Mit welchen Folgen? Diskutieren Sie.

Alexandra Wölke (geb. 1978)
Soziale Medien und das Phänomen der „Filterblasen"

Im Zusammenhang mit einer verstärkten Nutzung von sozialen Medien wird derzeit über die Gefahr von sogenannten „Filterblasen" bzw. „Informationsblasen" diskutiert. Es handelt sich dabei um einen Be-
5 griff, welcher ein Phänomen beschreibt, das sich durch die verstärkte Nutzung sozialer Medien zu Informationszwecken entwickelt hat. Anders als in traditionellen Massenmedien wie dem Fernsehen oder der Zeitung, wo ein generelles Informationsangebot
10 ohne personalisierten Zuschnitt präsentiert wird, gibt es in sozialen Medien die Möglichkeit, mittels der massenhaften Speicherung individueller Daten (z. B. Standort des Nutzers, Suchbegriffe, Klickverhalten) und dem Einsatz von Algorithmen zu berechnen, wel-
15 che Informationen der Benutzer wahrscheinlich auffinden möchte. Somit ist es plötzlich nicht mehr länger der Nutzer, sondern die Software, die entscheidet, was relevant ist – ohne dass dies jedem bewusst ist. In der Folge werden diesem vor allem Websites ange-
20 boten, die dem bisherigen Nutzungsverhalten – und somit auch seinem Weltbild – entsprechen und es bestätigen. Mit der Metapher der „Filterblase" meint der amerikanische Autor Eli Pariser „das persönliche Informationsuniversum, das Sie online bewohnen –
25 einzigartig und nur für Sie aufgebaut von den personalisierten Filtern, die das Web jetzt antreiben"[1]. Experimente, bei denen zwei sehr unterschiedliche Nutzerprofile angelegt wurden, haben bestätigt, dass sogar bei einer Eingabe desselben Schlagwortes in
30 dieselbe Suchmaschine unterschiedliche Seiten in unterschiedlicher Rangfolge angezeigt werden.
Berühmt geworden ist der Begriff der „Filterblase" und die Sorge vor einem damit verbundenen Demokratieabbau und der Zunahme radikaler politischer
35 Positionen unter anderem auch durch den früheren US-Präsidenten Barack Obama, der in seiner Abschiedsrede am 11. Januar 2017 sagte: „Wir fühlen uns zunehmend so sicher in unseren Filterblasen, dass wir nur noch die Informationen akzeptieren, die un-
40 seren Meinungen entsprechen, anstatt unsere Meinung auf der Grundlage von Fakten zu bilden."[2]

(2017)

1. Welche Quellen nutzen Sie, um sich zu informieren? Führen Sie mit Ihrem Sitznachbarn ein Gespräch darüber, wie groß der Anteil der Informationen ist, die aus sozialen Medien stammen, und in welchem Verhältnis dieser Anteil zu jenen aus traditionellen Massenmedien steht. Vergleichen Sie auch die Art und Weise der Darbietung.
2. Erläutern Sie mithilfe des Textes den Begriff „Filterblase".
3. Welche Gefahren sind nach Meinung von Barack Obama mit diesem Phänomen verbunden?

---

[1] http://www.spiegel.de/netzwelt/netzpolitik/filterblase-radikalisierung-auf-facebook-a-1073450.html (Abruf: 8.4.2017) –
[2] http://www.br.de/nachrichten/obama-abschied-rede-100.html (Abruf: 12.1.2017)

Klaus Janowitz ist freiberuflicher Sozialwissenschaftler und befasst sich intensiv mit den Themen Online-Kultur und digitaler Wandel. Viele der Beiträge zu aktuellen Themen rund um das digitale Leben veröffentlicht er in Form von Blogbeiträgen auf seiner Website.

Klaus Janowitz
Filterblasen, Fake News und neue Medienöffentlichkeiten – Ein Blogeintrag

[...] Dass Social Media eine Rolle bei der politischen Meinungsbildung spielen, ist unbestritten, inwieweit aber *Filterblasen* [...] eine Gefahr für die Demokratie sein sollen, ist sehr fraglich.

Das *Social Web* von heute ist nicht mehr das *Web 2.0* von 2007. Plattformen wie *Facebook*, YouTube, die selber keine Inhalte produzieren, dominieren das Netz. Musste man sich zu den Zeiten des *Web 2.0* noch selber eine Menge an Kenntnissen aneignen, bündelt *Facebook* Funktionen des *Social Web* und macht sie für jeden auf einfache Weise zugänglich. [...] Nicht mehr TV-Programme oder Zeitschriftentitel konkurrieren untereinander um Aufmerksamkeit, sondern persönliche Kontakte aller Art mit Informationskanälen aller Art. Dass sich Menschen die Kanäle wählen, die ihrer Weltsicht entsprechen und denen sie sich verbunden fühlen, ist naheliegend. Filterblasen hat es in allen Medienepochen gegeben, meist verstärkt durch den sozialen Druck, sich an bestimmten normativen Mustern zu orientieren.[1]

Tatsächlich verändert hat sich die Genese[2] von Öffentlichkeiten und Formen der Vergemeinschaftung. Medienöffentlichkeiten waren lange Zeit fast nur als *Sender-zu-Empfänger*-Figurationen verbreitet. Von der Verbreitung der Zeitung im 19. Jh., des Radios seit den 20er-Jahren und später des Fernsehens als *Massenmedien*. Das Berufsbild des Journalisten mit einer Verpflichtung zu Objektivität und der Prüfung von Tatsachen hat sich daran herausgebildet.

Digitale Medienöffentlichkeiten schwanken in ihren Zusammensetzungen. *Consozialität* ist ein Prinzip: Menschen, die gemeinsame Interessen oder Leidenschaften teilen, finden und verbinden sich – ein gemeinsamer #hashtag. Das *Social Web* verbindet jede Position, die in anderen Zusammenhängen kaum Bedeutung hätte, und vermittelt somit das Gefühl, mit seiner Ansicht nicht allein zu stehen. Digitale Medienöffentlichkeiten folgen den Mustern von *Konnektivität und Personalisierung*. *Konnektivität* ist Voraussetzung: die Möglichkeit, dass sich jeder Teilnehmer des *Social Web* mit jedem anderen und jeder anderen Teilöffentlichkeit verbinden kann. *Personalisierung* bedeutet deren jeweils passende Adressierung – meist von Algorithmen gesteuert.

Im Netz gibt es keine Instanz, die die Wahrhaftigkeit von Nachrichten überprüft. Gerüchte und *Fake News* können sich auf viralem Weg verbreiten, dort, wo sie ihren Boden finden. Genauso vertreten sind aber auch die Medien*marken*, öffentlich-rechtliche und das Quartett *Spiegel, Zeit, Süddeutsche, FAZ*, im deutschsprachigen Raum. Es gibt eine Fülle von Möglichkeiten, die Plausibilität von Nachrichten und Einschätzungen zu prüfen. Wo gezielte Fehlinformationen, Verleumdung und Verhetzung stattfinden, greift zivilgesellschaftliches Handeln – letztlich auch die Justiz.

(2016)

1. Klären Sie die im Text verwendeten Begrifflichkeiten „Consozialität", „Konnektivität" und „Personalisierung". In welcher Beziehung stehen diese zum Phänomen der „Filterblasen"?
2. Arbeiten Sie die Position des Autors zum Thema „Filterblasen" heraus.
3. Vergleichen Sie diese mit der von Barack Obama, wie sie im vorhergehenden Text deutlich wird. Diskutieren Sie, wem Sie Recht geben, und begründen Sie Ihre Position.
4. Erklären Sie, welche Erkenntnisse über „neue Medienöffentlichkeiten" im Text deutlich werden. Wie entstehen solche Öffentlichkeiten im Netz und in welcher Weise unterscheiden sie sich von anderen Formen von Öffentlichkeit?

---

[1] Gemeint ist hier die Tendenz von Personen, sich in den eigenen medialen Vorlieben und Gewohnheiten an die soziale Gruppe, der man angehört, anzuschließen und somit auch deren Weltbilder und Werturteile zu teilen. – [2] **Genese:** Entwicklung

Meedia Redaktion
WDR-Studie: Öffentlich-Rechtliche genießen die höchste Glaubwürdigkeit, jeder Fünfte glaubt an „Lügenpresse"

Der WDR hat beim Meinungsforschungsinstitut infratest dimap eine repräsentative Studie zur Glaubwürdigkeit der Medien in Auftrag gegeben. Ergebnis: 89 Prozent der Bundesbürger finden das Informati-
5 onsangebot von Radio, Fernsehen, Internet, Zeitungen und Zeitschriften in Deutschland insgesamt „gut" oder „sehr gut". Besonders gut schnitten in der Studie öffentlich-rechtliche Angebote ab. Aber: Jeder fünfte Befragte hält den Vorwurf einer „Lügenpresse"
10 für berechtigt.
Rund 20 Prozent der Befragten halten den Begriff „Lügenpresse" im Zusammenhang mit Medien für richtig. 75 Prozent würden dagegen nicht von einer „Lügenpresse" sprechen. Die Zahl derjenigen, die
15 nicht von einer „Lügenpresse" sprechen wollen, habe um drei Prozent seit der letzten Studie von vor einem Jahr zugelegt. Trotzdem erschreckend: 42 Prozent der Befragten glauben, dass die Politik den Medien Vorgaben zur Berichterstattung macht.
20 Besonders gut schnitt einmal mehr der öffentlich-rechtliche Rundfunk ab – freilich wenig überraschend für eine Studie, die vom WDR in Auftrag gegeben wurde. 74 Prozent halten das öffentlich-rechtliche Radio für glaubwürdig (–3%), 72 Prozent attestieren
25 dem öffentlichen Fernsehen hohe Glaubwürdigkeit (+1%). Bei Tageszeitungen liegt der Glaubwürdigkeitswert unverändert bei 65 Prozent, dem Privatradio glauben mit 35 Prozent deutlich weniger als bei der letzten Befragung (–10%). Das Privatfernsehen
30 halten gar nur 25 Prozent für glaubwürdig.
Das Internet allgemein wird von 27 Prozent der Bevölkerung laut Studie als glaubwürdig eingestuft. Der Wert für soziale Medien liegt noch einmal deutlich darunter. Nur 8 Prozent der Bevölkerung halten
35 soziale Medien wie Facebook und Twitter für glaubwürdig. 82 Prozent gaben an, soziale Medien nicht regelmäßig als Nachrichtenquelle zu nutzen. Öffentlich-rechtliches Fernsehen ist laut der Befragung für 34 Prozent die Hauptnachrichtenquelle. Das ist der
40 höchste Wert in der Studie. Gefolgt von Tageszeitungen (26%) und dem Internet im Allgemeinen (16%).
(2016)

1. Im Folgenden finden Sie eine Auflistung der Fragen aus der Untersuchung. Wie hätten Sie selbst darauf geantwortet?
   a) „In Deutschland gibt es viele und unterschiedliche Medienangebote: Zeitungen und Zeitschriften, Radio und Fernsehen sowie Internet. Ist das Informationsangebot der Medien bei uns alles in allem sehr gut, gut, schlecht oder sehr schlecht?"
   b) „Ich nenne Ihnen jetzt einige Medien. Sagen Sie mir bitte jeweils, ob Sie diese für glaubwürdig oder für weniger glaubwürdig halten: Tageszeitungen, Boulevardpresse, öffentlich-rechtliches Radio, privates Radio, öffentlich-rechtliches Fernsehen, Privatfernsehen, Internet im Allgemeinen, soziale Medien und Netzwerke wie Facebook, Twitter etc. Ist das Informationsangebot der Medien bei uns alles in allem sehr gut, gut, schlecht oder sehr schlecht?"
   c) „Im Zusammenhang mit der Pegida[1]-Bewegung wurde häufiger der Begriff ‚Lügenpresse' verwendet. Wenn Sie an Zeitungen, Radio und Fernsehen in Deutschland denken, würden Sie persönlich dann von Lügenpresse sprechen oder nicht?"

Information

Der Begriff „Lügenpresse"

Mit dem Schlagwort „Lügenpresse", das im 19. Jahrhundert entstanden ist und im Laufe der Mediengeschichte immer wieder verwendet wurde, wird eine generelle Skepsis gegenüber der massenmedialen Berichterstattung ausgedrückt. Den Medien wird unterstellt, sie würden unter politischem oder wirtschaftlichem Einfluss stehen, Informationen verschweigen oder verfälschen und so – ganz im Gegensatz zu einem journalistischen Ethos von Objektivität, Wahrheitstreue und Neutralität – die öffentliche Meinung bewusst manipulieren.
In der Vergangenheit waren es unter anderem die Nationalsozialisten, die den Begriff „Lügenpresse" verwendeten, um all jene zu diffamieren, die sich ihnen gegenüber kritisch verhielten. Die rechtsgerichtete Pegida-Bewegung greift, indem sie diesen Begriff in analoger Weise gebraucht, auf diese Geschichte zurück.

[1] **Pegida:** Kurzform für „Patriotische Europäer gegen die Islamisierung des Abendlandes", eine fremdenfeindliche Bewegung, die seit Herbst 2014 in vielen deutschen Städten demonstriert. Da die Berichterstattung häufig auch kritische Aspekte beleuchtete, fühlten sich viele Verantwortliche von den Medien benachteiligt und bezeichneten diese als „Lügenpresse".

2. Nehmen Sie zur Beantwortung der letztgestellten Frage auch die Informationen aus dem Infokasten zur Kenntnis. Diskutieren Sie mit einem Lernpartner darüber und vergleichen Sie Ihre Antworten innerhalb der Lerngruppe.

3. Erstellen Sie aus den im Artikel genannten Zahlen einen eigenen diskontinuierlichen Text, etwa ein Diagramm oder eine Grafik, und bewerten Sie dessen Aussagekraft. Hilfen finden Sie in dem Methodenkasten unten.

4. Wie erklären Sie sich die Unterschiede in der Bewertung der Glaubwürdigkeit von bestimmten Medien?
Erläutern Sie in diesem Zusammenhang das Fazit, das die „Meedia"-Redaktion zieht:

„Wenn es um die Glaubwürdigkeit der Medien in Deutschland geht, zeigt sich bei den meisten Bundesbürgern eine erstaunlich gespaltene Wahrnehmung: So vertrauen die meisten den öffentlich-
5 rechtlichen Sendern, nicht aber ihren Social-Media-Angeboten. Heißt: Eine Meldung in der ‚Tagesschau' wird als seriös wahrgenommen, nicht aber das entsprechende Facebook-Posting, das nur die News wiedergibt."

Methode

Ein Diagramm mit dem Textverarbeitungsprogramm „Word" erstellen

Um mit dem Textverarbeitungsprogramm „Word" ein Diagramm zu erstellen, gehen Sie in der Menüleiste auf „Einfügen" und klicken dann auf „Diagramm". Es öffnet sich ein Excel-Datenblatt, in welches Sie Werte eingeben können, die das Programm dann in ein Diagramm Ihrer Wahl umwandelt. Wenn Ihnen Werte zu den 100 Prozent fehlen, recherchieren Sie noch einmal oder geben Sie den fehlenden Wert allgemein mit „keine Angabe" an.

Die digitalen Medien – Das Beispiel Smartphone

Wirtschaft

Das Smartphone feiert 10. Geburtstag

■ **Berlin.** Vor zehn Jahren wurde das Smartphone erfunden. Container für globales Wissen, Zugang zu Milliarden Menschen – wie eine epochale Technik den Alltag verändert.

(Neue Westfälische, 28.12.2016)

AKTUELLE JUGENDSTUDIE: SMARTPHONES WICHTIGER ALS TV UND LIEBESLEBEN

Darauf würden Jugendliche eine Woche verzichten:
- Alkohol 88%
- Fernsehen 65%
- Sex 60%
- Handy/Smartphone 46%
- Clique bzw. Freunde 15%

Jugendliche haben am Tag über ihr Handy Kontakt:
- Mit bis zu 3 Personen 45%
- Mit bis zu 6 Personen 30%
- Mit bis zu 10 Personen 14%
- Mit bis zu 20 Personen 4%

Für Jugendliche bei Handy-Kommunikation wichtig:
- Netzabdeckung 75%
- Schnelles Internet 53%
- Zubuchbare Tarifoptionen 51%
- Gleicher Anbieter 50%

Quelle: Forsa Umfrage 2012 im Auftrag der congstar GmbH, n=600 Handybesitzer im Alter zwischen 14 und 19 Jahren

1. Leiten Sie aus den Bildern und der Zeitungsmeldung Aussagen über das Medium Smartphone, dessen Nutzung und die Auswirkungen ab.

2. Berichten Sie einem Lernpartner, ob, seit wann, wie, warum und mit welchen Folgen Sie selbst ein Smartphone benutzen. Könnten Sie einen Monat lang darauf verzichten?

3. Diskutieren Sie über den Stellenwert dieses Mediums: Stimmen Sie der Hauptaussage der Jugendstudie von 2012 zu, wonach Smartphones wichtiger sind als TV und Liebesleben?

Wegweiser durch die Welt

Digitale Revolution: Vor zehn Jahren wurde das Smartphone erfunden.
Wie eine epochale Technik den Alltag verändert

Von Hannes Koch

Berlin. Das Smartphone wird zehn Jahre alt. Anfang 2007 präsentierte der damalige Apple-Chef Steve Jobs das iPhone. Einige internetfähige Mobiltelefone gab es zwar schon vorher. Trotzdem setzte das neue Gerät einen Standard, der seitdem großen Einfluss ausübt. Wie hat das Smartphone unser Leben verändert?

DAS NEUE

Apple vereinigte in dem Gerät diverse technische Entwicklungen. Eine leicht zu bedienende, mobile Suchmaschine für das Internet; den berührungsempfindlichen Bildschirm in Kombination mit der Wisch-Funktion, die das Gerät steuert; den Kartendienst von Google mit der Möglichkeit, den eigenen Standort zu bestimmen und sich geografisch zu orientieren; schließlich das Konzept des App-Stores, eines Marktplatzes für Anwendungsprogramme im Internet, der Zigtausenden Unternehmen Milliardenumsätze ermöglicht. Mit dem iPhone wurde das Internet mobil. Man hatte es nicht mehr nur zu Hause auf dem Laptop, sondern immer dabei. Das Apple-Gerät wurde das Vorbild des massentauglichen Smartphones, das heute vermutlich mehr als zwei Milliarden Menschen nutzen.

DER URLAUB FÄLLT AUS

Nicht nur am Heimatort und während der Arbeit spielt der mobile Internetzugang eine große Rolle, sondern auch auf Reisen. Selbstverständlich möchte man Google Maps benutzen, um den Weg ins Restaurant oder zum Strand zu finden, recherchiert im mobilen Browser die Öffnungszeiten des Museums und speichert im E-Mail-Eingang die Bestätigungsnachricht für die vorgebuchte Schiffspassage zur nächsten Insel. So hat man seinen elektronischen Postkasten ständig im Blick. Die Freunde zu Hause, die täglichen Geschichten aus der Familie, die Aufträge und Probleme der Kollegen bei der Arbeit – das ganze heimische Info-Paket ist auch in den Ferien präsent. Drei Wochen Abschalten wie früher? Heute nicht mehr möglich. Smartphones schaffen den Urlaub ab.

MILLIONEN ARBEITSPLÄTZE

Die Smartphone-Branche bildet einen gigantischen Markt. Mehr als 1,2 Milliarden Geräte wurden 2015 weltweit verkauft. Läge der Durchschnittspreis bei 400 Euro pro Stück, betrüge alleine der Verkaufsumsatz rund 500 Milliarden Euro. Hinzu kommt der Umsatz mit Anwendungsprogrammen (Apps), der im vergangenen Jahr rund 40 Milliarden Euro betrug. Außerdem die sozialen Netzwerke: Facebook setzte 2015 beispielsweise mehr als 15 Milliarden Euro um. Alleine beim Foxconn-Konzern, der einen großen Teil der Smartphones für Apple produziert, arbeiten rund eine Million Menschen.

SOZIALE NETZWERKE

Von den 1,7 Milliarden Menschen weltweit, die Facebook angeblich regelmäßig nutzen, schalten sich mehr als eine Milliarde von mobilen Geräten ein. Andere soziale Netzwerke wie WhatsApp, Snapchat oder Twitter laufen fast ausschließlich auf Smartphones. Der Reiz besteht darin, seine Freunde immer und überall erreichen zu können. Die Kombination von Smartphone und sozialem Netzwerk ermöglicht es, wenn nötig Millionen Menschen innerhalb von Sekunden mit nahezu beliebigen Informationen zu versorgen – nützlichen oder gefährlichen. Diese Art der Mediennutzung führt zu neuer Orientierung oder auch Desorientierung, sie kann die Basis bilden für Aufstände wie in Syrien und die Überwachung der Bevölkerung durch Diktatoren.

WELTWISSEN AUF ABRUF

Wer mit seinen Kindern diskutiert, greift gerne mal zum Smartphone. Wer hat recht – leben in Deutschland 80 oder 82 Millionen Einwohner? Ist Kalifornien größer als Frankreich? Welcher Kon-

80 zern verkauft am meisten mobile Internetgeräte – Samsung oder Apple? Gespräche, die früher in Rechthaberei ausarteten oder in der Sackgasse steckten, münden nun in schnelle Klärung. Kurz ins Smartphone getippt, und schon ist die Antwort
85 gefunden. Autor Douglas Adams wusste es bereits in seinem 1979 erschienenen Buch „Per Anhalter durch die Galaxis": „Irgendwann steht uns ein Gerät zur Verfügung, das das Weltwissen bündelt." Adams nannte es „The Hitchhiker's Guide to the Galaxy". Wir nennen es Smartphone. Und wer
90 Spotify nutzt, kann jedes Musikstück hören, das je geschrieben wurde.

(Neue Westfälische, 28.12.2016)

1. Klären Sie zunächst, um welche journalistische Textsorte es sich handelt. Orientieren Sie sich dabei an den folgenden Hinweisen.

Textsorten der journalistischen Publizistik

	Tatsachenbetonte Darstellungsformen
Meldung	• Elementarform der Information • knappste Form der Mitteilung über ein Ereignis (wer, was, wann, wo) • häufig nur ein Aussagesatz
Nachricht	• erster Satz entspricht häufig der Meldung (lead) • Erweiterung der Meldung um Mitteilungen zu den näheren Umständen eines Geschehens
Bericht	• Erweiterung des Inhalts der Nachricht um interessante Einzelheiten, um Eindrücke und Meinungen von Beteiligten • redaktionelle Aufbereitung einer Nachricht (Langform der Nachricht)
Reportage	• subjektiv geprägte, anschaulich wirkende Berichtsform (Erlebnisbericht) mit vorwiegend informativem Charakter • Verarbeitung und Aufbereitung eigener Beobachtungen und Empfindungen eines Reporters
Interview	• Gespräch zw. einem Journalisten und einer Person/Persönlichkeit … • Informationen aus „erster Hand" – Feature
	Meinungsbetonte Darstellungsformen
Kommentar	• subjektive Stellungnahme zu einem Geschehen/Problem • informativ • meinungsbetont: kritische Fragen, Argumente, Ironie • appellativ: auffordern, warnen
Leitartikel	• im Vergleich zum Kommentar umfangreicher und an besonders herausgehobener Stelle platziert • nicht unbedingt tagespolitisch bestimmt • regelmäßig erscheinende Kolumne als Sonderform
Glosse	• witzig-ironischer, kurzer Kommentar, der sich in [besonderer] Weise um eine pointierte Sichtweise auf ein Ereignis o. Ä. bemüht • humoristische, polemische, satirische Funktion […] durch äußerst prägnante Formulierungen, Vergleiche u. Ä.

(©teachSam, Gert Egle/www.teachsam.de)

2. Stellen Sie heraus, welche Antworten zur Leitfrage „Wie hat das Smartphone unser Leben verändert?" (Z. 6 f.) gefunden werden, indem Sie den Text zusammenfassen. Orientieren Sie sich dazu an den folgenden methodischen Hinweisen.

3. Bearbeiten Sie den Sachtext so, dass Sie ihn in einem mündlichen Vortrag zusammenfassen können.

4. Beurteilen Sie die Befunde, indem Sie die Veränderungen dahingehend prüfen, ob es sich Ihrer Meinung nach um wünschenswerte oder bedenkliche Entwicklungen handelt.

Methode

Einen Sachtext zusammenfassen

Um einen Sachtext zusammenzufassen, müssen Sie sich zunächst Ihres **eigenen Textverständnisses** vergewissern. Klären Sie unbekannte Begriffe und arbeiten Sie dann inhaltlich weiter: Worum geht es in dem Text? Gibt es Antworten auf die W-Fragen?

Verschaffen Sie sich dann einen **Überblick** über die **Textstruktur**, indem Sie markieren, wo Sinnabschnitte sind, und überlegen Sie, wie eine Überschrift über diese Abschnitte jeweils lauten könnte.

Bei der **Niederschrift** sollten Sie in einer Einleitung **zunächst** die **Textdaten** (Autor, Textsorte, Quelle, Titel, Erscheinungsdatum, Thema) benennen und den Leser in die Thematik einführen.

Im **Hauptteil** fassen Sie Schritt für Schritt die Informationen der zuvor festgelegten Sinnabschnitte knapp zusammen.

Dabei helfen Ihnen Formulierungen wie z. B.:
- Zunächst informiert der Autor/die Autorin darüber ...
- Im Weiteren wird ausgesagt, dass ...
- Außerdem geht es dem Autor/der Autorin darum, ...

Verwenden Sie das **Präsens**, reduzieren Sie auf das Wesentliche und bleiben Sie sachlich. Achten Sie außerdem darauf, den Ihnen vorliegenden Text nicht einfach zu „kopieren", und formulieren Sie in eigenen Worten. Verwenden Sie keine direkten Zitate, sondern formen Sie die direkte Rede in indirekte Rede um oder umschreiben Sie sie.

Im **Schlussteil** sollten Sie nochmals kurz das Wesentliche des Textes auf den Punkt bringen und auf dessen Intention eingehen.

5. Verfassen Sie mit Ihrer Tischnachbarin oder Ihrem Tischnachbarn einen fiktiven Dialog zwischen einem Smartphoneverfechter und einem Smartphonegegner.

6. Sprechen und spielen Sie diesen Dialog.

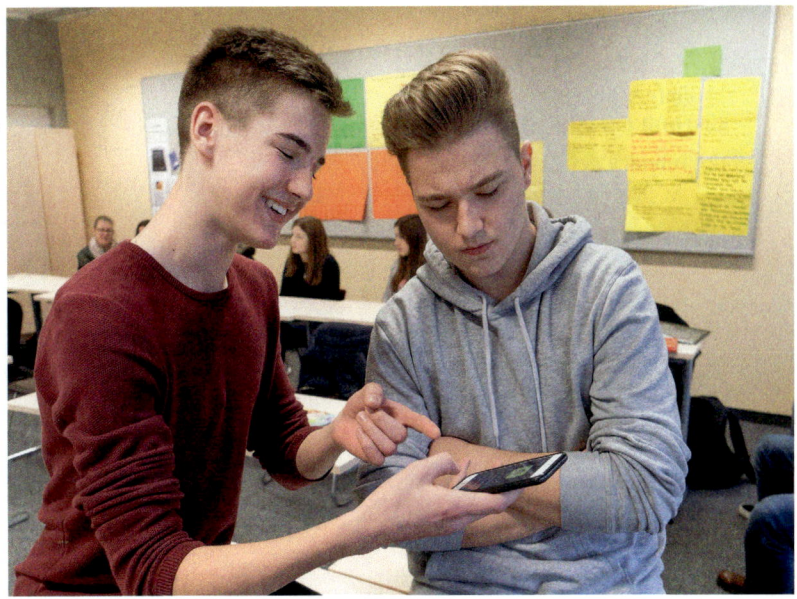

Smartphones – Ein kritischer Blick

MEINUNGSBÖRSE

Zehn Jahre Smartphone
Neue Debatten

Carolin Nieder-Entgelmeier

Mehr als viele andere Medien zuvor hat das Smartphone unser Leben verändert. Während immer mehr Menschen glauben, dass sich Generationen vom aufrechten Gang verabschieden, weil
5 sie sich in gebeugter Haltung nur noch auf ihr Smartphone fokussieren, gehen intensive Smartphone-Nutzer davon aus, dass technische Entwicklungen künftig die klassische Kommunikation ersetzen.

Diese extremen Sichtweisen machen deutlich, 10 dass [...] in Deutschland zunehmend um den Nutzen von Smartphones gestritten wird. Doch anstatt sich und andere in Grundsatzdiskussionen zu verausgaben, muss endlich mehr dafür getan werden, dass nicht mehr nur Technik und Optik 15 von Smartphones im Mittelpunkt der Debatten stehen, sondern auch Datenschutz, Suchtgefahren und die Möglichkeit, trotz 24-stündiger Erreichbarkeit, auch mal abschalten zu können. Gefragt sind wir alle, insbesondere aber Schulen 20 und Unternehmen.

(Neue Westfälische, 28.12.2016)

---

1. Bestimmen Sie die Textsorte und benennen Sie dabei auch die formalen und inhaltlichen Signale, die darauf hinweisen.
→ Textsorten der jounalistischen Publizistik, S. 54

2. Diskutieren Sie, inwieweit Sie den hier getroffenen Aussagen zustimmen können.

3. Inwiefern werden neue kritische Akzente durch das Coverbild und die Karikatur gesetzt? Legen Sie eine Pro- und Kontra-Tabelle zu der Fragestellung „Bereichert das Smartphone unser Leben?" an. Tragen Sie entsprechende Aspekte in die Tabelle ein.

Dagmar Dehmer
Das Smartphone: Wohl und Wehe

Wie sehr das Smartphone das Leben verändert hat, zeigt sich vor allem dann, wenn es gestohlen wird oder verloren geht. Banküberweisungen sind plötzlich nicht mehr möglich, die Kontakte weg. Wer sich auf das Abenteuer Smartphone eingelassen hat, kann möglicherweise nicht einmal mehr die Heizung in Gang bringen. Das Gerät, das seinen Siegeszug vom Manager-Blackberry über das iPhone, das gerade zehn Jahre alt geworden ist, bis zu dessen erfolgreichen Konkurrenten aus aller Welt angetreten hat, beherrscht den Alltag. Und das nicht nur in der entwickelten Welt, wie in Deutschland, wo 78 Prozent der Bevölkerung ein Smartphone besitzen – und sich täglich im Schnitt zwei Stunden am Tag damit beschäftigen.

Das Smartphone ist die Basis für ganz neue Wirtschaftszweige. Mit Apps für die mobilen Anwendungen sind Entwickler reich geworden. Rein mobile Dienste wie WhatsApp, aber auch soziale Medien wie Twitter, Facebook oder Instagram werden meistens von mobilen Geräten wie Smartphones oder Tabletcomputern bedient, auch wenn einige noch auf dem PC funktionieren. Sie sind die Basis für das autonome Fahren, für die Digitalisierung der Energieversorgung und der gesamten industriellen Produktion. Und sie sind Datenkraken, mit deren Hilfe Internetkonzerne und Geheimdienste jederzeit wissen können, wo sich jemand aufhält, wen er kennt und wie oft er ins Internet geht.

In Europa fragen sich einige schon, ob die Geräte Menschen in eine moderne Sklaverei zwingen und ob oder wie sie ihnen wieder entkommen können. In Entwicklungsländern haben sie für viele Menschen einen Weg aus Abhängigkeiten gewiesen und reale Probleme gelöst.

In Kenia, wo 38 Millionen der etwa 43 Millionen Einwohner ein Smartphone oder zumindest ein Mobiltelefon besitzen, haben findige junge Programmierer eine App entwickelt, die selbst mit einem uralten Mobiltelefon genutzt werden kann. Statt einer WhatsApp-Nachricht kommt dort eben eine Kurznachricht als SMS an. Sie ermöglicht Bauern, die Preise für ihre Produkte abzufragen und zu entscheiden, ob sich der Aufwand lohnt, die Güter zum Markt zu tragen. Mit ihr lernen Amateurkleinbauern, ihre Felder besser zu bestellen. Katastrophenversicherungen zahlen Hirten über das Mobiltelefon Geld aus, wenn die Dürre länger anhält. Wenn Menschen in den Trockengebieten hungern, schickt ihnen die Regierung eine bescheidene Sozialhilfe auf ihr Handy. Hilfsorganisationen zahlen Gehälter und Nahrungsmittelhilfe mobil.

Das mobile Geld, erfunden von Safaricom, einem ehemaligen Staatsmonopolisten, hat zunächst in Kenia und dann in immer mehr afrikanischen Ländern einfach alles verändert. Arme, die nie eine Chance auf ein Konto bei einer regulären Bank hatten, bekommen es nun mit ihrem Mobiltelefon. Um Geld zu verschicken, muss nicht mehr ein teurer Geldtransferkonzern genutzt werden. Es wird einfach von einem Mobiltelefon auf ein anderes überwiesen. Der Empfänger kann es sich bei jedem Kiosk abholen, der auch Telefonguthaben verkauft.

Für die Emanzipation nicht nur afrikanischer Frauen ist das mobile Geld in etwa so wichtig, wie es die Waschmaschine für Frauen in den Industrieländern der 1950er-Jahre war. Sie verfügen nun selbst über ihr Geld – ihre Männer, Freunde, Brüder oder Väter haben keinen Zugriff mehr darauf. Mithilfe mobiler Geräte können Wahlbeobachter Ergebnisse sofort verbreiten. Sie stärken die Demokratie durch bessere Information und verschaffen Minderheiten Gehör. Zugleich schwächen die neuen Kommunikationswege aber auch demokratische Strukturen, weil sie in Windeseile Falschmeldungen und Hasspropaganda in alle Welt verschicken.

Das Smartphone wird auch die Zukunft prägen: uns versklaven und befreien, klüger machen – und dümmer. Es wird uns Energie sparen helfen und unsere Autos steuern. Es ist aus dem Alltag nicht mehr wegzudenken.

(Der Tagesspiegel, 9.1.2017)

---

1. Ergänzen Sie auf der Grundlage des Textes und Ihrer persönlichen Meinung die Tabelle (vgl. S. 56, Aufgabe 3) zum Thema „Bereichert das Smartphone unser Leben?".

2. Fassen Sie den Text „Das Smartphone: Wohl und Wehe" von Dagmar Dehmer zusammen. Orientieren Sie sich dabei an den methodischen Hinweisen zur Zusammenfassung von Sachtexten.
   ➔ Einen Sachtext zusammenfassen, S. 55 und S. 186 ff.

Machen Smartphones Jugendliche dumm? – Eine Streitfrage polarisiert betrachtet

[...]
Silke Hock: Das Leben verpasst

Smartphones, Internet, soziale Netzwerke können Liebe, Natur, Gemeinschaftsgefühl nicht ersetzen, meint Kommentatorin Silke Hook. Sie meint: Eltern sollten ihre Kinder vor Handy-Abhängigkeit schützen – auch, indem sie selbst gute Vorbilder sind.

Ich bin altmodisch. Ich habe ein Smartphone, um zu telefonieren. Tatsächlich. Manchmal versende ich eine SMS, um einen Termin zu bestätigen. Manchmal mache ich ein Foto von meiner Tochter. Aber meistens telefoniere ich mit meinem Smartphone.
Ansonsten liegt es stumm auf meinem Schreibtisch oder in meiner Handtasche. Es vibriert nicht bei Mahlzeiten. Wenn ich spazieren gehe, führt es ein unterdrücktes Dasein. Ich fühle mich gut dabei. Entschleunigt. Doch inzwischen frage ich mich, was ist mit all den anderen im Zug, an der Bushaltestelle, im Café, ja selbst am Steuer eines Autos, die ihren Blick immer nur nach unten gerichtet haben? Ich fürchte, sie verpassen Stille oder den verliebten Blick eines Verehrers. Sie verpassen das Leben.
Smartphones, Internet, soziale Netzwerke können Liebe, Natur, Gemeinschaftsgefühl nicht ersetzen. Erwachsene warnen Kinder vor übermäßigem Konsum, dabei sind sie selbst oft schlechte Vorbilder. Den Kindern, dem Leben muss die ungeteilte Aufmerksamkeit gehören, nicht dem Display.

Walter Bau: Die Zukunft ist digital

Nun also soll das Smartphone der Anfang vom Ende des Abendlandes sein. Digitale Medien verändern Gewohnheiten und Freundschaften, Beruf und Freizeit, Informationsaustausch und Zeitvertreib. Es wäre fahrlässig, Jugendliche davon fernzuhalten.

Als Sextaner[1] mussten wir uns die Tiraden[2] unseres Klassenlehrers gegen Comics anhören: „Diese Sprechblasen machen euch dumm!" Später wurde das Fernsehen zum Dämon der Bildungspessimisten, es folgten Video, Gameboy, Spielekonsole, PC. Und nun also soll das Smartphone der Anfang vom Ende des Abendlandes sein.
Der Siegeszug des Mobiltelefons, das längst viel mehr kann als nur telefonieren, hat das gesellschaftliche Zusammenleben revolutioniert, aber nicht per se verschlechtert. Digitale Medien verändern Gewohnheiten und Freundschaften, Beruf und Freizeit, Informationsaustausch und Zeitvertreib. Es wäre fahrlässig, Jugendliche davon fernzuhalten.
Dass exzessive Nutzung des Smartphones schaden kann, ist eine Binsenweisheit – ein „Zuviel" schadet immer. Hier sind die Eltern gefragt, ihren Kindern den verantwortungsvollen Umgang beizubringen.
Übrigens: Die Comics von früher sind heute längst als Kulturträger anerkannt und werden in Museen bewundert. Wenn das unser Klassenlehrer noch erleben könnte.

(2014)

1. Erarbeiten Sie die beiden Positionen von Silke Hock und Walter Bau (Pro und Kontra) zu der Streitfrage „Machen Smartphones Jugendliche dumm?", indem Sie Ihre bereits angefangene Tabelle ergänzen (vgl. S. 56, Aufgabe 3).

2. Verfassen Sie eine lineare oder antithetische Erörterung zur Streitfrage, in welcher Ihre eigene Position deutlich wird. Orientieren Sie sich dabei an folgenden methodischen Hinweisen und verwenden Sie auch die bereits erstellten Zusammenfassungen der Texte sowie Ihre Tabelle als Stoffsammlung und denken Sie daran, Ihre Aussagen zu belegen.
➔ Richtig zitieren, S. 205 f.

---

[1] **Sextaner:** Begriff für die Schüler der Klasse 5 an Gymnasien – [2] **Tirade:** Redefluss, Strafpredigt

Methode

Argumentieren/Erörtern

Bei dem Aufgabentyp „Argumentieren/Erörtern" geht es darum, ein eigenes Urteil zu einem strittigen Thema begründet darzulegen. Um sachgerecht und differenziert zu urteilen, müssen Sie sich zuvor intensiv mit dem Thema befasst und sich dabei auch mit der Position vertraut gemacht haben, die Sie selbst nicht vertreten. Als Vorbereitung sollten Sie deshalb eine sogenannte **„Stoffsammlung"** anlegen.

Zwei Typen von Erörterungen werden unterschieden: Bei der **linearen (steigenden) Erörterung** wird von Ihnen die Entfaltung **einer Position** verlangt. Hier sollten Sie möglichst mit dem schwächsten Argument beginnen und mit dem stärksten enden.

Die lineare (steigende) Erörterung

→ zusammenfassendes Urteil
→ stärkstes Argument (plus Beleg, Beispiel)
...
stärkeres Argument (plus Beleg, Beispiel)
schwächstes Argument (plus Beleg, Beispiel)
→ These/Fragestellung

Bei einer **antithetischen (dialektischen/Pro-und-Kontra-) Argumentation/Erörterung** sollen Argumente beider Positionen berücksichtigt werden. Hier können Sie zwischen zwei verschiedenen Formen des Textaufbaus wählen. Im sogenannten **Blockverfahren** werden die Argumente im Zusammenhang angeordnet. Sie fangen mit der Gegenseite an und enden bei der Position, die Sie selbst vertreten. Im **„Reißverschlussverfahren"** werden die Argumente so angeordnet, dass sie inhaltlich zueinander passen (Argument 1 – Gegenargument 1; Argument 2 – Gegenargument 2; …). Dabei sollten Sie darauf achten, dass das Argument der Position, die Sie selbst vertreten, das „gegnerische" möglichst entkräftet.

Blockverfahren		Reißverschlussverfahren	
Einleitung:	These/Fragestellung	Einleitung:	These/Fragestellung
Haupttteil:	Entfaltung der Argumentation	Haupttteil:	Entfaltung der Argumentation
Position A:	Argument 1 (plus Beleg, Beispiel)	**Position A:**	Argument 1 (plus Beleg, Beispiel)
	Argument 2 (plus Beleg, Beispiel)	**Position B:**	Gegenargument 1 (plus Beleg, Beispiel)
	...	**Position A:**	Argument 2 (plus Beleg, Beispiel)
Position B:	Argument 1 (plus Beleg, Beispiel)	**Position B:**	Gegenargument 2 (plus Beleg, Beispiel)
	Argument 2 (plus Beleg, Beispiel)		...
	...		
Schlussteil:	Urteil/Wertung	Schlussteil:	Urteil/Wertung

In den folgenden Texten geht es um eine wissenschaftliche Betrachtung des Themas „Smartphone-Nutzung". Die Autorin und der Autor stellen die Frage, welche Folgen die veränderten Kommunikationsgewohnheiten durch digitale Medien für das Individuum und die gesamte Gesellschaft haben. Dabei bleiben sie jedoch nicht neutral, sondern nehmen eine ganz bestimmte Position ein, die sie ausführlich argumentativ entfalten.

„Wir sind zusammen allein" – Ein Interview mit der Soziologin Sherry Turkle aus dem Magazin der Süddeutschen Zeitung

Früher haben die Menschen miteinander gesprochen. Heute tippen, chatten und mailen sie. Deshalb befürchtet die Kulturwissenschaftlerin Sherry Turkle (geb. 1948), dass das Gespräch aussterben könnte. Ein Gespräch – genau darüber (mit Peter Haffner).

SZ-Magazin: Mrs. Turkle, Sie galten lange als großer Freund jeder neuen Technologie – mittlerweile kritisieren Sie die Vereinsamung, die permanentes Starren auf das Smartphone mit sich bringt. Sind Sie zur Konvertitin[1] geworden?

[1] **Konvertit:** jemand, der seinen Glauben wechselt

Sherry Turkle: Nein. Technologie begeistert mich immer noch. Aber ich glaube, dass sie uns zu etwas führt, wo wir nicht hinwollen. Beispielsweise Geselligkeit als das zu definieren, was uns ein soziales Netzwerk machen lässt. Mit meinem Buch „Alone Together" tue ich Buße für meinen Fehler, etwas übersehen zu haben.

Was denn?
Als ich das Internet als einen Ort pries, an dem Leute mit ihrer Identität experimentieren können, dachte ich, man sitzt an seinem Computer, verbringt ein bisschen Zeit damit und lebt dann sein Leben weiter. Ich sah nicht voraus, dass Sie und ich hier zusammensitzen würden, Ihr Telefon vibriert und Sie sagen: „Entschuldigen Sie bitte, ich habe jetzt Besseres zu tun."

Es leidet also die Wichtigkeit des Gesprächs von Mensch zu Mensch?
Wenn etwas funktioniert hat und nützlich war für Eltern, Lehrer und Kinder, sollten wir es schätzen und fördern. Smartphones, Computer und das Internet sind nicht schlecht. Es geht um den Platz, den wir ihnen in unserem Leben geben.

Aber man hat doch mehr Kontakte denn je dank Internet.
Man zeigt einander seine Fotos, gut. Das ist gesellig, aber wenn man die Geselligkeit von Leuten danach bemisst, wie fleißig sie so etwas tun, vergisst man, dass es sehr viel wichtigere und wertvollere Aspekte von Geselligkeit gibt. Etwa die Fähigkeit, ruhig dazusitzen und jemandem geduldig zuzuhören.

Warum können wir das nicht mehr?
Weil diese kleinen Dinger in unseren Taschen psychologisch so mächtig sind, dass sie nicht nur verändern, was wir tun, sondern auch, wer wir sind. Sie bestimmen, wie wir miteinander und mit uns selber umgehen. Wir gewöhnen uns daran, zusammen allein zu sein.

Was heißt das?
Man will miteinander sein, aber gleichzeitig auch woanders, an Orten, die man nach Belieben besuchen und verlassen kann. Was zählt, ist die Kontrolle darüber, wem und welchen Dingen man sich zuwendet. Wollen wir, dass unsere Kinder soziale Fähigkeiten haben, einander ins Gesicht sehen, sich unterhalten, miteinander verhandeln, sich in einer Gruppe wohlfühlen können? Wenn ja, dann ein bisschen weniger Zeit im Internet, s'il vous plaît.

Was ist denn falsch daran, wenn Jugendliche ihre Kontakte übers Internet pflegen?
Dass sie glauben, sie seien niemand, wenn sie es nicht tun. Die Devise lautet: „Ich teile mich mit, also bin ich." Die digitale Kommunikation braucht keinen Inhalt, keine Botschaft. Vom „Ich habe ein Gefühl, ich möchte jemanden anrufen" geht es zum „Ich möchte ein Gefühl haben, also schicke ich eine SMS". Teenager spüren ihr Gefühl nicht, wenn sie das nicht tun. Was einst als pathologisch gegolten hätte, ist heute der Stil einer Generation.

Zu der wir beide nicht gehören. Ist das vielleicht das Problem?
Es betrifft die ältere Generation genauso. Wenn wir nicht in ständigem Kontakt miteinander stehen, spüren wir uns selbst nicht mehr. Was also tun wir? Wir suchen noch mehr Kontakt. Was schließlich in die Isolation führt.

Warum denn das?
Weil man damit die Fähigkeit zum Alleinsein verliert. Erst das Alleinsein ermöglicht, sich selber zu finden und mit anderen eine Bindung einzugehen. Können wir das nicht, wenden wir uns den anderen zu, um uns nicht zu ängstigen, ja um uns überhaupt erst lebendig zu fühlen. Die anderen werden zu einer Art Ersatzteillager für das, was uns fehlt. Einer Generation, die Alleinsein als Vereinsamung erfährt, mangelt es an Autonomie[1]. Diese zu entwickeln ist für Heranwachsende aber lebenswichtig.

Also weg mit dem Smartphone?
Jugendliche geraten in Panik, wenn sie es nicht da-

---

[1] **Autonomie:** Selbstbestimmung

beihaben. Sie sagen Sachen wie: „Ich habe mein iPhone verloren, es fühlt sich an, wie wenn jemand gestorben wäre, ich meinen Kopf verloren hätte." Oder: „Auch wenn ich es nicht bei mir habe, spüre ich es vibrieren. Ich denke daran, wenn es im Schließfach ist." Die Technik ist bereits ein Teil von ihnen selbst geworden.

Wie schafft so ein Ding das?
Smartphones befriedigen drei Fantasien: dass wir uns immer sofort an jemanden wenden können, dass wir immer angehört werden und dass wir nie allein sind. Die Möglichkeit, nie allein sein zu müssen, verändert unsere Psyche. In dem Augenblick, in dem man allein ist, beginnt man sich zu ängstigen und greift nach dem Handy. Alleinsein ist zu einem Problem geworden, das behoben werden muss. [...]

Ahmt die ältere Generation die junge nach?
Viele Kinder, die ich interviewt habe, klagen darüber, dass das Smartphone der Eltern zum Konkurrenten geworden ist. Mütter und Väter, die Harry Potter vorlesen und gleichzeitig unter der Bettdecke SMS schreiben. Nicht von ihrem Smartphone aufblicken, wenn ihre Sprösslinge aus der Schule kommen.

Die Jungen sind doch nicht besser. Sie vermeiden sogar das Telefonieren – weshalb eigentlich?
Sie bevorzugen SMS, weil es weniger riskant ist. Sie sagen: „Ich kann die Info rausschicken, bin nicht involviert in den ganzen Rest." Sie brauchen dem anderen nicht gegenüberzutreten. Wer telefoniert, riskiert ein Gespräch.

Geht es um Kontrolle?
Ja. Und um den Auftritt. Einen Text kann ich nach meinem Belieben formulieren, den Facebook-Status nach meinem Gutdünken aktualisieren. Diese Generation ist daran gewöhnt, sich zu präsentieren. SMS, E-Mails, Posts – man kann sich so zeigen, wie man sein und gesehen werden möchte. Man kann redigieren[1], retuschieren, nicht nur die Messages, sondern auch sein Gesicht, seinen Körper.

Das ist doch gut. Warum soll man sich mit Minderwertigkeitsgefühlen quälen?
Was Freundschaft und Intimität von einem fordern, ist kompliziert. Beziehungen sind schwierig, chaotisch und verlangen einem etwas ab, gerade in der Adoleszenz[2]. Die Technologie wird genutzt, das zu umgehen, um sich mit den Problemen nicht auseinandersetzen zu müssen. Die Jungen schätzen ein Kommunikationsmedium, in dem man Verlegenheit und Unbeholfenheit ausblenden kann. Man zieht sich zurück, bevor man abgelehnt wird. [...]

Wenn es ihnen hilft, warum nicht? Sind denn die vielen Schnipsel von Kontakten und Kommunikation zusammengenommen nicht ein Gespräch?
Es reicht nicht aus, um einander kennen- und verstehen zu lernen. Im Gespräch mit anderen lernen wir auch das Gespräch mit uns selber. Wenn wir nicht miteinander reden, kompromittieren[3] wir unsere Fähigkeit zur Selbstreflexion. Für Heranwachsende ist diese aber das Fundament ihrer Entwicklung.

Wie ist das an der Universität?
Niemand, der wie ich dreißig Jahre gelehrt hat, übersieht, dass die heutigen Studenten in einem Maße stimuliert werden müssen, wie das früher nicht nötig war. PowerPoint bestimmt die Art des Lehrens, und Studenten lernen, dass eine gute Präsentation eine PowerPoint-Präsentation ist, peng, peng, peng! Die Stille des Denkens fehlt ihnen, wo eines zum anderen führt, sich das Ganze langsam aufbaut. Das intellektuelle Vergnügen, komplexe Themen in einem Gedicht, einem Roman oder Theaterstück zu verfolgen, geht verloren, weil man nicht mehr die Fähigkeiten erwirbt, sie zu erfassen. Ein Roman von Jane Austen[4] verlangt Aufmerksamkeit für Dinge, die langfädig, ineinander verwoben und kompliziert sind. [...]

Was bedeutet das für die Zukunft?
Wenn die Technik verlangt, dass unsere Geschichten kurz und simpel sind, hinterlassen wir unseren Kindern eine Welt kurzer und simpler Geschichten. Wie sollen wir sie überzeugen, dass die Probleme der Welt komplexer sind als je zuvor? Die Umwelt, die Politik?

Verbringen Ihre besten Studenten auch so viel Zeit mit SMS, mit Facebook?
Ja. Auch sie können sich kaum auf eine Sache konzentrieren. Sie schreiben schlechter als früher, und es fällt ihnen schwer, eine komplexe Idee bis zum Ende durchzudenken. Sie machen immer Multitasking.

Eine Fähigkeit, für die diese Generation gepriesen wurde, oder?
Heute nicht mehr. Die neuen Studien zeigen eindeutig, dass sich beim Multitasking alles ein bisschen verschlechtert. Fatal ist, dass der Multitasker glaubt,

---

[1] **redigieren:** bearbeiten, druckfertig machen – [2] **Adoleszenz:** Zeitraum von der späten Kindheit bis zum Erwachsensein –
[3] **kompromittieren:** bloßstellen, schaden – [4] **Jane Austen:** britische Schriftstellerin (1775–1817)

er sei besser und besser, weil er immer mehr auf einmal tut. Das Gegenteil ist der Fall.
Wir verändern uns eben. Maschinen werden gesellschaftsfähig. Und was wir einmal für privat hielten, wird heutzutage ungeniert veröffentlicht.
Wir haben unseren Kindern Facebook gegeben und gesagt: Habt Spaß damit. Und jetzt ist es, wie wenn wir ihnen eine Art Mini-Stasi[1] gegeben hätten. Wo alles, was sie denken und tun, auf alle Ewigkeit im Besitz von Facebook ist und für welche Zwecke auch immer von Facebook genutzt werden kann. Google, eine Suchmaschine? Nein, eigentlich nicht, es verleibt sich alles ein, was je geschrieben wurde, und speichert die Spuren meiner Suche. Das ist nicht illegal – dass ich die Vereinbarung nicht gelesen habe, mein Fehler. Wie ein Magier unseren Blick vom Ort des Geschehens ablenkt, damit wir den Trick nicht sehen. Nicht merken, was wirklich passiert.
Was raten Sie uns, als Fazit Ihrer Untersuchungen?
Darüber zu reden, wohin dies alles führt. Wir ängstigen uns wie junge Liebende, dass zu viel reden die Romantik verdirbt. Wir denken, das Internet sei erwachsen, bloß weil wir damit aufgewachsen sind. Aber es ist nicht erwachsen, es ist erst in seinen Anfängen. Wir haben eine Menge Zeit, uns zu überlegen, wie wir es nutzen, modifizieren und ausbauen.
Was könnten die ersten Schritte sein?
Die Erkenntnis, dass allein sein zu können eine gute Sache ist. Den Kindern zeigen, dass es ein Wert ist. Zu Hause geschützte Räume schaffen, die Küche, das Esszimmer, die für das Gespräch reserviert sind. Nach dem Abendessen eine Weile zusammenbleiben und reden und dafür sorgen, dass nicht jeder mit seinem Smartphone in sein Zimmer verschwindet.

(2012)

1. Erläutern Sie den Titel des Buches, über das die amerikanische Soziologin Sherry Turkle im Interview spricht: „Alone together" bzw. (in der deutschen Übersetzung) „Verloren unter 100 Freunden. Warum wir in der digitalen Welt seelisch verkümmern".

2. Arbeiten Sie heraus, welche Veränderungen im Verhalten und in der Psyche der Menschen Turkle durch die verstärkte Nutzung von Smartphones benennt. Halten Sie Ihre Ergebnisse stichwortartig fest.

3. Welche Antworten gibt der Text auf die Frage, ob Kontakte, die ausschließlich mittels Smartphones gepflegt werden, die gleiche Qualität haben können wie die, die in der „realen Welt" existieren? Woran erkennt man die Wertungen der Autorin?

4. Erarbeiten Sie die Schlussfolgerungen, die die Autorin aus ihren Überlegungen für einen sinnvollen Gebrauch von digitalen Medien zieht in Form eines Forderungskatalogs. Bewerten Sie anschließend die Vorschläge.

Stefan Niggemeier (geb. 1969)
Das wahre Leben im Netz

Stefan Niggemeier (geb. 1969) ist Medienjournalist und war bis 2006 verantwortlicher Medienredakteur der Frankfurter Allgemeinen Sonntagszeitung. Der Schwerpunkt seiner Arbeit liegt thematisch im Bereich der Medienreflexion und -kritik. Beiträge von ihm erscheinen regelmäßig auch in Form von Internetblogs.

Wie gut kennen wir unsere besten Freunde aus dem Netz? Und ist eine online geschlossene Beziehung weniger wert als eine echte zum Anfassen? Eine Analyse der Cybergesellschaft.

Am Dienstag vergangener Woche tauchte auf Facebook eine Suchmeldung auf. Wer den Publizisten und Internet-Unternehmer Robin Meyer-Lucht gesehen habe, solle sich dringend unter der angegebenen Telefonnummer melden. Es dauerte nicht lange, bis die ersten Zyniker den Eintrag kommentierten: Da wolle

---

[1] **Stasi:** Abkürzung für das „Ministerium für Staatssicherheit" in der ehemaligen Deutschen Demokratischen Republik (DDR). Die „Stasi" vereinte in sich Nachrichtendienst und Geheimpolizei und diente dazu, die Bevölkerung systematisch zu überwachen und somit die Macht der führenden Partei zu stärken. Regimegegner sollten ausfindig gemacht und unter solch starken Druck gesetzt werden (etwa durch Inhaftierung und Folter), dass jegliche Opposition im Land unmöglich würde. Dazu wurden menschenverachtende Mittel benutzt: Massenhaft eingesetzte „inoffizielle Mitarbeiter" wurden darin geschult, Nachbarn, Kollegen und manchmal sogar den eigenen Partner auszuspionieren, und es kam auch zu Verwanzungen von Privatwohnungen.

sich wohl jemand mit einem geschmacklosen Marketing-Gag ins Gespräch bringen, man weiß doch, wie das geht, im Netz. Es war kein Marketing-Gag, wenig später wurde Meyer-Lucht tot aufgefunden. Nach der öffentlichen Suche im Internet begann die öffentliche Trauer im Internet. Menschen würdigten Robin Meyer-Lucht in ihren Blogs, in Kommentaren, auf ihren Profilseiten. Das Netz zeigte sich von seiner sozialen Seite und wahrhaftig als Netz: als Verbindung von Menschen, die Trauer um einen Verstorbenen eint.

Beim Lesen dieser Texte konnte man aber auch die Ahnung einer Leere bekommen; das Gefühl, dass viele den Menschen, dessen Verlust sie beklagten, nicht gut kannten. Dass sie einige Artikel kannten, vielleicht Teile seiner Biografie, aber nicht den Menschen. Noch deutlicher war das vor einigen Monaten, als plötzlich Jörg-Olaf Schäfers starb, Kolumnist dieser Zeitung, ebenfalls ein Netzaktivist, ebenfalls nicht einmal vierzig Jahre alt. Viele Einträge lasen sich wie Nachrufe auf einen unbekannten Freund.

Wer wollte, konnte im Umgang mit diesen Todesfällen einen Beleg nicht für das Soziale im Netz sehen, sondern für dessen Oberflächlichkeit; dafür, dass die Nähe, die von den ganzen „Freundschafts"-Anfragen, dem Aufleuchten von Namen im Chatfenster, dem Folgen auf Twitter suggeriert wird, nur eine Illusion sei. Was sind sie wert, die Freundschaften, die wir im Internet pflegen? Und ist „pflegen" überhaupt das richtige Wort für etwas, das sich mit so wenig persönlichem Einsatz bewerkstelligen lässt? Ein „Gefällt mir"-Klick hier, ein lustiger Kommentar dort?

Unser Diskurs[1] über das Internet wird von der Prämisse[2] geprägt: Offline-Beziehungen seien richtige Beziehungen; Online-Gespräche seien keine richtigen Gespräche. Es ist, als würden im Internet die Computer miteinander kommunizieren, nicht die Menschen, die sie bedienen.

Ein vom Leben abgetrennter Raum

Als die Drogenbeauftragte der Bundesregierung in dieser Woche eine Studie über „Internetsucht" vorstellte, beschrieb der Direktor des Hamburger Zentrums für Interdisziplinäre Suchtforschung[3], Jens Reimer, die Anziehungskraft des Internets so: Die einzigartige Möglichkeit, online „soziale Kontakte zu pflegen", steigere bei bestimmten Personen die Bereitschaft, ihr „Sozialleben" in größerem Maß aufzugeben. Einen Sinn ergibt dieser Befund nur, wenn man Online-Freundschaften nicht als reale Freundschaften wertet und den Austausch mit Freunden im Internet nicht als „Sozialleben" akzeptiert – wie es implizit auch die Drogenbeauftragte tut. Dabei sind die vermeintlich internetsüchtigen, angeblich vereinsamenden Jugendlichen in sozialen Netzwerken ganz besonders aktiv. Der Hamburger Medienforscher Jan Schmidt vermutet, es könne am ursprünglichen Begriff „Cyberspace" liegen, der als Metapher so überzeugend war, dass wir nun mit dem Bild eines vom wahren Leben abgetrennten Raumes auf das Internet schauen. Vielleicht ist es schnöder Kulturpessimismus[4]. Es könnte aber auch Ausdruck davon sein, dass das Internet als Aufenthaltsraum noch so neu und unfertig ist und wir im Umgang mit ihm so ungeübt. Ganz sicher bündelt sich in der Verteufelung des Internets aber auch die teils vage, teils sehr konkrete Angst vieler etablierter Institutionen vor dem Verlust an Macht und Kontrolle.

Den Cyberspace richtig nutzen

Dass wir dem, was im Internet passiert, die Echtheit absprechen, ist umso bemerkenswerter, als wir Kindern und Jugendlichen doch sonst, ganz im Gegenteil, vermitteln wollen, dass das Internet kein von der Welt abgekoppelter Raum ist und dass das, was sie online tun, offline Konsequenzen hat. Dass sie sich überlegen müssen, welche Fotos sie hochladen; oder dass ein verbaler Angriff in einem virtuellen Forum andere verletzen kann.

Die amerikanische Wissenschaftlerin Danah Boyd, die die Nutzung sozialer Netzwerke durch Jugendliche untersucht hat, beschreibt in ihrer Promotionsschrift „Taken Out of Context" anschaulich, wie sie lernen, dass virtuelle Erfindungen wie ein Freundesranking auf MySpace sehr handfeste Auswirkungen auf die tatsächlichen Beziehungen unter den Betroffenen haben. Die meisten Jugendlichen vernetzen sich online vor allem mit ihrem erweiterten Freundes- und Bekanntenkreis aus der Schule. Sie haben sehr realistische Vorstellungen davon, dass nur ein

---

[1] **Diskurs:** öffentliche Debatte bzw. Diskussion zu einem Thema – [2] **Prämisse:** Bezeichnung für eine „Voraussetzung" oder „Annahme", aus der dann Schlussfolgerungen gezogen werden – [3] Bei dem **„Zentrum für Interdisziplinäre Suchtforschung"** handelt es sich um einen Forschungsschwerpunkt der Universität Hamburg, bei welchem Erkenntnisse aus der Medizin und der Sozialwissenschaft zum Thema „Sucht" zusammengeführt und weiterentwickelt werden. – [4] **Kulturpessimismus:** Haltung, Auffassung, die den zivilisatorischen Fortschritt als Zerfalls- oder Zerstörungsprozess einer Kultur ansieht

kleiner Teil derjenigen, mit denen sie dort als „Freunde" verbunden sind, tatsächlich eine enge Beziehung zu ihnen haben, und wissen die anderen dennoch zu schätzen. Und obwohl vieles an der Art, wie digital kommuniziert wird, fundamental anders ist, erfüllt diese Kommunikation dieselben Bedürfnisse: Junge Leute suchen und finden ihre eigene Rolle, vergewissern sich ihrer Identität, entwickeln Beziehungen.

Das Internet als einsamer Fluchtort

Das findet an Orten statt, die sich der Kontrolle durch Erwachsene entziehen. Boyd erinnert daran, dass das immer schon so war. Früher verschwendeten die Jugendlichen ihre Zeit nicht in Chatrooms, sie lungerten in Einkaufspassagen oder auf Parkplätzen herum. Aber analog zur Stigmatisierung[1] all dessen, was im Internet stattfindet, wird die vermeintlich reale Welt verklärt. Jeder Kinobesuch ist demnach dem Ansehen von Online-Videos überlegen – das Erste gilt als soziale Aktivität, das Zweite bedeutet, egal wie intensiv der Austausch darüber in Foren oder Chats ist, die Gefahr der Vereinsamung.

Auch die Studie, wonach eine halbe Million Deutsche „internetsüchtig" sei, beruht auf solchen Unterstellungen. Statt zu differenzieren, worin genau die Abhängigkeit besteht – ob es etwa konkret um Online-Spiele geht oder um virtuellen Sex –, wird der Ort an sich zur Gefahr erklärt. Eine der Schlüsselfragen heißt: „Wie häufig bevorzugen Sie das Internet, statt Zeit mit anderen zu verbringen, z. B. mit Ihrem Partner, Kindern, Eltern, Freunden?" Die Möglichkeit, im Internet „Zeit mit anderen zu verbringen", ist nicht vorgesehen. Nähe und Gemeinsamkeit zählen nur in analoger, körperlicher Form, das Internet wird konsequent als wirklichkeitsferner, einsamer Fluchtort definiert. Fragen wie „Wie häufig setzen Sie Ihren Internetgebrauch fort, obwohl Sie eigentlich aufhören wollten?" tun ihr Übriges. (Man ersetze Internetgebrauch testweise durch Bücherlesen, Schlafen oder Essen.)

Eine behauptete Dichotomie[2]

Natürlich gibt es im Internet Formen der Kommunikation, die in jeder Hinsicht virtuell sind. Menschen nehmen in Fantasiewelten Fantasierollen ein – und verlieren sich vielleicht darin. Das ist aber etwas grundsätzlich anderes als die alltäglichen sozialen Aktivitäten von Menschen im Netz. Die Kommunikationswissenschaftlerin Miriam Meckel behauptete im vergangenen Jahr im „Tagesspiegel" in einem Essay über „virtuelle Nähe": „Die wahren Freundschaften bei Facebook entstehen nicht dort, sondern sie entstehen im wirklichen Leben und werden ins Digitale übertragen." Das ist nicht nur anmaßend. Es ist auch bezeichnend in der behaupteten Dichotomie zwischen dem „wirklichen Leben" und dem unwirklichen Internet – und den Werten, die ihnen jeweils zugeschrieben werden.

Die „wirkliche Welt", um das mal auszusprechen, ist die, in der ein Personalchef bestimmt hat, mit wem man den Abend nach der Arbeit in der Kneipe verbringt. Im Gegensatz zum „unwirklichen" Internet, wo man sich über so abwegige Dinge wie gemeinsame Interessen kennenlernt und von so oberflächlichen Dingen wie der Art, Texte zu formulieren, beeinflussen lässt. Ist es vorstellbar, dass dort, über den Austausch von Briefen und Kurznachrichten, über das Teilen persönlicher Erlebnisse, interessanter Artikel und unterhaltsamer Links, „wahre Freundschaften" entstehen?

Eine sinnlose Unterscheidung

Ich habe schon an so unwirtlichen Orten wie der Kommentarspalte meines Blogs nette und interessante Menschen kennengelernt. Aus einigen sind engste Freunde geworden. Es sind dies Online-Kontakte von großer Intensität, voller Leben. Wir tauschen uns aus über alles, was man im Internet finden kann, also: alles.

Wir haben uns später auch in der „wirklichen Welt" getroffen, wie Frau Meckel sagen würde, und aus den Kontakten „echte" Kontakte gemacht, wie die Drogenbeauftragte der Bundesregierung finden würde. Aber ich könnte jetzt nicht sagen, ob die wichtigsten, intensivsten Momente in der analogen oder der digitalen Welt stattfanden. Diese Unterscheidung ist sinnlos. Richtig ist, dass es Facebook und ähnliche Online-Angebote erleichtern, Kontakte auf einem nicht intensiven Niveau aufrechtzuerhalten, lose in Verbindung zu bleiben mit alten Schulfreunden, vage Beziehungen zu haben mit Menschen, mit denen uns nur ein spezielles Interesse verbindet.

Illusion von Nähe

Muss man sich sorgen, wenn jemand Kontakte in seinem räumlichen Umfeld zugunsten von Kontakten in einem Online-Netzwerk aufgibt? Oder nur, wenn jemand tiefgründige Beziehungen zugunsten oberflächlicher Kontakte kappt?

---

[1] **Stigmatisierung:** Diskreditierung, Herabwürdigung – [2] **Dichotomie:** Zweiteilung; zweigliedrige Einteilung; Zweigliedrigkeit

Angeblich ist unser Gehirn schon rein physikalisch nicht in der Lage, mit mehr als 150 anderen Menschen irgendeine Art von bedeutungsvoller Beziehung zu haben – das ist die sogenannte Dunbar-Zahl, benannt nach dem Anthropologen Robin Dunbar. Er hat sie aus einem Vergleich der Gehirngröße verschiedener Primatenarten mit der Größe ihrer sozialen Bezugsgruppen entwickelt. Diese Zahl wird trotzdem ernst genommen und als Beleg dafür genutzt, dass Menschen keine Hunderte oder Tausende Facebook-„Freunde" haben können.

„Ja, ich kann mithilfe deines Tweets herausfinden, was du zum Frühstück hattest, aber kann ich dich wirklich besser kennenlernen?", fragte Dunbar in einem Interview mit dem „Observer". Zweifellos schaffen Facebook-Funktionen, bei denen Nutzer ihr Leben vom Babyfoto an dokumentieren, die Illusion einer Nähe, die ein gemeinsames Erleben nicht ersetzen kann. Aber es gibt keinen Grund, dieses gemeinsame Erleben auf Offline-Erfahrungen zu beschränken. Wie bizarr ist es, dass im öffentlichen Diskurs ausgerechnet das Medium geringgeschätzt wird, das eine Kommunikation möglich macht, die nicht flüchtig ist? Das, zumindest teilweise, eine Renaissance der Kultur des Briefeschreibens nach sich zog? Stattdessen gilt die Sichtbarkeit und Permanenz[1] profaner[2] Sekundenaufnahmen aus dem Alltag, die nur den Offline-Alltag online sichtbar macht, als Beleg für die Lächerlichkeit digitaler Kommunikation.

Kein Ersatz für eine Berührung und doch eine Bereicherung

„Wörter entgleiten uns", behauptet Dunbar. „Jede Berührung ist tausend Wörter wert." Dieser Satz formuliert exemplarisch den Dünkel[3] gegenüber allem, was nicht handfest begreifbar ist. Für die Menschen, die Robin Meyer-Lucht und Jörg-Olaf Schäfers im Netz betrauert haben, waren die vielen Online-Kommentare sicher eine Form der tröstenden Umarmung. Das ersetzt keine tatsächliche Berührung, aber es ist eine Bereicherung, und sie ist echt und nicht virtuell.

Und dass man oft erahnen konnte, dass sie die Verstorbenen nicht wirklich kannten, spiegelt nur wider, dass wir von vielen Menschen, die in unserem Leben eine Rolle spielen, tatsächlich nur einen winzigen Ausschnitt kennen.

(2011)

1. Besprechen Sie mit Ihrem Sitznachbarn bzw. Ihrer Sitznachbarin, was Sie bereits beim ersten Lesen verstanden haben und wo Sie noch Fragen haben.

2. Klären Sie die Position des Autors, indem Sie untersuchen, gegen welche Meinung er sich wendet und wie seine eigene These lautet.

3. Untersuchen Sie anschließend den Text, indem Sie die einzelnen Sinnabschnitte auf ihre Funktion und die darin verwendete Argumentationsstruktur hin analysieren. Dabei kann es manchmal hilfreich sein, aufzulisten, welche Autorinnen und Autoren genannt werden, welche Position diese vertreten und wie Niggemeier auf sie reagiert. Auch sollten Sie sprachliche Besonderheiten berücksichtigen. Gehen Sie angesichts der Textfülle so vor, dass Sie sich die zu untersuchenden Abschnitte aufteilen. Halten Sie die Ergebnisse in Form einer Tabelle fest.

Abschnitt	Inhalt	Sprache	Funktion
1 Einleitung (Z. 5 – 48)	– Bericht über eine bei Facebook gepostete Suchmeldung und anschließende Todesnachricht, auf die viele User mit Trauer reagierten – Aufwurf der Frage, ob digital gepflegte Freundschaften und Emotionen denen in der realen Welt gleichwertig seien	– Nennen konkreter Details (z. B. Name des Gesuchten und dann Verstorbenen; Auflistung der genutzen Kommunikationsformen: Blog, Kommentare, Profilseiten) zur Verdeutlichung des Wahrheitsgehaltes, Verallgemeinerung durch weitere Beispiele – Rhetorische Fragen als Problemaufwurf – Aufgreifen einer implizit gängigen These (bzw. „Prämisse"), die hinterfragt werden soll	– Einleitung, Hinführung auf den folgenden Gedankengang: Konkretes Beispiel führt in den Argumentationsgang ein und wirft ein Licht auf die vertretene Position.
...	...	...	...

[1] **Permanenz:** Dauerhaftigkeit, das Weiterbestehen – [2] **profan:** weltlich, gewöhnlich – [3] **Dünkel:** übertrieben hohe Selbsteinschätzung aufgrund einer vermeintlichen Überlegenheit; Eingebildetheit, Hochmut

4. Formulieren Sie einen Teil der Ergebnisse im Sinne der Analyse eines argumentativen Sachtextes schriftlich aus. Wählen Sie dazu mindestens zwei Sinnabschnitte des Textes aus. Orientieren Sie sich dabei an den folgenden methodischen Hinweisen.

Methode

Einen argumentativen Sachtext analysieren

Die Analyse eines argumentativen Sachtextes setzt voraus, dass Sie in einem ersten Schritt über Autor, Titel, Erscheinungsjahr und -ort und den thematischen Schwerpunkt informieren. In einem nächsten Schritt untersuchen Sie bei der **Analyse**, auf welche Weise der Verfasser bzw. die Verfasserin versucht, die jeweilige Position zu einem Thema argumentativ zu entfalten.

Im Einzelnen geht es dabei um eine Untersuchung der **Argumentationsstruktur** und der **sprachlich-formalen Gestaltung** des Textes. Diese Elemente werden hinsichtlich ihrer Funktion und Wirkungsweise analysiert, um neben der Frage nach dem Inhalt auch die Frage nach der „Machart" des Textes beantworten zu können.

Häufig ist es sinnvoll, dabei von einer **Textgliederung** auszugehen. Denkbar ist es auch, dass nur ein ganz bestimmter Aspekt in der Aufgabenstellung vorgegeben wird. In diesem Fall sollten Sie den Text daraufhin lesen und analysieren.

Hinsichtlich der **sprachlichen Gestaltung** sollte die Analyse sachlich, präzise und informativ sein. Um die Positionen und Argumente anderer wiederzugeben, verwendet man die **indirekte Rede** oder Umschreibungen. Das **Tempus** ist das **Präsens**, bei Vorzeitigkeit das Perfekt.

Folgende **Formulierungsvorschläge** können bei der Abfassung hilfreich sein:
Der Autor/die Autorin
- nennt als grundlegende Fragestellung
- informiert (im ersten Abschnitt) darüber, dass …
- stellt (im zweiten Abschnitt) die These/Behauptung auf, dass …
- belegt seine/ihre Position mit dem Hinweis auf …
- verdeutlicht seine/ihre These, indem …
- im Folgenden wird untersucht/betrachtet/erläutert, wie …
- greift beispielhaft auf … zurück, um … zu veranschaulichen
- demzufolge – im Gegensatz dazu/dagegen
- kritisiert/widerlegt die Position von …, indem …
- appelliert an …
- beruft sich auf eine Autorität/eine Statistik/Studie …
- drückt dieses in auffälliger Weise sprachlich aus, indem …
- fasst abschließend seine/ihre Position zusammen, indem …
- schlussfolgert, dass …/zieht die Schlussfolgerung …

---

5. Stellen Sie sich vor, Vertreter der Positionen von Sherry Turkle und von Stefan Niggemeier könnten sich begegnen und miteinander diskutieren. Inszenieren Sie ein solches Gespräch im Rollenspiel. Vergeben Sie dabei außer der Rolle der beiden auch die Rolle des Moderators bzw. der Moderatorin, der bzw. die Fragen stellt und das Gespräch strukturiert.

Methode

Die textgebundene Erörterung

Bei der textgebundenen Erörterung handelt es sich um eine Aufgabe, die aus **zwei Elementen** besteht. Das Ziel ist es, dass Sie sich intensiv und kritisch-erörternd mit einem Text auseinandersetzen.

Dazu müssen Sie diesen **Text** zunächst einmal in seinen Kernaussagen und seinem Aufbau beschreiben und **analysieren** (s.o). Neben den inhaltlichen Aussagen müssen Sie auch die sprachlich-formale Gestaltung in die Analyse einbeziehen (vgl. dazu auch die Methode „Einen argumentativen Sachtext analysieren", S. 190 ff.).

Im Anschluss an die Textanalyse folgt der **Erörterungsteil**, in welchem Sie sich mit den zuvor erarbeiteten Thesen aus dem Text auseinandersetzen. Dazu müssen Sie die Kernaussagen herausgreifen und diese diskutieren. Machen Sie Ihre eigene Position (Zustimmung oder Ablehnung?) deutlich und greifen Sie dazu auch auf Wissen aus dem Unterricht zum Thema sowie auf eigene Beispiele und Belege zurück. Zuletzt, im **Schlussteil**, sollten Sie dann ein zusammenfassendes Fazit aus den Überlegungen ziehen.

6. Üben Sie die Methode der „textgebundenen Erörterung" ein, indem Sie nun nur den zweiten Teil einer solchen Aufgabe verfassen, der in Anbindung an die Analyse des Textes von Sherry Turkle oder von Stefan Niggemeier folgendermaßen lautet: Erörtern Sie, ob Kontakte, die ausschließlich im Netz gepflegt werden, die gleiche Qualität haben können wie die, die in der „realen Welt" existieren.

7. Was Sie noch machen können:
Die Kontroverse um ein medienkritisches YouTube-Video und die Produktion eines eigenen Videos

Gary Turk
Look Up.

I have 422 friends, yet I am lonely.
I speak to all of them everyday, yet none of them really know me.

The problem I have sits in the spaces between,
looking into their eyes, or at a name on a screen.

5 I took a step back, and opened my eyes,
I looked around, and then realised
that this media we call social, is anything but
when we open our computers, and it's our doors we shut.

All this technology we have, it's just an illusion,
10 of community, companionship, a sense of inclusion
yet when you step away from this device of delusion,
you awaken to see, a world of confusion.

A world where we're slaves to the technology we mastered,
where our information gets sold by some rich greedy bastard.
15 A world of self-interest, self-image, self-promotion,
where we share all our best bits, but leave out the emotion.

[…]

(2014)

1. Recherchieren Sie das YouTube-Video von Gary Turk sowie die Reaktionen von YouTubern und die Parodien dazu und tauschen Sie sich über Ihre spontanen Reaktionen aus.

2. Welche Aussagen zum Thema „Smartphone-Nutzung" werden jeweils gemacht? Erarbeiten Sie dazu zunächst die Position Gary Turks. In welcher Weise „antworten" die beiden Parodisten? Beachten Sie dazu sowohl inhaltliche Thesen und Argumentationsweisen wie auch die Form, in welcher diese vorgetragen werden.

3. Produzieren Sie selbst ein YouTube-Video, in welchem Sie abschließend Ihre eigene Position zum Thema „Smartphone-Nutzung" verarbeiten. Dabei kann es sich um ein Video handeln, das Sie in Gruppenarbeit erstellen und das verschiedene Positionen in sich vereint.
   ➔ Das Storyboard als Planungshilfe für die Dreharbeiten, S. 38

Über Sprache nachdenken

In diesem Kapitel dreht sich alles um das Thema „Sprache". Um was für ein Phänomen handelt es sich? Welchen Einflüssen unterliegt Sprache und wie verändert sie sich im Laufe der Zeit? Was sind begrüßenswerte, was besorgniserregende Tendenzen im Sprachgebrauch? Und wie sollen und können wir am besten mit unserer Sprache umgehen?

Erst mit der Sprache können wir ausdrücken, wer wir sind und wie wir unsere Welt wahrnehmen. Sie ermöglicht auch den gedanklichen Austausch mit anderen Menschen sowie das Festhalten von Erkenntnissen und die Weitergabe von Traditionen. Gleichzeitig ist die Sprache offen für das Gegenwärtige und Zukünftige. Veränderungen, welcher Art auch immer, finden ihren Niederschlag in der Sprache, die somit auch Seismograf für unser Welt- und Selbstbild sowie für unser Zusammenleben ist. Dabei sind es insbesondere junge Menschen, technische und mediale Neuerungen im Bereich der Kommunikation sowie gesellschaftliche Prozesse (etwa durch Migration), die das Deutsch unserer Gegenwart prägen. In diesem Kapitel geht es deshalb neben der Frage, was Sprache ist, um die Themen „Jugendsprache" und „Netzsprache". Sie erarbeiten die Merkmale dieser Bereiche von Sprache und erhalten einen Einblick in diesbezügliche wissenschaftliche Erkenntnisse. Methodisch werden Sie zugleich angeleitet, eigene informierende Texte mithilfe geeigneter Materialien zu verfassen.

Auf der Grundlage der gewonnenen Erkenntnisse geht es abschließend um die Frage nach der Bewertung einzelner Tendenzen in der Sprachentwicklung. Hier lernen Sie verschiedene Positionen kennen, erhalten so einen Einblick in die Diskussion und gelangen schließlich zu einem eigenen Urteil.

1. Klären Sie anhand der lexikalischen Definition die verschiedenen Aspekte des Begriffs „Sprache". Stellen Sie Vermutungen darüber an, um welche der Aspekte es im Deutschunterricht vorrangig geht.
2. Welche Aussagen über das Wesen der Sprache lassen sich aus den Zitaten erschließen? Halten Sie diese thesenartig fest.
3. Die Abbildungen verweisen auf verschiedene Fragestellungen und Probleme hinsichtlich der Sprache unserer Gegenwart. Erschließen Sie diese und halten Sie sie ebenfalls thesenartig fest.
4. Formulieren Sie selbst eine Aussage über das Wesen oder die gegenwärtige Ausprägung der deutschen Sprache.

Sprache

1. die Fähigkeit des Sprechens
   „Er hat nach einem Schock die Sprache verloren."
2. komplexes Regelsystem als zentrales menschliches Verständigungsmittel
   „Er beschäftigt sich mit der Verarbeitung von Sprache mithilfe des Computers."
   „Die Linguistik erforscht die Sprache."
3. eine einzelne Sprache, die von einer bestimmten Gruppe von Menschen gesprochen wird
   „Sie beherrscht neben der deutschen auch die englische, französische, spanische und russische Sprache."
   „Er beschäftigt sich mit der Sprache der Jugendlichen."
4. eine bestimmte Art des Sprechens bzw. des sprachlichen Ausdrucks
   „Ich habe ihn an der Sprache erkannt."
   „Der Autor schreibt in einer sehr natürlichen/ gekünstelten/schlichten Sprache."
5. etwas, das mit bestimmten Elementen und deren regelhafter Verwendung Bedeutungen/Inhalte vermitteln kann
   „die Sprache der Malerei/der Musik"

(Lexikoneintrag)

„Die Berührung der Welt mit dem Menschen ist der elektrische Schlag, aus welchem die Sprache hervorspringt, nicht bloß in ihrem Entstehen, sondern immerfort, so wie Menschen denken und reden. Die Mannigfaltigkeit der Welt und die Tiefe der menschlichen Brust sind die beiden Punkte, aus welchen die Sprache schöpft."

(Wilhelm von Humboldt, dt. Gelehrter, 1767–1835)

„Das Menschlichste, was wir haben, ist doch die Sprache, und wir haben sie, um zu sprechen."

(Theodor Fontane, dt. Schriftsteller, 1819–1898)

„Sprachen sind kostbare und wunderbare Gebäude, Kathedralen des Geistes, die im aktuellen globalen Kultur-Luft-Krieg extremer Gefährdung ausgesetzt sind, deren Verlust unerträglich und deren Bewahrung und Pflege uns daher aufgetragen ist."

(Jürgen Trabant, dt. Sprachwissenschaftler, geb. 1942)

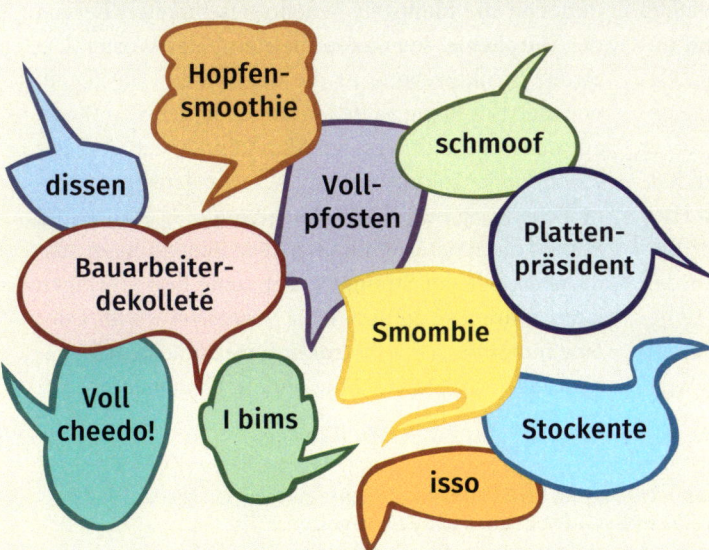

Was ist „Sprache"? – Versuch einer Klärung

Dieter Eduard Zimmer ist ein deutscher Journalist, Autor und Übersetzer. Er studierte Literatur- und Sprachwissenschaft und war anschließend in Hamburg lange Zeit Redakteur und zeitweise auch Feuilletonchef der Wochenzeitung „Die Zeit". Seit 2000 ist Zimmer als freier Schriftsteller, Literaturkritiker und Publizist in Berlin tätig. Das Themenspektrum seiner Veröffentlichungen berührt Fragen der Psychologie, Biologie, Medizin, Anthropologie, Linguistik, Kommunikationswissenschaft und des Bibliothekswesens.

Dieter E. Zimmer (geb. 1934)
Grundmerkmale der Sprache

Natürlich weiß das Kleinkind explizit noch gar nichts. Aber es tut seine ersten Schritte in das Neuland der Sprache, als wüsste es bereits, was eine menschliche Sprache ist. Sein Gehirn ist offensichtlich so ange-
5 legt, so verschaltet, „verdrahtet" sagt man gern, dass es die Grundeigenschaften der Sprache, die es erwerben wird, nicht erst lange ergründen muss. Welches diese Grundeigenschaften sind, wurde erst in den letzten Jahrzehnten klar, als man die menschliche
10 Sprache mit den verschiedensten Formen tierischer Kommunikation vergleichen konnte. […] Die sechs wichtigsten dieser universalen Grundmerkmale sind die Folgenden.
1. Sprache ist akustisch. Möglich wären auch ganz
15 andere Sprachen, die nicht weniger reichhaltig sein müssten. Taubstumme müssen auf Gebärdensprachen ausweichen; es gibt Schriftsprachen, deren Zeichen Begriffe symbolisieren und nicht Laute. Aber die normale menschliche Sprache ordnet Bedeutun-
20 gen eben Laute zu und nicht Gesten oder Bildzeichen oder Gerüche, und schon das neugeborene Kind unterscheidet Sprachlaute von Musik und anderen Geräuschen und Klängen, hat also ein „Ohr" für die gesprochene Sprache, „weiß" vor allem Wissen, dass es
25 mit den Sprachlauten etwas Besonderes auf sich hat.
2. Tier-„Sprachen" handeln meist vom Jetzt und Hier. (Eine erratische[1] Ausnahme ist die Sprache der Bienen, ein authentisch symbolischer Code, der den Volksgenossinnen von der Lage entfernter Blüten be-
30 richtet.) Das morgendliche Krähen des Hahns besagt: Hier bin ich mit meinem Harem, mach, dass du wegkommst, Fremdling, der du dich vielleicht in meine Nähe verirrt hast. Das Ducken der Henne vor dem Hahn sagt: Gut, so tritt mich denn. Ihr seitliches Weggehen: Jetzt bin ich dazu nicht aufgelegt. Die 35 menschliche Sprache aber kann ebenso gut auch von dem handeln, was in Raum oder Zeit fern ist, von Milchstraßen, vom Urknall, vom Wärmetod. Sie ist nicht situationsunmittelbar. Sie handelt gleich bereitwillig von dem, was es gar nicht gibt, jedem erdach- 40 ten Xanadu – ihre Fähigkeit zur Lüge ist übrigens ein weiteres ihrer Grundmerkmale.
3. Die menschliche Sprache ist doppelt durchstrukturiert. Dank dieser Eigenschaft kann sie aus einer geringen Zahl von Lauten eine unendlich große Zahl 45 von Aussagen herstellen. Die untere der beiden Strukturebenen ist die der Laute: Eine sehr kleine Zahl von Lauten, die selber gar nichts bedeuten – insgesamt sind es nicht mehr als sechzig, in der deutschen Sprache etwa dreißig –, bringt durch verschiedene Kombi- 50 nationen die kleinsten Bedeutungseinheiten hervor, die Morpheme, sozusagen die Kerne der Wörter. Die zweite Strukturebene ist die der Syntax[2]: Sie regelt, wie die Morpheme zu Bedeutungen höherer Ordnung zusammengestellt werden. Man könnte sich eine gar 55 nicht durchstrukturierte Lautsprache denken: Für jede Bedeutung bräuchte sie einen anderen Laut – und könnte dann natürlich nur so viele Bedeutungen ausdrücken, wie der Stimmapparat Laute hervorbringen kann, wäre also zu äußerster Armut verurteilt. Oder 60 eine nur einfach durchstrukturierte Sprache: Jede Bedeutung würde durch eine andere Kombination von

---

[1] **erratisch:** verstreut, vereinzelt – [2] **Syntax:** im Zusammenhang mit der Grammatik die Lehre von den Satzgliedern und der Satzstellung, im Zusammenhang mit der Semiotik die Lehre von den Zeichen und Zeichenfolgen

Lauten ausgedrückt, sie bestünde sozusagen nur aus Wörtern. Sollte eine solche Sprache immer mehr und subtilere¹ Bedeutungen ausdrücken, so müssten ihre Wörter länger und länger werden; viel könnte also auch sie nicht ausdrücken.

4. Sprache besteht aus scharf gegeneinander abgegrenzten, „diskreten"² Einheiten. Denkbar wären auch kontinuierliche Sprachen, zum Beispiel solche, in denen sich die Bedeutungen mit den gleitenden Übergängen der Aussprache ändern. Irgendeine Lautgruppe, sagen wir „mauz", könnte zum Beispiel „Maus" bedeuten, wenn sie leise ausgesprochen wird, jedoch immer größere Tiere, je lauter die Aussprache wird, bis ein geschrienes „mauz" schließlich „Mammut" heißt. So ist keine menschliche Sprache beschaffen. Ihre Einheiten behalten ihre Bedeutungen unabhängig davon, ob sie laut oder leise, langsam oder schnell, fröhlich oder finster, hoch oder tief, genau oder undeutlich ausgesprochen werden. Über alle möglichen Aussprachen hinweg bedeutet „Maus" nicht mehr, nicht weniger, nichts anderes als „Maus". Keine Sprache erlaubt die gleitende Abstufung von Bedeutungen mithilfe gleitender Abstufungen der Aussprache. [...]

5. Die Zeichen der Sprache sind willkürlich. Zwischen der Lautgestalt eines Wortes und der körperlichen Gestalt dessen, was es bezeichnet, gibt es keine Beziehung, ein paar lautmalerische Wörter wie Kuckuck oder Bimbam ausgenommen. Theoretisch könnte man alle Wörter miteinander vertauschen, wie in der Kindergeschichte von Peter Bichsel, in der ein einsamer Mann alles umbenennt und damit seine Einsamkeit vollkommen macht. [...] Wörter sind Symbole, und es sind Symbole, die normalerweise keinerlei Ähnlichkeit mit dem besitzen, was sie bezeichnen. Sie sind ihm in keiner Weise analog.

6. Die Sprache ist offen. Ihr Zeichenrepertoire (ihr Lautsystem und ihr Wortschatz, das „Lexikon") ist endlich; endlich ist auch der Kodex von Regeln, wie diese Zeichen zu Sätzen zu kombinieren sind (die „Syntax"). Aber mit diesem endlichen Fundus lassen sich beliebig viele verschiedene Äußerungen erzeugen. Es gibt unendlich viele verschiedene mögliche Sätze. Wirklich „unendlich" viele? Der Beweis ist leicht. Man nehme nur den einen Satz „Es gibt zwei verschiedene Sätze" und beginne, das Zahlwort darin zu ändern: Es gibt drei verschiedene Sätze, Es gibt vier verschiedene Sätze ... Nie gelangte man an ein Ende.

(1986)

1. Erschließen Sie die einzelnen Merkmale von Sprache, die Zimmer in seinem Text aufführt, indem Sie jedem Merkmal eine der folgenden Abbildungen (S. 71 f.) zuordnen und davon ausgehend das Merkmal erklären.

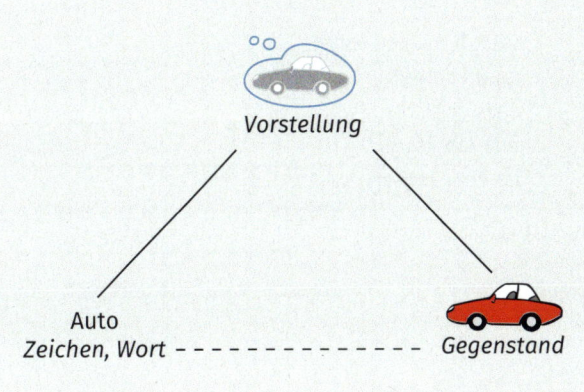

¹ **subtil:** verfeinert, differenziert – ² Bei einer „diskreten" Sprache erkennt man deutlich die Pausen zwischen den Wörtern. Diese fallen länger und deutlicher aus als die Pausen zwischen einzelnen Silben. Bei einer „kontinuierlichen" Sprache gibt es keine Pausen zwischen den Wörtern, sondern die Wörter gehen ineinander über.

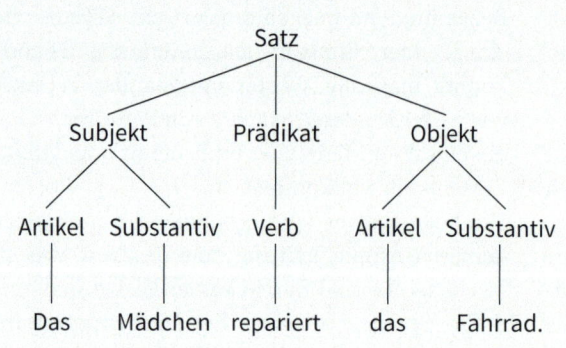

November

Draußen ist es kalt geworden.

Nebel zieht auf und verwandelt den Blick –

aus Vertrautem wird Geheimnisvolles.

Kinder leuchten mit Laternen

und bringen Licht in die Dunkelheit.

Erich Fried (1921 – 1988)
Definition

Ein Hund
der stirbt
und der weiß
dass er stirbt

und der sagen kann
dass er weiß
dass er stirbt
wie ein Hund
ist ein Mensch

      (1964)

2. Sichern Sie die Ergebnisse, indem Sie zu jedem Merkmal ein bis zwei eigene Sätze schriftlich formulieren.

3. Beurteilen Sie: Was hat die menschliche Sprache, wie sie von Zimmer hier definiert wird, den Kommunikationsweisen von Tieren („Tier-Sprachen") und der sogenannten „Körpersprache" voraus? Darf man beide Ihrer Meinung nach als „Sprache" bezeichnen?

Die Sprache der Gegenwart – Das heutige Deutsch

Welche Sprache spricht die Jugend?

Jugendwort des Jahres

„Wir wissen, was ein Babo ist"

Sind Sie ein Babo oder 'ne Flachbrezel? Wer das nicht weiß, kriegt Bitchfight statt Fame, findet die Slang-Jury des Langenscheidt-Verlags. Sie hat „Babo" zum Jugendwort des Jahres gekürt. Ob wirklich jemand so spricht, verrät der Schulhof-Check der Jugendsprache. 5

Der Babo hat heute voll den Bitchfight, weil er die Hausaufgaben verchillt hat. Die Fragetante labert Flatrate deswegen. Ist ihm aber titte. Weil er auch mit Arschfax gut aussieht, adden ihn alle Facebook- 10 Schlampen. Also erst mal die Chabos telen. Wenn die nicht gerade kellern, hornen sie bestimmt wieder die Hotties an.

[...]

Der Reichtum der Alltagssprache hält Einzug in die Amtsstuben

1. Sammeln und erläutern Sie im Kurs Ihre Ideen zur Frage, ob die Jugend eine andere Sprache spricht und wodurch diese sich gegenüber dem Standarddeutsch auszeichnet.
2. Beschreiben und interpretieren Sie die Karikaturen hinsichtlich ihrer Aussage zum Thema.
3. Welches Urteil über die „Jugendsprache" wird jeweils deutlich?

1. Versuchen Sie sich an einer „Übersetzung" des kursiv gedruckten Textes in Standarddeutsch.
2. Stellen Sie Überlegungen dahingehend an, aus welchen Bereichen die hier als „jugendsprachlich" ausgewiesenen Begriffe stammen und wie sie entstehen.
3. Leiten Sie Vermutungen dahingehend ab, welche Merkmale „Jugendsprache" hat. Orientieren Sie sich dabei an folgenden Kriterien:
   - <u>Bereiche</u>, denen die Begriffe entstammen,
   - <u>Art und Weise</u>, wie neue Wörter entstehen,
   - <u>Verhältnis</u> der „Jugendsprache(n)" <u>zum Standarddeutsch</u>,
   - <u>Zweck/Absicht</u> jugendsprachlicher Sprachverwendungsweisen.
4. Bewerten Sie den Text „"Wir wissen, was ein Babo ist"" im Hinblick darauf, ob Jugendliche aus Ihrer eigenen Erfahrung heraus tatsächlich so sprechen.
5. Stellen Sie Hypothesen dahingehend auf, welche Probleme das Vorhaben, die Sprache der Jugend erforschen zu wollen, mit sich bringen kann.

„Jugendsprache zeichnet sich durch Kreativität aus"

Sprachforscherin Sonja Gipper über rheinische Einflüsse und Lexika, die Eltern helfen sollen, ihre Kinder zu verstehen

Frau Gipper, Sie haben im vergangenen Jahr ein Seminar an der Kölner Universität zum Thema „Jugendsprache" gehalten. Was macht Kiezdeutsch für Sie als Forschungsgegenstand interessant?

SONJA GIPPER: Oft fahren wir Sprachwissenschaftler in weit entfernte Länder, um Sprachen zu untersuchen. Aber es gibt auch interessante Phänomene, die direkt vor unserer Haustür stattfinden. Jugendsprache gibt Impulse für die deutsche Sprache. An ihr kann man ablesen, wie sich die Standardsprache in Zukunft entwickeln könnte. Jugendsprache zeichnet sich durch Kreativität aus, sie bildet neue Wörter oder benutzt sie in neuen Zusammenhängen. Diese Wörter finden sich später oft in der deutschen Umgangssprache wieder, manche schaffen es sogar in den Duden.

Gibt es nur eine Jugendsprache?

GIPPER: Von einer einzigen Jugendsprache kann man nicht sprechen. Es gibt regionale Unterschiede, aber auch Differenzen zwischen einzelnen Jugendgruppen, die bestimmte Wörter nur untereinander verwenden.

Woher kommen die Impulse?

GIPPER: Es gibt Einflüsse aus Migrantensprachen wie dem Türkischen und dem Arabischen sowie Impulse aus dem Englischen. „Cool" ist eines der mittlerweile etablierten Wörter. Wichtig ist auch die Verwendung von existierenden Wörtern in neuen Zusammenhängen wie „fett".

Haben soziale Medien Einfluss?

GIPPER: Natürlich verbreiten sich Wörter über das Internet schneller als früher. Die Chance ist also höher, dass sich ein Berliner Slang-Ausdruck morgen auch im Schwäbischen etabliert. Außerdem werden von Jugendlichen auch Wörter gebraucht, die zunächst in Online-Chats verwendet werden – wie zum Beispiel „Yolo" (You only live once = du lebst nur einmal).

Drängen Jugendsprachen Dialekte, etwa das Kölsche, in den Hintergrund?

GIPPER: Es ist eher so, dass sich Jugendsprachen aus den Dialekten bedienen. Wörter aus dem rheinischem Sprachgebrauch wie „Fuss" oder „läppsch" werden auch in Jugendsprachen benutzt.

Lehrer klagen darüber, dass ihre Schüler keine geraden grammatikalischen Sätze mehr bilden können.

GIPPER: Als Sprachwissenschaftlerin betrachte ich Sprachen nicht wertend. Der Sprachgebrauch von Jugendlichen wurde schon immer kritisch betrachtet. Fakt ist aber, dass Jugendsprache eine Sprache ist wie die deutsche Standsprache – die Regeln sind nur anders. Nicht weniger komplex, sondern anders.

Können Jugendliche denn umschalten und wieder Standarddeutsch sprechen, wenn es nötig ist?

GIPPER: Ja, das können sie. Manchmal wollen sie das aber nicht, um sich abzugrenzen.

Es gibt zahlreiche Lexika auf dem Buchmarkt. Nützen sie etwas?

GIPPER: Man kann da reingucken, ich weiß aber nicht, ob sie das Verständnis in der Familie heben. Manche Wörter kennen Eltern sowieso, weil sie inzwischen in der Umgangssprache etabliert sind. Andere kommen so schnell außer Gebrauch, dass Lexika nicht hinterherkommen. Der direkte Dialog mit den Kindern bringt mehr. *(2014)*

Das Gespräch führte
Dirk Riße.

Sonja Gipper lehrt und forscht seit 2011 am Institut für Linguistik der Universität zu Köln.

1. Arbeiten Sie aus dem Interviewtext heraus,
   - welche Merkmale der Jugendsprache Sonja Gipper benennt und worin sie die besondere Bedeutung für das Standarddeutsch sieht,
   - welchen Einflüssen ihrer Meinung nach die Jugendsprache unterliegt, wie sie entsteht und wie sie den Nutzen von Jugendsprachlexika beurteilt.

2. Wie beurteilen Sie es selbst, dass es solche Lexika der Jugendsprache gibt?

Alexandra Wölke (geb. 1978)
Von der Jugendsprache und den Herausforderungen ihrer Erforschung

Jugendliche sprechen ihre eigene Sprache. Sie wollen sich und ihr Lebensgefühl damit zum Ausdruck bringen, Spaß haben und sich ausprobieren und vielleicht auch abgrenzen von der Welt der Erwachsenen. Doch kann man das Phänomen Jugendsprache nicht als eine einheitliche Größe verstehen, deren Merkmale und Ausprägungen sich wie andere Varietäten der Sprache wie etwa ein bestimmter Dialekt oder eine Fachsprache eindeutig beschreiben lassen. Zu heterogen und überdies groß ist die Gruppe der Sprecher – die Jugendlichen – und zu unterschiedlich ihr Umgang mit Sprache. Richtiger müsste man somit von vielen verschiedenen Jugendsprachen reden.

Dennoch aber gab und gibt es vonseiten der Linguistik (Sprachwissenschaft) immer wieder Forschungsprojekte, die eine wissenschaftliche Untersuchung und Beschreibung von jugendlichen Sprachverwendungsweisen zum Ziel haben. Nach dem Zweiten Weltkrieg, in den Anfängen, wurden dazu zunächst Fragebögen eingesetzt, mit deren Hilfe Begrifflichkeiten erfasst werden sollten, welche verstärkt von Jugendlichen gebraucht wurden. Die Methodik bedingt, dass sich die Ergebnisse der Studien auf den Bereich des Wortschatzes bezogen. Unabhängig von den jeweiligen Generationen lässt sich bei Jugendlichen eine Vorliebe für das Spiel mit Sprache beobachten. Die Jugendsprachen bauen somit auf der vorhandenen Standardsprache auf und entnehmen von hier lexikalische Elemente und grammatikalische Strukturen. Durch neue und ungewöhnliche Wortzusammensetzungen, Wortspiele oder Neologismen, deren „Material" unter anderem aus der Werbe- und Mediensprache und gelegentlich auch aus der Fäkalsprache entnommen wird, entstehen neue Wörter. Wenn diese häufig und von einer immer größeren Menge an Personen gebraucht werden, können sie Eingang in das Standarddeutsch finden und den Wortschatz erweitern. Dies ist insbesondere dann der Fall, wenn bestimmte Tendenzen aus der Jugendsprache durch die Medien (Filme, Werbung) einem Massenpublikum zugänglich gemacht werden. Hierdurch, wie auch durch die Vermarktung von „Lexika der Jugendsprache", wird diese Varietät zu einem Produkt, das sich gut verkaufen lässt. Kritiker stellen dabei infrage, ob es sich bei den hier bemühten Sprachverwendungsweisen tatsächlich um Jugendsprache handele oder ob nicht vielmehr Klischees, die sich über die Jahre verfestigt hätten, bedient würden.

Eine seriöse Forschung müsse sich des interaktiven Zusammenhangs der „Jugendsprachen" bewusst sein und außerdem die Frage, in welchem Verhältnis die Jugendsprachen zum Standarddeutschen stehen, mit berücksichtigen. Die jugendlichen Äußerungen müssten demnach nicht isoliert, sondern in gesellschaftlichen und kommunikativen Zusammenhängen beobachtet und analysiert werden. In der Forschungsgeschichte waren es unter anderem ab den 1980er-Jahren die Linguisten Helmut Henne und Eva Neuland, die in diesem Bereich geforscht haben. Henne stellte die These von einer sogenannten „inneren Mehrsprachigkeit des Deutschen" auf, welche besagt, dass das Deutsche ganz verschiedene Varietäten, sprachliche Register oder Jargons beinhalte, die von vielen Menschen situations- und adressatenabhängig gebraucht werden könnten. Eva Neuland untersuchte, welche Faktoren die Jugendsprachen beeinflussen, und kam zu dem Ergebnis, dass in einem engen Sinne die Lebenssituation, das konkrete Alter, das Geschlecht sowie die Zugehörigkeit zu sozialen Gruppen eine Rolle spielen. Im weiteren Sinn prägten auch die Generation, die soziale Herkunft, der Bildungsgang sowie Subkulturen die Jugendsprachen. Übergeordnete Faktoren seien zuletzt auch der gesellschaftliche Kontext, die Medien, die Region sowie die Zeitgeschichte.

Im Zusammenhang mit der weltweiten Migration und den daraus resultierenden Kontakten unterschiedlicher Sprachsysteme wird in der gegenwärtigen Jugendsprachforschung verstärkt nach dem Deutschen, das von vorwiegend jungen Migranten gesprochen wird, gefragt. In diesem Zusammenhang hat insbesondere die Studie der Linguistin Heike Wiese für kontroverse Debatten gesorgt. Diese hatte die Sprache von jugendlichen Migranten in urbanen Ballungsräumen untersucht und die These vertreten, es handele sich bei der Sprachvarietät, die sie als „Kiezdeutsch" bezeichnet (andere sprechen vom „Ethnolekt" oder auch vom „Multiethnolekt" sowie von „Kanak Sprak"), um einen neuen Dialekt des Deutschen. Dieser These ist insbesondere von Sprachwissenschaftlern, die in dieser besonderen Jugendsprache vor allem einen Ausdruck sprachlichen Unvermögens sehen, welcher keinesfalls mit der Bedeutung eines Dialekts verglichen werden könne, vehement widersprochen worden. Unabhängig von der Frage nach der Bewertung, ob es sich hier um eine Bereicherung oder einen Verfall des Deutschen handelt, ist es jedoch unumstritten, dass es sich bei dieser und anderen Formen der Jugendsprache um einen Motor für sprachliche Innovationen handelt, die für das gegenwärtige und zukünftige Deutsch eine hohe Bedeutung haben.

(2017)

1. Arbeiten Sie aus dem Text heraus,
- was sich über das Wesen und die Merkmale von „Jugendsprachen" sagen lässt,
- in welchem Verhältnis die „Jugendsprache" zur Standardsprache steht,
- welche Fragen die Linguisten an die Jugendsprache stellen, welche Methoden sie anwenden und zu welchen Ergebnissen sie gekommen sind.

2. Halten Sie Ihre Ergebnisse in Form einer Mindmap fest, in welche auch die Ergebnisse aus der Arbeit mit dem Interview mit Sonja Gipper (vgl. S. 74) einfließen.

Tobias Becker
Lass uns kurz reden

Bei dem folgenden Text handelt es sich um eine Zusammenfassung von jüngeren Forschungsergebnissen zu der Frage, wie sich – ausgehend von der Sprache jugendlicher Migranten und des berlinerischen Dialekts – das heutige Deutsch entwickelt. Die Sprachwissenschaftlerin Diana Marossek hat dazu empirische Befunde aus verschiedenen gesellschaftlichen Bereichen erhoben und ausgewertet und vertritt davon ausgehend die These, dass man nicht länger von „Kiezdeutsch", sondern allgemeiner von „Kurzdeutsch" sprechen müsse.

Einwanderung verändert deutsche Gesellschaft, verändert auch deutsche Sprache. Schwört Wissenschaftlerin Diana Marossek.

Nur die Toten hätten genügend Zeit, Deutsch zu lernen, befand der US-amerikanische Schriftsteller Mark Twain. „Jedes Substantiv hat sein grammatisches Geschlecht, und die Verteilung ist ohne Sinn und Methode. Man muss daher bei jedem Substantiv das Geschlecht eigens mitlernen. Eine andere Möglichkeit gibt es nicht." Seit Mark Twain das schrieb, in seinem Aufsatz „Die schreckliche deutsche Sprache", sind fast 140 Jahre vergangen. Inzwischen gibt es eine andere Möglichkeit – man lässt den Artikel weg. Die Schülerin raunzt in die Klasse: „Haltet die Fresse, ich will Text lesen." Die Kassiererin fragt am Tankstellentresen: „Wollen Sie erst bezahlen oder erst Toilette?" Und der Sportreporter berichtet im Fernsehen: „Der Spieler hat noch Vertrag bis 2018."

Die Berliner Soziolinguistin Diana Marossek, 31, hat über das Phänomen ein Buch geschrieben, das auf ihrer Doktorarbeit aufbaut. Die These: Menschen jeden Alters und jeder Herkunft bilden inzwischen Sät-

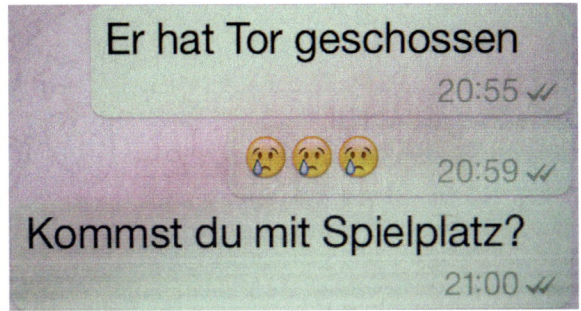

ze mit verknappter Grammatik. Man könnte sagen: Marossek analysiert nicht das Deutsch der Migranten, sondern das Migrantisch der Deutschen.

Als die ersten Forscher dem sogenannten Kiez- oder Multikulti-Deutsch wissenschaftliche Weihen zuteilwerden ließen und es als innovativ lobten, entrüsteten sich Muttersprachler in Zeitungen und Onlineforen. Sprache dient nicht nur der Verständigung, sondern auch der Distinktion[1]; sie ist soziales Kapital. Wenn sich plötzlich die Regeln ändern, ist das wie eine Währungsreform.

Marossek tritt solchen Sprachsnobs nun mit einem Begriff entgegen, den sie neu in die Debatte einführt: Kurzdeutsch. Er ist taktisch gewählt. „Der Begriff ist neutral und schließt niemanden aus, das ist mir wichtig", sagt sie. „Das Phänomen hat die gesamte Gesellschaft erfasst." In den Nullerjahren sei oft von „Türkendeutsch" die Rede gewesen; „ein abwertender Ausdruck". 2009 habe die Potsdamer Sprachforscherin Heike Wiese den Begriff „Kiezdeutsch" eingeführt; „da steckt für manchen auch noch eine Assi-Komponente drin". Sie selbst habe in ihrer Doktorarbeit, die 2013 erschien, von „Ethnolekt" gesprochen; „aber selbst das trifft es heute nicht mehr". Das Kurzdeutsch habe sich verselbstständigt, werde längst auch von deutschen Muttersprachlern aller Bildungsschichten genutzt.

Was zeichnet Kurzdeutsch aus? Am auffälligsten und am weitesten verbreitet ist das Auslassen von Artikeln und vor allem von Kontraktionen. Das sind Wörter wie „ins", „ans" und „zum", in denen ein Artikel und eine Präposition kombiniert sind. Der Kollege sagt: „Ich gehe kurz Kopierer", die Freundin fragt: „Wollen wir heute Abend Kino?" Es sind unvollständige Sätze, die an den sogenannten Foreigner Talk erinnern, die Babysprache, in der manche Muttersprachler mit Nichtmuttersprachlern kommunizieren. Subjekt, Prädikat, Objekt, sonst fast nichts. Keine linguistischen Feinheiten.

In jüngster Zeit ist Marossek zudem auf ein neues Phänomen gestoßen: den Kurzartikel d', der fast französisch wirkt. Statt „Gib mir Cola" heißt es „Gib mir d' Cola". „Der Sprecher signalisiert, dass er um die Notwendigkeit eines Artikels weiß, aber zu cool ist, ihn auch komplett auszusprechen." Bislang habe sie das vor allem bei migrantischen Jugendlichen beobachtet, die sich von ihrem Migrationshintergrund emanzipieren wollen. Aber wer weiß, vielleicht findet auch der Kurzartikel bald Eingang in die allgemeine Umgangssprache.

Eingebürgert haben sich dort laut Marossek bereits einzelne arabische oder türkische Vokabeln wie „jalla, jalla" für „zack, zack", „tamam" für „okay" oder „Lan" für „Alter", etwa in der Begrüßung: „Lan, wie geht's?" Code-Switching heißt ein solcher Mix mehrerer Sprachen, wie er bislang vor allem aus dem sogenannten Denglisch bekannt war: „Ich gehe shoppen" klingt viel hedonistischer[2] als „Ich gehe einkaufen". „Code-Switching erweitert die Ausdrucksmöglichkeiten", sagt Marossek.

Zum Stil des Kurzdeutsch gehört für sie zudem „ein habituelles[3] Regelwerk", darunter eine Form der spielerischen Verbalattacke, „die viel aggressiver klingt, als sie gemeint ist". Marossek spricht von „ritueller Beschimpfung", die vor allem von jugendlichen Muttersprachlern übernommen worden sei: „Man leiht sich das Klischeebild des migrantischen Gettojugendlichen, um sich gegenseitig Respekt zu bekunden und Vertrautheit herzustellen. Das ist Teil einer speziellen Höflichkeitskultur."

Marosseks Erkenntnisse verdanken sich einem Perspektivwechsel: Es gibt viele Studien zum Spracherwerb türkischer Gastarbeiter in den Sechzigern, ebenso zu den Sprachgewohnheiten ihrer Kinder und Enkel, aber es gab bislang fast keine Studien zum Einfluss dieser Sprachgewohnheiten auf deutsche Muttersprachler. „Wir wussten, wie die Kinder der dritten und vierten Einwanderergeneration sprechen", sagt Marossek, „aber nicht, wie unsere Nachbarskinder sprechen."

---

[1] **Distinktion:** Abgrenzung bestimmter sozialer Gruppierungen von anderen – [2] **hedonistisch:** Bezeichnung für eine Werthaltung, bei der der Freude, dem sinnlichen Genuss und dem individuellen Vergnügen Vorrang eingeräumt wird –
[3] **habituell:** verhaltenseigen, zur Gewohnheit geworden, zum Charakter gehörend

Für ihre Doktorarbeit hörte Marossek rund 1400 Acht- und Zehntklässlern in 30 Berliner Schulen aller Schulformen und Bezirke zu, ferner deren Lehrern. Für ihr neues Buch ergänzte sie die Ergebnisse um Stippvisiten in Hamburg, Köln, München, Potsdam, Ulm und anderen Städten, auch abseits des Schulmilieus. „Überall habe ich Kurzdeutsch gehört, ob in der Bahn oder auf der Straße, in einer Werbeagentur oder einer Zeitungsredaktion."

Dass sich das Kurzdeutsch so schnell verbreiten konnte, dürfte mehrere Gründe haben, mutmaßt Marossek: Serien und Filme wie „Türkisch für Anfänger" und „Fack ju Göhte", die den Stil cool und sexy gemacht haben. WhatsApp und Twitter, die die Alltagskommunikation beschleunigen. Private Blogs und YouTube-Accounts, bei denen die Nutzer nicht nur bestimmen, worüber gesprochen wird, sondern auch, wie. Der allgemeine Jugendwahn, der dazu führt, dass jugendsprachliche Phänomene die Alltagssprache schneller und gründlicher durchsetzen als früher. Die Menschen wollen nicht nur faltenfrei aussehen, sondern auch faltenfrei sprechen.

Katalysatoren der Entwicklung waren migrantische Jugendliche. Aber haben sie allein den Ton angegeben? Dafür spricht, dass es im Arabischen keine Artikel im deutschen Sinn gibt; das Geschlecht ist im Substantiv angelegt, sodass kein zusätzlicher Artikel notwendig ist. Dafür spricht auch, dass im Türkischen die Präposition kein allein stehendes Wort ist; sie wird an das Bestimmungswort angehängt. „Kreuzberg'de oturuyorum" heißt wörtlich „Kreuzberg in wohne ich", woraus „Ich wohne Kreuzberg" wird. Sprachwissenschaftler nennen das Interferenz:

Die Struktur einer Sprache wird in die andere übertragen.

Das Kurzdeutsch habe jedoch eine zweite Wurzel, analysiert Marossek. Sie hat Parallelen zwischen dem Migrantendeutsch und traditionellen deutschen Regionalsprachen entdeckt, etwa dem Ruhrpottdeutsch oder dem Berlinerischen, das sie „hauptstadtknapp" nennt. Muttersprachler sagen dort schon seit Generationen „Ich bin auf Arbeit" statt „Ich bin auf der Arbeit". Sie fragen: „Bist du mit Auto oder Bahn?" Diese „lokaltypische Grammatikverkürzung", so Marossek, lasse sich mindestens bis zur vorvergangenen Jahrhundertwende zurückverfolgen. Das Dienstmädchen Paulina Piperkarcka in Gerhart Hauptmanns Tragikomödie „Die Ratten", uraufgeführt 1911, nutzt meist keine Artikel und selten Präpositionen. „Ick stürze mir Landwehrkanal", droht Piperkarcka.

„Dass das Kurzdeutsch aus zwei Wurzeln wächst, hat seine Verbreitung begünstigt", sagt Marossek. „Der einfache Satzbau ist für unser Gehirn komfortabel, wir übernehmen ihn bereitwillig. Natürlich nicht überall und ständig, aber in kontextabhängigen Formeln." Ganz ähnlich wie das alte „Ich bin auf Arbeit". Für Sprach- und Besitzstandswahrer, die sich dennoch vor sprachlicher Überfremdung fürchten, hat Marossek einen Trost: In Situationen ritueller Beschimpfung sind alte deutsche Wörter gerade wieder sehr gefragt, zum Beispiel „du Knecht". „Das ist zum Trend unter Jugendlichen geworden, weil die arabischen Schimpfwörter schon jeder kennt, selbst jeder Lehrer und Journalist."

(2016)

---

1. Klären Sie das Thema: Um welches sprachliche Phänomen geht es in dem Text?

2. Beschreiben Sie die wissenschaftliche Methode, die der Forschungsarbeit der Linguistin zugrunde liegt. Wie kommt sie zu ihren Ergebnissen?

3. Benennen Sie die Ergebnisse im Einzelnen: Welche Tendenz wird konstatiert und wie lässt sich diese genau beschreiben? Welche Einflüsse haben sie begünstigt? Warum breitet sich das „Kurzdeutsch" immer mehr aus? Verarbeiten Sie die Ergebnisse zu diesen Fragen in einem übersichtlichen Schaubild. Orientieren Sie sich dabei an folgenden methodischen Hinweisen.

Methode

Ein Schaubild zu einem Text erstellen

Um sich den Informationsgehalt eines Textes anschaulich zu vergegenwärtigen, kann es hilfreich sein, ein Schaubild zu erstellen. Dabei handelt es sich um eine Zusammenstellung von auf den Kern reduzierten Inhalten mithilfe grafischer Elemente. Diese werden im Schaubild genutzt, um den Zusammenhang zwischen den Textinhalten anschaulich zu zeigen. Wenn Sie ein Schaubild selbst erstellen wollen, müssen Sie also die **Struktur** des Textes bzw. die Zusammenhänge der darin enthaltenen Informationen zunächst klären. Markieren Sie wesentliche Elemente, die im Schaubild verarbeitet werden sollen, und reduzieren Sie diese auf einen pointierten Begriff oder eine Aussage. Anschließend stellen Sie Überlegungen an, in welcher Weise Sie nun mithilfe räumlicher Darstellungen (Nähe/ Ferne) und grafischer Elemente (z. B. Pfeile, Linien, Symbole) die Zusammenhänge veranschaulichen können.

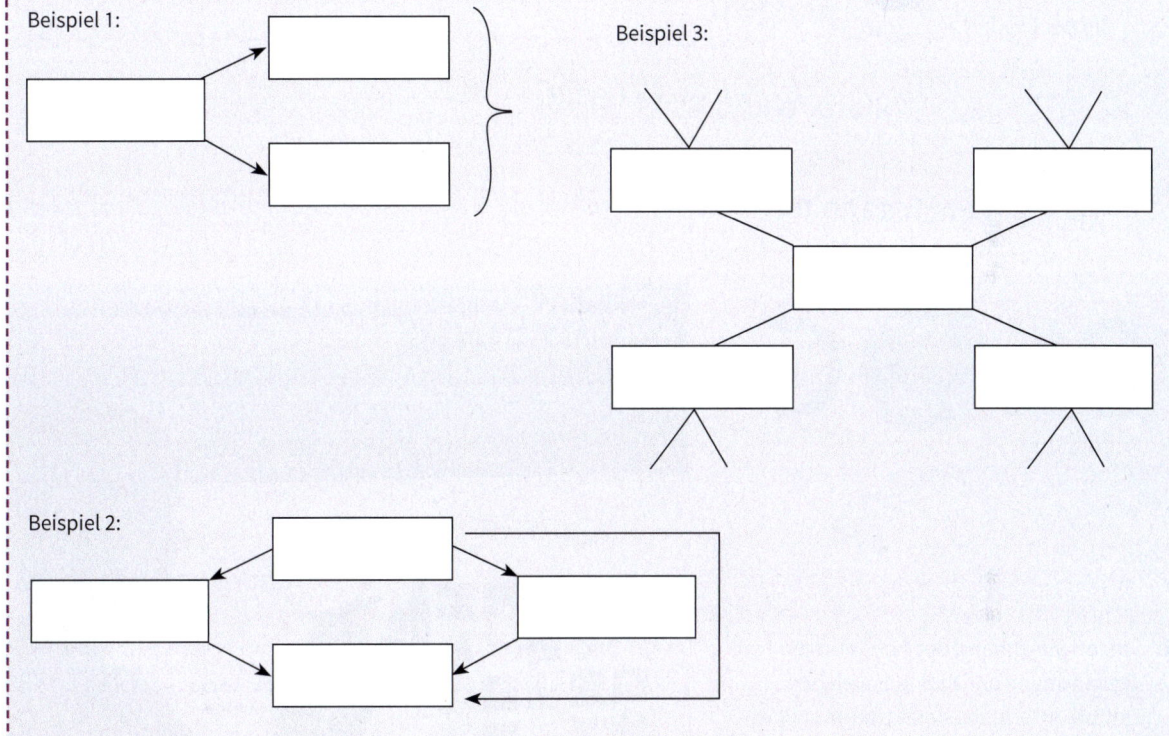

4. Wie bewerten Sie die Verbreitung des „Kurzdeutschen"? Diskutieren Sie.

Sprachgebrauch im Zeitalter digitaler Medien

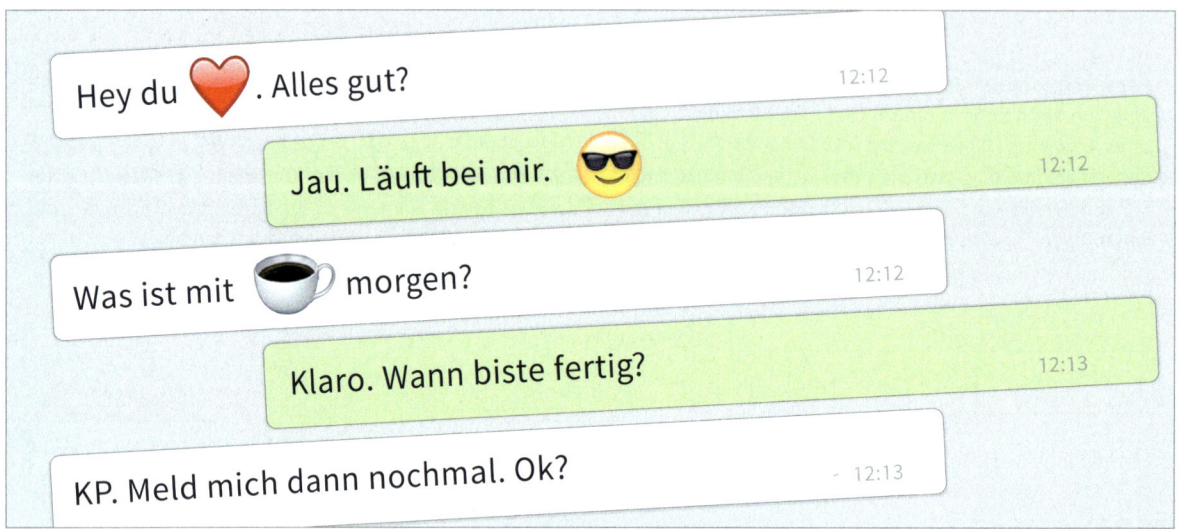

1. Stellen Sie anhand der Abbildungen Vermutungen darüber auf, welchen Einfluss internetbasierte Kommunikation auf die deutsche Sprache hat. Führen Sie dazu zunächst ein Brainstorming zu der Frage, welche verschiedenen digitalen Kommunikationsplattformen und -dienste Sie kennen, durch und charakterisieren Sie anschließend, welche sprachlichen Merkmale für diese jeweils typisch sind.

Umgang mit Sprache in internetbasierten Kommunikationsplattformen	
Plattform/Dienst	**Merkmale der dort verwendeten Sprache**
WhatsApp	Smileys bzw. Emoticons und Symbole; Chatfunktion („Gespräch" in schriftlicher Form zwischen zwei oder mehreren Teilnehmern) …
Blog-Eintrag	…
Chatforen	…
E-Mail	…
Twitter	…

Jürgen Trabant (geb. 1942)
Die Sprache in digitalen Medien (Auszug)

Auch wenn allgemein über die schlechter werdende Schreibkompetenz der Jugend geklagt wird, ist vermutlich noch nie so viel geschrieben worden wie heute in den neuen Medien: SMS, Chats und Blogs sind schriftliche Formen des Sprechens, die sehr viel Zeit sehr vieler Menschen in Anspruch nehmen. Interessant ist daran nun, dass hier Elemente mündlicher Sprache massiv ins Schriftliche hineinwirken: Es ist ja eine Schriftlichkeit, die gleichsam der Aufsicht der Kontrollinstanzen der Schriftlichkeit entzogen ist: Im Chat kann ich – wie bei einem privaten Gespräch – so schreiben, wie mir der Schnabel gewachsen ist. Ob das die guten Sitten des normgerechten Schreibens außerhalb dieses eher privaten Schreibens verdirbt, ist noch nicht recht ausgemacht. Wahrscheinlicher scheint mir, dass die Schreiber über verschiedene Varietäten der Schriftsprache verfügen, so wie die Sprecher auch verschiedene situationelle Register[1] der gesprochenen Sprache beherrschen: eine Nähe-Schrift und eine Distanz-Schrift.

(2009)

1. Erschließen Sie die Aussagen, die Jürgen Trabant über die Sprache in digitalen Medien macht, indem Sie folgende Begriffe klären und den Zusammenhang zwischen diesen erläutern: schriftliche Formen des Sprechens, Elemente mündlicher Sprache, Kontrollinstanzen der Schriftlichkeit, normgerechtes Schreiben, Varietäten, situationelle Register.

2. Erklären Sie anschließend, was Trabant meint, wenn er von einer „Nähe-Schrift" und einer „Distanz-Schrift" schreibt, indem Sie folgende Begriffe tabellarisch einer „Sprache der Nähe" und einer „Sprache der Distanz" zuordnen:

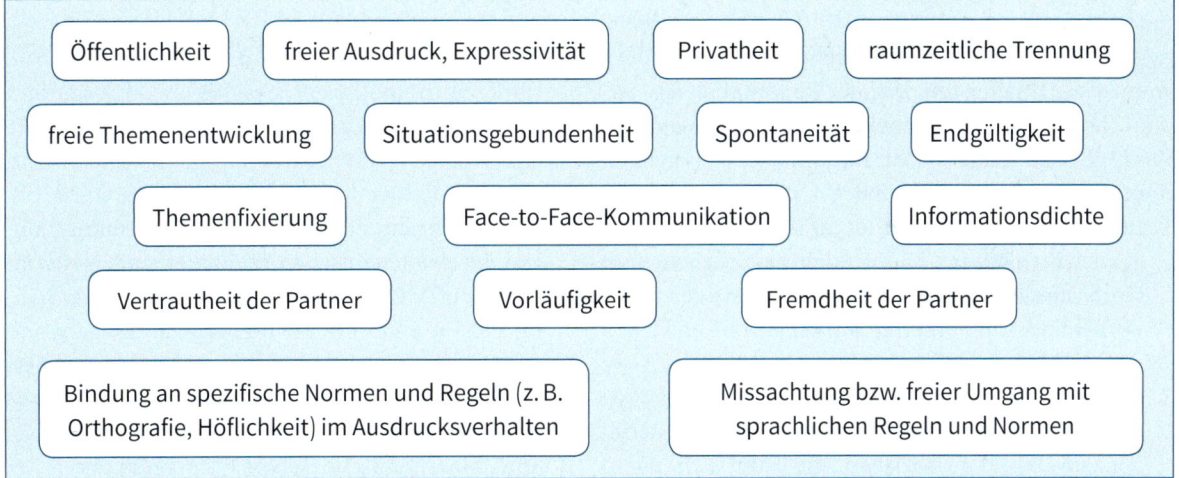

3. Wenn geschriebene Texte in einer „Sprache der Nähe" verfasst werden, also so, wie man sich normalerweise eher mündlich äußert, spricht man in der Linguistik von „konzeptioneller Mündlichkeit". Einige internetbasierte Kommunikationsplattformen bringen Texte hervor, die konzeptionell mündlich sind, aber dennoch die Gestalt eines schriftlichen Textes annehmen. Nennen Sie Beispiele dafür. Diskutieren Sie auch darüber, warum das so ist und welche Folgen daraus resultieren. Überlegen Sie auch, welche Möglichkeiten die Kommunikationspartner haben, trotz der räumlichen Distanz wichtige Bestandteile eines mündlichen Gesprächs, wie beispielsweise unmittelbare Gefühlsregungen, Gestik oder Mimik, in einem Chatgespräch auszudrücken.

---

[1] Der Begriff **„Register"** bezeichnet eine Rede- und Schreibweise, die für einen bestimmten Kommunikationsbereich charakteristisch ist. Die sozialen Beziehungen der Sprecher spielen hierbei eine zentrale Rolle. So unterscheidet sich beispielsweise das Sprechen unter Freunden grundlegend vom Sprechen zwischen Angestelltem und Vorgesetzten.

4. Trabant schreibt, es sei noch nicht ausgemacht, welche Folgen auf das normgerechte Schreiben zu erwarten sind (vgl. Z. 13 ff.). Welche Vermutungen haben Sie selbst zu dieser Frage?

Peter Schlobinski (geb. 1954) ist ein renommierter Sprachwissenschaftler. Seit 1995/1996 ist er Professor für Germanistische Linguistik an der Leibniz Universität Hannover. Gemeinsam mit Jens Runkehl und Torsten Siever hat er 1998 das Projekt *sprache@web* gegründet, wozu auch das Portal *medienspra-che.net* gehört. Bei dem folgenden Text handelt es sich um Auszüge aus seiner Rede anlässlich der Verleihung des Conrad-Duden-Preises der Stadt Mannheim im Jahre 2011.

Peter Schlobinski (geb. 1954)
Sprache und Kommunikation im digitalen Zeitalter – Das Beispiel Chatkommunikation (Auszüge)

Chatkommunikation ist schriftbasierte Echtzeitkommunikation, eine spezifische Kommunikationsform, in der zwei oder mehr über das Internet verbundene Kommunikationspartner nahezu synchron in einem Chatroom oder auf einer Plattform mit Chatfunktion miteinander kommunizieren. Für den Leser erscheinen die Beiträge auf dem Bildschirm nacheinander; wenn viele Chatter miteinander kommunizieren, ist die Zuordnung der schnell aufeinanderfolgenden Beiträge nicht immer leicht. Alltagschats weisen eine Reihe von Charakteristika auf:

1. In der Regel wird von orthografischen Normen abgewichen. Es wird häufig kleingeschrieben und Großschreibung, sog. „Schreien", dient der Hervorhebung. Tippfehler sind häufig, im Gegensatz zum Gebrauch der Kommata.
2. Auf der lexikalischen Ebene finden sich umgangssprachliche und Dialektwörter. Teilweise wird ganz im Dialekt geschrieben, wie Untersuchungen aus der Schweiz zeigen.
3. Satzstrukturen sind einfach, Ellipsen und Nominalkonstruktionen treten häufig auf.
4. Spezifische Abkürzungen wie *LOL (laughing out loud)* oder *g (grins)* werden gebraucht.
5. Bildzeichen wie der Smiley werden in den Text integriert.
6. Es finden sich Lautwörter, Gesprächspartikeln *(ähm)* und Inflektive *(seufz)*.
7. Es werden häufig Pseudonyme *(Snoopi)* statt der Klarnamen gebraucht. [...]

Der Art und Weise, wie im Chat kommuniziert wird, liegen unterschiedliche Erklärungsparameter[1] zugrunde.

1. Sie werden bemerkt haben, dass der Schreibstil stark am mündlichen Sprachgebrauch orientiert ist. Entsprechend gibt es Rückkopplungseffekte der gesprochenen Sprache auf die Schriftsprache, z.B. die Tilgung des t im Negationswort *nicht*.
2. Orthografische Fehler und Kleinschreibung hängen mit den technischen Voraussetzungen zusammen. Wer extrem schnell tippen muss, macht häufig Fehler, und er verzichtet auf die Eingabe mit der Umschalttaste. Noch gravierender wird dieser Faktor, wenn die Tastatur extrem klein ist wie beim Handy.
3. Sprachökonomische Aspekte [...] sind von großer Bedeutung. Der Aufwand, *Hannover* zu schreiben, ist schlicht größer als einfach den Buchstaben H.
4. Nonverbale und prosodische[2] Informationen müssen kompensiert werden, sie werden durch grafostilistische[3] Mittel emuliert[4] (^_^).
5. Das sprachliche Outfit ist abhängig vom Inhalt des Dialogs, vom (projizierten) Alter und Geschlecht des Kommunikationspartners, von der Rollenidentität usw. [...]

---

[1] **Parameter:** bestimmte Größen in Berechnungen; hier im Sinne von „Möglichkeiten" bzw. „Ansätzen" verwendet –
[2] **Prosodie:** für die Gliederung der Rede bedeutsame sprachlich-artikulatorische Erscheinungen wie Akzent, Intonation, Pausen – [3] **grafostilistisch:** grafische Mittel, die Emotionen ausdrücken sollen, z. B.: @--))---- *dies ist eine digitale Rose! Sie welkt nicht und du brauchst sie nicht zu gießen. Lösch sie nicht, denn sie erinnert dich an den, der sie dir schenkte* –
[4] **emulieren:** nachbilden

Was Linguisten unter dem Aspekt von Sprachvariation und -wandel sehen, wird in der Öffentlichkeit nicht selten als etwas sprachlich Defizitäres diskutiert. Sprachliche Abweichungen von welcher Norm auch immer, insbesondere Substandardorthografien[1], sind bis heute Gegenstand von Klagen für einen Sprachverfall. [...].

Beim Simsen und Twittern handelt es sich um ganz besondere Kommunikationsformen, die durch Kürze – maximal 160 bzw. 140 Zeichen – gekennzeichnet sind. Es sind Kurzmitteilungen, um sich zu verabreden, Hallo „zu sagen", etwas prägnant und knapp zu berichten usw. Entsprechend einfach und teilweise reduziert sind die Textbotschaften. Die sprachlichen Formen sind an die zur Verfügung stehende Zeichenzahl angepasst, sprachlich optimiert. Dass User auch ganz anders schreiben, zeigt sich z.B. in Blogs. Dort finden sich Onlinetagebücher, die sprachlich reich und komplex ausgestaltet sind, auf die potenzielle Leserschaft zugeschnitten. Jugendliche treten in die Fußstapfen von Autoren, so in der sog. Fan-Fiction, wenn sie Harry-Potter-Bücher oder Fernsehserien fortschreiben.

Wir finden im digitalen Raum sehr unterschiedliche Kommunikationsformen und Textwelten, und die digitale Welt ist sprachlich ebenso bunt und vielschichtig wie die reale. Es lohnt sich, genau hinzuschauen, nicht zuletzt deshalb, um Vorurteilen nicht aufzusitzen und Pauschalurteilen eine differenzierte Meinung entgegensetzen zu können.

(2012)

1. Der Text von Peter Schlobinski stammt aus der linguistischen Forschung und beinhaltet viele wissenschaftliche Fachbegriffe. Klären Sie mithilfe der Anmerkungen die Begriffe, die Ihnen noch nicht geläufig sind.

2. Klären Sie im Gespräch mit Ihrem Sitznachbarn bzw. Ihrer Sitznachbarin in Ihren eigenen Worten, welche Merkmale Schlobinski für die Chatsprache ausmacht. Nutzen Sie dafür auch den folgenden Chatverlauf.

3. Inwiefern lassen sich diese Merkmale mit den Aussagen von Jürgen Trabant verbinden?

```
05:19:21 Jennifer   @Bilbo weil italiensich immer gut ist
05:19:38 bilbo      ja aber da gibts salami@jennifer
05:19:51 Jennifer   ich mag eh keine salamipizza.
05:20:03 Bruce      wir wollen einen salamifreien tisch
05:20:13 Bruce      ich mag eh kein tier essen
05:20:15 Mieze      och, da gibt es bestimmt viele andere leckere sachen *hmjam*
05:20:23 Dora       bilbo: wir schrein einfach jeden kollektiv an, der sich in die-
                    sem Lokal an dem Abend was mit Salami bestellen will. Da wir eh
                    ne Gruppe sind, funktioniert das bestimmt gut
05:20:25 bilbo      ja bitte ich hoff nur da hängen keine umeinander *schüttel*
05:20:25 Angela     @jennifer: ups ... und mein Mann kommt aus heidelberg ... *g*
05:20:41 Jennifer   das lokal ist eh so klein ... das da nicht viel andere da sein
                    werden
05:20:41 bilbo      danke ihr seid lieb
```

4. In welcher Weise sind in der Chatsprache, wie Schlobinski sie beschreibt, auch Elemente der Jugendsprache enthalten?

5. Der Autor greift die in der Öffentlichkeit diskutierte These auf, wonach es sich bei der Chatsprache um „etwas sprachlich Defizitäres" (Z. 58) handele. Beschreiben Sie, in welcher Weise er darauf reagiert und wie er seine Reaktion begründet. Wie sehen Sie selbst dieses Problem?

---

[1] **Substandardorthografien:** Schreibweisen, die unterhalb standardisierter Normen liegen und davon abweichen

Franziska Schramm. Die Autorin und Redakteurin hat sich auf unterschiedliche Weise mit dem Schreiben und der Literatur befasst: Durch das Studium der Literaturwissenschaften gewann sie Einblicke in die Theorie und durch ihre Tätigkeit in einem Verlag und in Literaturagenturen in die Praxis des Büchermachens. Währenddessen schrieb sie selbst vor allem Kurzprosa und Lyrik und veröffentlichte daneben regelmäßig Blog-Einträge. In dem folgenden Beitrag äußert sie sich über ihre Schreibmotivation und das dafür gewählte Medium.

Franziska Schramm (geb. 1985)
Warum ich blogge

Es ist fünf Uhr morgens. Ich bin wach. Ich blogge. Ich blogge, weil mir gerade ein Gedanke durch den Kopf geschossen ist. Und der Gedanke war so wichtig, dass ich aufstehen, den Laptop hochfahren und in die Tasten tippen musste. […]

Überhaupt mag ich Blogs, die klüger machen, die gute Ideen haben. Die mich anstupsen und sagen: Hey, hast du darüber schon nachgedacht? Blogs, denen man anmerkt, dass die Menschen, die sie schreiben, eine eigene Lebensphilosophie haben … und diese in die Onlinewelt übertragen.

Diese Ideen sind vielleicht gar nicht so neu oder originär – aber sie sind, in der Art und Weise, wie sie erzählt werden, einzigartig und unverwechselbar.

Ich denke, das ist auch der Grund, warum ich blogge. Mich interessieren meine Ideen. Mich interessiert, warum mir Schreiben so wichtig ist. Mich interessiert, warum anderen Schreiben so wichtig ist. Und ich versuche, kleine Fetzen davon zu fassen zu bekommen. Die ich nach und nach zusammensetze, mit jedem Blogbeitrag ein wenig mehr.

Ja, natürlich freue ich mich über Leser. Am allermeisten tatsächlich über Kommentare. Und zwar nicht nur, weil ich mir denke: „Wie geil, jemand liest mich!", sondern auch, weil ich den Austausch schätze und brauche. Um meine Gedanken zu schärfen. Aspekte hinzuzufügen, die ich noch nicht bedacht habe. Gegenpositionen abzuwägen. Klarer zu werden in dem, was ich sagen will.

Es gibt ein Gedicht von Reiner Kunze mit dem Titel „Poetik". Darin heißt es:

Das Gedicht
ist der blindenstock des dichters
Mit ihm berührt er die dinge,
um sie zu erkennen.

Ich denke, dass Bloggen auch so eine Art Blindenstock sein kann. Vielleicht, um die eigenen Ideen und die eigene Haltung zum Leben abzutasten.

---

1. Was verstehen Sie unter dem Begriff „Blog"? Klären Sie (ggf. mithilfe einer Recherche), um was für eine Textart es sich handelt. Welche besonderen sprachlichen Merkmale liegen aufgrund der Textart nahe? Wie unterscheiden sich diese möglicherweise von denen der Chat-Sprache?

2. Arbeiten Sie aus dem Eintrag heraus, aus welcher Motivation die Autorin schreibt und ihre Texte dann online veröffentlicht. Gehen Sie dazu auch auf die Funktion des Gedichts „Poetik" von Reiner Kunze ein.

3. Treten Sie in einen Dialog mit der Autorin, indem Sie einen Online-Kommentar dazu verfassen. Dabei dürfen Sie gerne auch allgemein auf die Bedeutung, die das Schreiben für Sie selbst hat, und auf eigene Schreiberfahrungen eingehen.

Materialgestütztes Schreiben informierender Texte

Im Anschluss an die ausführliche Beschäftigung mit dem Thema sind Sie aufgefordert, eine selbstständige schriftliche Arbeit zum Thema **„Chatten, simsen, bloggen – Tendenzen der Netzsprache"** zu verfassen. Dafür sollen Sie die Materialien verwenden, die Sie bereits bearbeitet haben, dürfen aber auch andere Quellen und natürlich Ihr eigenes Wissen hinzuziehen.

Ihr Text, der an Gleichaltrige als Adressaten gerichtet ist, soll einen informierenden Charakter haben und möglichst ausführlich gestaltet sein. Hilfen erhalten Sie im Methodenkasten auf dieser Seite.

Was Sie noch machen können:

Üben Sie die Methode ein, indem Sie einen informierenden Sachtext zum Thema „Jugendsprache" verfassen. Beziehen Sie sich dazu auf die Materialien aus diesem Kapitel sowie auf eigene Wissensbestände. Folgende Informationsbereiche können dazu hilfreich sein:
- Definition von Jugendsprache und das Verhältnis zur Standardsprache
- Gründe, warum Jugendliche ihre eigene Sprache entwickeln
- Merkmale der Jugendsprache, ggf. verbunden mit konkreten Beispielen
- Sprachverwendungsweisen des Deutschen durch jugendliche Migranten („Kiezdeutsch")
- Weiterentwicklungen des „Kiezdeutschen": „Kurzdeutsch" nach Diana Marossek

Wählen Sie aus den genannten Informationsbereichen mindestens drei aus und formulieren Sie Ihren Text.

Methode

Einen informierenden Text mithilfe von Materialien verfassen

Bei der Aufgabenart „einen informierenden Text mithilfe von Materialien verfassen" geht es um eine **schriftliche Klärung komplexer Sachverhalte**. Die dazu notwendigen Informationen werden Ihnen dabei mithilfe **unterschiedlicher Texte und Materialien** (z. B. Bilder, Grafiken) dargeboten. Ihre Aufgabe besteht nun darin, die Materialien auszuwerten, indem die Informationen gesammelt, geordnet, miteinander verglichen und hinsichtlich ihrer Eignung zum Verfassen eines eigenen Textes bewertet werden. Als Vorbereitung sollten Sie sich einen **Schreibplan** anlegen. In diesem sollten Sie sich klarmachen, was Ihr Schreibziel ist, welche Materialanteile Sie verwenden wollen und wie diese angeordnet werden sollen (Strukturierungsplan, z. B. mithilfe einer Mindmap).

In der **Einleitung** nennen Sie das zu klärende Thema und verweisen auf seine Bedeutung. Dazu können Sie eine leitende Fragestellung, eine provokative These, ein Beispiel aus dem Alltag bzw. aus den bereitgestellten Materialien o. Ä. verwenden.
Beim Thema „internetbasierte Sprache und Kommunikation" könnten Sie etwa mit einer ganz konkreten Beobachtung bezüglich neuer sprachlicher oder kommunikativer Gewohnheiten beginnen. Allgemeiner könnte man auch die Frage, inwiefern sich die Digitalisierung aller Lebensbereiche auch auf die Sprache niederschlägt, an den Anfang des Textes stellen.

Im **Hauptteil** führen Sie die einzelnen Sachaspekte auf. Dabei kommt es darauf an, die Informationen aus den bereitgestellten Texten sinnvoll auszuschöpfen, um zu differenzierten Ergebnissen zu kommen. Sinnvoll kann es sein, wie auch schon beim erörternden Schreiben (vgl. S. 59) vom weniger wichtigen zum wichtigsten Aspekt hinzuführen. Informationsbereiche zu diesem Thema könnten beispielsweise sein:
- neue Sprach- und Kommunikationsformen durch internetbasierte Plattformen
- Textsorten im Netz und ihre Besonderheiten
- exemplarische Erläuterung markanter sprachlicher Details zu den Formen „Chatforum" und „Blog", ggf. auch im Unterschied zu analogen Kommunikationsformen
- Frage nach der Bewertung: Sprachverfall oder Bereicherung der Sprache? (Aufgreifen und Wiedergabe von Positionen verschiedener Wissenschaftler)

Im **Schlussteil** fassen Sie die zentralen Ergebnisse zusammen und halten das Wesentliche in Form eines Fazits fest. Folgende Erarbeitungsschritte sind empfehlenswert:
1. Klären der Aufgabenstellung (z. B. hinsichtlich der Adressaten und des kommunikativen Bezugs; des Zieltextformats oder einer evtl. geforderten Länge des Textes)
2. Sichten der Materialien hinsichtlich ihrer Eignung für die Bewältigung der Schreibaufgabe (Aufnahme von Informationen)
3. Festlegen von Informationsbereichen, Erstellen eines Schreibplans (Strukturierung von Informationen)
4. Abfassen des Textes
5. Prüfung/Korrektur

Sprachtendenzen der Gegenwart – Ein kritischer Blick

1. Beschreiben Sie die Karikaturen. Worin besteht der Witz? Auf welche Tendenzen im mündlichen Sprachgebrauch wird hingewiesen?

2. Lässt sich eine bestimmte Wertung erkennen? Welche?

3. Lesen Sie den Text von Dieter E. Zimmer und stellen Sie einen Zusammenhang her.

Dieter E. Zimmer (geb. 1934)
Migrationshintergrund

Es ist, als hätte in den Sozial- und Schulbehörden ein Verklausulierungswettbewerb stattgefunden. „Etwa die Hälfte aller Schulabgänger mit Migrationshintergrund hat keine abgeschlossene Berufsausbildung." – „Die Welten der Mädchen mit Migrationshintergrund sind ganz anders." [...]
Warum sagen sie nicht geradeheraus *Ausländer*? Warum nicht *Nichtdeutsche* oder *Einwanderer* oder *Immigranten*?
[...] [Einer der Gründe] ist Rücksichtnahme: Die eigene Klientel soll nicht mit Bezeichnungen etikettiert werden, die in Teilen der Bevölkerung negativ besetzt sind. Es ist die gleiche prophylaktische[1] Rücksichtnahme, die aus Türken *Mitbürger türkischer Herkunft* macht, aus Armen *Unterprivilegierte* oder *Sozialschwache*, aus Alten *Senioren*, aus Altersheimen *Seniorenresidenzen*, aus Verhandlungsgegnern *Sozialpartner*, aus Verbrechern *Straffällige*, aus Gefängnissen *Vollzugsanstalten*, aus Elends-, Armen- und Ausländerquartieren, Slums und Gettos *soziale Brennpunkte* [und] aus Unwissenheit und Dummheit *Bildungsferne* und *Lernschwäche* oder *Entwicklungsverzögerung* [...]. Kein Mensch soll über seine Unzulänglichkeiten definiert werden. Die alten, plumpen, direkten Wörter, so

[1] **prophylaktisch:** vorbeugend

die Theorie dahinter, riefen negative Assoziationen hervor und *stigmatisierten*[1] die Betroffenen damit. Die neue sprachliche Einkleidung soll unliebsame Vorurteile ins Leere laufen lassen. [...]

Der Erfolg solcher rein sprachlichen Weltverschönerungsmaßnahmen ist indessen zweifelhaft. „In diesem sozialen Brennpunkt konzentrieren sich Personen mit Migrationshintergrund aus zumeist bildungsfernen Milieus" – wie überaus rücksichtsvoll, aber die Leute ahnen dennoch sogleich, was gemeint ist: dass im lokalen Türkenkiez Familien leben, die Deutsch weder lesen noch schreiben können. Sie denken und fühlen über diese Personengruppe wie vorher, wenn nicht in den alten Wörtern, die sie nunmehr in der Öffentlichkeit lieber für sich behalten, dann mit neuen, die unverzüglich mit den alten Konnotationen und Assoziationen aufgeladen werden. Wenn sie Vorurteile haben, werden sie von ihnen nicht durch ein überarbeitetes Vokabular geheilt, sondern durch gegenteilige Lebenserfahrungen. [...]

Dennoch sind semantische[2] Manipulationen nicht von vornherein wirkungslos. Jede Ideologie macht sich durch die semantischen Verschiebungen im Vokabular einer Sprache kenntlich, die sie mit sich bringt. Begriffe bezeichnen nicht nur, sie interpretieren die Wirklichkeit auch. Der politische Kampf um die Begriffe ist ein Kampf um die Deutungshoheit. Effektiver aber, als alte Wörter, die den Schmutz der Zeiten an sich tragen, durch klinisch saubere neue zu ersetzen, ist die Vorzeichenumkehrung. So haben die Homosexuellen viel für den Abbau von Vorurteilen ihnen gegenüber getan, als sie das frühere unverhohlene Schimpfwort *schwul* kurzerhand mit einem positiven Vorzeichen versahen und geradezu zu einem stolzen Banner erhoben. Das aber konnten sie nur selber; die Ämter hätten nur eine umständliche kaschierende Umschreibung wie *andersorientiert* in Umlauf setzen können, die die allgemeine Druckerei nicht beendet hätte.

Dem alles in allem geringen Nutzen des bloßen Begriffstauschs steht sogar ein Schaden gegenüber. Die Umetikettierung nämlich kann bei den Leuten leicht den Verdacht wecken, dass etwas Offensichtliches vor ihnen verborgen werden solle. Dass es zwei Sprachen gebe, ihre eigene direkte und ehrliche und eine öffentliche, die umständlich und verlogen ist. Dass also ein Bluff im Gange sei.

---

[1] **stigmatisieren:** jemanden herabwürdigen – [2] **Semantik:** Lehre von der Bedeutung sprachlicher Zeichen – [3] **subtil:** unterschwellig

---

1. Um welchen Aspekt des heutigen Deutsch geht es in dem Text? Benennen Sie das Thema.
2. Gliedern Sie den Text und bestimmen Sie den Inhalt der einzelnen Sinnabschnitte.
3. Untersuchen Sie die Argumentationsstruktur. Gehen Sie dazu auf die Argumente, Belege und Beispiele ein, die der Autor anführt.
4. Beurteilen Sie: Wie viel „Political Correctness" in der Sprache der Öffentlichkeit ist nötig? Was spricht vielleicht auch dafür, die Wortwahl in öffentlich zugänglichen Texten oder Verlautbarungen bestimmten Regeln zu unterwerfen und einzelne Begriffe zu vermeiden und durch andere zu ersetzen?

Stefanie Kara/Claudia Wüstenhagen
Die Macht der Worte

Sprache hat einen verblüffenden Einfluss auf das Denken: Andere können uns durch Wörter subtil[3] manipulieren [...].

[...] [Wörter] beeinflussen tagtäglich, wie wir denken und handeln, was wir wahrnehmen und woran wir uns erinnern. Darin sind sich Sprachforscher einig. Doch zugleich tobt unter ihnen seit Jahrzehnten ein erbitterter Streit.

Die einen sind überzeugt, dass unsere Sprache unser Denken bestimmt – und dass Menschen deshalb sogar in unterschiedlichen Sprachen unterschiedlich denken. Die anderen dagegen glauben, dass das Denken von der Sprache weitgehend unabhängig ist – und dass allen Menschen ohnehin dieselben Grundregeln der Sprache angeboren sind. Die Diskussion ist weit über die Grenzen der Linguistik hinaus von Bedeutung. Denn sie rührt an grundlegende Fragen nach dem Wesen des Menschen und seiner Wahrnehmung. [...]

Es gibt die offensichtliche Wirkung der Worte: Wer einen Roman aufschlägt, eine Liebeserklärung bekommt oder in einen heftigen Streit gerät, der spürt, wie Sprache berührt. Worte können trösten oder tief verletzen, manche hängen einem tage- oder gar jahrelang nach. Auch unsere eigenen Worte wirken auf uns. Wenn wir etwa ein Tabuwort aussprechen, kann das bei uns selbst körperlich messbare Stresssymptome hervorrufen.

Wie die Sprache uns manipuliert

Stress durch Fluchen
Das Aussprechen von Tabuwörtern löst körperliche Stresssymptome aus. Euphemismen, die das Gleiche bedeuten, haben diese Wirkung nicht. Forscher vermuten dahinter eine frühe emotionale Konditionierung: Kinder lernen, noch ehe sie die Bedeutung der bösen Wörter begreifen, dass die Eltern wütend werden, wenn sie fallen.

Die Magie des Etiketts
Produktnamen können das Geschmackserlebnis beeinflussen. Ein Experiment an der Hochschule Harz ergab: Heißt ein Tee „Tropical Feeling", schmeckt er nach Auskunft von Testpersonen exotischer, fruchtiger und erfrischender, als wenn der Name „Vor dem Kamin" auf dem Etikett steht. Dabei war die Teesorte im Test immer dieselbe.

Worte für die Sinne
Romane können sich wie eine zweite Realität anfühlen. Kein Wunder: Lesen wir Wörter wie „Parfüm" oder „Kaffee", wird im Gehirn auch jenes Areal aktiviert, das Gerüche verarbeitet. Werden in einem Text Bewegungen beschrieben, aktiviert das den Motorkortex. Man kann sich dadurch sogar selbst manipulieren: Wenn Menschen „greifen" sagen, während sie nach etwas greifen, werden ihre Bewegungen flüssiger.

Vorsicht Vorurteil
Wenn Menschen mit ausländischem Akzent sprechen, halten andere ihre Aussagen für weniger glaubwürdig. Das ergab eine Studie von Psychologen. Die Vorurteile sind hartnäckig: Selbst nachdem die Versuchsleiter die Probanden auf die Verzerrung aufmerksam gemacht hatten, hielten diese die Sprecher mit starkem Akzent immer noch für unglaubwürdig.

[...]
„Metaphern können töten"
Worte können als Heuristiken[1] dienen, mit deren Hilfe wir Informationen schnell einordnen können. Ihre Kraft liegt in den Assoziationen, die sie wecken. Das gilt vor allem für Metaphern. Sie übertragen eine konkrete Erfahrung auf ein abstraktes Konzept. Da muss eine Idee verdaut, eine Theorie untermauert, ein Argument geschärft werden. Metaphern stehen an der Schnittstelle zwischen Wahrnehmen und Handeln auf der einen und Denken auf der anderen Seite. [...]
Der Linguist George Lakoff ist überzeugt: „Metaphern können töten." Mit diesem Satz begann er im März 2003 einen Artikel über den bevorstehenden Krieg gegen den Irak. Er meinte den Ausdruck „Krieg gegen den Terror", den die Regierung Bush nach dem 11. September 2001 geprägt hatte. Schon Stunden nach den Anschlägen seien die Weichen gestellt worden. Zunächst sprach die Regierung von „Opfern", wenige Stunden später von „Verlusten".
„Ein Sprachmoment von höchster politischer Relevanz", meint Lakoff. Denn mit diesem Wortwechsel habe sich auch die Deutung der Anschläge verändert: vom Verbrechen hin zu einer Kriegshandlung. Das habe zur Metapher „Krieg gegen den Terror" geführt – und letztlich zu den Kriegen in Afghanistan und im Irak mit Zehntausenden Toten.
Lakoffs manchmal kühne Thesen sind unter Sprachforschern umstritten. Doch dass Metaphern die öffentliche Meinung beeinflussen können, bestreiten auch gemäßigte Linguisten nicht. „Politiker spielen damit", sagt etwa Hans-Jörg Schmid von der Ludwig-Maximilians-Universität München. Interessant sei zum Beispiel der „Euro-Rettungsschirm", eine recht neue Wortschöpfung. „Das weckt die Assoziation, dass man einen Staat schützt, der unverschuldet in ein Unwetter geraten ist." Ganz anders der englische Begriff „bail out", der so viel wie „heraushauen", aber auch „auf Kaution aus dem Gefängnis holen" bedeutet. Er legt nahe, dass der von der Pleite bedrohte Staat selbst an seiner misslichen Lage schuld, womöglich gar kriminell sei. [...]

(2012)

---

[1] **Heuristik** (altgr., auffinden, entdecken) bezeichnet die Kunst, mit begrenztem Wissen (unvollständigen Informationen) und wenig Zeit dennoch zu wahrscheinlichen Aussagen oder praktikablen Lösungen zu kommen.

1. Erschließen Sie den Aufbau des Textes, indem Sie für Ihren Sitznachbarn bzw. Ihre Sitznachbarin Fragen formulieren, auf die der Text Antworten gibt.
2. Klären Sie zudem das Verhältnis zwischen dem eigentlichen Text und dem eingeschobenen Kasten.
3. Arbeiten Sie die Hauptaussagen des Textes heraus, indem Sie die Antworten auf die von Ihnen formulierten Fragen geben.
4. Warum werden aus „Opfern" „Verluste"? Und warum können „Metaphern töten"? Erläutern Sie diese Beobachtung und die zentrale These mit Rückgriff auf den Text.
5. Halten Sie in einer Tabelle die Chancen und Risiken fest, die gemäß den Textaussagen der Gebrauch von Metaphern mit sich bringt.
6. Beurteilen Sie die Richtigkeit der Aussagen über die Macht der Worte, indem Sie eigene Beispiele finden. Dazu können Sie etwa auch zum Thema „Sprache im Nationalsozialismus" recherchieren.

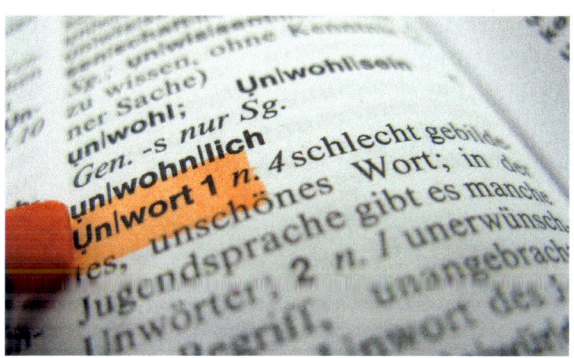

Aktion „Unwort des Jahres"

Die Frage nach dem richtigen Umgang mit Sprache in der Öffentlichkeit sowie auch das Ziel, die Menschen auf dieses Thema aufmerksam zu machen, hat zu einer Initiative mit dem Titel „Unwort des Jahres" geführt. Es handelt sich dabei um eine Art von „Wettbewerb": Jedes Jahr werden Vorschläge für problematische Wörter, die in der Öffentlichkeit gehäuft gebraucht wurden, gesammelt. Diese werden dann einer Jury vorgelegt, die die Aufgabe hat, aus den Vorschlägen ein „Unwort des Jahres" zu wählen.

Die Jury: ehrenamtlich und institutionell unabhängig

Die Jury besteht aus vier SprachwissenschaftlerInnen und einem Journalisten, die Sprachkritik auch außerhalb der Universität für relevant halten. Die Jurymitglieder beteiligen sich ehrenamtlich und aus Interesse und verstehen sich als Vermittler öffentlichen Unbehagens an bestimmten Sprachgebrauchsweisen, nicht aber – ein häufiges Missverstehen – als „Sprachschützer".

Grundsätze

Die Aktion „Unwort des Jahres" möchte auf öffentliche Formen des Sprachgebrauchs aufmerksam machen und dadurch das Sprachbewusstsein und die Sprachsensibilität in der Bevölkerung fördern. Sie lenkt daher den sprachkritischen Blick auf Wörter und Formulierungen in allen Feldern der öffentlichen Kommunikation, die gegen sachliche Angemessenheit oder Humanität verstoßen, zum Beispiel:

- weil sie **gegen das Prinzip der Menschenwürde** verstoßen (z.B. *Geschwätz des Augenblicks* für Missbrauchsfälle in der katholischen Kirche[1]),
- weil sie **gegen Prinzipien der Demokratie** verstoßen (z.B. *alternativlos* als Haltung/Position in der politischen Diskussion, um eine solche zu vermeiden und sich der Argumentationspflicht zu entziehen),
- weil sie **einzelne gesellschaftliche Gruppen diskriminieren** (z.B. durch unangemessene Vereinfachung oder Pauschalverurteilung, wie etwa *Wohlstandsmüll* als Umschreibung für arbeitsunwillige ebenso wie arbeitsunfähige Menschen),
- weil sie **euphemistisch, verschleiernd oder gar irreführend** sind (z.B. *freiwillige Ausreise* als Behördenterminus für die nur bedingt oder gar nicht freiwillige Rückkehr von Asylbewerbern in ihre Heimatländer aus Abschiebehaftanstalten).

---

[1] In der Ostermesse des Vatikans ließ der damals ranghöchste Kardinal Angelo Sodano verlauten, an der Seite des Papstes stehe die gesamte Kirche, „die sich nicht beeindrucken lässt vom Geschwätz des Augenblicks und von den Prüfungen, die bisweilen kommen, um die Gemeinschaft der Gläubigen zu treffen." Damit spielte er auf massive öffentliche Vorwürfe, Vertreter der Kirche hätten Kinder und Jugendliche sexuell missbraucht, an.

„Unwort des Jahres" – Vorschläge aus den vergangenen Jahren:
Nachtrandzeiten
Schnabelbehandlung
bereinigte Mitarbeiterschaft
Langlebigkeitsrisiko
minderproduktive Bevölkerungsschicht
robuste Stabilisierungsmaßnahme
ethisch neutrale Waffen
Kampfradler
demografische Zeitbombe
Gerechtigkeitsterror

Ausdrücke, die schon einmal als Unwort gewählt wurden:
alternativlos
Döner-Morde
Sozialtourismus
Volksverräter
Gutmensch
Opfer-Abo

1. Stellen Sie Überlegungen dahingehend an, warum die genannten Wörter als „Unwörter" vorgeschlagen oder gewählt worden sind. Nehmen Sie dazu fünf Begriffe heraus und zeigen Sie, inwiefern durch diese Begriffe Wirklichkeit interpretiert wird.

2. Bewerten Sie die Aktion hinsichtlich ihrer Ziele und Vorgehensweisen.

3. Diskutieren Sie, ob und inwiefern die Aktion eine Gegenposition zu der Sprachkritik von Dieter E. Zimmer (vgl. den Text „Migrationshintergrund", S. 86 f.) darstellt.

4. Verfassen Sie selbst eine Stellungnahme zu der Frage, wie die Sprache in der Öffentlichkeit gebraucht werden sollte. Was sind Ihre Erwartungen an Redner und Autoren? Sollte es eine Scheu vor bestimmten Ausdrücken geben? Wann sollten Begriffe ganz vermieden oder ersetzt werden?
➔ Argumentieren/Erörtern, S. 59

Sprachwandel oder Sprachverfall? – Exemplarische Positionen im Streitgespräch: „Geht die deutsche Sprache vor die Hunde?"

Rudi Keller, 65, ist Professor für Germanistik an der Universität Düsseldorf.
Walter Krämer, 59, ist Professor für Wirtschafts- und Sozialstatistik an der Universität Dortmund und Vorsitzender des Vereins für Deutsche Sprache.
Alexander S. Kekulé, 48, ist Professor für Mikrobiologie an der Universität Halle-Wittenberg. Er tritt dafür ein, Englisch in unserem Land zur offiziellen Zweitsprache zu erklären.

GEO: Wir sitzen hier mit Blick auf den Hamburger Hafen, über den neuerdings die „Port Authority" wacht. „Hafenbehörde" ist „out", klingt offenbar nicht international genug. Im „Coffee-Shop" bestellen junge Leute „eine talle Latte to go" – einen großen Becher Latte macciato zum Mitnehmen. Steht die deutsche Sprache vor dem Aus?

RUDI KELLER: Bedroht war das Deutsche tatsächlich einmal – im 16. und 17. Jahrhundert. Damals sprach der Adel französisch, die Gelehrten Latein und nur die Bauern deutsch. Es gab zu der Zeit sogar den ernst gemeinten Vorschlag, in Deutschland das Französische als allgemeine Umgangssprache einzuführen, anstatt mühsam zu versuchen, die deutsche Sprache zu kultivieren. Heute sehe ich dagegen keine Bedrohung; die deutsche Sprache ist gut in Schuss. Was wir als Sprachverfall wahrnehmen, ist nichts anderes als der allgegenwärtige Sprachwandel. Und den hat es immer schon gegeben.

WALTER KRÄMER: Beispiele wie die „talle Latte" sind die Pest. Und sie stehen für eine Umwälzung: Die Zahl der Fremdwörter im Deutschen hat seit 15 Jahren dramatisch zugenommen. 1985 war nur einer der 100 am häufigsten verwendeten Begriffe englisch, heute sind es 23 – fast ein Viertel! Der vom Verein Deutsche Sprache herausgegebene Anglizismen-Index umfasst inzwischen rund 6000 englische Wörter, die allesamt Eingang in den Sprachgebrauch gefunden haben. Der „Personalchef" wird zum „Human Ressource Manager". Was bitte soll das sein?

KELLER: Den möchte ich sehen, der den Anteil bestimmter Wörter an der gesprochenen Sprache ausrechnen kann. Wie wollen Sie das für 80 Millionen Deutsche überprüfen, die täglich Hunderte von Sätzen sprechen?

KRÄMER: Das geschieht durch repräsentative Umfragen.

KELLER: Repräsentativ für wen? Für Werber, für Punker? Ich habe eine Magister-Studentin alle Wörter unter „A" im Duden von 1892 und jenem von 1996 durchsehen lassen. Ergebnis: Der Anteil an Fremdwörtern dort ist in 100 Jahren nahezu gleich geblieben – dem Zuwachs an Anglizismen steht ein großer Schwund an französischen Lehnwörtern gegenüber. Wer von einer „Überfremdung" des Deutschen redet, vergisst meist, dass nicht nur neue Wörter hinzukommen, sondern viele alte sang- und klanglos verschwinden. Zum Beispiel das Wort „ablaktieren" für abstillen. Ich bin auch absolut sicher, dass in 20 Jahren kein Mensch mehr „cool" sagen wird, so wie man heute nicht mehr „knorke" oder „dufte" sagt.

KRÄMER: Ich beklage nicht, dass sich Sprache verändert, sondern wie sie sich verändert. Mich ärgert, dass dafür vor allem flache Geister in Werbeagenturen und Konzernen verantwortlich sind, die uns mit ihrem „Denglisch" belästigen.

KELLER: Wir müssen deutlich unterscheiden zwischen dem, was irgendein beliebiger Sprecher sagt, und dem, was tatsächlich in den normalen Sprachgebrauch eingeht. Wenn ein Friseur „cut an go" auf sein Firmenschild schreibt oder RWE mit dem Slogan „One group, multi utilities" wirbt – inzwischen heißt es übrigens „alles aus einer Hand" –, dann bestimmt das nicht den Lauf der Dinge. Lesen Sie deutsche Literatur, Günter Grass zum Beispiel, eine Zeitung wie „Die Welt", hören Sie Nachrichten der Tagesschau. Dort finden Sie überall ein vernünftiges Deutsch. Das, was Sie Denglisch nennen, ist ein Nischenprodukt bestimmter Branchen oder Aufschneider.

ALEXANDER KEKULÉ: Ich glaube schon, dass der Einfluss des Englischen gestiegen ist. Nehmen wir den Begriff „Corporate Identity". Den haben Amerikaner in die Welt gesetzt, und er wurde erst gar nicht ins Deutsche übersetzt – weil es keine Entsprechung dafür gibt. Jede Nation, die führend auf bestimmten Gebieten ist, egal ob es um Wirtschaft oder Wissenschaft geht, dominiert die Sprache. Die Konsequenz, die wir daraus ziehen sollten, ist nicht, über die Globalisierung zu schimpfen und „Laptop" durch „Klapprechner" zu ersetzen. Wir sollten stattdessen Englisch genauso gut beherrschen wie Deutsch.

"Natürlich müssen die Bewerber fließend Deutsch können! Was dachten Sie denn?!"

KRÄMER: Wie wollen Sie das denn erreichen?
KEKULÉ: Der Weg dorthin ist lang. Aber die Bessergestellten in Deutschland haben ihn ohnehin schon eingeschlagen, viele schicken ihre Kinder zur sprachlichen Frühförderung. So etwas muss für jeden möglich werden. Das geht nur über die Kindergarten- und Vorschulausbildung. Diesen Zeitrahmen für das Alter zwischen vier und sechs Jahren gilt es nicht zu versäumen, denn da öffnet sich ein kognitives Fenster für den Erwerb einer Fremdsprache.

KRÄMER: Wir Deutsche neigen dazu, uns im Ausland fremden Kulturen anzupassen – dagegen habe ich nichts. Aber selbst im Inland vermeiden wir unsere Muttersprache so oft wie möglich. Ein prägnantes Beispiel: In Spanien hatte Siemens die Werbebotschaft „La fuerza de innovacion" plakatiert – auf Spanisch. In Frankreich habe ich sie auf Französisch gesehen, in Italien auf Italienisch. Und in Deutschland? Da hieß es „The power of innovation". Was soll das bloß?

GEO: Das übliche Argument ist, dass sich ein Produkt so besser verkauft.

KRÄMER: Das stimmt nicht. Eine Diplomandin von mir hat Emotionen per Hautwiderstand gemessen – bei Personen, die englischen und deutschen Werbesprüchen ausgesetzt waren. Ergebnis: Deutsch erregt Interesse und erzeugt Emotionen. Bei Englisch passiert nichts. Das scheint sich auch langsam herumzusprechen, viele Unternehmen sind zu deutschen Begriffen zurückgekehrt.

KEKULÉ: Was regen Sie sich also auf? Es ist ein Riesenunterschied, ob die Menschen hervorragend Englisch und Deutsch können oder ob das Deutsche mit englischen Wörtern „kontaminiert" ist, wie ich es nenne. Die Beispiele sind ja berühmt: Der Slogan der Parfümeriekette Douglas „Come in and find out", der bei Befragungen als „Komm rein und versuche, wieder rauszufinden" gedeutet wurde, heißt heute: „Douglas macht das Leben schöner". Und bei Sat 1 heißt es nicht mehr „Powered by Emotion", was wahlweise mit „Kraft durch Freude" oder „Gepudert mit Gefühl" fehlübersetzt wurde, sondern „Sat 1 zeigt's allen". Wenn alle gut Englisch könnten, hätten wir uns von den Denglisch-Kontaminationen nicht so lange blenden lassen.

KRÄMER: Mir geht es um etwas anderes. Ich schaue, wem eine Entwicklung nützt. Neuerungen in Medizin und Technik entstehen mitnichten hauptsächlich in englischsprachigen Ländern. Deutsche Ingenieure sind auf vielen Gebieten weltweit führend. Auch der „Airbag" kommt aus Deutschland. Aber er heißt eben nicht „Prallkissen", sondern „Airbag", obwohl er gar keine Luft enthält, sondern Stickstoff. Wir geben einen Wettbewerbsvorteil in vorauseilendem Gehorsam auf, indem wir uns zu schnell englische Begriffe aufoktroyieren[1] lassen.

KELLER: Versuchen Sie mal, eine Fernsehserie namens „Geschlechtlichkeit und die Stadt" zu vermarkten – „Sex and the city" klingt einfach pfiffiger.

GEO: Frankreich geht viel rigider gegen Fremdwörter vor. Was halten Sie von Verboten für bestimmte Ausdrücke?

KRÄMER: Ich bin gegen Verbote, aber sehr wohl für einen kreativen, besonnenen Umgang mit dem

[1] **aufoktroyieren:** aufzwingen

Deutschen. Franz Kafka schrieb 1909 den Beitrag „Die Aeroplane in Brescia". Dann ist irgendwann jemand auf die Idee gekommen, „Aeroplane" auf Deutsch „Flugzeuge" zu nennen. Das war kreativ – und hat sich durchgesetzt. Ähnlich ist es bei dem Begriff „Schauspieler" für den Begriff „Acteur" und „Leidenschaft" für den Begriff „Passion".

KELLER: Die Geschichte des Sprachpurismus und der Verdeutschung ist eine Geschichte des Scheiterns. Denn was überflüssig ist, kommt letztlich auf den Kontext an. Wenn sie von den Kindern mit Baseballkappen reden, kann es sinnvoll sein, sie „kids" zu nennen; die Wiener Sängerknaben sind hingegen eindeutig keine „kids". Ähnlich bei „girls": Es gibt einen […] Roman der saudischen Autorin Rajaa Alsanea, der in Deutschland unter dem Titel „Girls from Riad" verkauft wird. Wäre es besser gewesen, ihn „Mädchen aus Riad" zu nennen? Nein, „girls" ist passender, weil es sich nicht um Kinder, sondern um junge Frauen handelt, mit einer bestimmten Lebenshaltung. Die Frage, ob das Wort „girl" im Deutschen überflüssig ist, lässt sich nicht anhand eines Lexikons entscheiden. Man sollte vielleicht eher fragen, warum das Englische so attraktiv ist.

KEKULÉ: Englisch hat den Vorteil, dass sich damit mehr machen lässt. Es ist morphologisch formbarer als das Deutsche oder Französische. Es erlaubt kurze prägnante Sätze wie „go public", die im Deutschen so nicht möglich sind oder in ihrer Kürze gar sinnlos erscheinen.

KELLER: Etwa 30–40 Prozent des englischen Wortschatzes sind französischen Ursprungs. Aufgrund der normannischen Eroberung und weil englische Adlige bis ins 18. Jahrhundert hinein untereinander Französisch geredet haben. Kein Geringerer als der deutsche Germanist Jacob Grimm hat bereits 1851 über die englische Sprache geschrieben, an „Reichtum, Vernunft und gedrängter Fuge lässt sich keine aller noch lebenden Sprachen ihr an die Seite setzen, auch unsere deutsche nicht." Sie werde deshalb „künftig noch in höherem Maße an allen Enden der Erde" gesprochen werden. Das Deutsche mit seinen wunderbaren Wortbildungsfähigkeiten ist deutlich komplizierter. Heißt es „brustgeschwommen" oder „gebrustschwommen" oder, in einem „denglischen" Beispiel „downgeloadet" oder „gedownloadet"?

GEO: Noch einmal zurück zur Grammatik. Herr Keller, erschreckt es Sie nicht, wenn Sie einen Satz hören wie: „Ich muss gehen, weil die Läden machen gleich zu"?

KELLER: Das entspricht nicht der heute gültigen Norm, doch ich halte es für einen ganz regulären Sprachwandel. Das Wort „weil" gleicht sich grammatisch dem „denn" an. Die systematischen Fehler von heute werden oft die Regeln von morgen.

1. Lesen Sie das Gespräch. Treffen Sie sich anschließend in Gruppen zu dritt und erarbeiten Sie arbeitsteilig eine der Positionen, indem Sie die jeweiligen Thesen und die dazugehörigen Argumente herausarbeiten.

2. Diskutieren Sie die vorgebrachten Positionen und beurteilen Sie, welche davon Sie am meisten überzeugt.

„Ein Strom entrauscht umwölktem Felsensaale" – Das Motiv der Natur in Gedichten verschiedener Epochen

Gerade in unserer hoch technisierten und von modernen Medien bestimmten Welt übt die Natur eine große Faszination aus. Wir schätzen ihre Vielfalt und verbinden mit Natur Gesundheit und Erholung. Zeitschriften und Bücher, die diese Sehnsucht aufgreifen, haben Konjunktur. Wir wollen uns möglichst „natürlich" ernähren, die Lust am Wandern in der Natur hat viele junge Leute erfasst und in der Medizin interessieren sich die Menschen verstärkt für „Naturheilverfahren". In der Touristik wird mit dem Begriff „Natur" kräftig geworben, Naturschutz gilt als wichtige politische Aufgabe.

Nicht erst heute, sondern zu allen Zeiten war das Motiv der Natur – neben dem der Liebe – ein zentraler Gegenstand der Dichtung, insbesondere der Lyrik.

In dieser Einheit werden Sie sich mit Gedichten beschäftigen, die alle im weitesten Sinne mit dem Thema „Natur" bzw. mit dem Verhältnis des Menschen zur Natur zu tun haben. Da die Unterrichtseinheit als Längsschnitt angelegt ist, vermitteln die Gedichte auch ein Bild der jeweiligen literarischen Epoche, aus der sie stammen. Auf diese Weise können Sie Ihre literaturgeschichtlichen Kenntnisse vertiefen.

Bei der genaueren Beschäftigung mit einzelnen Gedichten bekommen Sie zudem Anleitung und Hilfe bei der Beschreibung und Deutung von Gedichten.

„Grundwasser durch Nitrat verunreinigt"
(Schlagzeile)

„Der Wolf ist zurück"
(Schlagzeile)

„Bahn will Umweltvorreiter werden"
(Schlagzeile)

Claude Monet: Seerosen (1904)

„Erst unterm Blätterhimmel wird der Mensch zum Menschen."
(Ludwig Tieck, dt. Dichter, 1773–1853)

„Bad Tölz bekommt plastikfreie Zone"
(Schlagzeile)

„In der Natur kann ich sein, wie ich will."
(Schülerin, 15 Jahre)

Albert Bierstadt (1830–1902):
Gebirgssee im Nebel

1. Lassen Sie die Bilder, Schlagzeilen und Zitate dieser Seiten auf sich wirken und notieren Sie kurz Ihre Gedanken und Assoziationen dazu.

2. Schreiben Sie in Stichworten auf, was Sie mit dem Begriff „Natur" verbinden.

3. Nennen Sie drei Gründe, warum und wo Sie sich gerne in der Natur aufhalten.

4. Tauschen Sie sich über Ihre Einstellungen im Kurs aus.

„Der schnelle Tag ist hin" – Naturlyrik des Barock

Andreas Gryphius (1616–1664) wurde im schlesischen Glogau als Sohn eines evangelischen Geistlichen geboren. Seine Kindheit und Jugend war durch den frühen Tod der Eltern, die Zerstörungen des Dreißigjährigen Krieges (1618–1648) und die damit verbundenen Religionsverfolgungen geprägt. Nach dem Studium und einer Lehrtätigkeit unternahm er Reisen nach Frankreich und Italien. Anschließend kehrte er nach Glogau zurück und bekleidete dort ein hohes politisches Amt. Neben Gedichten verfasste Gryphius vor allem dramatische Texte.

Andreas Gryphius (1616–1664)
Abend

Der schnelle Tag ist hin/die Nacht schwingt ihre Fahn/[1]
Und führt die Sternen auff. Der Menschen müde Scharen
Verlassen feld und werck/Wo Thier und Vögel waren
Trawert itzt die Einsamkeit. Wie ist die zeit verthan!

5 Der port[2] naht mehr und mehr sich/zu der glieder Kahn[3].
Gleich wie diß licht verfiel/so wird in wenig Jahren
Ich/du/und was man hat/und was man siht/hinfahren.
Diß Leben kömmt mir vor alß eine renne bahn.

Laß höchster Gott mich doch nicht auff dem Lauffplatz gleiten
10 Laß mich nicht ach/nicht pracht/nicht lust/nicht angst verleiten.
Dein ewig heller glantz sei vor und neben mir/

Laß/wenn der müde Leib entschläfft/die Seele wachen/
Und wenn der letzte Tag wird mit mir abend machen/
So reiß mich auß dem thal der Finsterniß zu dir.

(1650)

1. Lesen Sie das Gedicht, das hier in barocker Schreibweise abgedruckt ist, mehrfach durch und entwickeln Sie zusammen mit einem Lernpartner oder einer Lernpartnerin ein vorläufiges Textverständnis. Versuchen Sie, unbekannte Wörter aus dem Textzusammenhang zu erschließen.

2. Beschreiben Sie die in der ersten Strophe erzeugte Atmosphäre. Wie werden Menschen und Tiere dargestellt? Welche Stimmung wird erzeugt?

3. Fassen Sie mit eigenen Worten zusammen, welche Gedanken das lyrische Ich in der zweiten Strophe äußert.

4. In den letzten beiden Strophen wendet sich das lyrische Ich an Gott. Worum bittet es?

5. Beschreiben Sie, was der Leser in der ersten Strophe über die Natur erfährt. Belegen Sie, welche Funktion diese Naturbeschreibung für den weiteren Verlauf des Gedichtes hat. Berücksichtigen Sie dazu besonders den Vergleich in den Versen 6–7. Deuten Sie in diesem Zusammenhang auch die Überschrift „Abend".

6. Formen Sie die Aussage des Gedichtes in einen inneren Monolog um, wie ihn ein Sprecher in heutiger Sprache äußern könnte.

7. Lesen Sie die Informationen zur Epoche des Barock und weisen Sie wichtige Merkmale an Gryphius' Gedicht nach.

[1] Die Schrägstriche übernehmen in der barocken Schreibweise die Aufgabe eines Kommas. – [2] **Port:** Hafen, hier im Sinne von Endstation des Lebens – [3] **der glieder Kahn:** Bild für den menschlichen Körper

8. Stellen Sie einen Zusammenhang her zwischen den Informationen aus dem Infokasten und der Abbildung unten.

Information

Die Epoche des Barock

Die Epoche des Barock war durch **starke Gegensätze** geprägt. Einerseits gab es eine prunkvolle Kultur an den absolutistischen Höfen, andererseits blieb die Masse des Volkes ungebildet und arm. Viele Kriege, darunter vor allem der Dreißigjährige Krieg (1618–1648), brachten unendliches Leid und Elend über die Menschen. Hungersnöte und Seuchen verwüsteten und entvölkerten ganze Landstriche.

Die ständige Begegnung mit Tod und Verwüstung verunsicherte die Menschen und prägte ihr Lebensgefühl. Ihrer Gier nach Lebensgenuss und Sinnenfreude (**Carpe diem**; lat. = nutze/genieße den Tag) stand das Bewusstsein entgegen, dass das Leben und überhaupt alles Irdische der Vergänglichkeit (lat. **vanitas**) unterliegen. Allein die Hinwendung zu Gott konnte dem Leben Sinn verleihen.

Das Leben und die Literatur waren daher von einer starken Religiosität geprägt. Viele Gedichte dieser Zeit enthalten die Mahnung: **memento mori** – „Bedenke, dass du sterblich bist".

Vanitas-Motiv von Johann Caspar Lavater (1741–1801)

9. Die lyrische Sprache unterscheidet sich in der Regel stark von unserer Alltagssprache. Gedichte – und besonders barocke Gedichte – weisen häufig eine anschauliche Wortwahl und eine **bildhafte Sprache** auf. Zur Erinnerung sind im folgenden Infokasten noch einmal die wichtigsten Formen bildhaften Sprechens aufgeführt.

Information

Bildhafte Sprache

- **Metaphern:** Ein Wort wird aus seinem üblichen Sprachgebrauch (Ursprungsbereich) gelöst und in einen neuen Zusammenhang (Übertragungsbereich) überführt, sodass es eine neue Bedeutung erhält. Diese Übertragung setzt voraus, dass es zwischen Ursprungsbereich und Übertragungsbereich ein gemeinsames Merkmal (Tertium comparationis) gibt. Die Metapher kann auch als verkürzter Vergleich bezeichnet werden (z. B.: Lebensabend).
- **Personifikationen:** Dabei werden Gegenständen, Tieren oder allgemeinen Begriffen menschliche Eigenschaften zugesprochen (z. B.: „Wie lacht die Flur").
- **Vergleiche:** Damit bezeichnet man das direkte Gegenüberstellen zweier oder mehrerer Sachverhalte, Gegenstände oder sprachlicher Bilder, die zumindest eine Gemeinsamkeit haben. Vergleiche werden meist mit den Wörtern *als* und *wie* eingeleitet (z. B.: „Wie Träume liegen die Inseln").
- **Symbole:** Hierbei bekommt ein konkreter Gegenstand eine weitere, übertragene Bedeutung. Diese kann man in der Regel nicht aus dem Gegenstand ableiten, man muss sie gelernt haben oder aus einem größeren Textzusammenhang erschließen können (z. B.: die Taube als Symbol für den Frieden).

➔ Rhetorische Figuren, S. 207 ff.

Untersuchen Sie das Gedicht „Abend" von Gryphius im Hinblick auf sprachliche Bilder. Stellen Sie in einer Tabelle alle bildhaften Ausdrücke zusammen. Tragen Sie ein, um welche Form bildhaften Sprechens es sich handelt und welche übertragene Bedeutung jeweils gemeint ist.

bildhafter Ausdruck	Form bildhaften Sprechens	übertragene Bedeutung
„die Nacht schwingt ihre Fahn" (V. 1)	Personifikation	Anbruch der Nacht
„Der port" (V. 5)	Metapher	Hafen im Sinne von Ziel/Ende des Lebens
…		

10. Beschreiben Sie den Aufbau des Gedichtes. Lesen Sie dazu die folgende Information.

> **Information**
>
> **Das Sonett**
>
> Das Sonett (von lat. *sonare*: „tönen") ist ein 14-zeiliges Gedicht, bestehend aus zwei Vierzeilern (Quartetten) und zwei Dreizeilern (Terzetten). Das klassische Reimschema, das aber häufig variiert wird, lautet: abba abba cdc dcd. Charakteristisch ist außerdem der Alexandriner, ein sechshebiger jambischer Vers mit einer Zäsur (einem Einschnitt) nach der dritten Hebung.
> Meist stellen die Quartette in These und Antithese das Thema des Gedichtes vor, die Terzette führen das angesprochene Thema dann zu einem Ergebnis bzw. zu einer endgültigen Aussage (Synthese).

11. Stellen Sie die Informationen über das Sonett in einer Skizze oder einer kleinen Grafik dar.
➔ Ein Schaubild zu einem Text erstellen, S. 79

Nicht nur in Gedichten, sondern auch in zahlreichen Gemälden führten die Künstler den Menschen durch versteckte Botschaften vor Augen, dass aller irdischer Besitz vergänglich und letztlich nutzlos ist.

12. Betrachten Sie das Stillleben von Jacob Marrel (1614–1681) genauer und versuchen Sie, die symbolische Bedeutung der gemalten Gegenstände zu entschlüsseln. Recherchieren Sie dazu im Internet nach weiteren Stillleben der Barockzeit mit ähnlichen Motiven. Stellen Sie auch Bezüge zwischen dem Gedicht „Abend" von Andreas Gryphius und dem Gemälde her.

13. Fertigen Sie eine moderne Collage an, in der Sie mit zeitgemäßen Gegenständen das Thema „Vergänglichkeit" zum Ausdruck bringen.

Jacob Marrel: Vanitas-Stillleben (1637)

„Wie herrlich leuchtet / Mir die Natur" – Naturlyrik des 18. Jahrhunderts

Information

Das Zeitalter der Aufklärung

Die Aufklärung (1720 – 1800) ist eine gesamteuropäische Bewegung, die im 17. Jahrhundert ihren Ausgangspunkt in England und Frankreich nahm. Ziel waren die **Selbstbestimmung des Menschen** und seine **Befreiung von gesellschaftlichen und religiösen Zwängen**. Eng verbunden mit der Aufklärung war der gesellschaftliche Aufstieg des Bürgertums, das durch die Blüte des Handels zu wachsendem Selbstbewusstsein gekommen war und die Vorherrschaft und die Privilegien des Adels infrage stellte. Mit dem **Erstarken des Bürgertums** entstand auch eine neue Leserschaft.

Die **menschliche Vernunft** wurde zum Maßstab des Handelns. Begriffliche Klarheit und naturwissenschaftliche Genauigkeit wurden zur Norm, die Natur wurde empirisch exakt vermessen und beobachtet.

Die Literatur des 18. Jahrhunderts ist sehr vielschichtig und keineswegs einheitlich. Neben der Literatur der Aufklärung im engeren Sinne umfasst sie auch die literarischen Strömungen der Empfindsamkeit, des Sturm und Drang und der Klassik. Erst mit dem Beginn der Frühromantik (ab 1790) verliert sie allmählich an Bedeutung.

Barthold Heinrich Brockes (1680 – 1747) war ein reicher Hamburger Bürger, der sich ganz seinen künstlerischen Neigungen widmen konnte. Nach einem Studium in Halle a.d. Saale unternahm er zahlreiche Bildungsreisen, unter anderem durch Italien und Frankreich. 1720 wurde er Senator seiner Heimatstadt Hamburg. Sein Hauptwerk ist die naturlyrische Gedichtsammlung *Irdisches Vergnügen in Gott*.

Barthold Heinrich Brockes (Porträt des Altonaer Malers Dominicus van der Smissen, 1704–1760)

Barthold Heinrich Brockes (1680 – 1747)
Die Heide

Es zeigt so gar die dürre Heide,
Zu unsrer nicht geringen Freude,
Wenn man sie recht genau betracht,
Des großen Schöpfers Wunder-Macht.
Wenn wir die obenhin¹ besehn, 5
So scheint sie traurig, schwarz, verdorrt und schlecht:
Allein betrachtet man sie recht;
So ist auch sie nicht minder schön,
Und sieht man wunderbar in ihr
Der Farben Pracht, der Bildung Zier 10
Fast unverbesserlich verbunden.

Ich habe dieses wahr befunden.
Denn als ich jüngst mich etwas zu vertreten,
Mich auf das Feld begab; befand ich alsobald,
Daß in des Heide-Krauts so zierlicher Gestalt, 15
Nicht weniger als sonst, der Schöpfer anzubeten.

Ich setzte mich, und rupfte manchen Strauß,
Sie besser zu besehen, aus.
Mein Gott! wie viel, wie mancherley
Veränd'rung, Schmuck und Zierlichkeiten 20
Fand ich in diesem Kraut, das doch von weiten
Nicht anders lässt, als obs nur braun gefärbet sey.
Ich ward zugleich, wie schön, wie wunderbar.
Wie mannigfaltig die Bildung sey, gewahr.

Die größten Bäume trifft man hier 25
In solcher Schön- und netten Kleinheit an,
Daß man der Stämme Zweig' und Blätter holde Zier
Nicht gnug besehn, nicht gnug bewundern kann.
Ich fand daß ob sie gleich sehr klein,
Die Stämme wahres Holz, wie große Stämme, seyn. 30
Es hat die Festigkeit, es brennet, eine Rinde
Umgiebt sie, ja ich finde
Dieselbe recht mit Moß, gleich den bejahrten Eichen,
Umgeben und geziert. Die Blümchen, die so schön,
Auf jedem kleinem Zweig', als Apfel-Blüthe, stehn, 35
Sieht man der Bienen Heer die süße Nahrung reichen.

Betrachte denn forthin, geliebter Mensch, die Heide
Nicht sonder² Gottes Lob, nicht sonder Freude!

(1727)

1. Geben Sie kurz den Inhalt des Gedichtes mit eigenen Worten wieder. Sie können dazu zunächst jede der sechs Strophen einzeln zusammenfassen und dann eine Gesamtzusammenfassung vornehmen.

¹ **obenhin:** hier im Sinne von flüchtig/oberflächlich – ² **sonder:** ohne

2. Erläutern Sie, wie das lyrische Ich auf die Natur blickt und warum es von ihr so fasziniert ist. Ziehen Sie dazu auch den Infokasten „Das Zeitalter der Aufklärung" (S. 99) zurate.

3. Beschreiben Sie, wie das lyrische Ich die Beziehung zwischen Gott und Natur sieht. Belegen Sie Ihre Aussagen am Text und achten Sie besonders auf die beiden Schlussverse des Gedichtes.

4. Vergleichen Sie den Aufbau des Gedichtes (Strophenzahl, Verseinteilung, Reimschema) mit dem des Gedichtes „Abend" von Andreas Gryphius. Welche Unterschiede stellen Sie fest? Welche Wirkung wird durch die veränderte Form bei Brockes erzielt? Hilfe finden Sie dazu im folgenden Infokasten.

Information

Äußere Form und inhaltlicher Aufbau eines Gedichtes

Ein Gedicht besteht aus einer oder mehreren Strophen, die jeweils mehrere Verse zusammenfassen. Ein **Vers** ist eine durch die regelmäßige Silbenfolge gegliederte Zeile, deren Ende nicht durch den Seitenrand, sondern bewusst durch den Dichter gesetzt wird. Wird der Satz über das Versende hinausgeführt, spricht man von einem **Zeilensprung** (Enjambement). Fallen Vers- und Satzende zusammen, spricht man vom **Zeilenstil**.

Reim:
Verse werden häufig durch einen Endreim klanglich miteinander verbunden. Man unterscheidet folgende Reimformen:

Paarreim:	aabb
Kreuzreim:	abab
umarmender Reim:	abba
Schweifreim:	aabccb
Haufenreim:	aaa

Binnenreim:	Die Wörter, die sich reimen, stehen im Versinneren, z. B.: *Das Fräulein stand am Meere Und seufzte **lang** und **bang**.* (H. Heine)
unreiner Reim:	Die Silben reimen sich nur annähernd, sind lautlich nicht exakt identisch (z. B.: Liebe/trübe).
männlicher Reim:	ein einsilbiger Reim (z. B.: Knall/Ball)
weiblicher Reim:	ein zweisilbiger Reim (z. B.: gehen/stehen)
reicher Reim:	ein mehr als zweisilbiger Reim (z. B.: Mächtige/Prächtige)

Bei der Interpretation eines Gedichtes reicht es nicht aus, die äußere Form und den inhaltlichen Aufbau nur zu beschreiben. Es ist wichtig, die jeweilige Funktion und Wirkung zu untersuchen. Ein Gedicht, das in Aufbau und Form sehr regelmäßig ist, entfaltet eine andere Wirkung als ein Gedicht mit vielen Unregelmäßigkeiten.

5. In den beiden Gedichten von Gryphius und Brockes richtet das jeweilige lyrische Ich seinen Blick auf die Natur. Formulieren Sie in einem kurzen Text, welche Unterschiede sich hier zeigen. Nutzen Sie dazu auch die Informationen aus dem Infokasten „Das Zeitalter der Aufklärung", S. 99.
So könnten Sie beginnen:

*In dem Gedicht „Abend" von Andreas Gryphius, das im Jahr 1650 zur Zeit des Barock verfasst wurde, beschreibt das lyrische Ich zunächst die Szenerie des anbrechenden Abends: Die Nacht bricht herein, die Sterne ziehen auf und die Menschen kehren von ihrer anstrengenden Arbeit zurück. Sofort wird aber deutlich, dass es Gryphius um mehr geht als um die Beschreibung eines Abends, denn das lyrische Ich verknüpft mit dem Abend die „Einsamkeit" (V. 4) und ruft aus: „Wie ist die zeit verthan!" (V. 4). Auch in den folgenden Strophen ...
Ganz anders blickt das lyrische Ich in Brockes' Gedicht „Die Heide" auf die Natur ...*

➔ Texte miteinander vergleichen – Ein Überblick, S. 196 f.
➔ Gedichte miteinander vergleichen – Ein Überblick, S. 198 ff.

„Wie herrlich leuchtet/Mir die Natur" – Naturlyrik des 18. Jahrhunderts

Johann Wolfgang von Goethe (1749–1832) wurde als Sohn einer angesehenen und wohlhabenden Familie in Frankfurt am Main geboren. Nach seiner Ausbildung durch Hauslehrer studierte er, dem Wunsch des Vaters folgend, Jura und wurde zunächst Rechtsanwalt in Wetzlar und Frankfurt. Schon früh widmete er sich der Literatur. Von 1775 an war die Stadt Weimar sein Lebensmittelpunkt, wo er neben seiner Arbeit als Dichter zunächst auch politische Ämter übernahm.
Goethes literarisches Schaffen umfasst Lyrik, Dramen, Epik, autobiografische, kunsttheoretische und naturwissenschaftliche Schriften.

Johann Wolfgang von Goethe (1749–1832)
Mailied

Wie herrlich leuchtet
Mir die Natur!
Wie glänzt die Sonne!
Wie lacht die Flur!

5 Es dringen Blüten
Aus jedem Zweig
Und tausend Stimmen
Aus dem Gesträuch

Und Freud' und Wonne
10 Aus jeder Brust.
O Erd', o Sonne!
O Glück, o Lust!

O Lieb', o Liebe!
So golden schön,
15 Wie Morgenwolken
Auf jenen Höhn!

Du segnest herrlich
Das frische Feld,
Im Blütendampfe
20 Die volle Welt.

O Mädchen, Mädchen,
Wie lieb' ich dich!
Wie blickt dein Auge!
Wie liebst du mich!

25 So liebt die Lerche
Gesang und Luft,
Und Morgenblumen
Den Himmelsduft,

Wie ich dich liebe
30 Mit warmem Blut,
Die du mir Jugend
Und Freud' und Mut

Zu neuen Liedern
Und Tänzen gibst.
35 Sei ewig glücklich,
Wie du mich liebst!

(1771)

---

1. Beschreiben Sie, in welchem Gemütszustand sich das lyrische Ich befindet.

2. Erarbeiten Sie einen angemessenen Vortrag des Gedichtes, der diesen Gemütszustand zum Ausdruck bringt. Hilfe dazu finden Sie in dem folgenden Methodenkasten.

Methode

Einen Text, z. B. ein Gedicht, vortragen

1. Lesen Sie das Gedicht mehrfach durch und versuchen Sie, Inhalt und Sinn zu erfassen. Klären Sie eventuell unbekannte Wörter.
2. Überlegen Sie, welche Stimmung/Atmosphäre in dem Gedicht zum Ausdruck kommt.
3. Bereiten Sie das Gedicht grafisch auf, indem Sie Betonungs- und Pausenzeichen eintragen:

   betonte Wörter: ____
   längere Pause: / die Stimme wird in der Regel gesenkt
   kurze Pause: → die Stimme bleibt oben

   So könnte die erste Strophe des Goethe-Gedichtes vorbereitet werden:

   Wie herrlich leuchtet →
   Mir die Natur! /
   Wie glänzt die Sonne! /
   Wie lacht die Flur! /

4. Überlegen Sie, in welchem Tempo einzelne Stellen des Gedichtes gelesen werden müssen. Vermeiden Sie beim Vortrag ein „Leiern" des Textes.
5. Üben Sie Ihren Vortrag mehrfach.

---

3. Beschreiben Sie, welche Wahrnehmung das lyrische Ich von der Natur hat.

4. Untersuchen Sie die sprachliche Gestaltung des Gedichtes und stellen Sie anschließend einen Bezug zur inhaltlichen Aussage her.
   → Rhetorische Figuren, S. 207 ff.

5. Lesen Sie die Informationen zur Epoche des Sturm und Drang. Verfassen Sie anschließend einen ausformulierten Text, in dem Sie Goethes Gedicht begründet in diese Epoche einordnen.

Information

Die Epoche des Sturm und Drang

Der Sturm und Drang (1770–1785) war eine eigenständige literarische Strömung innerhalb der Aufklärung, die von jungen Literaten (vor allem Goethe und Schiller) getragen wurde.
Sie rebellierten gegen die Macht der Fürsten und die Willkürherrschaft des Adels. Anstelle der Vorherrschaft der Vernunft erhoben sie das **Genie** zum Leitbild, das sich bestehenden Regeln widersetzt und mit **Leidenschaft**, **Originalität** und **Individualität** Neues schafft. Ihre Dichtung ist von starker subjektiver Wahrnehmung und einer kraftvollen, volksnahen und jugendlichen Sprache geprägt. Besonders deutlich wird dies z. B. in Goethes Gedicht „Prometheus".

Viele Gedichte aus der frühen Zeit des Sturm und Drang werden häufig mit dem Begriff „Erlebnislyrik" bezeichnet. Sie erwecken den Anschein, als sei das Erlebte ohne vorherige Reflexion unmittelbar aufgeschrieben worden.
Zentrales Motiv der Erlebnislyrik ist die Natur, die zum Inbegriff des Ursprünglichen wurde. In ihr spiegelt sich häufig die Stimmung des lyrischen Ichs wider.
Als Beginn der Erlebnislyrik gelten die sogenannten Sesenheimer Gedichte, die Goethe für seine Jugendliebe, die Pfarrerstochter Friederike Brion aus Sesenheim, schrieb.

Im Folgenden finden Sie ein weiteres Gedicht von Johann Wolfgang von Goethe.

1. Halten Sie kurz fest, was Sie bei dem Titel „Mächtiges Überraschen" erwarten.

2. Lesen Sie anschließend das Gedicht und vergleichen Sie es mit Ihren Erwartungen.

Johann Wolfgang von Goethe (1749–1832)
Mächtiges Überraschen

Ein Strom entrauscht umwölktem Felsensaale,
Dem Ozean sich eilig zu verbinden;
Was auch sich spiegeln mag von Grund zu Gründen,
Es wandelt unaufhaltsam fort zu Tale.

5 Dämonisch aber stürzt mit einem Male –
Ihr folgen Berg und Wald in Wirbelwinden –
Sich Oreas[1], Behagen dort zu finden.
Und hemmt den Lauf, begrenzt die weite Schale.

Die Welle sprüht, und staut zurück und weicht,
10 Und schwillt bergan, sich immer selbst zu trinken;
Gehemmt ist nun zum Vater hin das Streben.

Sie schwankt und ruht, zum See zurückgedeichet;
Gestirne, spiegelnd sich, beschaun das Blinken
Des Wellenschlags am Fels, ein neues Leben.

(1807)

3. Fassen Sie den Inhalt jeder Strophe kurz mit eigenen Worten zusammen, indem Sie auf die verschiedenen Erscheinungsformen des Wassers eingehen.

4. Machen Sie den Kontrast zwischen der ersten und der zweiten Strophe deutlich, indem Sie herausarbeiten, mit welchen sprachlich-stilistischen Mitteln dieser Kontrast hervorgehoben wird.
➜ Rhetorische Figuren, S. 207 ff.

5. Das Gedicht geht über die Darstellung eines Flusses, der von der Quelle zum Ozean strebt, hinaus. Stellen Sie Vermutungen darüber an, welchen symbolischen Gehalt das Gedicht haben könnte. Halten Sie Ihre Aussagen schriftlich fest und belegen Sie sie mit Textstellen aus dem Gedicht. Tauschen Sie sich über Ihre Ergebnisse innerhalb des Kurses aus.

6. Das Gemälde auf S. 103 stammt von dem Landschaftsmaler Jakob Philipp Hackert, der von Goethe besonders geschätzt wurde und der das Italienbild seiner Zeit entscheidend prägte. Zu seinen Themen gehörten unter anderem stimmungsvolle Landschaften aus der römischen Campagna, aus Süditalien und der Toskana.
Beschreiben Sie das Bild und stellen Sie einen Bezug zu Goethes Gedicht „Mächtiges Überraschen" her.

---

[1] **Oreas:** Oreaden sind in der griechischen Mythologie Nymphen, die Täler und Schluchten bewohnen.

Jakob Philipp Hackert: Die großen Wasserfälle in Tivoli (1785)

7. Goethes Gedicht gehört in die Zeit der Klassik. Lesen Sie den Informationstext zur Klassik und weisen Sie wichtige Merkmale am Gedicht nach.

Information

Die Zeit der Klassik

Die Epoche der Klassik (1786–1805) war maßgeblich von den Erfahrungen der Französischen Revolution und den in ihr vertretenen Idealen (Freiheit, Gleichheit, Brüderlichkeit) beeinflusst. Allerdings lehnten die Vertreter der Klassik – das waren vor allem die Schriftsteller Wieland, Goethe, Herder und Schiller – revolutionäre Gewalt entschieden ab. Stattdessen strebten sie nach **Humanität**, **wahrer Menschlichkeit** und **Harmonie**.
Der Kunst bzw. Literatur kam dabei die Aufgabe zu, die Menschen zu harmonischen Persönlichkeiten zu „erziehen" und alle Gegensätze in Einklang zu bringen. Sie sollte nicht nur unterhalten, etwas Schönes darstellen und gefallen, sondern die positiven Eigenschaften im Menschen befördern und ihn zu humanitärem Handeln führen. Als **Vorbild** dienten die Werke der **griechischen Antike**.
Im Gegensatz zur Epoche des Sturm und Drang, in der es vor allem um Originalität und Spontaneität ging, orientierten sich die Dichter der Klassik an festen Regeln, um ein harmonisches Kunstwerk zu schaffen.
Ihre Werke sind durch ein hohes Sprachniveau und die Übereinstimmung von Inhalt und Form gekennzeichnet.

8. Erläutern Sie den Zusammenhang zwischen der Sonettform und der inhaltlichen Aussage des Gedichtes von Goethe. Schauen Sie dazu noch einmal in den Infokasten „Das Sonett" auf S. 98.

9. Erarbeiten Sie das Versmaß (Metrum) des Gedichtes und stellen Sie einen Bezug zur inhaltlichen Aussage her. Dabei kann Ihnen der Informationskasten rechts helfen.

10. **Was Sie noch machen können:**
    Die beiden Goethe-Gedichte „Mailied" und „Mächtiges Überraschen" wurden im Abstand von 36 Jahren verfasst.
    a) Lesen Sie die Gedichte in Ihrem Kurs mehrfach abwechselnd laut vor und tauschen Sie sich über die unterschiedlichen Höreindrücke aus. Stellen Sie Bezüge zur jeweiligen Entstehungszeit her.
    ➔ Einen Text, z. B. ein Gedicht, vortragen, S. 101

    b) Überlegen Sie in Kleingruppen, welche Musik zu dem jeweiligen Gedicht passen könnte, und bereiten Sie einen Lesevortrag mit musikalischer „Untermalung" vor.

    c) Zeigen Sie vergleichend auf, welche unterschiedliche Haltung das jeweilige lyrische Ich zur Natur einnimmt.
    ➔ Texte miteinander vergleichen – Ein Überblick, S. 196 f.

    d) Erstellen Sie zu einem der beiden Gedichte eine Text-Bild-Collage. Besonders interessant kann es sein, wenn Sie mit modernen Bildmotiven arbeiten.

Information

Das Metrum eines Gedichtes bestimmen

Mit dem **Versmaß** oder **Metrum** bezeichnet man die feste Abfolge von Hebungen (betonten Silben) und Senkungen (unbetonten Silben) innerhalb eines Verses.
Als Hilfe sind im Folgenden die häufigsten Versmaße noch einmal erklärt:

Jambus (x**X**): z. B. Gedicht
Trochäus (**X**x): z. B. Dichter
Daktylus (**X**xx): z. B. Daktylus
Anapäst (xx**X**): z. B. Paradies

Je nach Anzahl der Hebungen spricht man dann z. B. von einem vierhebigen Jambus:
Am **grau**en **Strand**, am **grau**en **Meer** (Th. Storm)

In der modernen Lyrik findet sich oft ein unregelmäßiges, kaum zu bestimmendes Metrum.

Endet ein Vers auf einer betonten Silbe, nennt man das stumpfe Kadenz, endet er auf einer unbetonten Silbe, spricht man von einer klingenden Kadenz.
Das Ermitteln des Versmaßes ist nicht Selbstzweck, sondern kann häufig für die Analyse eines Gedichtes genutzt werden, vor allem wenn es besonders regelmäßig oder unregelmäßig ist. Es hat Einfluss auf die mit dem Gedicht vermittelte Stimmung.

Vom Metrum zu unterscheiden ist der **Rhythmus**. Er macht das Gedicht erst lebendig und hängt ab von der Betonung, dem Sprechtempo, den Pausen und auch dem Inhalt des Gedichtes. Das Schema des Versmaßes sagt deswegen noch nichts über die rhythmische Gestaltung aus.

„Schläft ein Lied in allen Dingen" – Naturlyrik der Romantik

Joseph Freiherr von Eichendorff (1788–1857) wurde als Sohn einer Landadelsfamilie auf Schloss Lubowitz bei Ratibor in Oberschlesien geboren. Nach einigen Jahren Privatunterricht und dem Besuch eines Gymnasiums in Breslau studierte Eichendorff Jura in Halle, Heidelberg, Berlin und Wien. 1808 kehrte er zunächst nach Lubowitz zurück, um dem Vater bei der Verwaltung der Güter zu helfen. Vier Jahre später schloss er sein Studium in Wien ab. Später war er bis 1844 als Beamter im preußischen Staatsdienst tätig. Eichendorff zählt zu den bedeutendsten deutschen Schriftstellern. Viele seiner Gedichte wurden vertont und vielfach gesungen.

Wilhelm Heinrich Wackenroder (1773–1798) wurde in Berlin geboren. Seine Kindheit und Jugend waren von der strengen Erziehung seines protestantischen Elternhauses geprägt. Auf Wunsch des Vaters studierte er Jura, hörte nebenbei aber kulturgeschichtliche Vorlesungen und beschäftigte sich mit bildender Kunst, Musik und Literatur. 1798 starb Wackenroder mit 24 Jahren an Typhus.

1795/96 entstand eine Sammlung kunsttheoretischer Abhandlungen mit dem Titel *Herzensergießungen eines kunstliebenden Klosterbruders*, aus der auch der folgende Textauszug stammt. Er ist aus der Perspektive eines Mönches geschrieben, gibt aber die Natur- und Kunstauffassung des Romantikers Wackenroder wieder.

Joseph Freiherr von Eichendorff (1788–1857)
Wünschelrute

Schläft ein Lied in allen Dingen,
Die da träumen fort und fort,
Und die Welt hebt an zu singen,
Triffst du nur das Zauberwort.

(1835)

1. Klären Sie im Kurs, was eine Wünschelrute ist und wozu man sie benutzen kann.
2. Was könnte mit dem Lied, das in allen Dingen schläft, gemeint sein? Beziehen Sie bei Ihren Überlegungen die Überschrift mit ein.
3. Auf welche Weise und von wem könnte es geweckt werden?
4. Erläutern Sie, auf welche Dimension menschlichen Lebens das Gedicht besonders eingeht.
5. Wie könnte ein Vertreter der Aufklärung auf das Gedicht reagieren? Lassen Sie ihn in einem kurzen Text zu Wort kommen.

Wilhelm Heinrich Wackenroder (1773–1798)
Herzensergießungen eines kunstliebenden Klosterbruders (Kapitel 13)
Von zwei wunderbaren Sprachen und deren geheimnisvoller Kraft

Die Sprache der Worte ist eine große Gabe des Himmels, und es war eine ewige Wohltat des Schöpfers, dass er die Zunge des ersten Menschen löste, damit er alle Dinge, die der Höchste um ihn her in die Welt gesetzt, und alle geistigen Bilder, die er in seine Seele gelegt hatte, nennen, und seinen Geist in dem mannigfaltigen Spiele mit diesem Reichtum von Namen üben konnte. Durch Worte herrschen wir über den ganzen Erdkreis; durch Worte erhandeln wir uns mit leichter Mühe alle Schätze der Erde. Nur das Unsichtbare, das über uns schwebt, ziehen Worte nicht in unser Gemüt herab.

Die irdischen Dinge haben wir in unserer Hand, wenn wir ihre Namen aussprechen; – aber wenn wir die Allgüte Gottes oder die Tugend der Heiligen nennen hören, welches doch Gegenstände sind, die unser ganzes Wesen ergreifen sollten, so wird allein unser Ohr mit leeren Schallen gefüllt und unser Geist nicht, wie es sollte, erhoben.

Ich kenne aber zwei wunderbare Sprachen, durch welche der Schöpfer den Menschen vergönnt hat, die

himmlischen Dinge in ganzer Macht, soviel es nämlich (um nicht verwegen zu sprechen) sterblichen Geschöpfen möglich ist, zu fassen und zu begreifen. Sie kommen durch ganz andere Wege zu unserm Inneren, als durch die Hülfe der Worte; sie bewegen auf einmal, auf eine wunderbare Weise, unser ganzes Wesen und drängen sich in jede Nerve und jeden Blutstropfen, der uns angehört. Die eine dieser wundervollen Sprachen redet nur Gott; die andere reden nur wenige Auserwählte unter den Menschen, die er zu seinen Lieblingen gesalbt hat. Ich meine: die Natur und die Kunst.
Seit meiner frühen Jugend her, da ich den Gott der Menschen zuerst aus den uralten heiligen Büchern unserer Religion kennen lernte, war mir die Natur immer das gründlichste und deutlichste Erklärungsbuch über sein Wesen und seine Eigenschaften. Das Säuseln in den Wipfeln des Waldes, und das Rollen des Donners, haben mir geheimnisvolle Dinge von ihm erzählet, die ich in Worten nicht aufsetzen kann. Ein schönes Tal, von abenteuerlichen Felsengestalten umschlossen, oder ein glatter Fluß, worin gebeugte Bäume sich spiegeln, oder eine heitere grüne Wiese von dem blauen Himmel beschienen, – ach diese Dinge haben in meinem inneren Gemüte mehr wunderbare Regungen zuwege gebracht, haben meinen Geist von der Allmacht und Allgüte Gottes inniger erfüllt und meine ganze Seele weit mehr gereinigt und erhoben, als es je die Sprache der Worte vermag. Sie ist, dünkt mich, ein allzu irdisches und grobes Werkzeug, um das Unkörperliche, wie das Körperliche, damit zu handhaben.
[...]

(1797)

1. Stellen Sie zunächst heraus, welche Bedeutung die „Sprache der Worte" für den Klosterbruder hat.
2. Was können seiner Meinung nach Worte aber nicht leisten?
3. Geben Sie in einer kurzen Zusammenfassung wieder, welche Bedeutung der „Sprache der Natur" zukommt. Belegen Sie Ihre Aussagen am Text.
4. Der Klosterbruder spricht noch von einer weiteren Sprache. Erläutern Sie, was er darunter versteht und wer im Besitz dieser Sprache ist.
5. Betrachten Sie das Bild von Johann Christian Dahl. Beschreiben Sie mit eigenen Worten, welche Stimmung von ihm ausgeht.
Vergleichen Sie die Naturdarstellung im letzten Abschnitt des Textauszuges von Wackenroder mit dem romantischen Bild von Johann Christian Dahl. Welche Übereinstimmungen stellen Sie fest?

Johann Christian Dahl: Nordische Landschaft mit einem Fluss, 1825

„Schläft ein Lied in allen Dingen" – Naturlyrik der Romantik

6. „Begeben" Sie sich in das Bild Dahls und beschreiben Sie in romantischer Sprache, was Sie sehen, fühlen, hören und denken.

Joseph Freiherr von Eichendorff (1788–1857)
Mondnacht

Es war, als hätt der Himmel
Die Erde still geküsst,
Dass sie im Blütenschimmer
Von ihm nun träumen müsst.

5 Die Luft ging durch die Felder,
Die Ähren wogten sacht,
Es rauschten leis die Wälder,
So sternklar war die Nacht.

Und meine Seele spannte
10 Weit ihre Flügel aus,
Flog durch die stillen Lande,
Als flöge sie nach Haus.

(1837)

1. Sammeln Sie in Form eines Ideensterns Ihre Assoziationen zum Begriff „Mondnacht".

2. Lesen Sie Eichendorffs Gedicht im Kurs mehrfach laut vor. Erproben Sie dabei unterschiedliche Vortragsarten. Welche Musik, welche Farben oder welche Bilder kommen Ihnen beim Hören des Gedichtes in den Sinn? Tauschen Sie sich darüber aus.
   → Einen Text, z. B. ein Gedicht, vortragen, S. 101

3. Beschreiben Sie mit eigenen Worten die im Gedicht spürbare Grundstimmung.

4. Ermitteln Sie die im Gedicht verwendeten Konjunktivformen und erläutern Sie, welche Wirkung durch sie erzielt wird.

5. Von dem romantischen Maler Caspar David Friedrich (1774–1840) stammt der Ausspruch: „Eine Landschaft ist ein Seelenzustand". Überlegen Sie, was Friedrich damit gemeint haben könnte, und untersuchen Sie die Rolle der Natur in Eichendorffs Gedicht daraufhin genauer.
   Beziehen Sie dazu auch die folgenden Informationen über die Epoche der Romantik mit ein.

Information

Die Zeit der Romantik

Die Dichter der Romantik (1790–1835) stellten sich gegen eine einseitige Vernunft- und Wissenschaftsgläubigkeit sowie ein reines Nützlichkeitsdenken, wie es für die Zeit der Aufklärung typisch war. Ihrer Meinung nach war die Welt damit entzaubert und ihrer Geheimnisse beraubt. Die Romantiker stellten deswegen das **Traumhafte**, **Unerklärliche** und **Wunderbare**, wie man es auch in Sagen und Märchen findet, in den Mittelpunkt ihrer Dichtung. Die Grenzen des Verstandes sollten durch eine Hinwendung zum Irrealen und Gefühlvollen erweitert werden. Die Kunst bot Zuflucht aus einer als begrenzt und langweilig empfundenen Lebenswirklichkeit. Das erklärt auch die starke Sehnsucht nach Einheit mit der ursprünglichen, ungebändigten Natur. Sie wurde – zumindest in der Fantasie – zu einem Ort, an dem der Mensch wieder zu sich selbst finden konnte. Der Wunsch, die Grenzen des Alltags zu überwinden, blieb aber auf den Bereich der Poesie beschränkt.
Entsprechend häufig findet man in der romantischen Dichtung die Motive der Sehnsucht, des Reisens und Wanderns, der Fantasie und der Natur.

6. Verfassen Sie abschließend eine vollständige Interpretation des Eichendorff-Gedichtes „Mondnacht". Hilfen dazu finden Sie in der folgenden Übersicht.

Methode

Ein Gedicht interpretieren

Verfassen Sie zunächst eine **Einleitung**, in der Sie neben den wichtigsten Textdaten (Gedichtart, Titel, Autor, Erscheinungs- bzw. Entstehungsjahr) Informationen zum historischen Hintergrund geben. Ferner sollten Sie in aller Kürze den Inhalt wiedergeben und das Thema des Gedichtes nennen. Sie können auch schon einen ersten Hinweis darauf geben, wie das Gedicht zu deuten ist (Deutungsansatz).

Im dann folgenden **Hauptteil** beschreiben Sie zunächst die äußere Form des Gedichtes (Strophenzahl, Verseinteilung, Metrum, Reimschema, Kadenzen). Die formale Gestalt muss später in die genaue Beschreibung und Deutung der Einzelstrophen eingebunden werden. Dann beschreiben und deuten Sie den Textaufbau, sofern er Besonderheiten aufweist.
Anschließend untersuchen Sie genau Inhalt und Sprache des Gedichtes (z. B. Situation des lyrischen Ichs, Atmosphäre, Darstellung des Themas in den einzelnen Stro-

phen, inhaltliche Entwicklung) und versuchen, zu einer differenzierten Deutung zu gelangen. Dabei können Sie strophenweise vorgehen oder mehrere Strophen zusammenfassen. Ferner müssen Sie die sprachlichen Mittel des Gedichtes (z. B. Bilder, Wortwahl, Satzbau, rhetorische Figuren) erarbeiten und in ihrer Funktion für Inhalt und Aussage erläutern.

Am **Schluss** fassen Sie die wichtigsten Erkenntnisse zusammen und formulieren eine mögliche Intention. Weitergehende Hilfen zur Gedichtinterpretation erhalten Sie im Methodenteil dieses Buches.

➔ Ein Gedicht interpretieren, S. 167 ff.

7. Was Sie noch machen können:
Im Folgenden finden Sie drei Gedichte, die aus der Zeit des Sturm- und Drang, der Klassik und der Romantik stammen. Sie sind hier ohne Jahreszahl und Autor abgedruckt.
   a) Ordnen Sie die Gedichte begründet den jeweiligen Epochen zu, indem Sie auch das in ihnen sichtbar werdende Naturverständnis erarbeiten. Schauen Sie sich dazu noch einmal die Informationskästen zu den entsprechenden literarischen Epochen an.
   b) Vergleichen Sie Ihre Ergebnisse im Kurs und recherchieren Sie dann die Entstehungszeit und die Autoren der Gedichte.
   c) Wählen Sie abschließend eines der drei Gedichte aus und interpretieren Sie es vollständig.

Gedicht 1:

Winternacht

Verschneit liegt rings die ganze Welt,
ich hab' nichts, was mich freuet,
verlassen steht der Baum im Feld,
hat längst sein Laub verstreuet.

5 Der Wind nur geht bei stiller Nacht
und rüttelt an dem Baume,
da rührt er seinen Wipfel sacht
und redet wie im Traume.

10 Er träumt von künft'ger Frühlingszeit,
von Grün und Quellenrauschen,
wo er im neuen Blütenkleid
zu Gottes Lob wird rauschen.

Gedicht 2:

Früh, wenn Tal, Gebirg und Garten

Früh, wenn Tal, Gebirg und Garten
Nebelschleiern sich enthüllen,
Und dem sehnlichsten Erwarten
Blumenkelche bunt sich füllen;

5 Wenn der Äther[1], Wolken tragend,
Mit dem klaren Tage streitet,
Und ein Ostwind, sie verjagend,
Blaue Sonnenbahn bereitet,

Dankst du dann, am Blick dich weidend,
10 Reiner Brust der Großen, Holden,
Wird die Sonne, rötlich scheidend,
Rings den Horizont vergolden.

Gedicht 3:

Rastlose Liebe

Dem Schnee, dem Regen,
Dem Wind entgegen,
Im Dampf der Klüfte,
Durch Nebeldüfte,
5 Immer zu! Immer zu!
Ohne Rast und Ruh!

Lieber durch Leiden
Möcht' ich mich schlagen,
Also so viel Freuden
10 Des Lebens ertragen.
Alle das Neigen
Von Herzen zu Herzen,
Ach, wie so eigen
Schaffet das Schmerzen!

15 Wie – soll ich fliehen?
Wälderwärts ziehen?
Alles vergebens!
Krone des Lebens,
Glück ohne Ruh,
20 Liebe, bist du!

[1] **Äther:** Himmel

„Wie Träume liegen die Inseln" – Naturlyrik des Realismus

Theodor Storm (1817–1888) wurde in Husum geboren. Nach einem Jurastudium in Kiel und Berlin war er ab 1843 in seiner Heimatstadt als Rechtsanwalt tätig. 1846 heiratete Storm seine Cousine Constanze Esmarch. Aus der Ehe gingen sieben Kinder hervor. 1853 ging er als Gerichtsassessor im preußischen Staatsdienst nach Berlin, 1864 kehrte er nach Husum zurück, wo er zum Landvogt und Amtsrichter berufen worden war. Er starb 1888 in Hademarschen in Schleswig-Holstein.
Storm gilt als einer der bedeutendsten deutschen Vertreter des „Bürgerlichen" bzw. „Poetischen Realismus", wobei neben seinen Gedichten besonders seine Novellen (wie z. B. „Pole Poppenspäler", „Hans und Heinz Kirch" und „Der Schimmelreiter") seinen Ruhm begründeten.

1. Lesen Sie das Gedicht mehrfach und beschreiben Sie die Stimmung, die von ihm ausgeht. Stellen Sie Vermutungen an, wodurch diese Stimmung bzw. Atmosphäre erzeugt wird.

2. Gliedern Sie das Gedicht nach inhaltlichen Gesichtspunkten. Berücksichtigen Sie dabei, um welche Tageszeit es sich handelt und welche Sinne jeweils in den Strophen angesprochen werden.

3. Untersuchen Sie die einzelnen Strophen hinsichtlich ihrer Klangfarbe und deuten Sie Ihre Ergebnisse. Hilfen dazu finden Sie im folgenden Infokasten.

Theodor Storm (1817–1888)
Meeresstrand

Ans Haff nun fliegt die Möwe,
Und Dämmrung bricht herein;
Über die feuchten Watten
Spiegelt der Abendschein.

5 Graues Geflügel huschet
Neben dem Wasser her;
Wie Träume liegen die Inseln
Im Nebel auf dem Meer.

Ich höre des gärenden Schlammes
10 Geheimnisvollen Ton,
Einsames Vogelrufen –
So war es immer schon.

Noch einmal schauert leise
Und schweiget dann der Wind;
15 Vernehmlich werden die Stimmen,
Die über der Tiefe sind.

(1854)

> **Information**
>
> **Die Klangfarbe eines Gedichtes**
>
> Die Klangfarbe eines Gedichtes wird beeinflusst durch:
> 1. **Vokale:**
>   Die Vokale e und i klingen hell und fröhlich, die Vokale a, o, u und der Doppellaut au klingen dunkler und gedämpft.
> 2. **Konsonanten:**
>   Sie können eher weich sein (z. B. b, g oder w) oder hart (z. B. p, k und f).
> 3. **Assonanzen:**
>   Eine Assonanz liegt dann vor, wenn nur die Vokale am Gleichklang beteiligt sind.
>   Z. B.: *Jahr und Tag* oder *schlafen und klagen*
> 4. **Lautmalerei** (Onomatopoesie):
>   Zur Lautmalerei gehören Wörter, die das Gemeinte lautmalerisch nachahmen, z. B. das Wort „Kuckuck". Der Ruf des Vogels wurde lautmalerisch als Name des Tieres übernommen. Oft erinnern die Wörter in der Lautmalerei an die Geräusche, die sie benennen, so etwa in einem Gedicht von Clemens Brentano:
>
>   „Singt ein Lied so süß gelinde,
>   Wie die Quellen auf den Kieseln,
>   Wie die Bienen um die Linde
>   Summen, murmeln, flüstern, rieseln."

4. Formulieren Sie in Form eines inneren Monologs, welche Gedanken dem lyrischen Ich am Ende durch den Kopf gehen könnten. Sie können diese Gedanken auch als eine Art „fünfte Strophe" formulieren. Lesen Sie Ihre Ergebnisse im Kurs vor und diskutieren Sie darüber.

5. Erstellen Sie eine Collage, indem Sie für jede einzelne Strophe ein passendes Bild aus dem Internet oder aus geeigneten Bildbänden suchen. Erörtern Sie, für welche Strophen das leichter und für welche das schwieriger ist.

6. Storms Gedicht gehört in die Zeit des Realismus. Lesen Sie den nebenstehenden Informationstext und weisen Sie die darin genannten Merkmale an Storms Gedicht nach. Welche „Seelenstimmung" (s. Infokasten) möchte Storm zum Ausdruck bringen?

7. Verfassen Sie im Stile Storms ein eigenes Gedicht mit dem Titel „Herbsttag", welches im Sinne des Poetischen Realismus die Stimmung, die für Sie aus dem Bild unten hervorgeht, wiedergibt.

> **Information**
>
> **Die Zeit des Realismus**
>
> Die Periode der deutschen Literaturgeschichte zwischen 1848 und 1890 wird auch als „Bürgerlicher Realismus" oder „Poetischer Realismus" bezeichnet.
> Der Zusatz „poetisch" weist darauf hin, dass es den realistischen Schriftstellern nicht – wie später im Naturalismus – um die bloße Wiedergabe des alltäglichen Lebens mit all seinem Elend und seinen Schattenseiten ging. Nach der Meinung Theodor Fontanes, der einer der wichtigsten Vertreter des Realismus war, stellte die **Wirklichkeit** nur den **„Marmorblock"**, also den Grundstoff dar, der vom Dichter künstlerisch verarbeitet werden sollte.
> Es ging also **nicht** um eine reine **Wiedergabe der Realität**, sondern um deren dichterische Ausgestaltung und Überhöhung, was zu einer gewissen Verklärung führte. Hässliches und Anstößiges wurde weitgehend vermieden. In der Lyrik zeigt sich das Bestreben, eine überladene Metaphorik zu vermeiden und eine klare und schlichte Sprache zu benutzen, die jedoch einen großen Bedeutungsspielraum eröffnet. Für Theodor Storm bestand die Aufgabe des Lyrikers darin, im Gedicht eine Seelenstimmung festzuhalten.

„Nur drüben in Knorrs Regenrinne" – Naturlyrik des Naturalismus

Arno Holz (1863–1929) wurde in Rastenburg (Ostpreußen) geboren und zog mit seiner Familie 1875 nach Berlin. Nach dem Besuch des Gymnasiums, das er nicht abschloss, wurde er freier Schriftsteller und Journalist. Gemeinsam mit Johannes Schlaf, mit dem er viele Jahre eng zusammenarbeitete, entwickelte er die Grundlagen des Naturalismus.

Arno Holz (1863–1929)
Rote Dächer!

Aus den Schornsteinen, hier und da, Rauch,
oben, hoch, in sonniger Luft, ab und zu Tauben.
Es ist Nachmittag.
Aus Mohdrickers Garten her gackert eine Henne,
5   die ganze Stadt riecht nach Kaffee.

Ich bin ein kleiner, achtjähriger Junge
und liege, das Kinn in beide Fäuste,
platt auf dem Bauch
und kucke durch die Bodenluke.
10   Unter mir, steil, der Hof,
hinter mir, weggeworfen, ein Buch.
Franz Hoffmann. Die Sclavenjäger.

Wie still das ist!

15   Nur drüben in Knorrs Regenrinne
zwei Spatzen, die sich um einen Strohhalm zanken,
ein Mann, der sägt,
und dazwischen, deutlich von der Kirche her,
in kurzen Pausen, regelmäßig, hämmernd,
20   der Kupferschmied Thiel.

Wenn ich unten runtersehe,
sehe ich grade auf Mutters Blumenbrett:
ein Topf Goldlack[1], zwei Töpfe Levkoyen[2], eine Geranie
25   und mittendrin, zierlich in einem Zigarrenkistchen,
ein Hümpelchen Reseda[3].

Wie das riecht? Bis zu mir rauf!

Und die Farben!
Jetzt! Wie der Wind drüber weht!
Die wunder, wunderschönen Farben!

Ich schließe die Augen. Ich sehe sie noch immer.
(1898/99)

[1] **Goldlack:** Zierpflanze mit leuchtend gelben (goldenen) Blüten – [2] **Levkoyen:** Pflanzen aus der Familie der Kreuzblütengewächse – [3] **Reseda:** Pflanze mit länglichen Blättern und duftenden Blüten von weißer oder gelblicher Farbe

Das Motiv der Natur in Gedichten verschiedener Epochen

1. Lesen Sie das Gedicht im Kurs laut vor. Handelt es sich Ihrer Meinung nach überhaupt um ein Gedicht? Begründen Sie Ihre Meinung.

2. In welcher Situation befindet sich das lyrische Ich? Berücksichtigen Sie dabei vor allem Vers 6 und den Schlussvers.

3. Untersuchen Sie anschließend Form und Sprache des Gedichtes genauer. Achten Sie dabei besonders auf Abweichungen von der traditionellen Lyrik.
   - Äußere Form eines Gedichtes, S. 100
   - Das Metrum eines Gedichtes bestimmen, S. 104

4. Lesen Sie den Informationstext zum Naturalismus und überprüfen Sie, inwieweit sich hier genannte Merkmale im Gedicht wiederfinden.

5. In seiner programmatischen Schrift „Die Kunst. Ihr Wesen und ihre Gesetze" (1891/92) verlangte Arno Holz von der Kunst die direkte Wiedergabe der Natur und ein Experimentieren mit den Darstellungsmitteln der Literatur. Überprüfen Sie, ob diese Forderungen in seinem Gedicht erfüllt sind.

6. Versuchen Sie, selbst ein Gedicht im naturalistischen Stil zu verfassen.
   Schauen Sie dazu wie das lyrische Ich in Arno Holz' Gedicht aus dem Fenster und geben Sie Ihre Wahrnehmungen in lyrischer Form wieder.

Information

Die Zeit des Naturalismus

Die Dichter des Naturalismus (1880–1900) wollten die **Wirklichkeit exakt beobachten** und **ungeschönt darstellen** und grenzten sich in diesem Sinne vom Poetischen Realismus ab. Diesem Leitgedanken entsprechend wendeten sie sich in ihrer Dichtung auch den **Schattenseiten des Lebens** zu, z.B. den Elendsvierteln der Großstadt, dem Alkoholismus sowie der Zerrüttung von Familie und Ehe.
Eine häufig verwendete Technik zur genauen Beschreibung der Wirklichkeit war der sogenannte Sekundenstil, bei dem auch kleinste Details, Bewegungen, Gesten und Geräusche sozusagen „sekundengenau" geschildert werden. Diese Darstellungsweise findet sich vor allem in erzählenden Texten, hat aber auch Eingang in die Lyrik gefunden.
Zur genauen Abbildung der Welt gehörte für die Naturalisten auch eine natürliche Sprache. Sie bevorzugten – vor allem in den Dramen – eine Alltagssprache und den Dialekt.
In Gedichten findet sich oft eine Art „Prosalyrik", die auf Metrum und Reim verzichtet und dem natürlichen Sprechrhythmus entspricht.

„Ein Schweigen in schwarzen Wipfeln wohnt" – Naturlyrik des Expressionismus

Im Jahr 1910 schuf der Maler Ernst Ludwig Kirchner (1880 – 1938) dieses Ausstellungsplakat für die Künstlergruppe „Die Brücke", die er zusammen mit den Architekturstudenten Fritz Bleyl, Erich Heckel und Karl Schmidt-Rottluff gegründet hatte und die als ein Wegbereiter des deutschen Expressionismus gilt.

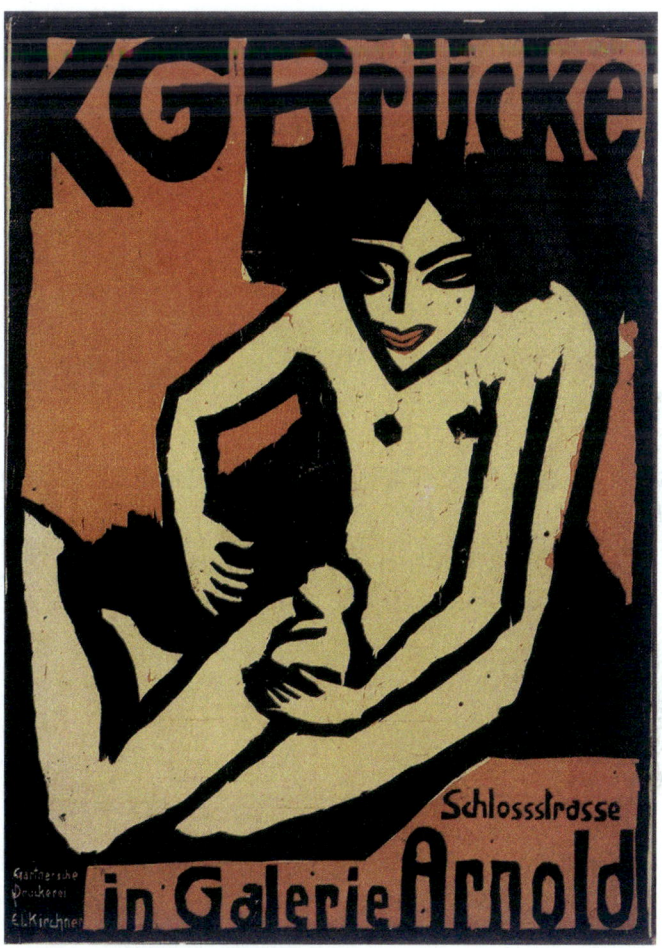

1. Beschreiben Sie das Bild und die Wirkung, die es auf Sie hat. Achten Sie dabei besonders auf die Formen, Farben und den Umgang mit der Realität.
2. Stellen Sie Vermutungen an, warum sich die Künstlergruppe den Namen „Die Brücke" gegeben hat.

Das Programm der Gruppe formulierte Kirchner folgendermaßen:

„Mit dem Glauben an Entwicklung, an eine neue Generation der Schaffenden wie der Genießenden rufen wir alle Jugend zusammen. Und als Jugend, die die Zukunft trägt, wollen wir uns Arm- und Lebensfreiheit verschaffen gegenüber den wohlangesessenen, älteren Kräften. Jeder gehört zu uns, der unmittelbar und unverfälscht wiedergibt, was ihn zum Schaffen drängt."

3. Formulieren Sie mit eigenen Worten, welches künstlerische Selbstverständnis in Kirchners Programm zum Ausdruck kommt.
4. In welcher Rolle sehen sich die Jungen gegenüber den Alten?

5. Beschreiben Sie das Bild des expressionistischen Malers Franz Marc (1880–1916), das den Titel „Kämpfende Formen" trägt und 1914 entstanden ist.

Franz Marc: Kämpfende Formen, 1914

6. Stellen Sie Bezüge zur Programmatik der Künstlergemeinschaft „Die Brücke" her.

7. Versuchen Sie, eine Erklärung dafür zu finden, dass in der Malerei die naturalistische Darstellungsweise abgelöst wird.

lizien (Gebiet im heutigen Polen und der Ukraine) versetzt. Trakl erlebte den Krieg zwischen Österreich-Ungarn und Russland unmittelbar mit und musste als Sanitäter zeitweise 100 Schwerverwundete allein betreuen. Infolgedessen erlitt er einen Nervenzusammenbruch, der ihn selbst zum Kriegsopfer machte. 1914 wählte er in einem Lazarett von Krakau den Freitod durch eine Überdosis Kokain. Viele seiner Gedichte sind geprägt von Schwermut und Trauer.

Georg Trakl (1887–1914) wurde als fünftes von sieben Kindern in Salzburg geboren und verbrachte dort auch seine Kindheit und Jugend. Das Gymnasium musste er wegen ungenügender Leistungen 1905 ohne Abschluss verlassen. Danach begann er eine dreijährige Ausbildung zum Apotheker. Während dieser Zeit gelangte er problemlos an Rauschmittel, unter deren Abhängigkeit er zunehmend geriet. Anschließend begann Trakl ein Pharmaziestudium in Wien, das er aber im Jahr 1911 zugunsten eines einjährigen Militärjahres im Sanitätsdienst abbrach. Schon während dieser Zeit begann er, Gedichte zu publizieren.
Im August 1914 meldete er sich als freiwilliger Sanitäter für den Ersten Weltkrieg und wurde daraufhin an die Ostfront nach Ga-

Georg Trakl (1887–1914)
Im Winter

Der Acker leuchtet weiß und kalt.
Der Himmel ist einsam und ungeheuer.
Dohlen kreisen über dem Weiher
Und Jäger steigen nieder vom Wald.

5 Ein Schweigen in schwarzen Wipfeln wohnt.
Ein Feuerschein huscht aus den Hütten.
Bisweilen schellt sehr fern ein Schlitten
Und langsam steigt der graue Mond.

Ein Wild verblutet sanft am Rain[1]
10 Und Raben plätschern in blutigen Gossen.
Das Rohr bebt gelb und aufgeschossen.
Frost, Rauch, ein Schritt im leeren Hain[2].

(1913)

[1] **Rain:** unbewirtschafteter Ackerstreifen – [2] **Hain:** kleinerer Wald

„Ein Schweigen in schwarzen Wipfeln wohnt" –Naturlyrik des Expressionismus

1. Lesen Sie das Gedicht mehrfach und beschreiben Sie die Stimmung, die von ihm ausgeht.

2. Tragen Sie alle Wörter zusammen, mit denen die Natur beschrieben wird, und ziehen Sie daraus ein Fazit.

3. Welche Aussagen lassen sich über das lyrische Ich treffen? Von welchem Lebensgefühl wird es beherrscht?

4. Untersuchen Sie die äußere Form und die sprachliche Gestaltung des Gedichtes. Berücksichtigen Sie dabei vor allem die Bildhaftigkeit der Sprache.
   ➔ Rhetorische Figuren, S. 207 ff.
   ➔ Bildhafte Sprache, S. 97

5. Lesen Sie die Informationen zum Expressionismus und überprüfen Sie, ob sich die hier gemachten Aussagen in Trakls Gedicht wiederfinden.

Information

Die Zeit des Expressionismus

Die Epoche des Expressionismus (1910 – 1925) war gekennzeichnet durch einen **radikalen Bruch** mit traditionellen Lebens- und Denkformen und dem Versuch, aus den erstarrten gesellschaftlichen und künstlerischen Normen auszubrechen.
Dem allgemeinen Gefühl der Verunsicherung, der Desorientierung und des Werteverlustes wurde der **Wunsch nach gesellschaftlicher** und **künstlerischer Erneuerung**, nach „Aufbruch", entgegengesetzt.
Themen der expressionistischen Literatur waren vor allem **Krieg**, **Großstadt**, **Zerfall**, **Angst**, **Ich-Verlust** und **Tod**. Auch das Hässliche, Kranke und Wahnsinnige wurde zum Gegenstand literarischer Darstellungen. Die Natur wurde häufig zum Spiegelbild seelischen Leidens.

Den Künstlern dieser Epoche ging es nicht um eine realistische Wiedergabe der Welt. Entsprechend ungewöhnlich war die expressionistische **Sprache**. Sie ist gekennzeichnet durch das **Aufbrechen sprachlicher Konventionen**. Sogenannte „kühne Metaphern", die oft aneinandergereiht werden, eine ausgeprägte Farbsymbolik und Wortneuschöpfungen prägen die expressionistische Lyrik.
Andererseits weisen expressionistische **Gedichte** oft eine **klare** und **strenge äußere Form** auf. Wie in der Epoche des Barock spielt z. B. die Sonettform (s. S. 98) eine große Rolle. Zu erklären ist dieses mit dem Bedürfnis der Autorinnen und Autoren, der Undurchsichtigkeit und dem Chaos der Zeit etwas Geordnetes entgegenzusetzen.

6. Versuchen Sie, zu dem Gemälde des expressionistischen Malers Ludwig Meidner ein ein- oder mehrstrophiges Gedicht im Stil der Epoche zu schreiben, indem Sie
   – einerseits eine klare äußere Form wählen (Strophenform, Metrum, Reim …) und
   – andererseits mit der Sprache experimentieren (Wortneuschöpfungen/Neologismen, ausgeprägte Bildhaftigkeit …).

Ludwig Meidner (1884 – 1966): Apokalyptische Landschaft (1912/1913)

„Am ehesten noch sitzend in Eisenbahnen Fällt dem Volk das Frühjahr auf." – Naturlyrik der Neuen Sachlichkeit

Bertolt Brecht (1898–1956) wurde in Augsburg geboren und studierte nach dem Abitur Philosophie und Medizin in München, widmete sich aber schon zu dieser Zeit mehr der Literatur. 1924 ging er als Dramaturg ans Deutsche Theater nach Berlin. 1933 floh Brecht vor den Nationalsozialisten ins Exil nach Dänemark, wo viele seiner bekanntesten Gedichte entstanden. Nach dem Einmarsch deutscher Truppen in Dänemark zog er zunächst nach Finnland und dann in die USA. 1947 kehrte er nach Ostberlin zurück und gründete zusammen mit Helene Weigel das Berliner Ensemble.
Brecht ist Begründer des Epischen Theaters, das erzählende Elemente in das Bühnenstück integriert.

Bertolt Brecht (1898–1956)
Über das Frühjahr

Lange bevor
Wir uns stürzten auf Erdöl, Eisen und Ammoniak[1]
Gab es in jedem Jahr
Die Zeit der unaufhaltsam und heftig grünenden Bäume.
5 Wir alle erinnern uns
Verlängerter Tage
Helleren Himmels
Änderung der Luft
Des gewiss kommenden Frühjahrs.
10 Noch lesen wir in Büchern
Von dieser gefeierten Jahreszeit
Und doch sind schon lange
Nicht mehr gesichtet worden über unseren Städten
Die berühmten Schwärme der Vögel.
15 Am ehesten noch sitzend in Eisenbahnen
Fällt dem Volk das Frühjahr auf.
Die Ebenen zeigen es
In alter Deutlichkeit.
In großer Höhe freilich
20 Scheinen Stürme zu gehen:
Sie berühren nur mehr
Unsere Antennen.

(1928)

---

[1] **Ammoniak:** chemische Verbindung von Stickstoff und Wasserstoff. Für seine Gewinnung werden große Mengen fossiler Energieträger benötigt. Ammoniak wird z. B. bei der Produktion von Düngemitteln eingesetzt.

„Am ehesten noch sitzend in Eisenbahnen …" – Naturlyrik der Neuen Sachlichkeit

1. Gliedern Sie das einstrophige Gedicht in zwei Abschnitte und versehen Sie jeden Abschnitt mit einer Überschrift. Begründen Sie Ihre Entscheidung. Machen Sie dabei deutlich, wodurch sich die beiden Teile voneinander unterscheiden.

2. Stellen Sie zusammen, welche Erinnerungen das lyrische Ich an den Frühling hat.

3. Beschreiben Sie, wie das lyrische Ich das Verhältnis zwischen Mensch und Natur sieht. Worin liegen seiner Meinung nach die Gründe für die Veränderungen?

4. Untersuchen und beschreiben Sie die sprachliche Gestaltung des Gedichtes und deren Wirkung. Welche Haltung des lyrischen Ichs wird darin sichtbar?
➔ Rhetorische Figuren, S. 207 ff.

5. Vergleichen Sie Ihre Erkenntnisse mit den Informationen zur „Neuen Sachlichkeit". Welche Übereinstimmungen finden Sie?

> **Information**
>
> **Neue Sachlichkeit**
>
> Im Gegensatz zum Expressionismus mit seinem übersteigerten Pathos kehrten die Dichter der Neuen Sachlichkeit (1918–1933) zu einer **nüchternen Betrachtung** und **emotionslosen Darstellung** zurück. Ihr Ziel war die objektive und genaue Wiedergabe der Realität auf der Basis von Fakten mit einer **einfachen und klaren Sprache**.
> In den Mittelpunkt der Betrachtung rückten einfache Menschen: Arbeiter, Sekretärinnen, Angestellte, Ingenieure oder Arbeitslose. Die Desillusionierung der Menschen nach dem Ersten Weltkrieg und die gesellschaftlichen Veränderungen der Weimarer Zeit finden sich häufig in den Texten der Neuen Sachlichkeit wieder.

6. Untersuchen Sie vergleichend das Verhältnis zwischen Mensch und Natur in Brechts Gedicht „Über das Frühjahr" und Goethes Gedicht „Mailied" (S. 123). Fassen Sie Ihre Ergebnisse schriftlich zusammen.
➔ Texte miteinander vergleichen – Ein Überblick, S. 196 f.

7. In Brechts Gedicht „Schlechte Zeit für Lyrik" aus dem Jahr 1939 heißt es in einer Strophe:

> In mir streiten sich
> Die Begeisterung über den blühenden Apfelbaum
> Und das Entsetzen über die Reden des Anstreichers[1],
> Aber nur das Zweite
> 5 Drängt mich zum Schreibtisch.

Beschreiben Sie, welche Aufgabe Brecht mit diesen Zeilen der Literatur zuschreibt, und erörtern Sie, in welcher Weise sich diese Auffassung auch in Brechts Gedicht „Über das Frühjahr" zeigt.

---

[1] **Anstreicher:** Anspielung auf Adolf Hitler, der Kunstmaler war

Gedichte miteinander vergleichen

> **Methode**
>
> **Gedichte miteinander vergleichen**
>
> Ein Gedichtvergleich setzt die vorherige Bearbeitung der beiden Einzelgedichte voraus. Sie können nur miteinander vergleichen, was Sie zuvor eingehend untersucht haben. Der Vergleich zweier Gedichte findet immer aufgrund bestimmter Aspekte statt, die Sie miteinander vergleichen. Es gibt im Wesentlichen drei Möglichkeiten, einen Gedichtvergleich aufzubauen:
>
> a) Sie interpretieren zunächst Gedicht A und danach Gedicht B. Anschließend vergleichen Sie die beiden Gedichte unter einem bestimmten Aspekt oder Vergleichskriterium.
> Diese Vorgehensweise ist relativ übersichtlich, kostet aber auch viel Zeit. In Klausuren wird sie deswegen selten vorkommen.
>
> b) Sie interpretieren Gedicht A ausführlich und ziehen Gedicht B nur im Hinblick auf einen Vergleichsaspekt hinzu, was in aller Regel zu einer vertieften Erkenntnis des ersten Gedichtes führt.
>
> c) Sie interpretieren die beiden Gedichte gleichzeitig unter einem oder mehreren ausgewählten Aspekten. Das sind Merkmale, die sich in beiden Gedichten finden, oder gemeinsame Motive wie z. B. Beziehung des lyrischen Ichs zur Natur, Liebe, Krieg.

1. Häufig geht bei schriftlichen Interpretationen schon aus der Fragestellung hervor, um welchen Typ von Gedichtvergleich es sich handelt.
Im Folgenden finden Sie drei typische Aufgabenstellungen für einen Gedichtvergleich. Ordnen Sie diese den jeweiligen Interpretationsarten (a, b oder c) zu.
   - Vergleichen Sie die Beziehung zwischen dem lyrischen Ich und der Natur in Joseph von Eichendorffs Gedicht „Winternacht" (S. 108) und Georg Trakls Gedicht „Im Winter" von (S. 114).
   - Interpretieren Sie das Gedicht „Winternacht" von Joseph von Eichendorff. Interpretieren Sie anschließend das Gedicht „Im Winter" von Georg Trakl und vergleichen Sie es mit Eichendorffs Gedicht.
   - Interpretieren Sie Eichendorffs Gedicht „Winternacht". Vergleichen Sie anschließend die Beziehung zwischen dem lyrischen Ich und der Natur in diesem Gedicht mit der in Trakls Gedicht „Im Winter".

2. Verfassen Sie einen Gedichtvergleich unter der folgenden Aufgabenstellung:
Interpretieren Sie das Gedicht „Verfall" von Georg Trakl. Vergleichen Sie anschließend das Verhältnis des lyrischen Ichs zur Natur in diesem Gedicht mit dem in Friedrich Hebbels Gedicht „Herbstbild".
➔ Texte miteinander vergleichen – Ein Überblick, S. 196 f.

Georg Trakl (1887 – 1914)
Verfall

Am Abend, wenn die Glocken Frieden läuten,
Folg ich der Vögel wundervollen Flügen,
Die lang geschart, gleich frommen Pilgerzügen,
Entschwinden in den herbstlich klaren Weiten.

5 Hinwandelnd durch den dämmervollen Garten
Träum ich nach ihren helleren Geschicken
Und fühl der Stunden Weiser[1] kaum mehr rücken.
So folg ich über Wolken ihren Fahrten.

Da macht ein Hauch mich von Verfall erzittern.
10 Die Amsel klagt in den entlaubten Zweigen.
Es schwankt der rote Wein an rostigen Gittern,

Indes wie blasser Kinder Todesreigen
Um dunkle Brunnenränder, die verwittern,
Im Wind sich fröstelnd blaue Astern neigen.

(1913)

Friedrich Hebbel (1813 – 1863)
Herbstbild

Dies ist ein Herbsttag, wie ich keinen sah!
Die Luft ist still, als atmete man kaum,
Und dennoch fallen raschelnd, fern und nah,
Die schönsten Früchte ab von jedem Baum.

5 O stört sie nicht, die Feier der Natur!
Dies ist die Lese, die sie selber hält,
Denn heute löst sich von den Zweigen nur,
Was vor dem milden Strahl der Sonne fällt.

(1852)

[1] Gemeint sind die Zeiger der Uhr.

„Dünnbesiedelt das Land" – Naturlyrik von 1945 bis heute

Sarah Kirsch (1935–2013) wuchs in der ehemaligen DDR auf und studierte Forstwirtschaft, Biologie und Literatur. Nach der Trennung von ihrem Mann Rainer Kirsch, mit dem sie von 1960 bis 1968 verheiratet war, zog sie nach Ostberlin, wo sie als Journalistin, Hörfunkmitarbeiterin und Übersetzerin tätig war. Nachdem sie eine Protesterklärung gegen die Ausbürgerung des Liedermachers Wolf Biermann unterzeichnet hatte, wurde sie 1976 aus der SED, der Einheitspartei der DDR, und dem Schriftstellerverband der DDR ausgeschlossen. Im Jahr darauf wurde ihr erlaubt, nach Westberlin überzusiedeln. Von 1981 bis 1983 lebte die Lyrikerin mit ihrem Sohn im Landkreis Rotenburg, danach zurückgezogen in Schleswig-Holstein. Sarah Kirsch gilt als eine der bedeutendsten deutschen Lyrikerinnen.

Sarah Kirsch (1935 – 2013)
Im Sommer

Dünnbesiedelt das Land.
Trotz riesigen Feldern und Maschinen
Liegen die Dörfer schläfrig
In Buchsbaumgärten; die Katzen
5 Trifft selten ein Steinwurf.

Im August fallen Sterne.
Im September bläst man die Jagd an.
Noch fliegt die Graugans, spaziert der Storch
Durch unvergiftete Wiesen. Ach, die Wolken
10 Wie Berge fliegen sie über die Wälder.

Wenn man hier keine Zeitung hält
Ist die Welt in Ordnung.
In Pflaumenmuskesseln
Spiegelt sich schön das eigne Gesicht und
15 Feuerrot leuchten die Felder.

(1976)

1. Der Sprecher bzw. die Sprecherin des Gedichtes gibt vordergründig die Eindrücke einer friedvollen, harmonischen Landschaft wieder. Wodurch bekommt der Leser dennoch das Gefühl, dass diese Idylle bedroht sein könnte?
2. Erarbeiten Sie Form und Sprache des Gedichtes und setzen Sie Ihre Ergebnisse in Beziehung zum Inhalt.
3. Formulieren Sie mit eigenen Worten, welche Einstellung zur Natur hier sichtbar wird.

Das Motiv der Natur in Gedichten verschiedener Epochen

Volker Braun wurde 1939 in Dresden geboren. Nach dem Abschluss der Oberschule arbeitete er zunächst als Druckereiarbeiter, Tiefbauarbeiter und Tagebaumaschinist. 1960 begann er ein Studium der Philosophie in Leipzig. Während dieser Zeit entstanden erste literarische Arbeiten. Von 1965 bis 1967 war er Dramaturg und Mitarbeiter am Berliner Ensemble, einer der führenden deutschsprachigen Bühnen. Von 1972 bis 1977 arbeitete er am Deutschen Theater Berlin. Braun zeigte gegenüber den gesellschaftlichen Verhältnissen im Sozialismus eine kritische Einstellung, erhielt aber dennoch in der DDR zahlreiche Auszeichnungen. Braun lebt heute in Berlin.

1. Halten Sie in Stichworten fest, was Sie unter einer „durchgearbeiteten Landschaft" (Titel) verstehen.
2. Lesen Sie das folgende Gedicht von Volker Braun und vergleichen Sie es mit Ihren eigenen Vorstellungen.

Volker Braun (geb. 1939)
Durchgearbeitete Landschaft

Hier sind wir durchgegangen
Mit unseren Werkzeugen

Hier stellten wir etwas Hartes an
Mit der ruhig rauchenden Heide

5 Hier lagen die Bäume verendet, mit nackten
Wurzeln, der Sand durchlöchert
Bis in die Adern, umzingelt der blühende Staub

Mit Stahlgestängen, aufgerissen die Orte
Überfahren mit rohen Kisten, abgeteuft[1] die
10 teuflischen Schächte mitleidlos

Ausgelöffelt die weichen Lager, zerhackt, verschüttet,
zersiebt, das Unterste gekehrt nach oben und
durchgewalkt und entseelt und zerklüftet

Hier sind wir durchgegangen.

15 Und bepflanzt mit einem durchdringenden Grün
Der Schluff[2], und kleinen Eichen ohne Furcht

Und in ein plötzliches zartes Gebirge
Die Bahn, gegossen aus blankem Bitum[3]

Das Restloch mit blauem Wasser
20 Verfüllt und Booten: der Erde
Aufgeschlagenes Auge

Und der weiße neugeborene Strand
Den wir betreten

Zwischen uns.

(1974)

3. Betrachten Sie die Abbildung vom Braunkohleabbau in der Lausitz und stellen Sie einen Bezug zum Gedicht her.
4. Erschließen Sie die zweiteilige Struktur des Gedichtes. Wo endet Ihrer Meinung nach der erste Teil des Textes? Begründen Sie Ihre Aussage mit inhaltlichen und formalen Belegen.
5. Formulieren Sie mit eigenen Worten, was das lyrische Ich im ersten bzw. im zweiten Teil des Gedichtes schildert.
6. Untersuchen Sie die Wortwahl der beiden Gedichtteile genauer, indem Sie sie in einer Tabelle gegenüberstellen und ein Fazit formulieren.
7. Kritisiert das Gedicht Ihrer Meinung nach die Zerstörung der Landschaft oder lobt es die Renaturierung? Begründen Sie Ihre Entscheidung.

[1] **abteufen:** einen Schacht in die Tiefe bauen – [2] **Schluff:** staubfeiner, lehmiger Sand; sehr feines Sediment – [3] **Bitumen:** teerartige Masse, die auch im Straßenbau eingesetzt wird

Norbert Hummelt wurde 1962 in Neuss am Rhein geboren. Er studierte von 1983 bis 1990 Germanistik und Anglistik in Köln und arbeitet seit 1991 als freier Schriftsteller. Seit 2006 lebt er in Berlin. Hummelt verfasst vor allem Lyrik und Essays.

Ludwig Fels wurde 1946 in Treuchtlingen geboren. Nach einer Malerlehre und vielen Gelegenheitsjobs wurde er 1973 freier Schriftsteller. Seit 1983 lebt er in Wien. Fels verfasste neben Gedichten auch Erzählungen, Romane, Theaterstücke und Hörspiele.

Norbert Hummelt (geb. 1962)
der erste schnee

du sagst du wusstest schon wie du zum fenster
gingst es ist die amsel die uns da beäugt
so tief wie du in meinen armen liegst hielt sie

sich fliegend an sich selber fest jetzt sitzt sie
5 stumm wo in der dunkeln gabelung noch eine
spur von etwas weißem blieb das ist bestimmt

erst über nacht gekommen u. stäubt herab
wenn sie den zweig verlässt du sagst im schlaf
hast du den ersten schnee gerochen doch

10 was uns trennte ist noch nicht besprochen
sind denn die vogelbeeren noch nicht bald
erfroren ich sah sie leuchten eben im geäst

(2001)

1. Erarbeiten Sie einen Vortrag des Gedichtes. Woran liegt es, dass dies nicht so einfach ist? Schreiben Sie das Gedicht evtl. ab und machen Sie durch Markierungen Sinnabschnitte deutlich.
➔ Einen Text, z. B. ein Gedicht, vortragen, S. 101

2. Geben Sie mit eigenen Worten wieder, welche Situation das Gedicht beschreibt.

3. Inwiefern geht das Gedicht über die Beschreibung eines Naturerlebnisses hinaus? Machen Sie dazu die Beziehung zwischen dem lyrischen Ich und dem angesprochenen Du deutlich.

Ludwig Fels (geb. 1946)
Natur

Hierher, sagen mir Bekannte, bauen wir
unser Häuschen.
Auf ihrem Grundstück grasen Kühe
und Blumen wachsen im Klee.
5 Hier ist noch alles so natürlich, sagen sie, die Luft
und der Wald, Hügel und Felder
hier werden wir wohnen ...

Ohne euch
sag ich
10 würde es so bleiben.

1. Fassen Sie zusammen, was das lyrische Ich kritisiert.

2. Vergleichen Sie die beiden Strophen des Gedichtes inhaltlich und sprachlich miteinander.

3. Halten Sie die Kritik des lyrischen Ichs für gerechtfertigt? Begründen Sie Ihre Meinung.

4. Sehen Sie sich noch einmal die vier Gedichte von Kirsch, Braun, Hummelt und Fels an. Erarbeiten Sie Übereinstimmungen und Unterschiede der Gedichte in Inhalt und Form und fassen Sie Ihre Erkenntnisse in einem ausformulierten Text zusammen.
Wie sehen die vier Autoren das Verhältnis zwischen Mensch und Natur?
Was zeigt sich hinsichtlich traditioneller Gestaltungsmerkmale wie Aufbau, Metrum, Reim und Sprache?

Information

Lyrik der Gegenwart

Eine zusammenfassende Kennzeichnung gegenwärtiger Lyrik ist kaum möglich, da ihre Strömungen und Erscheinungen sehr verschiedenartig sind. Das Spektrum reicht von gesellschaftskritischer, engagierter Literatur bis hin zu einer neuen Subjektivität. Häufig verzichtet die Gegenwartslyrik auf traditionelle Lyriksignale wie Metrum und Reim und nähert sich der Alltagssprache an.

„Habe Mut, dich deines eigenen Verstandes zu bedienen!" – Die Epoche der Aufklärung

Die Begriffe „Aufklärung" und „aufklären" werden heute alltagssprachlich und historisch auf unterschiedliche Weise verwendet. Mit Blick auf die Geschichte der deutschen Literatur bezeichnet man das 18. Jahrhundert als das Zeitalter der Aufklärung, eine philosophische Richtung, die von England und Frankreich aus auch in Deutschland an Bedeutung gewann. Viele Schriftsteller orientierten sich an den Vorstellungen der Aufklärung und das Theater erlangte besondere Bedeutung bei der Vermittlung dieser Ideen. Einer der wichtigsten Schriftsteller dieser Zeit war Gotthold Ephraim Lessing (1729–1781), dessen Theaterstücke bis heute auf deutschen Bühnen häufig gespielt werden.

In diesem Kapitel lernen Sie, welche Grundideen das Zeitalter der Aufklärung bestimmten. Sie erfahren, welche Bedeutung Literatur in dieser Zeit hatte. Dabei geht es vor allem um die Theaterstücke des deutschen Schriftstellers Gotthold Ephraim Lessing und die Themen, die diese Dramen behandelten. Sie lernen, wie Sie Auszüge aus Dramen der Aufklärungszeit interpretieren und wie Sie dabei Gespräche zwischen den Figuren in einem Drama mithilfe von Kommunikationsmodellen erschließen können.

1. Nennen Sie verschiedene Bereiche, in denen die Begriffe „Aufklärung", „aufklären", „aufklaren" verwendet werden.
2. Vergleichen Sie die Verwendung dieser Begriffe in den verschiedenen Bereichen und zeigen Sie auf, was die gemeinsame Grundidee dabei ist.
3. Beschreiben Sie die Bilder auf dieser Doppelseite und machen Sie deutlich, welche Aspekte von „Aufklärung" diese zeigen.
4. Erläutern Sie den Aphorismus Lichtenbergs und setzen Sie ihn in Beziehung zu den Abbildungen auf dieser Seite.
5. Nehmen Sie Stellung zu der Aussage von Mathias Greffrath.

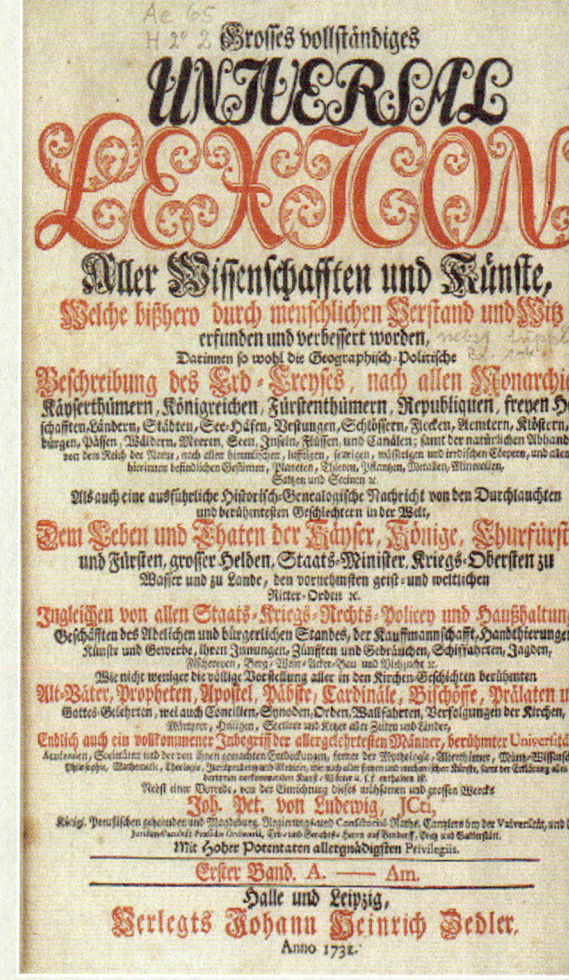

In den Jahren 1732–1754 gab der Buchhändler und Verleger Johann Heinrich Zedler sein „Grosses vollständiges Universal-Lexicon Aller Wissenschafften und Künste" heraus, das auf ca. 63 000 Seiten das gesamte damals bekannte Wissen zusammenfassen sollte.

Joseph Wright of Derby: Ein Philosoph hält einen Vortrag über das Planetarium (1768)

Kalorimeter aus dem „Grundkurs der Chemie" (1796) von Antoine Laurent de Lavoisier (1743–1794)

Unterricht im Realien-Kabinett (Illustration von Daniel Chodowiecki aus Johann Bernhard Basedows „Elementarwerk", 1774)

„Man spricht viel von Aufklärung und wünscht mehr Licht. Mein Gott, was hilft aber alles Licht, wenn die Leute entweder keine Augen haben oder die, die sie haben, vorsätzlich verschließen?"

(Georg Christoph Lichtenberg, Naturforscher und Begründer der experimentellen Physik, 1742–1799)

„Ich glaube, wir haben in Europa seit 200, 300 Jahren große moralische Fortschritte gemacht. Die Menschen sind tatsächlich aufgeklärter. Vor 30 oder 50 Jahren haben Eltern ihre Kinder noch bedenkenlos mit Prügeln erzogen, heute werden Kinder nicht mehr so selbstverständlich ge-
5 schlagen. Es gibt also Fortschritt. Wer das nicht sieht, ist blind."

(2010)

(Mathias Greffrath, Publizist, geb. 1945)

„Sobald Licht gebracht wird, klären sich die Sachen auf" – Das Zeitalter der Aufklärung

„Aufklärung"
(Kupferstich von
Daniel Chodowiecki,
1726–1801)

1. Erläutern Sie, wie der Künstler das Motiv der Aufklärung in wörtlicher und übertragener Hinsicht in seinem Kupferstich umsetzt.

Christoph Martin Wieland. Der deutsche Schriftsteller und Übersetzer (1733–1813) gilt als einer der bedeutendsten Autoren der Aufklärung. Er hatte in seiner Kindheit und Jugend umfassende Bildung erhalten und war schon früh mit den Werken französischer Aufklärer in Berührung gekommen. Mit seinem erfolgreichen Roman „Geschichte des Agathon" (1766/67) begründete er die Tradition des deutschen Bildungsromans, da hier die individuelle Entwicklung des Protagonisten zu einer reifen, erwachsenen Persönlichkeit beschrieben wird. Der vorliegende Text wurde 1789 in der Zeitschrift „Der Teutsche Merkur" veröffentlicht.

Christoph Martin Wieland (1733–1813)
Sechs Antworten und sechs Fragen

1. „Was ist Aufklärung?"

Das weiß jedermann, der vermittelst eines Paares sehender Augen erkennen gelernt hat, worin der Unterschied zwischen Hell und Dunkel, Licht und Finsternis besteht. Im Dunkeln sieht man entweder gar nichts oder wenigstens nicht so klar, dass man die Gegenstände recht erkennen und voneinander unterscheiden kann: sobald Licht gebracht wird, klären sich die Sachen auf, werden sichtbar und können voneinander unterschieden werden; – doch wird dazu zweierlei notwendig erfordert: 1) dass Licht genug vorhanden sei, und 2) dass diejenigen, welche dabei sehen sollen, weder blind noch gelbsüchtig[1] seien, noch durch irgend eine andere Ursache verhindert werden, sehen zu können oder sehen zu wollen.

2. „Über welche Gegenstände kann und muss sich die Aufklärung ausbreiten?"

Drollige Frage! Worüber als über sichtbare Gegenstände? Das versteht sich doch wohl, dächte ich; oder muss es den Herren noch bewiesen werden? Nun wohlan! Im Dunkeln (ein einziges löbliches und gemeinnütziges Geschäft ausgenommen) bleibt für ehrliche Leute nichts zu tun, als zu schlafen. Im Dunkeln sieht man nicht, wo man ist, noch wo man hingeht, noch was man tut, noch was um uns her, zumal in einiger Entfernung, geschieht; man läuft Gefahr, bei jedem Schritte die Nase anzustoßen, bei jeder Bewegung etwas umzuwerfen, zu beschädigen oder anzurühren, was man nicht anrühren sollte, kurz, alle Augenblicke Missgriffe und Misstritte zu tun; so dass, wer seine gewöhnlichen Geschäfte im Dunkeln treiben wollte, sie sehr übel treiben würde. […] Aber es gibt Leute, die in ihrem Werke gestört werden, sobald Licht kommt; es gibt Leute, die ihr Werk unmöglich anders als im Finstern oder wenigstens in der Dämmerung treiben können; – z. B. wer uns schwarz für weiß geben oder mit falscher Münze bezahlen oder Geister erscheinen lassen will, oder auch (was an sich etwas sehr Unschuldiges ist), wer gerne Grillen fängt, Luftschlösser baut und Reisen ins Schlaraffenland oder in die glücklichen Inseln macht, – der kann das natürlicher Weise bei hellem Sonnenschein nicht so gut bewerkstelligen als bei Nacht oder Mondschein oder einem von ihm selbst zweckmäßig veranstalteten Helldunkel. Alle diese wackern Leute sind also natürliche Gegner der Aufklärung, und nun und nimmermehr werden sie sich überzeugen lassen, dass das Licht über alle Gegenstände verbreitet werden müsse, die dadurch sichtbar werden können: ihre Einstimmung zu erhalten, ist also eine pure Unmöglichkeit; sie ist aber, zu gutem Glücke, auch nicht nötig.

3. „Wo sind die Grenzen der Aufklärung?"

Antwort: wo bei allem möglichen Lichte nichts mehr zu sehen ist. Die Frage ist eigentlich von gleichem Schlage mit der: wo ist die Welt mit Brettern zugeschlagen? und die Antwort ist wirklich noch zu ernsthaft für eine solche Frage.

4. „Durch welche sicheren Mittel wird sie befördert?"

Das unfehlbarste Mittel, zu machen, dass es heller wird, ist, das Licht zu vermehren, die dunkeln Körper, die ihm den Durchgang verwehren, so viel möglich weg zu schaffen und besonders alle finstern Winkel und Höhlen sorgfältig zu beleuchten, in welcher das No. 2 erwähnte lichtscheue Völkchen sein Wesen treibt.

Alle Gegenstände unsrer Erkenntnis sind entweder geschehene Dinge oder Vorstellungen, Begriffe, Urteile und Meinungen. Geschehene Dinge werden aufgeklärt, wenn man bis zur Befriedigung eines jeden

---

[1] **gelbsüchtig:** Bei einer Gelbsucht kommt es u. a. zu einer charakteristischen Gelbfärbung der Lederhäute der Augen.

unparteiischen Forschers untersucht, ob und wie sie geschehen sind. Die Vorstellungen, Begriffe, Urteile und Meinungen der Menschen werden aufgeklärt, wenn das Wahre vom Falschen daran abgesondert,
75 das Verwickelte entwickelt, das Zusammengesetzte in seine einfachern Bestandteile aufgelöst, das Einfache bis zu seinem Ursprunge verfolgt und überhaupt keiner Vorstellung oder Behauptung, die jemals von Menschen für Wahrheit angegeben worden ist, ein
80 Freibrief gegen die uneingeschränkteste Untersuchung gestattet wird. Es gibt kein anderes Mittel, die Masse der Irrtümer und schädlichen Täuschungen, die den menschlichen Verstand verfinstert, zu vermindern, als dieses, und es kann kein anderes geben.
85 [...]

5. „Wer ist berechtigt, die Menschheit aufzuklären?"
Wer es kann! – „Aber wer kann es?" – Ich antworte mit einer Gegenfrage, wer kann es nicht? [...]

90 6. „An welchen Folgen erkennt man die Wahrheit der Aufklärung?"
Antwort: wenn es im Ganzen heller wird; wenn die Anzahl der denkenden, forschenden, lichtbegierigen Leute überhaupt und besonders in der Klasse von
95 Menschen, die bei der Nichtaufklärung am meisten zu gewinnen hat, immer größer, die Masse der Vorurteile und Wahnbegriffe zusehends immer kleiner wird; wenn die Scham vor Unwissenheit und Unvernunft, die Begierde nach nützlichen und edeln Kennt-
100 nissen, und besonders, wenn der Respekt vor der menschlichen Natur und ihren Rechten unter allen Ständen unvermerkt zunimmt [...].

(1789)

1. Verschaffen Sie sich einen Überblick über den Inhalt des Textes, indem Sie das zentrale Motiv, das Wieland darin verwendet, benennen und kurz erläutern.
2. Lesen Sie den Text genau durch, suchen Sie unbekannte Wörter heraus und klären Sie deren Bedeutung aus dem Textzusammenhang oder mithilfe eines Wörterbuches.
3. Arbeiten Sie zu jedem der sechs Abschnitte des Textes die Kernaussagen heraus. Orientieren Sie sich dabei vor allem an den folgenden Fragen:
    - Welche Vorteile einer konsequenten Aufklärung nennt der Autor?
    - Worin sieht er Widerstände oder Hindernisse gegen die Aufklärung?
4. Verfassen Sie einen Text in moderner Sprache, in dem Sie die Ansichten und das Anliegen des Autors allgemeinverständlich wiedergeben.

Methode

Einen Sachtext schrittweise erschließen: Die Fünf-Schritt-Lesemethode

Wenn Sie den Inhalt eines Sachtextes erschließen möchten, kann Ihnen die folgende Schrittfolge helfen:
1. Überfliegen Sie den Text und verschaffen Sie sich einen Überblick über den Inhalt. Achten Sie dabei z. B. auf Überschriften bzw. Zwischenüberschriften, hervorgehobene Textstellen und Bilder. Formulieren Sie Fragen, auf die der Text eine Antwort geben könnte.
2. Lesen Sie den Text nun genau Satz für Satz durch und versuchen Sie, die Bedeutung unbekannter Wörter aus dem Textzusammenhang zu erschließen. Schlagen Sie in einem Wörterbuch nach, wenn Ihnen das nicht gelingt.
3. Markieren Sie im Text wichtige Aussagen und zentrale Begriffe.
4. Gliedern Sie den Text in Sinnabschnitte und geben Sie jedem Abschnitt eine passende Überschrift.
5. Formulieren Sie in eigenen Worten die zentralen Aussagen des Textes.

Peter Braun (1960 – 2016)
Das Zeitalter der Aufklärung

Deutschland war das Schlachtfeld der europäischen Länder gewesen, auf dem der neue lutherische Glaube mit dem alten katholischen Glauben um die Macht in Europa gekämpft hatte.[1] Der Sieger des Schlachtens hieß Frankreich, und Frankreich war König Ludwig XIV. „L'état c'est moi" – der Staat bin ich.
Des Königs prachtvolle Hofhaltung wurde zum Vorbild. Das barocke Schloss in Versailles, Mode, Tanz, Musik, verschwenderische Feste – jeder noch so un-

[1] Anspielung auf den Dreißigjährigen Krieg (1618 – 1648)

"Sobald Licht gebracht wird, klären sich die Sachen auf" – Das Zeitalter der Aufklärung

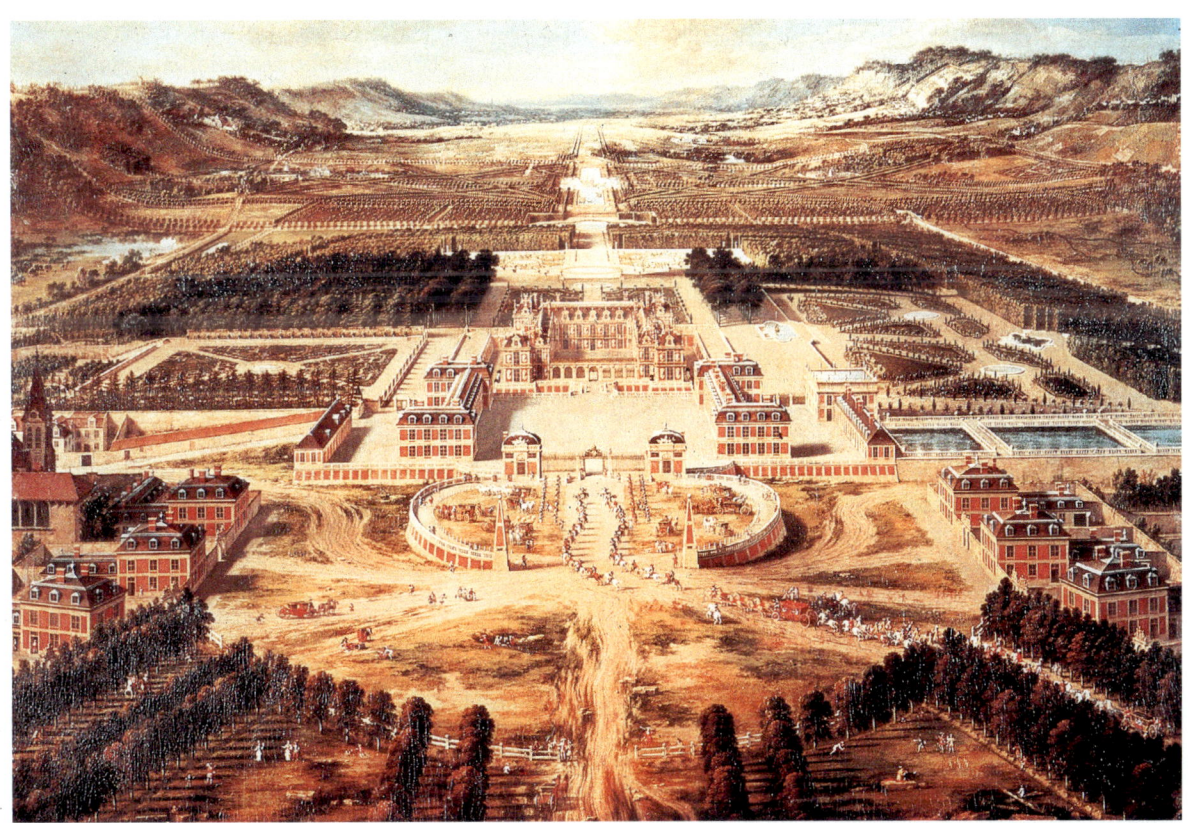

Das Schloss von Versailles um 1668 (Ölgemälde von Pierre Patel)

bedeutende Fürst ahmte „le roi soleil", den Sonnenkönig, nach, ob nun Geld da war oder nicht. Das Volk hatte dafür geradezustehen und ansonsten zu schweigen, doch Frankreichs gelehrte Bürger begannen sich zu wehren. Ein offener Angriff war allerdings nicht möglich. Die Armee, Spitzel und Steuereintreiber – Hochadel und König waren zu mächtig. Aufstände wurden erbarmungslos niedergeschlagen, der Kerker drohte bei geringsten Verfehlungen. Weil aber das Wort mächtiger ist als das Schwert, wählten französische Gelehrte eine schlaue Waffe. Sie weigerten sich, den christlichen Glauben noch länger als einzige Richtschnur des menschlichen Handelns anzuerkennen. Bildung, Wissen, Vernunft, Verstand, Erkenntnis standen für sie über dem Glauben. Die Geburtsstunde der Aufklärung schlug, Licht gelangte ins Dunkel von Glaube und Aberglaube. Da blinder Glaubenseifer zu einem der blutigsten Kriege geführt hatte, wurde das christlich geprägte mittelalterliche Weltbild endgültig infrage gestellt, und damit zugleich die Macht des Adels. War die Herrschaft der Könige gottgegeben oder von Menschen geschaffen? Wurde ihr Gottesgnadentum von Gott geschützt oder durch die Schwerter der Fürsten? Den Glauben anzugreifen hieß, die Adelsherrschaft zu erschüttern. „Als Adam grub und Eva spann, wo war da der Edelmann?"[1] Die Vernunft weichte den sturen Glauben auf. Nicht mehr er allein zählte, sondern was der Verstand als richtig anerkennt, und damit der Mensch die Wahrheit erkennen kann, muss er mit Wissen und Bildung aufgeklärt werden. Nur so lässt er sich nicht mehr bevormunden und vermag selbst zu beurteilen, was gut, was böse ist. Eine bessere Gesellschaft sollte entstehen, in der alle frei, wohl versorgt und gerecht leben, nicht nur der Adel. Die Vernunft begann auch in Deutschland den Glauben zu ersetzen, denn Frankreich gab nicht nur in Mode und Schlossbauten den Ton an. Das Französische löste das Lateinische als Sprache der Gebildeten ab, und mit der neuen Sprache kam das neue Denken. „Habe Mut, dich deines eigenen Verstandes zu bedienen!, ist also der Wahlspruch der Aufklärung", schrieb der deutsche Philo-

[1] Das Zitat geht zurück auf den englischen Priester John Ball (1338–1381), der für die soziale Gleichheit der Menschen eintrat. In Deutschland wurde es nach dem Ersten Weltkrieg in einem populären Lied verarbeitet und von ganz unterschiedlichen politischen Gruppen für sich in Anspruch genommen.

soph Immanuel Kant. Doch wie die Menschen aufklären? Die allerwenigsten konnten lesen und schreiben. Eine Möglichkeit: das Theater, wo jedem mit gespielten Geschichten vor Augen geführt werden konnte, was Gut und Böse bedeutet. Das Theater machte daher in Deutschland schon bald Politik mit seinen Mitteln, und die Beseitigung der Alleinherrschaft des Adels fand in drei Schritten zunächst auf der Bühne statt.

(2006)

1. Nennen Sie mindestens fünf W-Fragen, auf die der Text eine Antwort gibt. Die Fragen müssen so formuliert sein, dass sie sich nicht nur mit einem Wort beantworten lassen.

2. Stellen Sie sich gegenseitig im Kurs Fragen zum Text. Derjenige, der eine Frage beantworten kann, stellt jeweils die nächste Frage.

3. Halten Sie die zentralen Aussagen des Textes fest, indem Sie die Antworten auf die bei Aufgabe 1 gesammelten Fragen entweder auf einem Stichwortzettel oder in einer Mindmap notieren. Legen Sie dazu zunächst Oberbegriffe fest, zu denen der Text Informationen enthält, und ordnen Sie anschließend diesen die entsprechenden Informationen zu.

4. Erklären Sie, warum der Autor dem Theater eine besondere Bedeutung bei der Durchsetzung aufklärerischer Ideen zumisst.

Immanuel Kant. Der deutsche Philosoph wurde 1724 in Königsberg (Ostpreußen) geboren, wo er fast sein gesamtes Leben verbrachte und wo er 1804 auch starb. Seit 1770 war er Professor für Logik und Metaphysik an der Königsberger Universität. Den Text, aus dem der folgende Auszug stammt, veröffentlichte er 1784 in der „Berlinischen Monatsschrift", nachdem der Pfarrer Johann Friedrich Zöllner (1753–1804) im Rahmen einer Debatte in derselben Zeitschrift die Frage „Was ist Aufklärung?" aufgeworfen und mit dem Hinweis versehen hatte, dass sie noch nicht hinreichend beantwortet worden sei. Kant reagierte mit seinem Text auf die Aussage Zöllners.

Immanuel Kant (Gemälde von Gottfried Doebler)

Immanuel Kant (1724–1804)
Beantwortung der Frage: Was ist Aufklärung?

Aufklärung ist der Ausgang des Menschen aus seiner selbst verschuldeten Unmündigkeit. Unmündigkeit ist das Unvermögen, sich seines Verstandes ohne Leitung eines anderen zu bedienen. Selbst verschuldet ist diese Unmündigkeit, wenn die Ursache derselben nicht am Mangel des Verstandes, sondern der Entschließung und des Mutes liegt, sich seiner ohne Leitung eines anderen zu bedienen. Sapere aude! Habe Mut, dich deines eigenen Verstandes zu bedienen!, ist also der Wahlspruch der Aufklärung.

Faulheit und Feigheit sind die Ursachen, warum ein so großer Teil der Menschen, nachdem sie die Natur längst von fremder Leitung freigesprochen (naturaliter maiorennes), dennoch gerne zeitlebens unmündig bleiben; und warum es anderen so leicht wird, sich zu deren Vormündern aufzuwerfen. Es ist so bequem, unmündig zu sein. Habe ich ein Buch, das für mich Verstand hat, einen Seelsorger, der für mich Gewissen hat, einen Arzt, der für mich die Diät beurteilt, u.s.w., so brauche ich mich ja nicht selbst zu bemühen [...]. Es ist also für jeden Menschen schwer, sich aus der ihm beinahe zur Natur gewordenen Unmündigkeit herauszuarbeiten. Er hat sie sogar lieb gewonnen und ist vorderhand wirklich unfähig, sich seines eigenen Verstandes zu bedienen, weil man ihn niemals den Versuch davon machen ließ. [...]

Dass aber ein Publikum sich selbst aufkläre, ist eher möglich; ja es ist, wenn man ihm nur Freiheit lässt, beinahe unausbleiblich. Denn da werden sich immer einige Selbstdenkende sogar unter den eingesetzten Vormündern des großen Haufens finden, welche, nachdem sie das Joch der Unmündigkeit selbst abgeworfen haben, den Geist einer vernünftigen Schätzung des eigenen Werts und des Berufs[1] jedes Menschen, selbst zu denken, um sich verbreiten werden. [...]

(1784)

[1] **Beruf:** hier: Berufung, Aufgabe

1. Erklären Sie, wie Kant im ersten Absatz (Z. 1–10) die Begriffe „Aufklärung" und „Unmündigkeit" definiert.
2. Nennen Sie die Ursachen menschlicher Unmündigkeit, die Kant aufführt.
3. Fassen Sie die Ergebnisse der Aufgaben 1 und 2 in einem strukturierten Schaubild zusammen, das Kants Definition des Begriffs Aufklärung sowie die Begriffe Widerstände und Konsequenzen enthält.
   ➔ Ein Schaubild zu einem Text erstellen, S. 79
4. Sammeln Sie in Partnerarbeit konkrete Beispiele aus Ihrer eigenen Lebenswelt, die Kants Ausführungen anschaulich machen können.
5. Vergleichen Sie die Vorstellungen Kants, wie sie hier deutlich werden, mit denen Wielands (S. 125 f.).
   ➔ Texte miteinander vergleichen – Ein Überblick, S. 196 f.
6. Setzen Sie das folgende Zitat des Publizisten Mathias Greffrath (geb. 1945) in Beziehung zu Kants Ausführungen und diskutieren Sie daran anschließend die Frage, wie aktuell die Ideen der Aufklärung sind:

   „Man wird, was man sein möchte, und nicht, was andere aus einem machen wollen – das ist eine der ganz kostbaren Wendungen der Aufklärung: Hilfe zur Selbsthilfe geben." (2010)

7. **Was Sie noch machen können:**
   a) Recherchieren Sie zur Biografie von Immanuel Kant und stellen Sie seinen Lebenslauf im Kurs vor.
   b) Kants berühmter Text „Beantwortung der Frage: Was ist Aufklärung?" liegt hier gekürzt vor. Besorgen Sie sich den vollständigen Text und erschließen Sie ihn mithilfe einer der im Methodenkasten genannten Vorgehensweisen.
   c) Führen Sie mit einem Lernpartner oder einer Lernpartnerin zusammen ein Interview zu Kants Text „Beantwortung der Frage: Was ist Aufklärung?" durch. Formulieren Sie Fragen zum Inhalt des Textes, die in dem Interview beantwortet werden.
   d) Suchen Sie in einem Geschichtsbuch nach einem Sachtext über das Zeitalter der Aufklärung und erschließen Sie ihn schrittweise, wie es im folgenden Methodenkasten oder auf S. 126 beschrieben wird.

Methode

Den Inhalt eines Sachtextes erschließen

Für die Arbeit mit Sachtexten gibt es einige Methoden, die Ihnen dabei helfen können, den Inhalt eines solchen Textes besser zu verstehen und sich die wichtigsten Informationen dauerhaft zu merken:

- Sie können den Text **in fünf Schritten erschließen**, indem Sie sich erst einen Überblick verschaffen, dann den Text genau lesen und unbekannte Wörter klären, Wichtiges markieren, den Text in Abschnitte gliedern und die wichtigsten Aussagen in eigenen Worten zusammenfassen.
   ➔ Die Fünf-Schritt-Lesemethode, S. 126

- Das Wesentliche können Sie auch in möglichst kurzer Form auf **„Spickzettel"** (z. B. Karteikarten) schreiben. Hierzu legen Sie zunächst zentrale Informationsbereiche fest, zu denen der Text Angaben enthält. Verwenden Sie für jeden Informationsbereich einen „Spickzettel", auf dem Sie dann die entsprechenden Detailinformationen sammeln.

- Wenn Sie die Aussagen des Textes in einem Schaubild darstellen, werden diese übersichtlich angeordnet.
   ➔ Ein Schaubild zu einem Text erstellen, S. 79

- Auch eine **Mindmap** kann Ihnen dabei helfen, die Informationen, die ein Text enthält, geordnet darzustellen.

- Eine andere Möglichkeit, die Textinformationen zu ordnen, ist es, eine **Tabelle** anzulegen, in der Sie ebenfalls Oberbegriffen die entsprechenden Detailinformationen zuordnen.

- Sie können auch **Fragen formulieren**, auf die der Text eine Antwort enthält. Diese können Sie sich im **Gespräch** mit einer Lernpartnerin oder einem Lernpartner gegenseitig stellen oder Sie führen gemeinsam ein **Interview** zum Inhalt des Textes durch.

Religiöse Toleranz als Leitidee der Aufklärung – Lessings Drama „Nathan der Weise"

Peter J. Brenner (geb. 1953)
Aufklärung und Religion – Hintergründe zu Lessings Drama „Nathan der Weise"

Seinen eigentlichen Ruhm verdankt das Drama [...] der Propagierung jener großen Idee der bürgerlichen Aufklärung, die zehn Jahre vor der Französischen Revolution in der „Ringparabel" proklamiert wird [...]: der Idee der Toleranz. Mit Toleranz ist, wie im 17. und im ganzen 18. Jahrhundert, immer nur die Toleranz gegenüber der anderen Religion gemeint. Lessing betritt [mit seinen Schriften] ein Feld, das für die europäische Aufklärung zentral ist und das für die Entwicklung der Aufklärung in Deutschland besondere Brisanz gewinnt. Anders als die zunächst von Pierre Bayle[1] und dann von Voltaire[2] geprägte französische Aufklärung ist die deutsche keineswegs atheistisch[3]; sie ist vielmehr von Anfang an in einem engen Bündnis mit der protestantischen Religion entstanden. Im ausgehenden 18. Jahrhundert entwickelt sich als dritter Weg zwischen Atheismus und Offenbarungsreligion[4] in Deutschland eine vorsichtige deistische[5] Variante der Aufklärung: Gott wird nicht mehr als der personale Gott der christlichen Religion verstanden, sondern als ein ungreifbares, vor allem in der Natur sich manifestierendes Wesen. In dieser Religionsversion wird die Kirche als Institution überflüssig; und das ist der Kernpunkt der theologischen Streitigkeiten, die im späten 18. Jahrhundert geführt werden und an deren Anfang Lessing mit seinen religionskritischen Schriften steht. Mit seiner Publikation der *Fragmente eines Ungenannten* in den Jahren seit 1774, die er als Wolfenbütteler Bibliothekar aus dem Nachlass des Theologen Hermann Samuel Reimarus herausgegeben hat, eröffnet er eine neue Phase der religionskritischen Auseinandersetzung. Reimarus' deistische Religionsauffassung wird vom orthodoxen Hamburger Pastor Johann Melchior Goeze heftig kritisiert und ist Anlass zu öffentlichen Auseinandersetzungen, in deren Verlauf Lessing die weitere publizistische Betätigung in theologischen Angelegenheiten verboten wird. Er verlagert den Streit, wie er selbst sagt, deshalb von Zeitschriften auf die Bühne [...].

(2004)

Daniel Chodowiecki: Höher als jeder Glaube steht die Vernunft (1791)
In dem Kupferstich von Daniel Chodowiecki (1726 – 1801) steht Minerva, die römische Göttin der Weisheit und die Hüterin des Wissens, im Mittelpunkt. Vor ihr sind Vertreter verschiedener Religionen zu sehen.

---

[1] **Pierre Bayle:** französischer Schriftsteller und Philosoph (1647 – 1706) – [2] **Voltaire:** französischer Schriftsteller und Philosoph (1694 – 1778), hieß eigentlich François-Marie Arouet – [3] **Atheismus:** Ablehnung des Glaubens an einen Gott bzw. an Gottheiten – [4] **Offenbarungsreligion:** Religion, die sich darauf beruft, von Gott eine in der Regel schriftlich fixierte Offenbarung erhalten zu haben – [5] **deistisch, Deismus:** Glaube an einen Gott, der die Welt erschaffen und geordnet hat, dann aber nicht eingreift, sondern die Welt den Menschen überlässt, die im Sinne der Schöpfungsidee zu vernünftigem Verhalten fähig sind

1. Klären Sie mithilfe des Darstellungstextes die Begriffe Atheismus, Deismus und Offenbarungsreligion.
2. Zeigen Sie auf, welche Unterschiede es zwischen der französischen und der deutschen Aufklärung hinsichtlich des Verhältnisses zur Religion gab.
3. Fassen Sie zusammen, welche Position Lessing in theologischen Fragen vertrat.
4. Beschreiben Sie den Kupferstich „Höher als jeder Glaube steht die Vernunft" von Daniel Chodowiecki.
5. Nutzen Sie Ihre Ergebnisse aus der Erarbeitung des Darstellungstextes von Peter J. Brenner für die Deutung der Abbildung auf S. 130.

Martin Zurwehme (geb. 1967)
Lessings Drama „Nathan der Weise": Überblick über Handlung und Figuren

Gotthold Ephraim Lessing, 1729 als Sohn eines Pfarrers geboren, lebte nach seinem Universitätsstudium zeitweise als freier Schriftsteller. 1767 ging er als Dramaturg an das neu gegründete „Deutsche National-
5 theater" in Hamburg. Nach dem Scheitern des Projekts wurde er 1770 Bibliothekar des Herzogs von Braunschweig in Wolfenbüttel. Sein „Dramatisches Gedicht" mit dem Titel „Nathan der Weise" wurde 1779 veröffentlicht. Lessing verstarb 1781 noch vor
10 der Uraufführung des Stückes.

Die Handlung des Dramas spielt in Jerusalem, wo Sultan Saladin herrscht, zur Zeit der Kreuzzüge. Zu dieser Zeit waren dort drei Religionen vertreten: Judentum, Christentum und Islam. Das Christentum
15 wird vor allem durch den starrsinnigen Patriarchen vertreten. Der reiche und edelmütige Jude Nathan kehrt nach einer Reise nach Hause zurück. Hier erfährt er, dass seine Adoptivtochter Recha beinahe in einem Feuer umgekommen wäre, hätte nicht ein
20 Christ, ein junger Tempelherr, sie gerettet. Recha ahnt nicht, dass sie nicht Nathans leibliche Tochter ist, sondern dass Nathan sie als christliches Waisenkind an Kindesstatt angenommen hat, nachdem seine eigenen sieben Söhne von Christen ermordet wor-
25 den sind. Nathan möchte sich bei dem Tempelherrn bedanken, der dem Juden jedoch zunächst ausweicht. Erst eine spätere Begegnung bringt die beiden einander näher. Es zeigt sich, dass sich der Tempelherr und Recha ineinander verliebt haben. Mit dem ersten
30 Handlungsstrang ist ein zweiter um Sultan Saladin und seine kluge Schwester Sittah, bei der Saladin regelmäßig Rat sucht, verbunden. Der junge Tempelherr ist vor Beginn der Dramenhandlung von Sultan Saladin, in dessen Gefangenschaft er geraten war,
35 begnadigt worden und so der Hinrichtung entgangen, da der Tempelherr dem verstorbenen Bruder Saladins ähnelt. Saladin befindet sich aufgrund seiner Großzügigkeit in Geldschwierigkeiten und ruft Nathan zu sich. Er sucht dessen Hilfe, will aber auch
40 Nathans Weisheit, die ihm von der Bevölkerung zugesprochen wird, auf die Probe stellen. Dazu befragt der Muslim Saladin den Juden Nathan, „was für ein Glaube, was für ein Gesetz" ihm „am meisten einge-

Recha begrüßt ihren Vater (Gemälde von Maurycy Gottlieb, 1856–1879)

leuchtet" habe und welche der drei großen Religionen – Judentum, Christentum, Islam – die „wahre" sei (3. Aufzug, 5. Auftritt). Nathan antwortet ihm mit der sogenannten „Ringparabel" (3. Aufzug, 7. Auftritt). Am Ende der Handlung wird schrittweise aufgelöst, dass Recha und der Tempelherr eigentlich Geschwister sind. Zudem stellt sich heraus, dass beide die Kinder von Saladins verstorbenem Bruder Assad, mit dem Nathan ebenfalls befreundet gewesen ist, aus seiner Beziehung mit einer Deutschen sind.

(2017)

1. Erschließen Sie den Inhalt des Sachtextes, indem Sie die Figurenkonstellation des Dramas in einem Schaubild darstellen. Dieses sollte die Namen der handelnden Figuren enthalten und die Beziehungen zwischen ihnen deutlich machen.
→ Ein Schaubild zu einem Text erstellen, S. 79

Mirjam Pressler (geb. 1940)
Nathan und seine Kinder: Al-Hafi (Auszug)

Die deutsche Jugendbuchautorin Mirjam Pressler (geb. 1940) erzählt in ihrem Werk „Nathan und seine Kinder" die Handlung von Lessings Drama „Nathan der Weise" aus verschiedenen Perspektiven nach. Eine Figur der Handlung übernimmt jeweils das Erzählen und tut dies aus ihrer Perspektive. Nach jedem Kapitel wechselt die Erzählerfigur. Der vorliegende Auszug aus dem Roman wird von einem Derwisch erzählt, also einem Angehörigen einer muslimischen Ordensgemeinschaft, die asketisch lebt. Dieser Derwisch namens Al-Hafi lebt schon lange am Hofe Saladins und kennt den Sultan von Kindheit an. Als Ich-Erzähler verwendet er immer wieder Metaphern aus dem Schachspiel, mit denen er die Begegnung zwischen Nathan und Saladin auf bildhafter Ebene verdeutlicht. Saladin verfolgt zunächst die Absicht, seinem Gesprächspartner, Nathan, eine Falle zu stellen und ihn in die Enge zu treiben, doch das Verhältnis der beiden Männer zueinander ändert sich im Verlauf des Gesprächs.

„Nun", sagte Nathan, „ich weiß nicht, ob ich diese Geschichte gut erzählen kann, aber ich will mich bemühen. Höre, großer Sultan: Vor vielen Jahren lebte ein Mann, der besaß einen Ring von unschätzbarem Wert. Der Stein war ein Opal, der in hundert Farben schimmerte. Diesem Ring nun wohnte eine geheime Kraft inne, nämlich dass er jeden, der ihn in diesem Glauben trug, vor Gott und den Menschen angenehm machte. Der Mann, der Besitzer des Rings, hinterließ diesen seinen kostbarsten Besitz dem Sohn, der ihm der liebste war, und verfügte in seinem Testament, dass dieser ihn wiederum seinem liebsten Sohn vermachen solle. Nicht dem ältesten, nicht dem klügsten, nicht dem stärksten, nein, dem, der ihm am liebsten war, und dieser Sohn sollte Oberhaupt der Familie werden."
Sittah hatte ihr Stickzeug sinken lassen und lauschte ebenso gespannt wie Saladin, dessen Gesicht jetzt ernst und nachdenklich aussah. Ich beruhigte mich ein wenig, so wollte ich ihn sehen, das war der Saladin, der meinem Herzen nahestand.
Nathans Stimme wurde immer kräftiger, er hatte den Blick in die Ferne gerichtet, sein Atem ging wieder tief und gleichmäßig. „Auf diese Art wurde der Ring von einem geliebten Sohn auf den nächsten vererbt", erzählte er weiter, „bis er schließlich an einen Mann geriet, der drei Söhne hatte, die ihm gleich lieb waren. Sobald er mit einem seiner Söhne zusammen war, wuchs seine Liebe ins Unermessliche und schwächte seine Vernunft so sehr, dass er im Lauf der Zeit jedem einzelnen Sohn insgeheim den Ring versprochen hatte. Als er alt wurde und spürte, dass seine Zeit bald zu Ende ging, tat ihm das Herz weh bei dem Gedanken, zwei seiner Söhne enttäuschen zu müssen. Deshalb ließ er heimlich einen Künstler kommen und beauftragte ihn, zwei Ringe herzustellen, die dem echten so sehr glichen, dass niemand sie unterscheiden könne. So geschah es. Sogar der Vater konnte nicht mehr erkennen, welcher Ring der echte war. Und als seine

letzte Stunde nahte, rief er seine Söhne einzeln zu sich, den ältesten, den mittleren, den jüngsten, segnete einen jeden und gab ihm einen Ring. Dann starb er."

Nathan schwieg.

„Und weiter?", fragte Saladin. „Wie ging die Geschichte aus?"

„Wie es zu erwarten war", sagte Nathan. „Nach seinem Tod zeigte jeder der drei Söhne seinen Ring vor, jeder behauptete, den rechten zu haben. Sie stritten, sie riefen Gott als Zeugen an, aber alles war vergebens. Die drei Ringe sahen vollkommen gleich aus."

Saladin runzelte die Stirn. „Du willst sagen, das sei die Antwort auf meine Frage? Aber deine Geschichte hat einen Haken, Jude, die drei Religionen unterscheiden sich sehr deutlich voneinander, vom Gottesdienst bis hin zu den Speisegesetzen."

„Aber sie unterscheiden sich nicht im wichtigsten, im Glauben an Gott, der Himmel und Erde geschaffen hat, und in seinem Gebot, die Menschen zu lieben und Gutes zu tun. Alles andere, die Gebete, die Speisevorschriften, die Traditionen, sind nur Überlieferung und Geschichten."

Jetzt hat er mit seinem Pferd einen unerwarteten Sprung gemacht, dachte ich und bewunderte ihn für seine Klugheit.

Saladin erkannte das auch und machte einen Gegenzug. „Und welche der Geschichten ist wahr?"

Nathan stieß einen Ton aus, einen leisen, klagenden Seufzer. Er hob die Hände und breitete sie aus, die Innenflächen nach oben, die überraschend hell und verletzlich aussahen. „Woher soll man das wissen, großer Sultan? Ich bin Jude, ich glaube meinen Vätern, die gesagt haben, ihr Ring sei der rechte. Du glaubst deinen und der Patriarch seinen. Wie könnte ich meinen Vätern weniger glauben als deinen? Oder umgekehrt. Das gilt natürlich auch für die Christen."

Ein Turm hatte seine Angriffsposition eingenommen.

Ich sah, wie sich Saladins Gesichtsausdruck veränderte. Erst war er zornig, dann hoben sich seine Mundwinkel und ein Lächeln breitete sich auf seinem Gesicht aus. „Nathan, man nennt dich wahrlich nicht umsonst den Weisen", sagte er langsam.

„Die Geschichte ist noch nicht wirklich zu Ende", fuhr Nathan fort. „Die Söhne zogen vor den Richter und jeder schwor, den Ring von seinem Vater persönlich bekommen zu haben, kurz vor seinem Tod, zusammen mit seinem Segen." Nathans zweiter Läufer war über das Spielfeld gezogen und stand bereit.

Saladin beugte sich vor. „Und wie urteilte der Richter?"

„Er war ein weiser Richter. Er sprach: ‚Ich bin nicht dazu da, um das Rätsel zu lösen. Da ihr alle drei keine Zeugen bringen könnt und jeder den anderen beschuldigt, steht eine Aussage gegen die andere. Aber soll der rechte Ring nicht die Kraft besitzen, seinen Träger vor Gott und den Menschen angenehm zu machen? Nun denn, das wird das Rätsel wohl lösen. Wen lieben zwei von euch am meisten? Der muss

Peter Fitz (Nathan) und Norbert Stöß (Sultan Saladin) in NATHAN DER WEISE von Gotthold Ephraim Lessing, Inszenierung: Claus Peymann, Berliner Ensemble 2002

dann doch der Besitzer des echten Rings sein.' Die zerstrittenen Söhne schwiegen und sahen sich betreten an, und der Richter sagte: ‚Keiner der Ringe macht seinen Besitzer angenehmer als die beiden anderen? So ist also keiner der Ringe echt? Vielleicht ist der echte ja verloren gegangen, und euer Vater ließ, um den Verlust zu verbergen, drei gleiche Ringe anfertigen?'"

Nathan bereitete die entscheidenden Züge vor, ich erkannte es an dem kurzen Aufblitzen in seinen Augen, zu kurz, um verräterisch zu sein. Aber ich hatte schon zu oft mit ihm Schach gespielt, als dass es mir hätte verborgen bleiben können.

Saladin lachte. „Was für eine wunderbare Geschichte. Und wie ging sie weiter?"

„Der Richter sagte: ‚Ich gebe euch einen Rat, kein Urteil. Nehmt die Sache, wie sie ist. Soll jeder glauben, er sei im Besitz des echten Rings. Denn eines steht fest, euer Vater hat euch geliebt, alle drei. Seid dankbar für diese Liebe, und bemüht euch, den Beweis für die Echtheit eures Rings zu erbringen, indem ihr sanftmütig und verträglich seid und nach guten, gottgefälligen Werken strebt. Ich lade euch wieder vor diesen Richterstuhl, in tausend Jahren. Dann sitzt hier vielleicht ein weiserer Richter, als ich einer bin.'"

Nathan schwieg. Nach einer ganzen Weile sagte er leise: „Vielleicht, großer Sultan, bist du ja dieser versprochene weisere Richter ..." Jetzt hatte er seine Dame gezogen. Schach.

Saladins König ging ein Feld nach links. Ich sah, wie er aufsprang, wie er Nathans Hand ergriff und nicht mehr losließ. Tränen standen ihm in den Augen, er war immer noch so leicht zu rühren wie als Knabe, und ich wusste wieder, warum ich ihn früher geliebt hatte, nicht nur gefürchtet. *(2009)*

1. Beschreiben Sie mithilfe des Sachtextes auf S. 131 f. die Ausgangssituation des Gespräches. Beantworten Sie dabei die folgenden Fragen:
   - Wer sind die Gesprächsteilnehmer?
   - In welcher Beziehung stehen sie zueinander? Wer ist von wem abhängig?
   - Wo findet das Gespräch statt?
   - Worin liegt die Brisanz des Gesprächs? Welcher Konflikt steht im Hintergrund?

2. Untersuchen Sie den Verlauf des Gesprächs zwischen Saladin und Nathan. Die folgenden Fragen können Ihnen dabei helfen:
   - Wie verhalten sie sich während des Gesprächs? Achten Sie auch auf die Körpersprache der Figuren.
   - Wie reagieren sie aufeinander?
   - Wer lenkt das Gespräch, wer ergreift die Initiative?
   - Wie sind die Sprechanteile verteilt?
   - Wie verändert sich die Beziehung zwischen den beiden Figuren während des Gesprächs? An welchen Stellen werden Veränderungen besonders deutlich?

3. Nennen Sie Beispiele aus dem Text, in denen der Erzähler Bezüge zwischen dem Gesprächsverlauf und einem Schachspiel herstellt. Erläutern Sie anschließend, welche Bedeutung die Anspielungen auf ein Schachspiel jeweils haben.

4. Erschließen Sie sich den Inhalt und die Bedeutung von Nathans Erzählung, indem Sie sie in Abschnitte einteilen, zu denen Sie Überschriften formulieren, und wichtige Aspekte zur Erläuterung und Deutung nennen. Ergänzen Sie dazu die folgende Tabelle.

Abschnitt	Überschrift	Zeilen	Erläuterung und Deutung
1	Herkunft, Wesen und Weitergabe des einen Ringes	1–16	– …
2	…	22–43	– Vater sind alle drei Söhne gleich lieb – …
3	Vergleich der Ringe mit den Religionen	…	– Streit der Brüder – …
4	…	…	– Richter wägt die Fakten ab – …
5	Der Ratschlag des Richters	…	– …

5. Fassen Sie die in Nathans Erzählung enthaltene übertragene Aussage über die drei großen Religionen zusammen. Erläutern Sie dabei auch, wer mit dem Vater gemeint ist und wofür die drei Söhne stehen.

6. Erläutern Sie Nathans Aussage „Vielleicht, großer Sultan, bist du ja dieser versprochene weisere Richter ..." (Z. 126 f.). Beziehen Sie Ihre Ergebnisse aus der bisherigen Arbeit am Text ein.

Gotthold Ephraim Lessing (1729 – 1781)
Nathan der Weise (3. Aufzug, 7. Auftritt, Auszug)

Mirjam Pressler erzählt in ihrem Roman „Nathan und seine Kinder" die Geschichte der Brüder und der Ringe nach und hält sich dabei inhaltlich eng an die Vorlage von Lessings Dramentext. Der folgende Auszug aus dem Stück Lessings umfasst die Passagen, in denen der Spruch des Richters dargestellt wird.

Saladin Und nun, der Richter? – Mich verlangt zu hören,
Was du den Richter sagen lässest. Sprich!
Nathan Der Richter sprach: Wenn ihr mir nun den Vater
Nicht bald zur Stelle schafft, so weis' ich euch
5 Von meinem Stuhle. Denkt ihr, dass ich Rätsel
Zu lösen da bin? Oder harret ihr,
Bis dass der rechte Ring den Mund eröffne?
Doch, halt! Ich höre ja, der rechte Ring
Besitzt die Wunderkraft, beliebt zu machen,
10 Vor Gott und Menschen angenehm. Das muss
Entscheiden! Denn die falschen Ringe werden
Doch das nicht können! Nun: wen lieben zwei
Von euch am meisten? Macht, sagt an! Ihr schweigt?
Die Ringe wirken nur zurück? Und nicht
15 Nach außen? Jeder liebt sich selber nur
Am meisten? O, so seid ihr alle drei
Betrogene Betrüger! Eure Ringe
Sind alle drei nicht echt. Der echte Ring
Vermutlich ging verloren. Den Verlust
20 Zu bergen¹, zu ersetzen, ließ der Vater
Die drei für einen machen.
Saladin   Herrlich! Herrlich!
Nathan Und also; fuhr der Richter fort, wenn ihr
Nicht meinen Rat statt meines Spruches wollt:
25 Geht nur! – Mein Rat ist aber der: ihr nehmt
Die Sache völlig wie sie liegt. Hat von
Euch jeder seinen Ring von seinem Vater:
So glaube jeder sicher seinen Ring
Den echten. – Möglich; dass der Vater nun
30 Die Tyrannei des *einen* Ringes nicht länger
In seinem Hause dulden wollen! – Und gewiss,
Dass er euch alle drei geliebt und gleich
Geliebt: indem er zwei nicht drücken mögen,
Um einen zu begünstigen. – Wohlan!
35 Es eifre jeder seiner unbestochnen,
Von Vorurteilen freien Liebe nach!
Es strebe von euch jeder um die Wette,
Die Kraft des Steins in seinem Ring' an Tag

Paul Wegener als Nathan und Kai Möller als Sultan Saladin in einer Inszenierung am Deutschen Theater in Berlin (1945)

¹ **bergen:** verbergen, verheimlichen

Zu legen! komme dieser Kraft mit Sanftmut,
40 Mit herzlicher Verträglichkeit, mit Wohltun,
Mit innigster Ergebenheit in Gott
Zu Hilf'! Und wenn sich dann der Steine Kräfte
Bei euern Kindes-Kindeskindern äußern:
So lad' ich über tausend tausend Jahre
45 Sie wiederum vor diesen Stuhl. Da wird
Ein weisrer Mann auf diesem Stuhle sitzen
Als ich; und sprechen. Geht! – So sagte der
Bescheidne Richter.
Saladin   Gott! Gott!
50 **Nathan**   Saladin,
Wenn du dich fühltest, dieser weisere
Versprochne Mann zu sein: ...
Saladin *(der auf ihn zustürzt und seine Hand ergreift, die er bis zu Ende nicht wieder fahren lässt).*
55   Ich Staub? Ich Nichts?
O Gott!
Nathan   Was ist dir, Sultan?
Saladin   Nathan, lieber Nathan! –
Die tausend Jahre deines Richters
60 Sind noch nicht um. Sein Richterstuhl ist nicht
Der meine. – Geh! – Geh! – Aber sei mein Freund!
                                        (1779)

1. Bereiten Sie zu zweit einen anschaulichen Lesevortrag des Textes vor. Tragen Sie ihn anschließend im Kurs vor.
   ➔ Einen Text, z. B. ein Gedicht, vortragen, S. 101

2. Sprechen Sie darüber, welche Elemente aus der Nacherzählung von Mirjam Pressler Sie in diesem Dramenauszug wiederfinden.

3. Arbeiten Sie heraus, welchen Veränderungsprozess Saladin in diesem Auszug aus dem Drama durchmacht. Worin zeigt sich diese Veränderung?

4. Fassen Sie zusammen, wie der Richter den Konflikt um die drei Ringe beurteilt, welchen Appell er an die drei Brüder richtet und wie dieser Appell konkret umgesetzt werden soll.

5. Untersuchen Sie die sprachliche Gestaltung der beiden Textpassagen, in denen Nathan die Beurteilung der Situation durch den Richter (Z. 8 – 21) und den Richterspruch (Z. 22 – 48) wiedergibt. Achten Sie besonders auf die Wortwahl und Wortwiederholungen, den Satzbau und die Satzarten sowie auf bildhaft zu verstehende Aussagen.
   ➔ Rhetorische Figuren, S. 207 ff.

6. Fassen Sie die zentrale Aussage dieses Dramenauszuges (Z. 35 – 42) zusammen und ordnen Sie sie in die Epoche der Aufklärung ein. Machen Sie deutlich, warum das Drama „Nathan der Weise" als eines der wichtigsten Werke der deutschen Aufklärung gesehen wird.

7. Diskutieren Sie die Vor- und Nachteile der modernen Bearbeitung des Nathan-Stoffes durch Mirjam Pressler.

8. **Was Sie noch machen können:**
   a) Beschreiben Sie das Gemälde von Moritz Daniel Oppenheim und erläutern Sie, welche Deutung des Lessing'schen Textes es enthält.
   b) Suchen Sie weitere bildliche Darstellungen zu Lessings Drama „Nathan der Weise" und erläutern Sie, welche Aspekte des Stückes thematisiert werden.
   c) Lessings Drama ist mehrfach verfilmt worden. Recherchieren Sie zu diesen Verfilmungen und berichten Sie darüber im Kurs.

Die Betrachtung der Ringe (Gemälde von Moritz Daniel Oppenheim, 1800 – 1882)

Der Glaube an die Erziehbarkeit des Menschen – Fabeln der Aufklärung

Lessing wurde nicht nur als Dramatiker bekannt, sondern auch als Fabeldichter. Er verfasste, vielfach auf der Grundlage antiker Vorbilder, eine Reihe von Fabeln in Versen und in Prosa. Dabei gestaltete er die Vorlagen um. In seiner 1759 erschienenen Fabelsammlung beschäftigte er sich außerdem theoretisch mit dem Begriff und dem Wesen der Fabel.

Titelblatt von Lessings Buch „Fabeln. Drey Bücher. Nebst Abhandlungen mit dieser Dichtungsart verwandten Inhalts" (1759)

1. Sammeln Sie zunächst in Einzelarbeit, was Sie mit dem Begriff „Fabel" verbinden und was Sie über diese literarische Kleinform aus den vorangegangenen Schuljahren noch wissen. Vergleichen Sie Ihre Ergebnisse anschließend mit denen eines Lernpartners oder einer Lernpartnerin.

Gotthold Ephraim Lessing (1729 – 1781)
Die Gans

Die Federn einer Gans beschämten den neugebornen Schnee. Stolz auf dieses blendende Geschenk der Natur, glaubte sie eher zu einem Schwane als zu dem, was sie war, geboren zu sein. Sie sonderte sich von
5 ihresgleichen ab und schwamm einsam und majestätisch auf einem Teiche herum. Bald dehnte sie ihren Hals, dessen verräterischer Kürze sie mit aller Macht abhelfen wollte. Bald suchte sie ihm die prächtige Biegung zu geben, in welcher der Schwan das würdigste Aussehen eines Vogels des Apollo[1] hat. Doch 10 vergebens; er war zu steif, und mit aller ihrer Bemühung brachte sie es nicht weiter, als dass sie eine lächerliche Gans ward, ohne ein Schwan zu werden.

Der Wolf und der Schäfer

Ein Schäfer hatte durch eine grausame Seuche seine ganze Herde verloren. Das erfuhr der Wolf und kam, seine Kondolenz[2] abzustatten.
Schäfer, sprach er, ist es wahr, dass dich ein so grausames Unglück betroffen? Du bist um deine ganze 5 Herde gekommen? Die liebe, fromme, fette Herde! Du tauerst mich[3], und ich möchte blutige Tränen weinen.
Habe Dank, Meister Isegrim, versetzte der Schäfer. Ich sehe, du hast ein sehr mitleidiges Herz. 10
Das hat er auch wirklich, fügte des Schäfers Hylax[4] hinzu, sooft er unter dem Unglücke seines Nächsten selbst leidet.

Der Stier und der Hirsch

Ein schwerfälliger Stier und ein flüchtiger Hirsch weideten auf einer Wiese zusammen.
Hirsch, sagte der Stier, wenn uns der Löwe anfallen sollte, so lass uns für einen Mann stehen; wir wollen ihn tapfer abweisen. – Das mute mir nicht zu, erwi- 5 derte der Hirsch; denn warum sollte ich mich mit dem Löwen in ein ungleiches Gefecht einlassen, da ich ihm sicherer entlaufen kann?

Die Sperlinge

Eine alte Kirche, welche den Sperlingen unzählige Nester gab, ward ausgebessert. Als sie nun in ihrem neuen Glanze dastand, kamen die Sperlinge wieder, ihre alten Wohnungen zu suchen. Allein sie fanden

---

[1] **Apollo:** Gott der griechischen und römischen Mythologie – [2] **Kondolenz:** Mitgefühl, Beileid – [3] „**Du tauerst mich":** Du tust mir leid – [4] **Hylax:** Hund des Schäfers

sie alle vermauert. Zu was, schrien sie, taugt denn nun das große Gebäude? Kommt, verlasst den unbrauchbaren Steinhaufen.

1. Anders als andere Fabeldichter seiner Zeit verzichtete Lessing zumeist auf einen ausdrücklich genannten Lehrsatz. Formulieren Sie zu jeder der Fabeln eine mögliche Lehre in eigenen Worten.
2. Erklären Sie, wie die Fabeln diese Lehre jeweils vermitteln.
3. Erläutern Sie, welche Konsequenz sich für den Leser daraus ergibt, dass Lessing keine klaren Lehrsätze zu seinen Fabeln nennt.
4. Untersuchen Sie den Aufbau der Texte. Verwenden Sie dazu die folgenden Begriffe: Ausgangssituation, Aktion (Handlung), Reaktion (Gegenhandlung), Schluss der Handlung/Lehre/Ergebnis.
5. Erklären Sie mithilfe des folgenden Textes, warum sich diese Fabeln der Zeit der Aufklärung zuordnen lassen.

Martin Zurwehme (geb. 1967)
Fabeln in der Zeit der Aufklärung

Die Fabel erfreute sich im 18. Jahrhundert sowohl bei Schriftstellern als auch beim Publikum großer Beliebtheit. Eine große Zahl von Schriftstellern – wohl mehr als 50, unter ihnen Gotthold Ephraim Lessing (1729–1781), Christian Fürchtegott Gellert (1715–1769) und Friedrich von Hagedorn (1708–1754) – schrieben, neben anderen Werken, auch Fabeln. Dies entsprach dem Geschmack des Publikums, das die epische Kleinform der Fabel mochte, da sie auf anschauliche Art und Weise eine leicht fassbare und lebenspraktische Lehre enthielt.

Lessing wählte häufig die Form der Tierfabel, obwohl diese zur Zeit der Aufklärung umstritten war. Viele Vertreter der Aufklärung kritisierten das Auftreten sprechender Tiere in der Fabel, da dies ihrer Forderung nach Wahrscheinlichkeit und Wirklichkeitsbezug widersprach. Lessing dagegen nutzte regelmäßig tierisches Personal in seinen Fabeln, da sich hiermit auf zugespitzte Art und Weise durch einfache Übertragung (Analogie) von den dargestellten tierischen Verhaltensweisen auf Situationen im menschlichen Zusammenleben die ihm wichtigen Lehren vermitteln ließen. Zudem hielt Lessing es für vorteilhaft, Tierfabeln zu schreiben, da die Leser sich bei diesen weniger von Gefühlen, wie z. B. Mitleid, leiten ließen, als wenn menschliche Figuren dargestellt wären. So würden die Leser bei Tierfabeln, ganz im Sinne der Aufklärung, eher mit dem Verstand reagieren und Lehren für das eigene Verhalten ziehen.

Die Schriftsteller der Aufklärung knüpften oft an antike Autoren wie Äsop (6. Jahrhundert v. Chr.) oder an das französische Vorbild, den Schriftsteller Jean de La Fontaine (1621–1695), an, der als einer der bekanntesten Fabeldichter gilt. Lessing macht in seiner Fabelsammlung zu den einzelnen Texten in der Regel Quellenangaben, er gestaltet die Vorlagen aber zum Teil erheblich um.

Der Beliebtheit der Fabel im 18. Jahrhundert liegt das optimistische Menschenbild der Aufklärung zugrunde. Dem vernunftbegabten, selbstständig denkenden Menschen, wie ihn die Aufklärer sich vorstellten, müsse man nur anschaulich zeigen, was die richtige Handlungsweise sei, dann werde er sich auch so verhalten. Für diese lehrhafte Absicht bot sich die Fabel als Textsorte besonders an. Lessing verzichtet jedoch, anders als andere Fabeldichter der Aufklärung, auf einen der Fabelhandlung voran- oder nachgestellten (moralischen) Lehrsatz. Lessings Fabeln bleiben daher oft mehrdeutig.

(2017)

6. Lessings Fabeln werden von einigen Wissenschaftlern auch als Kritik am Adel und der Gesellschaft seiner Zeit interpretiert. Untersuchen Sie die drei folgenden Fabeln unter diesem Gesichtspunkt und nennen Sie mögliche adels- und gesellschaftskritische Aspekte der Texte. Berücksichtigen Sie dabei auch die Ergebnisse Ihrer Arbeit an dem Text von Peter Braun über „Das Zeitalter der Aufklärung" (S. 126 ff.).

Gotthold Ephraim Lessing (1729–1781)
Der Dornstrauch

Aber sage mir doch, fragte die Weide den Dornstrauch, warum du nach den Kleidern des vorbeigehenden Menschen so begierig bist? Was willst du damit? Was können sie dir helfen?

Nichts!, sagte der Dornstrauch. Ich will sie ihm auch nicht nehmen; ich will sie ihm nur zerreißen.

Die Wasserschlange

Zeus hatte nunmehr den Fröschen einen andern König gegeben; anstatt eines friedlichen Klotzes eine gefräßige Wasserschlange.
Willst du unser König sein, schrien die Frösche, warum verschlingst du uns? – Darum, antwortete die Schlange, weil ihr um mich gebeten habt. –
Ich habe nicht um dich gebeten!, rief einer von den Fröschen, den sie schon mit den Augen verschlang. – Nicht?, sagte die Wasserschlange. Desto schlimmer! So muss ich dich verschlingen, weil du nicht um mich gebeten hast.

Der Tanzbär

Ein Tanzbär war der Kett' entrissen,
Kam wieder in den Wald zurück
Und tanzte seiner Schar ein Meisterstück
Auf den gewohnten Hinterfüßen.
„Seht", schrie er, „das ist Kunst; das lernt man in der Welt.
Tut mir es nach, wenn's euch gefällt
Und wenn ihr könnt!" „Geh", brummt ein alter Bär,
Dergleichen Kunst, sie sei so schwer,
Sie sei so rar sie sei[1],
Zeigt deinen niedern Geist und deine Sklaverei.

Ein großer Hofmann[2] sein,
Ein Mann, dem Schmeichelei und List
Statt Witz und Tugend ist;
Der durch Kabalen[3] steigt, des Fürsten Gunst erstiehlt,
Mit Wort und Schwur als Komplimenten spielt,
Ein solcher Mann, ein großer Hofmann sein,
Schließt das Lob oder Tadel ein?

7. Zeigen Sie anhand des zweiten Teils der Fabel „Der Tanzbär" auf, was diesen Text von den anderen Ihnen bekannten Fabeln Lessings unterscheidet.

8. Erläutern Sie die Aussage, dass Lessings Fabeln oft mehrdeutig bleiben, an einem Beispiel aus diesem Unterkapitel.
➔ Weitere Fabeln Lessings finden Sie auf S. 137 f.

9. Was Sie noch machen können:
   a) Recherchieren Sie zu den antiken Vorbildern der Fabeln Lessings und vergleichen Sie die antiken Texte mit Lessings Nachdichtungen.
   b) Suchen Sie Fabeln anderer Schriftsteller der Aufklärungszeit heraus und vergleichen Sie diese mit Lessings Texten.
   c) Verfassen Sie eine Stellungnahme zu der Frage, ob durch Literatur eine moralische Verbesserung und Erziehung der Menschen erreicht werden kann.
   d) Verfassen Sie selbst eine Fabel. Lassen Sie anschließend eine Lernpartnerin bzw. einen Lernpartner eine Lehre zu Ihrer Fabel formulieren.

Tanzbär (Illustration aus einem deutschen Schulbuch, 1810)

[1] Im Sinne von: Sie sei so rar, wie sie ist. – [2] **Hofmann:** Angehöriger des Hofes – [3] **Kabale:** Intrige

Bürgertum und Adel im 18. Jahrhundert – Das bürgerliche Trauerspiel

Martin Zurwehme (geb. 1967)
Der Aufstieg des Bürgertums im 18. Jahrhundert

Die deutsche Literatur der Aufklärungszeit (ca. 1720 – 1785) verdeutlicht eine Entwicklung, die oft als Aufstieg des Bürgertums beschrieben wird. Zahlreiche wichtige Autoren dieser Zeit, z.B. Christoph Martin Wieland (1733– 1813) oder Gotthold Ephraim Lessing (1729– 1781), waren bürgerlicher Herkunft. Viele Schriftsteller, wie auch Lessing und Wieland, entstammten protestantischen Pfarrersfamilien. Die Figuren ihrer Werke kamen häufig aus bürgerlichen Verhältnissen und vertraten Tugenden und Werte, die als spezifisch bürgerlich angesehen und positiv dargestellt wurden. Beispiele für solche Tugenden und Werte waren Ordnung, Fleiß und Leistung, aber auch Frömmigkeit und Tugendhaftigkeit. Außerdem wurde zumindest in der Literatur eine neue Gefühlskultur gezeigt, in der es als wichtig galt, sich in andere Menschen einzufühlen, mitzuleiden und Gefühle zu zeigen. Äußerer Ausdruck hiervon war z.B., dass im Theater häufig Figuren, die weinten, auf der Bühne zu sehen waren. Figuren aus dem Adel erschienen demgegenüber oft als hartherzige, willkürliche und ungerechte Herrscher, die ihre Macht ausnutzten.
Eine Schwierigkeit besteht jedoch darin, dass es „das" Bürgertum im 18. Jahrhundert nicht gab. Die Menschen, die man dieser gesellschaftlichen Gruppe zurechnete, waren lediglich dadurch verbunden, dass sie den in dieser Zeit geltenden Vorstellungen von einer in Stände eingeteilten Gesellschaft zufolge nicht adlig und nicht bäuerlich waren. Mehr Gemeinsamkeiten gab es nicht. Zwischen den einzelnen bürgerlichen Gruppen gab es gravierende Unterschiede und Gegensätze, sowohl im Besitz als auch in den Einstellungen und Haltungen. So waren die bürgerlichen Familien, die schon seit langer Zeit die Politik in den größeren Städten bestimmt hatten, häufig eher rückwärtsgewandt eingestellt und wenig offen für Neues. Spricht man also vom Aufstieg des Bürgertums im 18. Jahrhundert, so sind vor allem die neuen bürgerlichen Gruppen gemeint, denen in diesem Jahrhundert ein bemerkenswerter gesellschaftlicher Aufstieg gelang:
a) Dies waren zum einen Verwaltungsbeamte, die im Zuge des Ausbaus der staatlichen Verwaltung als „Staatsdiener" oder „Fürstendiener" in der gesellschaftlichen Hierarchie nach oben kamen.
b) Zum anderen waren dies Angehörige akademischer Berufe, die vielfach an den von den Fürsten geförderten Universitäten und fürstlichen Akademien ausgebildet worden waren, z.B. Ärzte, Apo-

Spielkartenmanufaktur in Paris (17. Jahrhundert)

theker, Juristen, Lehrer, Pfarrer und Professoren. Sie waren z. T. selbstständig tätig oder standen wiederum im Staatsdienst.

c) Nicht zuletzt war dies eine neu entstehende Gruppe von Unternehmern, die z.B. Manufakturen oder Vorformen von Fabriken betrieb. Auch hierbei spielte der Staat eine wichtige Rolle, da dieser besonders die Produktion von Luxusgütern wie Seide finanziell förderte. Eine andere wichtige Gruppe von Unternehmern waren die Gastwirte, die aufgrund der stark zunehmenden Mobilität in ihrem Geschäftsbereich besondere Wachstumsmöglichkeiten hatten.

Für die Angehörigen dieser drei Gruppen spielten Bildung allgemein sowie Schulbildung und berufliche Ausbildung eine wichtige Rolle. Damit verbunden war die für die Zeit moderne Vorstellung, dass Qualifikation und Leistung als Auswahlkriterien wichtiger sein sollten als Herkunft und Geburt.

Wie man sieht, vollzog sich der Aufstieg dieser neuen bürgerlichen Gruppen in enger Abhängigkeit vom Staat und von den jeweiligen Herrschern. Am Beispiel einiger der Autoren dieser Zeit wird dies ebenfalls deutlich. Lessing fand in der späteren Phase seines Lebens ein Auskommen durch seine Tätigkeit an der herzoglichen Bibliothek in Wolfenbüttel. Wieland war ab 1772 als Prinzenerzieher in Weimar tätig, obwohl er eigentlich die absolutistische Herrschaftsform, wie sie im 18. Jahrhundert noch die Regel war, nicht befürwortete.

In der politischen und gesellschaftlichen Wirklichkeit der Zeit spielten die Adelshöfe nach wie vor die entscheidende Rolle. Der Hof war das Zentrum von Politik, Wirtschaft und Kultur. Als Auftraggeber und Förderer von bildender Kunst und Literatur kamen in der Regel nur die Adelshöfe in Frage, von denen es vermutlich eine dreistellige Zahl gab. Hier wurden politische Entscheidungen getroffen, das Bürgertum blieb davon ausgeschlossen, wobei nicht übersehen werden darf, dass viele Fürsten Vertraute und Berater aus den neuen bürgerlichen Gruppen hatten. Insgesamt blieb dieses neue Bürgertum aber politisch weitgehend machtlos, wenngleich es wirtschaftlich an Bedeutung gewann. Das Gefühl der politischen Machtlosigkeit und Ohnmacht kompensierten Vertreter des Bürgertums oft dadurch, dass sie strenge Moralvorstellungen und ein moralisches Überlegenheitsgefühl herausstellten.

Im 18. Jahrhundert entstand vor diesem Hintergrund eine spezifisch bürgerliche Öffentlichkeit, die auf

„Die Familie des Goldschmiedes Müller" (Gemälde, um 1763, von Charles-Amédée-Philippe van Loo, 1719–1795)

verschiedenen Wegen die Verbreitung bürgerlicher Ideen und Wertvorstellungen sowie den Austausch darüber förderte. Dies geschah z.B. in der Literatur und in sogenannten Lesegesellschaften, aber auch in Zeitschriften, deren Zahl schnell wuchs, und vereinzelt auch schon in Zeitungen. Nicht zuletzt erlangte der Briefaustausch besondere Bedeutung. Hierbei ging es nicht mehr vorrangig darum, Privates mitzuteilen, sondern sich über allgemeine Themen zu verständigen.

(2017)

1. Überprüfen Sie Ihr Textverständnis, indem Sie zehn Fragen formulieren, auf die der Text Antworten gibt. Tauschen Sie anschließend die Fragen mit einem Lernpartner aus und beantworten Sie dessen Fragen.

2. Stellen Sie die im Text enthaltenen Informationen mithilfe eines Schaubilds dar.
    → Ein Schaubild zu einem Text erstellen, S. 79

3. Überprüfen Sie, inwieweit sich die im Text enthaltenen Informationen für die Interpretation von Lessings Fabeln (S. 137 ff.) nutzen lassen. Verwenden Sie dabei z. B. die folgenden Fragen:
    - Welche Wertvorstellungen Lessings lassen sich erkennen?
    - Inwieweit sind diese Vorstellungen kennzeichnend für das Bürgertum des 18. Jahrhunderts?

4. Nutzen Sie die im Text enthaltenen Informationen, um Lessings Drama „Emilia Galotti" in den historischen Kontext einzuordnen. Beziehen Sie sich dabei auch auf die im Folgenden gegebenen Informationen zum Stück.

Gotthold Ephraim Lessing (1729–1781)
Emilia Galotti (2. Aufzug, 6. Auftritt)

Hettore Gonzaga, der Prinz von Guastalla, hat sich in Emilia, die Tochter des Bürgers Odoardo und seiner Frau Claudia Galotti, verliebt. Die Hochzeit Emilias mit dem Grafen Appiani steht jedoch kurz bevor, sodass Marinelli, der Kammerherr des Prinzen, eine Intrige beginnt, um den Grafen Appiani und Emilia zu trennen. Appiani entstammt zwar dem Adel, hat sich in seinen Einstellungen aber von diesem ab- und dem Bürgertum zugewandt, an dessen Wertvorstellungen er sich orientiert. Das Paar Emilia – Appiani möchte sich dementsprechend dem Hofleben und den Einflüssen des Hofes auch räumlich entziehen und an einem entfernten Ort leben. In der folgenden Szene wird dargestellt, wie die Tochter nach einem Besuch der Kirche zu ihrer Mutter heimkehrt.

Emilia und Claudia Galotti.

Emilia *(stürzet in einer ängstlichen Verwirrung herein).* Wohl mir! wohl mir! – Nun bin ich in Sicherheit. Oder ist er mir gar gefolgt? *(Indem sie den Schleier*
5 *zurückwirft und ihre Mutter erblicket.)* Ist er, meine Mutter? ist er? Nein, dem Himmel sei Dank!

Claudia. Was ist dir, meine Tochter? was ist dir?

Emilia. Nichts, nichts –

Claudia. Und blickest so wild um dich? Und zitterst
10 an jedem Gliede?

Emilia. Was hab' ich hören müssen? Und wo, wo hab' ich es hören müssen?

Claudia. Ich habe dich in der Kirche geglaubt –

Emilia. Eben da! Was ist dem Laster Kirch' und Altar?
15 – Ach, meine Mutter! *(sich ihr in die Arme werfend.)*

Claudia. Rede, meine Tochter! – Mach' meiner Furcht ein Ende. – Was kann dir da, an heiliger Stätte, so Schlimmes begegnet sein?

Emilia. Nie hätte meine Andacht inniger, brünstiger
20 sein sollen als heute: nie ist sie weniger gewesen, was sie sein sollte.

Claudia. Wir sind Menschen, Emilia. Die Gabe zu beten ist nicht immer in unserer Gewalt. Dem Himmel ist beten wollen auch beten.

25 **Emilia.** Und sündigen wollen auch sündigen.

Claudia. Das hat meine Emilia nicht wollen!

Emilia. Nein, meine Mutter; so tief ließ mich die Gnade nicht sinken. – Aber dass fremdes Laster uns, wider unsern Willen, zu Mitschuldigen ma-
30 chen kann!

Claudia. Fasse dich! – Sammle deine Gedanken, soviel dir möglich. – Sag' es mir mit eins, was dir geschehen.

Emilia. Eben hatt' ich mich – weiter von dem Altare,
35 als ich sonst pflege – denn ich kam zu spät –, auf meine Knie gelassen. Eben fing ich an, mein Herz zu erheben: als dicht hinter mir etwas seinen Platz nahm. So dicht hinter mir! – Ich konnte weder vor noch zur Seite rücken – so gern ich auch wollte;
40 aus Furcht, dass eines andern Andacht mich in meiner stören möchte. – Andacht! das war das Schlimmste, was ich besorgte. – Aber es währte nicht lange, so hört' ich, ganz nah an meinem Ohre – nach einem tiefen Seufzer – nicht den Namen
45 einer Heiligen – den Namen – zürnen Sie nicht, meine Mutter – den Namen Ihrer Tochter! – Meinen Namen! – O dass laute Donner mich verhindert hätten, mehr zu hören! – Es sprach von Schönheit, von Liebe – Es klagte, dass dieser Tag,
50 welcher mein Glück mache – wenn er es anders mache – sein Unglück auf immer entscheide. – Es beschwor mich – hören musst' ich dies alles. Aber ich blickte nicht um; ich wollte tun, als ob ich es nicht hörte. – Was konnt' ich sonst? – Meinen gu-
55 ten Engel bitten, mich mit Taubheit zu schlagen; und wann auch, wann auch auf immer! – Das bat ich; das war das einzige, was ich beten konnte. – Endlich ward es Zeit, mich wieder zu erheben. Das heilige Amt[1] ging zu Ende. Ich zitterte, mich um-
60 zukehren. Ich zitterte, ihn zu erblicken, der sich

Emilia und der Prinz (Deutsches Theater Berlin, 2001)

[1] **das heilige Amt:** der Gottesdienst

den Frevel erlauben dürfen. Und da ich mich umwandte, da ich ihn erblickte –
Claudia. Wen, meine Tochter?
Emilia. Raten Sie, meine Mutter, raten Sie – Ich glaubte in die Erde zu sinken – Ihn selbst.
Claudia. Wen, ihn selbst?
Emilia. Den Prinzen.
Claudia. Den Prinzen! – O gesegnet sei die Ungeduld deines Vaters, der eben hier war und dich nicht erwarten wollte!
Emilia. Mein Vater hier? – und wollte mich nicht erwarten?
Claudia. Wenn du in deiner Verwirrung auch ihn das hättest hören lassen!
Emilia. Nun, meine Mutter? – Was hätt' er an mir Strafbares finden können?
Claudia. Nichts; ebenso wenig als an mir. Und doch, doch – Ha, du kennst deinen Vater nicht! In seinem Zorne hätt' er den unschuldigen Gegenstand des Verbrechens mit dem Verbrecher verwechselt. In seiner Wut hätt' ich ihm geschienen, das veranlasst zu haben, was ich weder verhindern noch vorhersehen können. – Aber weiter, meine Tochter, weiter! Als du den Prinzen erkanntest – Ich will hoffen, dass du deiner mächtig genug warest, ihm in einem Blicke alle die Verachtung zu bezeigen, die er verdienet.
Emilia. Das war ich nicht, meine Mutter! Nach dem Blicke, mit dem ich ihn erkannte, hatt' ich nicht das Herz, einen zweiten auf ihn zu richten. Ich floh –
Claudia. Und der Prinz dir nach –
Emilia. Was ich nicht wusste, bis ich in der Halle mich bei der Hand ergriffen fühlte. Und von ihm! Aus Scham musst' ich standhalten: mich von ihm loszuwinden würde die Vorbeigehenden zu aufmerksam auf uns gemacht haben. Das war die einzige Überlegung, deren ich fähig war – oder deren ich nun mich wieder erinnere. Er sprach; und ich hab' ihm geantwortet. Aber was er sprach, was ich ihm geantwortet – fällt mir es noch bei, so ist es gut, so will ich es Ihnen sagen, meine Mutter. Jetzt weiß ich von dem allen nichts. Meine Sinne hatten mich verlassen. – Umsonst denk' ich nach, wie ich von ihm weg und aus der Halle gekommen. Ich finde mich erst auf der Straße wieder, und höre ihn hinter mir herkommen, und höre ihn mit mir zugleich in das Haus treten, mit mir die Treppe hinaufsteigen – –
Claudia. Die Furcht hat ihren besondern Sinn, meine Tochter! Ich werde es nie vergessen, mit welcher Gebärde du hereinstürztest. – Nein, so weit durfte er nicht wagen, dir zu folgen. – Gott! Gott! wenn dein Vater das wüsste! – Wie wild er schon war, als er nur hörte, dass der Prinz dich jüngst nicht ohne Missfallen gesehen! – Indes, sei ruhig, meine Tochter! Nimm es für einen Traum, was dir begegnet ist. Auch wird es noch weniger Folgen haben als ein Traum. Du entgehest heute mit eins allen Nachstellungen.
Emilia. Aber, nicht, meine Mutter? Der Graf muss das wissen. Ihm muss ich es sagen.
Claudia. Um alle Welt nicht! – Wozu? warum? Willst du für nichts und wieder für nichts ihn unruhig machen? Und wann er es auch itzt nicht würde: wisse, mein Kind, dass ein Gift, welches nicht gleich wirket, darum kein minder gefährliches Gift ist. Was auf den Liebhaber keinen Eindruck macht, kann ihn auf den Gemahl machen. Den Liebhaber könnt' es sogar schmeicheln, einem so wichtigen Mitbewerber den Rang abzulaufen. Aber wenn er ihm den nun einmal abgelaufen hat: ah! mein Kind – so wird aus dem Liebhaber oft ein ganz anderes Geschöpf. Dein gutes Gestirn behüte dich vor dieser Erfahrung.
Emilia. Sie wissen, meine Mutter, wie gern ich Ihren bessern Einsichten mich in allem unterwerfe. – Aber, wenn er es von einem andern erführe, dass der Prinz mich heute gesprochen? Würde mein Verschweigen nicht, früh oder spät, seine Unruhe vermehren? – Ich dächte doch, ich behielte lieber vor ihm nichts auf dem Herzen.
Claudia. Schwachheit! verliebte Schwachheit! – Nein, durchaus nicht, meine Tochter! Sag' ihm nichts. Lass ihn nichts merken!
Emilia. Nun ja, meine Mutter! Ich habe keinen Willen gegen den Ihrigen. – Aha! *(Mit einem tiefen Atemzuge.)* Auch wird mir wieder ganz leicht. – Was für ein albernes, furchtsames Ding ich bin! – Nicht, meine Mutter? – Ich hätte mich noch wohl anders dabei nehmen können und würde mir ebenso wenig vergeben haben.
Claudia. Ich wollte dir das nicht sagen, meine Tochter, bevor dir es dein eigner gesunder Verstand sagte. Und ich wusste, er würde dir es sagen, sobald du wieder zu dir selbst gekommen. – Der Prinz ist galant. Du bist die unbedeutende Sprache der Galanterie zu wenig gewohnt. Eine Höflichkeit wird in ihr zur Empfindung, eine Schmeichelei zur Beteurung, ein Einfall zum Wunsche, ein Wunsch zum Vorsatze. Nichts klingt in dieser Sprache wie alles, und alles ist in ihr so viel als nichts.

Emilia. O meine Mutter! – so müsste ich mir mit meiner Furcht vollends lächerlich vorkommen! – Nun soll er gewiss nichts davon erfahren, mein guter Appiani! Er könnte mich leicht für mehr eitel als tugendhaft halten. – Hui! dass er da selbst kömmt! Es ist sein Gang.

1. Bereiten Sie in Partnerarbeit einen anschaulichen Lesevortrag des Textes vor. Stellen Sie Ihre Ergebnisse anschließend im Kurs vor.
2. Beschreiben Sie, wie Emilias emotionale Verfassung zu Beginn der Szene (Z. 1-6) dargestellt wird.
3. Erklären Sie, welche Gründe es für diese emotionale Verfassung gibt.
4. Charakterisieren Sie die Beziehung zwischen Emilia und ihrer Mutter.
5. Zeigen Sie anhand der folgenden Beispiele auf, welche Wertvorstellungen für Emilia Galotti leitend sind.

- Emilia: „Aus Scham musst' ich standhalten: mich von ihm loszuwinden würde die Vorbeigehenden zu aufmerksam auf uns gemacht haben." (Z. 93 ff.)
- Emilia: „Der Graf muss das wissen. Ihm muss ich es sagen." (Z. 119 f.)
- Emilia: „Ich dächte doch, ich behielte lieber vor ihm nichts auf dem Herzen." (Z. 139 f.)

6. Vergleichen Sie die Vorstellungen Emilias mit denen ihrer Mutter.
7. Untersuchen Sie, wie der Prinz als Vertreter des Adels charakterisiert wird. Gehen Sie dabei auch darauf ein, durch wen der Prinz charakterisiert wird und wie der Zuschauer durch diese Art der Darstellung gelenkt wird.
8. Vergleichen Sie die Darstellung des Verhaltens und der Moralvorstellungen von Bürgertum und Adel in dieser Szene.

Martin Zurwehme (geb. 1967)
Der Weg zu einem Theater des Bürgertums – Der Wandel des Theaters in Deutschland im 18. Jahrhundert

Zu Beginn des 18. Jahrhunderts gab es eine klare Zweiteilung in der deutschen Theaterlandschaft. Neben den Hoftheatern, wo für ein zumeist adliges Publikum gespielt wurde, gab es Wandertheater bzw. Wanderbühnen, die in der Regel mit einfachsten Mitteln an wechselnden Orten Aufführungen veranstalteten.

Auch im Hoftheater gab es zunächst noch keine festangestellten Darsteller, sondern Schauspielgruppen, die herumreisten und ihre Kunst präsentierten. Nur wenigen dieser Schauspielergesellschaften gelang es, dauerhaft Zugang zu den Hoftheatern zu erhalten. Dort wurden vorrangig italienische Opern und französische Tragödien gespielt, was den Vorlieben der Höfe und den vorherrschenden ästhetischen Vorstellungen entsprach. Eine im Vergleich dazu nennenswerte deutschsprachige Theaterliteratur gab es um 1700 nicht.

Die Wanderbühnen führten im Gegensatz zu den Hoftheatern zumeist wenig anspruchsvolle Komödien auf, deren Sprache vielfach schlicht und derb war. Ihr Ziel war es, die Bevölkerung mit einfachen Mitteln zu belustigen und ein möglichst großes Publikum anzusprechen. Einige der herumreisenden Schauspielgruppen hatten sowohl die volkstümlichen Komödien und Schwänke in ihrem Repertoire wie auch die anspruchsvolleren Stücke für das Hoftheater.

Das aufstrebende Bürgertum des 18. Jahrhunderts war mit diesem Zustand zunehmend unzufrieden. Zum adligen Hoftheater hatte es in der Regel keinen Zugang, die Aufführungen der Wanderbühnen stießen aufgrund ihrer Einfachheit und Derbheit auf Ablehnung. Ein wichtiger Impuls der Veränderung ging von dem aufklärerischen Schriftsteller und Professor Johann Christoph Gottsched (1700–1766) sowie der Schauspielerin und Theaterunternehmerin Friederike Caroline Neuber (1697–1760) aus. Beide wollten eine Reform des deutschen Theaters, das in seinem künstlerisch-literarischen und moralischen Anspruch aufgewertet werden sollte. Gottscheds Drama „Sterbender Cato" folgte den strengen Regeln der französischen Dramatik, wurde aber auf Deutsch verfasst und aufgeführt. Der Autor strebte, ganz im Sinne der Aufklärung, an rationalen und verbindlichen Überlegungen orientierte Regeln für das Theater an. Die Neuber'sche Schauspielgruppe, die sich „Neuber'sche Komödiantengesellschaft" nannte, spielte zwar regelmäßig auch

Hoftheater

Adam Frans van der Meulen: Der alte Pferdemarkt in Brüssel, um 1666 (Wanderbühne)

an Höfen, nahm aber ansonsten mehr und mehr Themen des Bürgertums in ihre Aufführungen auf und bemühte sich um eine Verbesserung des Niveaus der Vorführungen außerhalb der Höfe. Neuber gelang es sogar, zeitweise ein festes Theater einzurichten und ihren Schauspielern und Schauspielerinnen regelmäßige Gehälter zu zahlen.

In der Folge entstand die Idee, in sog. Nationaltheatern Raum zu schaffen für deutschsprachige Stücke bürgerlicher Autoren, die vor einem bürgerlichen Publikum gezeigt werden sollten. Als erstes Projekt dieser Art entstand 1767 das Hamburger Nationaltheater, an dem auch der Schriftsteller Gotthold Ephraim Lessing (1729–1781) beteiligt war. Allerdings scheiterte dieses Projekt bereits 1769 aus wirtschaftlichen Gründen. In den Jahren danach wurde deutlich, dass die Idee eines Nationaltheaters zunächst nur in Verbindung mit den bestehenden Hoftheatern weiterentwickelt werden konnte. Einige dieser Hoftheater wurden entsprechend umbenannt. Sie veränderten ihren Charakter auch dadurch, dass zunehmend festangestellte Schauspielerinnen und Schauspieler beschäftigt wurden, was zeigt, dass an den Höfen die wirtschaftliche Grundlage für einen regelmäßigen Theaterbetrieb vorhanden war.

Die Veränderungen in der Theaterlandschaft bedingten auch einen Wandel in der Gestaltung der Stücke. An englischen Vorbildern orientiert, entstand in Deutschland das bürgerliche Trauerspiel als neue Gattung, die sich von bisherigen Konventionen abwandte.

In der Literatur des 16. bis 18. Jahrhunderts galt es als feste Regel, dass die Hauptfiguren einer Tragödie von hohem sozialem Stand, also aus dem Adel, zu sein hätten. Dabei berief man sich auf antike Autoren wie Horaz und Aristoteles. In der Komödie hingegen sollten die Figuren aus niederen sozialen Schichten stammen. Diese Zuordnung der gesellschaftlichen Schichten zu Tragödie und Komödie wird als Ständeklausel bezeichnet.

Man rechtfertigte dies mit der sogenannten Fallhöhe der Hauptfigur. Der Protagonist einer Tragödie müsse von hohem sozialen Stand sein, da sein Fall dadurch umso tiefer sein könne und das Publikum diesen Fall als tragischer erlebe, als wenn dasselbe Schicksal einer Figur von niederem sozialen Stand widerfahre.

Diese Vorstellungen änderten sich erst im 18. Jahrhundert unter dem Einfluss der Aufklärung, deren Autoren im bürgerlichen Trauerspiel das tragische Schicksal von Menschen aus dem bürgerlichen Stand gestalteten und den Schauplatz der Handlung vielfach in die privaten Räume dieser Bürger verlagerten. Die Sprache des bürgerlichen Trauerspiels ist zumeist in Prosa gehalten, nicht, wie in der klassischen Tragödie, in Versen. Das bürgerliche Trauerspiel behandelt oft die politische Ohnmacht des Bürgertums, das vom Adel abhängig und diesem unterworfen ist. Besonders in den späteren bürgerlichen Trauerspielen des 18. Jahrhunderts, z. B. in Lessings Stück „Emilia Galotti" oder in Friedrich Schillers (1759–1805) Drama „Kabale und Liebe", wird der Konflikt zwischen Adel und Bürgertum deutlich herausgestellt. Die Vertreter des Bürgertums setzen angesichts des Kräfteungleichgewichts auf die Macht der Moral. Die Bürger und die bürgerliche Familie erscheinen als besondere moralische Instanz. Dabei können auch Figuren aus dem Adel zu Vertretern des Bürgertums werden, wenn sie bürgerliche Wertvorstellungen verkörpern, wie z. B. Graf Appiani in Lessings Stück „Emilia Galotti".

(2017)

1. Erschließen Sie den Inhalt des Sachtextes selbstständig mithilfe einer der Methoden, die Sie kennengelernt haben.
   → Die Fünf-Schritt-Lesemethode, S. 126
   → Den Inhalt eines Sachtextes erschließen, S. 129

2. Erläutern Sie am Beispiel von Lessings Drama „Emilia Galotti" den Begriff des bürgerlichen Trauerspiels.

3. **Was Sie noch machen können:**
   a) Informieren Sie sich über den Fortgang der Handlung des Dramas „Emilia Galotti" und erläutern Sie, weshalb dieses als bürgerliches Trauerspiel eingeordnet wird. Nutzen Sie hierfür auch die Angaben in dem Sachtext auf S. 144 ff.
   b) Recherchieren Sie zu Friedrich Schillers Drama „Kabale und Liebe" und stellen Sie es im Kurs vor. Weshalb wird es als bürgerliches Trauerspiel bezeichnet?

Miteinander reden – Die Interpretation einer Dramenszene mithilfe von Kommunikationsmodellen

Michael Fuchs/Martin Zurwehme (in Anlehnung an Friedemann Schulz von Thun)
Das Kommunikationsquadrat nach Schulz von Thun und die Anwendung auf eine Dramenszene

Der Kommunikationspsychologe Friedemann Schulz von Thun (geb. 1944) hat sich intensiv mit der Frage beschäftigt, warum zwischenmenschliche Kommunikation oft so kompliziert ist. Er geht dabei von der Beobachtung aus, dass es in der Kommunikation zwischen Menschen häufig zu Missverständnissen und Störungen kommt. Seine Entdeckung dazu besteht darin, dass seiner Meinung nach in jeder Äußerung stets vier verschiedene Botschaften gleichzeitig enthalten sein können. Der Empfänger kann eine Äußerung anders verstehen, als der Sender sie gemeint hat, sodass Missverständnisse entstehen. Schulz von Thun hat versucht, diese unterschiedlichen Botschaften zu systematisieren und in einem Modell zusammenzustellen.

Er geht davon aus, dass in jeder Äußerung, die jemand von sich gibt, vier unterschiedliche Arten von Botschaften enthalten sind, nämlich
– eine Sachinformation,
– eine Selbstkundgabe oder Selbstoffenbarung,
– ein Hinweis auf die Beziehung zwischen Sender und Empfänger,
– ein Appell.

Was bedeuten diese vier Arten von Botschaften?
Zunächst enthält jede Nachricht eine **Sachinformation**, mit der Daten, Fakten und Sachverhalte mitgeteilt werden. Für den Sender besteht die Schwierigkeit oft darin, die Sachinformation klar und verständlich auszudrücken.

Die Reaktion des Empfängers wird auch davon abhängen, ob die nötige Verständlichkeit gegeben ist. Außerdem kann der Empfänger die Sachinformation dahingehend überprüfen und beurteilen, ob er sie für zutreffend, relevant (bedeutsam) und ausreichend hält.

Weiterhin gibt der Sender mit jeder Äußerung auch etwas von sich selbst preis. Schulz von Thun spricht von **Selbstoffenbarung** oder **Selbstkundgabe**. Diese seien in jeder Äußerung zu finden: Wie ist dem Sender zumute? Wie sieht er sich selbst? Solche Selbstoffenbarungen können ausdrücklich geäußert werden („Ich-Botschaften"), sind oft aber nur indirekt in der Nachricht enthalten.

Aus der Nachricht geht weiterhin hervor, wie der Sprecher die **Beziehung zu dem Angesprochenen** sieht, was er von ihm hält. Auch dies geschieht oft nicht ausdrücklich. Während der Sprecher also auf der Ebene der Selbstoffenbarung Ich-Botschaften sendet, sendet er auf der Beziehungsebene Du-Botschaften. Zu fragen wäre hier z. B., ob sich der Sender in einer über- bzw. unterlegenen Position dem Empfänger gegenüber darstellt oder ob er davon ausgeht, dass eine gleichwertige Beziehung vorliegt, in der sich die Gesprächspartner auf Augenhöhe miteinander befinden.

Schließlich dient eine Nachricht auch dazu, auf den anderen **Einfluss** zu **nehmen**, ihn zu etwas zu bewegen. Solche Aspekte können auch wieder direkt geäußert werden; sie können aber auch mehr oder weniger versteckt enthalten sein.

Schulz von Thun spricht bei diesen vier Ebenen von einem **Kommunikationsquadrat**, um deutlich zu machen, dass in jeder Nachricht stets alle vier Aspekte enthalten sind.

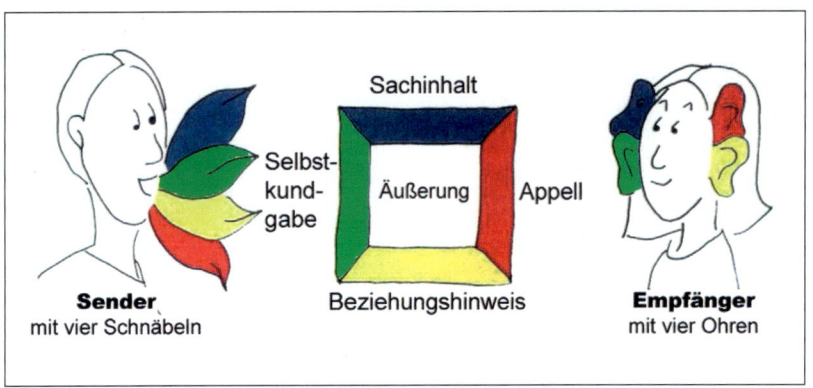

Auch der Empfänger kann grundsätzlich auf diesen vier Ebenen wahrnehmen, er hört also neben einer Sachinformation in einer Äußerung auch eine Selbstoffenbarung bzw. Selbstkundgabe, eine Aussage über die Beziehung zwischen Sender und Empfänger sowie einen Appell. Oft reagiert der Empfänger besonders auf eine dieser Ebenen, wenn er z. B. auf eine Aussage, in der scheinbar oder tatsächlich eine Sachinformation im Vordergrund steht („Mir ist kalt"), mit einer Handlung reagiert (Empfänger schließt das Fenster). In diesem Fall hat er also einen Appell gehört, der, wenn überhaupt, nur indirekt formuliert worden ist.

Häufig steht in Gesprächen eine der vier Ebenen im Vordergrund. Zu Schwierigkeiten in der Kommunikation kommt es in der Regel dann, wenn Sender und Empfänger sich auf unterschiedlichen Ebenen bewegen, z. B. wenn der Sender den Beziehungsaspekt thematisieren möchte, der Empfänger aber nur auf die Sachinformationen reagiert, also wenn Sender und Empfänger die vier Seiten einer Nachricht unterschiedlich wahrnehmen.

Die vier Seiten einer Nachricht und die unterschiedlichen Möglichkeiten der Gesprächspartner, aufeinander einzugehen, lassen sich an einem Beispiel aus Gotthold Ephraim Lessings bürgerlichem Trauerspiel „Emilia Galotti" verdeutlichen. Nachdem Emilia ihrer Mutter Claudia Galotti, wie es im sechsten Auftritt des zweiten Aufzuges dargestellt wird, von ihrem Zusammentreffen mit dem Prinzen von Guastalla in bzw. vor der Kirche berichtet hat, steht die Frage im Raum, ob die Tochter ihrem Verlobten, dem Grafen Appiani, von dieser Begegnung erzählen soll. Claudia Galotti macht mit ihrer Aussage „Sag' ihm nichts. Lass ihn nichts merken!" (S. 143, Z. 142f.) vor allem einen Appell deutlich. Sie fordert ihre Tochter auf, die Ereignisse zu verschweigen, um Missverständnisse und Eifersucht zu vermeiden. Die Sachinformation ist in diesem Fall fast deckungsgleich mit dem Appell: Emilia soll sich von den Geschehnissen nichts anmerken lassen und sie verschweigen. Zugleich enthalten die beiden Sätze der Mutter eine Selbstoffenbarung, da Claudia Galotti erkennen lässt, dass sie keine Befürworterin strikter Ehrlichkeit ist und Angst vor einem Konflikt in der Beziehung ihrer Tochter hat. Auf der Beziehungsebene zeigt sich, dass die Mutter das Verhältnis zu ihrer Tochter als sehr eng und vertraut betrachtet, wobei sie sich in einer durchaus überlegenen Position sieht. Dies erkennt man daran, dass sie sich in die Verbindung ihrer Tochter mit dem Grafen Appiani einmischt und ihr in einem zentralen Punkt der Beziehung Ratschläge gibt oder sogar Vorgaben macht.

Emilia könnte ihrerseits auf die Aussage ihrer Mutter unterschiedlich reagieren, z. B. könnte sie die Einmischung zurückweisen, was sie allerdings nicht tut. Sie antwortet zunächst vor allem auf die Botschaft, die auf der Beziehungsebene mitgeteilt wurde. Emilias Aussage „Ich habe keinen Willen gegen den Ihrigen" (S. 143, Z. 144f.) lässt klar erkennen, dass die Tochter die Über- bzw. Unterordnung, die die Mutter ausdrückt, akzeptiert. Bezeichnend ist auch, dass die junge Frau genau diese Botschaft auf der Beziehungsebene in der Äußerung ihrer Mutter gehört hat und darauf eingeht. Darüber hinaus enthält auch dieser Satz alle vier Ebenen einer Nachricht. Die Selbstoffenbarung Emilias zeigt, dass sie sich selbst für wenig einflussreich bzw. machtvoll hält. Die Sachinformation könnte man so zusammenfassen, dass die Tochter nicht vorhat, der Mutter zu widersprechen oder gegen ihren Willen zu handeln. Somit appelliert sie an ihre Mutter, ihr zu vertrauen.

(2017)

1. Erläutern Sie mithilfe des Textes das in der Abbildung dargestellte Kommunikationsquadrat (S. 147).

2. Erläutern Sie das Kommunikationsquadrat an einem Beispiel aus Ihrem Alltag.

3. Erklären Sie, welche Vorteile die Berücksichtigung des Modells von Schulz von Thun bei der Interpretation eines Dramentextes bietet. Nutzen Sie für Ihre Ausführungen auch die Beispiele aus Lessings Drama „Emilia Galotti", die im Text genannt werden.

4. Interpretieren Sie das folgende Beispiel aus Lessings Drama „Emilia Galotti" mithilfe des Kommunikationsquadrates. Formulieren Sie die unterschiedlichen Botschaften auf den vier Ebenen der Kommunikation.

> „**Emilia.** Sie wissen, meine Mutter, wie gern ich Ihren bessern Einsichten mich in allem unterwerfe. – Aber, wenn er es von einem andern erführe, dass der Prinz mich heute gesprochen? Würde mein Verschweigen nicht, früh oder spät, seine Unruhe vermehren? – Ich dächte doch, ich behielte lieber vor ihm nichts auf dem Herzen." (S. 143, Z. 134 ff.)

5. Erläutern Sie den folgenden Mutter-Tochter-Dialog mithilfe Ihrer Kenntnisse über das Kommunikationsquadrat nach Schulz von Thun.

Mutter: „Willst du schon gehen? Dieses Kleid würde ich nicht ins Theater anziehen."
Tochter: „Das musst du ja auch nicht."

Martin Zurwehme (geb. 1967)
Grundlegende Merkmale menschlicher Kommunikation – Die Axiome Watzlawicks

Der Wissenschaftler Paul Watzlawick (1921 – 2007) wurde in Österreich geboren, lebte und arbeitete aber seit 1960 in den USA, nachdem er in Italien und der Schweiz studiert und für kurze Zeit in Indien und El Salvador gelebt hatte. Er erforschte u. a. zwischenmenschliche Beziehungen und vor allem Kommunikationsstrukturen. Seine Ergebnisse fasste er in mehreren Grundsätzen, die seiner Ansicht nach menschliche Kommunikation kennzeichnen, zusammen. Diese Grundsätze bezeichnete er als **„Axiome"**, also als Grundsätze, deren Richtigkeit vorausgesetzt werden kann.

Paul Watzlawick

- In seinem ersten Axiom geht Watzlawick davon aus, dass es **nicht möglich** ist, **nicht zu kommunizieren**, da jede Art von Verhalten eine Botschaft enthält. Auch wenn ich schweige oder mich von meinem Gegenüber abwende, beinhaltet dies eine Mitteilung, die nur nicht mit Worten vermittelt wird.
- Watzlawick geht weiterhin davon aus, dass es in jeder zwischenmenschlichen Kommunikation neben einem **Inhalts-** auch einen **Beziehungsaspekt** gibt, d. h., dass jede Mitteilung neben der Sachinformation auch eine Aussage über die Beziehung zwischen den Beteiligten enthält.
- Das dritte Axiom enthält die Beobachtung Watzlawicks, dass **Sender und Empfänger** den Verlauf der Kommunikation **unterschiedlich wahrnehmen** und gewichten. In dieser Hinsicht ergibt z. B. die Frage, wer einen Streit begonnen hat, keinen Sinn, da die Beteiligten ihrer Wahrnehmung folgend den Anfangspunkt jeweils unterschiedlich festsetzen und ihr eigenes Verhalten als Reaktion auf das des anderen beschreiben werden.
- Darüber hinaus stellt Watzlawick fest, dass es in der Kommunikation zwischen zwei Menschen neben dem Teil, der aus **Äußerungen in Worten** besteht, immer auch einen **nonverbalen Aspekt** gibt, der z. B. von Gestik, Mimik und Sprechweise bestimmt wird.
- Schließlich zeigt Watzlawick auf, dass in menschlichen Kommunikationssituationen die Rollen zwischen Sender und Empfänger hinsichtlich der Machtverhältnisse so verteilt sind, dass die beiden sich entweder auf derselben Ebene befinden oder dass einer der Gesprächspartner die überlegene und der andere die unterlegene Position einnimmt. Watzlawick verwendet hierfür die Begriffe **symmetrisch** und **komplementär**. In einer symmetrischen Kommunikationssituation sind die Gesprächspartner gleichgestellt, sie kommunizieren auf einer Ebene. Bei komplementärer Kommuni-

kation dagegen ist ein Gesprächspartner überlegen, z. B. weil er sich in einer Machtposition befindet, und der andere folglich unterlegen, z. B. weil er vom Gesprächspartner abhängig ist. (2017)

1. Lesen Sie die Informationen zu den fünf Axiomen Watzlawicks und erklären Sie sie anschließend einem Lernpartner. Nutzen Sie hierfür Beispiele aus Ihrem Alltag.
2. Fassen Sie die fünf Axiome Watzlawicks in eigenen Worten jeweils in einem Satz zusammen.
3. Vergleichen Sie die Axiome Watzlawicks mit dem Kommunikationsquadrat nach Schulz von Thun. In welchen Punkten stimmen beide Wissenschaftler überein, in welchen ergänzen sie sich?
4. Erläutern Sie das folgende Beispiel aus „Emilia Galotti" mithilfe ausgewählter Axiome Watzlawicks:

   „**Emilia.** [...] Ach, meine Mutter! (*sich ihr in die Arme werfend.*)" (S. 142, Z. 15)

Gotthold Ephraim Lessing (1729 – 1781)
Emilia Galotti (3. Aufzug, 5. Auftritt)

Der Prinz. Emilia. Marinelli.

Der Prinz. Wo ist sie? wo? – Wir suchen Sie überall, schönstes Fräulein. – Sie sind doch wohl? – Nun so ist alles wohl! Der Graf, Ihre Mutter –
Emilia. Ah, gnädigster Herr! Wo sind sie? Wo ist meine Mutter?
Der Prinz. Nicht weit; hier ganz in der Nähe.
Emilia. Gott, in welchem Zustande werde ich die eine oder den andern vielleicht treffen! Ganz gewiss treffen! – denn Sie verhehlen mir, gnädiger Herr – ich seh es, Sie verhehlen mir –
Der Prinz. Nicht doch, bestes Fräulein. – Geben Sie mir Ihren Arm und folgen Sie mir getrost.
Emilia (*unentschlossen*). Aber – wenn ihnen nichts widerfahren – wenn meine Ahnungen mich trügen: – warum sind sie nicht schon hier? Warum kamen sie nicht mit Ihnen, gnädiger Herr?
Der Prinz. So eilen Sie doch, mein Fräulein, alle diese Schreckensbilder mit eins verschwinden zu sehen.
Emilia. Was soll ich tun? (*die Hände ringend.*)
Der Prinz. Wie, mein Fräulein? Sollten Sie einen Verdacht gegen mich hegen? –
Emilia (*die vor ihm niederfällt*). Zu Ihren Füßen, gnädiger Herr –
Der Prinz (*sie aufhebend*). Ich bin äußerst beschämt. – Ja, Emilia, ich verdiene diesen stummen Vorwurf. – Mein Betragen diesen Morgen ist nicht zu rechtfertigen: – zu entschuldigen höchstens. Verzeihen Sie meiner Schwachheit. – Ich hätte Sie mit keinem Geständnisse beunruhigen sollen, von dem ich keinen Vorteil zu erwarten habe. Auch ward ich durch die sprachlose Bestürzung, mit der Sie es anhörten, oder vielmehr nicht anhörten, genugsam bestraft. – Und könnt' ich schon diesen Zufall, der mir nochmals, ehe alle meine Hoffnung auf ewig verschwindet – mir nochmals das Glück, Sie zu sehen und zu sprechen, verschafft; könnt' ich schon diesen Zufall für den Wink eines günstigen Glückes erklären – für den wunderbarsten Aufschub meiner endlichen Verurteilung erklären, um nochmals um Gnade flehen zu dürfen: so will ich doch – beben Sie nicht, mein Fräulein – einzig und allein von Ihrem Blicke abhangen. Kein Wort, kein Seufzer, soll Sie beleidigen. – Nur kränke mich nicht Ihr Misstrauen. Nur zweifeln Sie keinen Augenblick an der unumschränktesten Gewalt, die Sie über mich haben. Nur falle Ihnen nie bei, dass Sie eines andern Schutzes gegen mich bedürfen. – Und nun kommen Sie, mein Fräulein – kommen Sie, wo Entzückungen auf Sie warten, die Sie mehr billigen. (*Er führt sie, nicht ohne Sträuben, ab.*) Folgen Sie uns, Marinelli. –
Marinelli. Folgen Sie uns – das mag heißen: folgen Sie uns nicht! – Was hätte ich ihnen auch zu folgen? Er mag sehen, wie weit er es unter vier Augen mit ihr bringt. – Alles, was ich zu tun habe, ist – zu verhindern, dass sie nicht gestöret werden. Von dem Grafen zwar, hoffe ich nun wohl nicht. Aber von der Mutter; von der Mutter! Es sollte mich sehr wundern, wenn die so ruhig abgezogen wäre, und ihre Tochter im Stiche gelassen hätte. – Nun, Battista? was gibt's?

1. Beschreiben Sie Ihren ersten Eindruck von den Figuren, die in dieser Szene handeln.
2. Suchen Sie die Regieanweisungen in dieser Szene heraus, und machen Sie deutlich, was diese über die Situation Emilias in diesem Moment zeigen.

3. Beschreiben Sie die Bedeutung der Körpersprache in den zu Aufgabe 2 gesammelten Beispielen.

4. Beurteilen Sie anhand von Beispielen aus dem Text, ob die vorliegende Kommunikationssituation symmetrisch oder komplementär ist. Wählen Sie einzelne Beispiele aus. Welche Bedeutung hat dieses Wissen für das Verständnis der Szene?

5. Zeigen Sie auf, wie sich die vier Seiten des Kommunikationsquadrats in der Aussage des Prinzen „Geben Sie mir Ihren Arm und folgen Sie mir getrost" (Z. 12 f.) jeweils wiederfinden lassen.

6. Erläutern Sie das Kommunikationsquadrat an einem selbstgewählten Beispiel aus der vorliegenden Dramenszene.

7. Fassen Sie zusammen, was die Szene über die Beziehung und die Kommunikation zwischen dem Prinzen und Emilia zeigt.

8. Beschreiben und deuten Sie die in dem Szenenfoto deutlich werdenden körpersprachlichen Elemente.

9. **Was Sie noch machen können:**
   a) Untersuchen Sie die Kommunikationssituation, die in dem Textauszug aus Lessings Drama „Nathan der Weise" (S. 135 f.) dargestellt wird.
   b) Übertragen Sie die vorliegende Dramenszene aus Lessings Stück „Emilia Galotti" in die heutige Zeit und schreiben Sie sie so um, dass Emilia als emanzipierte junge Frau erscheint. Wie verändert sich dadurch die Kommunikationssituation?
   c) Lessings Stück „Emilia Galotti" wird häufig auf deutschen Bühnen gespielt. Recherchieren Sie zu modernen Inszenierungen des Stückes und berichten Sie im Kurs, wie Handlung und Figuren gezeigt werden.
   d) Schreiben Sie in Partnerarbeit kurze Dialoge, mit denen Sie die Axiome Watzlawicks (S. 149 f.) verdeutlichen. Stellen Sie Ihre Dialoge anschließend im Kurs vor.

Der Prinz und Emilia (Oldenburgisches Staatstheater)

Eine Dramenszene selbstständig interpretieren

Joachim Berger als Sir William Sampson in einer Aufführung des Rheinischen Landestheaters Neuss

Gotthold Ephraim Lessing (1729 – 1781)
Miss Sara Sampson (1. Aufzug, 1. Auftritt)

Lessing verfasste sein erstes bürgerliches Trauerspiel im Jahr 1755 angeblich innerhalb von sechs Wochen. Er orientierte sich an englischen Vorbildern und brachte sein Stück noch im Entstehungsjahr auch auf die Bühne, nämlich in Frankfurt an der Oder, wo das Publikum während und nach der Uraufführung ergriffen gewesen sein soll. Im Mittelpunkt der Handlung, die in England spielt, steht die Titelfigur, Sara Sampson, die mit ihrem Geliebten, Mellefont, davongelaufen ist. Sie hofft, dass er sie in Frankreich heiraten wird. Saras Vater, Sir William, ist ihr mit seinem Diener Waitwell nachgereist, um der Tochter zu verzeihen und sie nach Hause zu holen. Dem Wertesystem des Adels werden Sir William und Sara als Vertreter bürgerlicher Werte gegenübergestellt. Alle Beteiligten treffen in einem Gasthof aufeinander, in dem auch die erste Szene des Dramas spielt.

Der Schauplatz ist ein Saal im Gasthofe
Sir William Sampson und Waitwell treten in Reisekleidern herein

Sir William   Hier meine Tochter? Hier in diesem elenden Wirtshause?

Waitwell   Ohne Zweifel hat Mellefont mit Fleiß das allerelendeste im ganzen Städtchen zu seinem Aufenthalte ausgewählt. Böse Leute suchen immer das Dunkle, weil sie böse Leute sind. Aber was hilft es ihnen, wenn sie sich auch vor der ganzen Welt verbergen könnten? Das Gewissen ist doch mehr als eine ganze uns verklagende Welt. – Ach, Sie weinen schon wieder, schon wieder, Sir! – Sir!

Sir William   Lass mich weinen, alter ehrlicher Diener. Oder verdient sie etwa meine Tränen nicht?

Waitwell   Ach! sie verdient sie, und wenn es blutige Tränen wären.

Sir William   Nun so lass mich.

Waitwell   Das beste, schönste, unschuldigste Kind, das unter der Sonne gelebt hat, das muss so verführt werden! Ach Sarchen[1]! Sarchen! Ich habe dich aufwachsen sehen; hundertmal habe ich dich als ein Kind auf diesen meinen Armen gehabt; auf diesen meinen Armen habe ich dein Lächeln, dein Lallen bewundert. Aus jeder kindischen Miene strahlte die Morgenröte eines Verstandes, einer Leutseligkeit, einer – –

Sir William   O schweig! Zerfleischt nicht das Gegenwärtige mein Herz schon genug? Willst du meine Martern durch die Erinnerung an vergangne Glückseligkeiten noch höllischer machen? Ändre deine Sprache, wenn du mir einen Dienst tun willst. Tadle mich; mache mir aus meiner Zärtlichkeit ein Verbrechen; vergrößre das Vergehen meiner Tochter; erfülle mich, wenn du kannst, mit Abscheu gegen sie; entflamme aufs Neue meine Rache gegen ihren verfluchten Verführer; sage, dass Sara nie tugendhaft gewesen, weil sie so leicht aufgehört hat, es zu sein; sage, dass sie mich nie geliebt, weil sie mich heimlich verlassen hat.

[1] **Sarchen:** Koseform von Sara

Waitwell Sagte ich das, so würde ich eine Lüge sagen; eine unverschämte böse Lüge. Sie könnte mir auf dem Todbette wieder einfallen, und ich alter Bösewicht müsste in Verzweiflung sterben. – Nein, Sarchen hat ihren Vater geliebt, und gewiss! gewiss! sie liebt ihn noch. Wenn Sie nur davon überzeugt sein wollen, Sir, so sehe ich sie heute noch wieder in Ihren Armen.

Sir William Ja, Waitwell, nur davon verlange ich, überzeugt zu sein. Ich kann sie länger nicht entbehren; sie ist die Stütze meines Alters, und wenn sie nicht den traurigen Rest meines Lebens versüßen hilft, wer soll es denn tun? Wenn sie mich noch liebt, so ist ihr Fehler vergessen. Es war der Fehler eines zärtlichen Mädchens, und ihre Flucht war die Wirkung ihrer Reue. Solche Vergehungen sind besser als erzwungene Tugenden – Doch ich fühle es, Waitwell, ich fühle es; wenn diese Vergehungen auch wahre Verbrechen, wenn es auch vorsätzliche Laster wären: ach! ich würde ihr doch vergeben. Ich würde doch lieber von einer lasterhaften Tochter, als von keiner, geliebt sein wollen.

Waitwell Trocknen Sie Ihre Tränen ab, lieber Sir! Ich höre jemanden kommen. Es wird der Wirt sein, uns zu empfangen.

(1755)

1. Halten Sie Ihre ersten Eindrücke von den Figuren und der dargestellten Situation in Stichworten fest. Tauschen Sie sich anschließend mit einem Lernpartner oder einer Lernpartnerin über diese Eindrücke aus.

2. Überprüfen Sie Ihr Textverständnis, indem Sie die folgenden Fragen beantworten:
   - Wer ist an dem Gespräch beteiligt? In welcher Beziehung stehen die Figuren zueinander?
   - Wo und aus welchem Anlass findet das Gespräch statt?
   - Welches sind die zentralen Inhalte des Gesprächs?

3. Untersuchen Sie den Gesprächsverlauf und das Gesprächsverhalten der beteiligten Figuren. Nutzen Sie hierfür die folgenden Fragen:
   - Welche Anliegen und Absichten verfolgen die Gesprächspartner?
   - Wie reagieren sie aufeinander?
   - Wer ergreift die Initiative, wer lenkt das Gespräch?

4. Erinnern Sie sich daran, was Sie über die vier Seiten einer Botschaft nach Schulz von Thun gelernt haben, und wenden Sie die Begriffe Sachaspekt, Selbstoffenbarung, Beziehungsaspekt und Appell auf die folgende Äußerung Waitwells an:

   „Ach, Sie weinen schon wieder, schon wieder, Sir! – Sir!" (Z. 12 f.)

5. Untersuchen Sie anhand der folgenden Beispiele, welche sprachlichen Mittel die beiden Figuren verwenden. Was zeigen diese über die jeweilige Figur?

   „**Sir William** O schweig! Zerfleischt nicht das Gegenwärtige mein Herz schon genug? Willst du meine Martern durch die Erinnerung an vergangne Glückseligkeiten noch höllischer machen?" (Z. 28 ff.)

   „**Waitwell** Das beste, schönste, unschuldigste Kind, das unter der Sonne gelebt hat, das muss so verführt werden! Ach Sarchen! Sarchen!" (Z. 19 ff.)

6. Charakterisieren Sie auf der Grundlage Ihrer bisherigen Ergebnisse Sir William Sampson und Waitwell sowie die Beziehung zwischen den beiden Figuren.
   ➔ Die Charakterisierung einer literarischen Figur, S. 21

7. Fassen Sie Ihre Ergebnisse in einer schriftlichen Interpretation der Dramenszene zusammen.
   - Hilfestellungen und Tipps hierzu finden Sie im Methodenteil.
   ➔ Eine Dramenszene interpretieren, S. 174 ff.
   - Gehen Sie aspektorientiert vor. Konzentrieren Sie sich auf die zuvor erarbeiteten Aspekte: a) Gesprächsverlauf/Gesprächsverhalten der Figuren, b) Charakterisierung der Figuren und Ihrer Beziehung.
   - Beziehen Sie die Untersuchung sprachlicher Mittel jeweils in die Interpretation ein.

8. **Was Sie noch machen können:**
   a) Interpretieren Sie eine der anderen in diesem Kapitel behandelten Dramenszenen.
   b) Verfassen Sie für Schülerinnen und Schüler eines nachfolgenden Jahrgangs zehn Tipps für das Interpretieren einer Dramenszene.

Methoden und mehr ...

In diesem abschließenden Teil finden Sie Material, um zentrale methodische Fähigkeiten, die Ihnen z. T. bereits aus den letzten Schuljahren bekannt sind, zu wiederholen und individuell zu üben.
Zunächst werden Ihnen noch einmal wichtige Arbeitstechniken aufgezeigt, die Ihnen beim Anfertigen von Hausaufgaben oder bei der Vorbereitung auf Klausuren helfen sollen. Auch bei der Erarbeitung einzelner Kapitel während des Unterrichts können Sie hier immer wieder nachschlagen. An vielen Stellen wird im Buch auf diesen Schlussteil verwiesen (z. B. ➔ Ein Gedicht interpretieren, S. 167 ff.).

Im Einzelnen geht es um folgende Schwerpunkte:

1 **Texte analysieren bzw. interpretieren – Ein Überblick**

2 **Texte planen und schreiben – Literarische Texte**
Den Inhalt eines literarischen Textes wiedergeben
Einen Erzähltext interpretieren
Die Technik des Erzählens – Ein Überblick
Ein Gedicht interpretieren
Eine Dramenszene interpretieren
Eine Filmsequenz interpretieren

3 **Texte planen und schreiben – Sachtexte**
Den Inhalt eines Sachtextes zusammenfassen
Einen argumentativen Sachtext analysieren

4 **Texte miteinander vergleichen – Ein Überblick**

5 **Gedichte miteinander vergleichen**

6 **An der Darstellung feilen – Texte überarbeiten**

7 **Richtig zitieren**

8 **Rhetorische Figuren**

9 **Zuhören und Informationen verarbeiten – Protokollieren**

10 **Grammatisches Wissen festigen**

11 **Rechtschreibung**

12 **Zeichensetzung – Das Komma**

Die einzelnen Kapitel sind so gestaltet, dass Sie zunächst allgemein nachlesen können, wie Sie am besten vorgehen.

Einen Erzähltext interpretieren

Das müssen Sie wissen

Bei der **Interpretation** eines Erzähltextes geht es darum, einen kürzeren oder längeren Erzähltext, ggf. einen Textauszug, genau zu untersuchen und die darin enthaltene Aussage zu erschließen.
➔ Texte analysieren bzw. interpretieren – Ein Überblick, S. 156 f.

Die schriftliche Interpretation eines Erzähltextes

Einleitung	Ihre Einleitung enthält die wichtigsten Textdaten: Titel, Verfasser, Erscheinungsjahr und -ort sowie Textsorte bzw. Textart (z. B. Roman, Kurzgeschichte). Eventuell geben Sie weiterhin Hinweise zum historischen Kontext. Anschließend nennen Sie das Thema, d. h. die zentrale Problematik oder Fragestellung des Textes. Das Thema hat daher schon Deutungscharakter.

Anhand eines konkreten Beispiels können Sie dann noch einmal die Methode üben, wenn Sie sich noch unsicher fühlen.

Ein Beispiel

Daniel Kehlmann (geb. 1975)
Ruhm. Ein Roman in neun Geschichten (Osten)

Die erfolgreiche und bei ihren Lesern beliebte Krimiautorin Maria Rubinstein begibt sich als Mitglied einer in-

Schon nach kurzem schmerzte ihr Rücken, ihre Arme waren nicht an die Anstrengung gewöhnt, und es

▶ **Aufgabenstellung**
Interpretieren Sie den Auszug aus Daniel Kehlmanns Geschichte „Osten".

So können Sie vorgehen

1. Lesen Sie den Text aufmerksam durch und halten Sie auf einem Notizzettel stichwortartig fest, was Ihnen hinsichtlich
   - des Inhalts (z. B. Darstellung und Handeln der Figuren),
   - der sprachlichen und erzähltechnischen Gestaltungsmittel und

Weiterhin erhalten Sie in diesem Schlussteil des Buches umfassendes Übungsmaterial aus den Bereichen Grammatik, Rechtschreibung und Zeichensetzung. Wählen Sie die Schwerpunkte zum individuellen Üben aus, die Ihnen noch Probleme bereiten. Damit Sie kontrollieren können, ob Ihnen die Aufgaben gelungen sind, finden Sie die Lösungen im Anhang dieses Buches auf den Seiten 256–274.

Der Modus

Regel

Die unterschiedlichen Modi (Aussageweisen)

Die Verbform drückt aus, wie ein Geschehen vom Schreiber oder Sprecher **eingeschätzt** wird. Wird es als **wirklich (real), möglich, erwünscht, nur erdacht oder nicht wirklich (irreal)** angesehen oder ist damit

Rechtschreibprobleme durch einfache Verfahren lösen

Regel

Natürlich ist es wichtig, die verschiedenen Rechtschreibregeln zu kennen, in vielen Fällen können Sie jedoch auch einfache Verfahren anwenden oder Merksprüche beherzigen, wenn Sie sich bei der Schreibweise von Wörtern unsicher sind, z. B.:

- die Schreibweise durch Ableiten und Verlängern des Wortes herausfinden,
- die Bedeutung von Wörtern, Silben und Lauten unterscheiden,
- deutlich sprechen und genau hinhören,
- Wortarten unterscheiden,

Unter die Lupe genommen – Das Komma in Satzgefügen

Regel

1. Das Komma trennt **Haupt- und Gliedsatz/Nebensatz** voneinander (einfaches Satzgefüge). Der Nebensatz kann vor dem Komma stehen, dahinter oder in ihn eingeschoben sein.

   Beispiel: Obwohl er intensiv gelernt hat, fällt ihm die Arbeit sehr schwer.
   Er fragte sich, ob er auch so gehandelt hätte.

1 Texte analysieren bzw. interpretieren – Ein Überblick

Das müssen Sie wissen

Ursprung des Wortes Text	Das Wort Text geht auf das lateinische Verb „texere" zurück, welches so viel wie „weben" oder „flechten" bedeutet. Ein Text ist also ein Geflecht aus Wörtern und Sätzen, die einen bewusst sprachlich gestalteten Inhalt an den Leser und die Leserin vermitteln. Dabei unterscheidet man grundsätzlich zwei Arten von Texten: literarische Texte und Sachtexte.
Sachtexte	Sachtexte haben einen unmittelbaren Bezug zur Wirklichkeit und setzen sich mit Gegebenheiten daraus auseinander. Zu ihnen gehören z. B. die bekannten Textsorten der Zeitung wie Bericht, Reportage, Kommentar, Rezension etc. Zu ihnen zählen auch Lexikoneinträge, Argumentationen, Werbetexte oder Statistiken. Sachtexte können im Hinblick darauf befragt werden, ob das, was in ihnen steht, richtig oder falsch ist.
Literarische Texte Großgattungen der Literatur	Literarische Texte, die auch fiktive oder fiktionale Texte genannt werden, handeln von erfundenen Welten. Eine Fiktion ist etwas Erdachtes. Die Personen, Orte und Ereignisse, von denen sie handeln, sind nicht unmittelbar der Wirklichkeit entnommen, sondern von einem Autor oder einer Autorin erfunden. Deshalb ergibt es auch keinen Sinn zu fragen, ob das, was in einem literarischen Text steht, richtig oder falsch ist. Bei literarischen Texten unterscheidet man epische Texte (erzählende Texte wie Märchen, Fabeln, Kurzgeschichten, Novellen, Romane), dramatische Texte (Schauspiele, Komödien, Tragödien, Dramen, Opern …) und lyrische Texte (Gedichte, Lieder). Man spricht in diesem Zusammenhang auch von Großgattungen der Literatur.
Deutungshypothese	Wenn Sie zu einem literarischen Text ein erstes, individuelles Textverständnis formulieren, gelangen Sie zu einer sogenannten Deutungs- oder Interpretationshypothese. Diese gilt es zu überprüfen, indem Sie den Text sorgfältig bearbeiten. Dabei kann sich herausstellen, dass Ihr erstes Textverstehen, also Ihre Deutungshypothese, sich bestätigt oder aber korrigiert werden muss.
Das Verstehen eines Textes	Das Verstehen eines Textes ist oft das Ergebnis eines intensiven Bearbeitungsprozesses, unabhängig davon, ob es sich um einen literarischen Text oder einen Sachtext handelt. Wenn Sie z. B. in einer Klausur oder schriftlichen Hausaufgabe aufgefordert sind, Ihr Textverständnis wiederzugeben, stehen Ihnen grundsätzlich zwei unterschiedliche Methoden zur Verfügung, die Ihnen helfen, Ihren Ausführungen eine klare Struktur zu verleihen:
Die lineare Bearbeitung eines Textes	**1. Die lineare Bearbeitung eines Textes** Bei dieser Methode bearbeiten sie den Text gewissermaßen von oben nach unten. Dabei arbeiten Sie den Text jedoch nicht Satz für Satz durch, sondern gehen von einer Gliederung aus. Die einzelnen Abschnitte des Aufgabentextes werden nun systematisch, das heißt ihrer Reihenfolge nach, bearbeitet. Dies führt in der Regel zu genauen und detaillierten Ergebnissen, birgt allerdings auch die Gefahr, dass zu kleinschrittig gearbeitet wird und übergeordnete Aspekte aus dem Blick geraten, wenn die Textvorlage z. B. sehr lang ist.

Die aspektorientierte Bearbeitung eines Textes	**2. Die aspektorientierte Bearbeitung eines Textes** Bei einer aspektorientierten Bearbeitung eines Textes werden vorab Schwerpunkte der Bearbeitung festgelegt, z. B. bei einem literarischen Text die Bedeutung eines Handlungsortes, die Charaktereigenschaften einer literarischen Figur, ihre Beziehung zu anderen Figuren, die Sprechweise einer Figur in einer Dramenszene – oder bei einem Sachtext die Hauptthese, die ein Autor dort formuliert, und die zentralen Argumente, die diese These stützen sollen, oder besondere Wertungen, die vorgenommen werden etc. Aspekte, die nicht im Fokus des Interesses stehen, werden dabei bewusst vernachlässigt. Oft ist es so, dass in der Aufgabenstellung bereits eine Bearbeitungsmethode nahegelegt wird, wenn z. B. dort Aspekte genannt werden.
Analysieren oder interpretieren?	Unabhängig davon, ob es sich um einen Sachtext oder um einen literarischen Text handelt, gehört zur Bearbeitung immer eine genaue Beschreibung, die den Inhalt, den Aufbau und die sprachliche Gestaltung bzw. die sprachlichen Besonderheiten einschließt. Diese genaue Textbeschreibung ist dann die Grundlage für eine Deutung eines literarischen Textes oder eines Sachtextes. Bei einem Sachtext spricht man allerdings eher von Funktionalisierung oder Erklärung. Der Begriff der Deutung, der eng mit dem aus dem Lateinischen abgeleiteten Wort Interpretation verbunden ist, ist literarischen Texten vorbehalten. Dementsprechend gibt es zwei unterschiedliche Aufgabenformulierungen für Sachtexte und für literarische Texte, die Sie auch in diesem Buch wiederfinden:
Zwei unterschiedliche Aufgabenformulierungen	1. Sachtexte: Analysieren Sie den Sachtext … 2. Literarische Texte: Interpretieren Sie das Gedicht, die Erzählung … … Sie können also bereits an der Aufgabenstellung erkennen, welchem Bereich der jeweilige Text zugeordnet ist. Die oben beschriebenen Methoden gelten unabhängig davon, ob es um die Analyse eines Sachtextes oder um die Interpretation eines literarischen Textes geht.

2 Texte planen und schreiben – Literarische Texte

Den Inhalt eines literarischen Textes wiedergeben

Das müssen Sie wissen

Mit der schriftlichen Inhaltsangabe eines literarischen Textes informieren Sie den Leser über wichtige Zusammenhänge im Hinblick auf die Thematik, die Handlungsabfolge sowie Personen, Ort und Zeit der Handlung in knapper, präziser Form.
Gehört die Inhaltsangabe zum einleitenden Teil einer Interpretation, kann sie sich je nach Aufgabenstellung auch nur auf die Wiedergabe eines kurzen Handlungsüberblicks und eine Aussage über das im Text angesprochene Thema bzw. Problem beschränken.

Eine Inhaltsangabe kann folgendermaßen aussehen:

Einleitung	In der Einleitung nennen Sie Autor, Titel und Textsorte und geben einen kurzen Handlungsüberblick, der auch schon den Ausgang der Erzählung enthält. Ferner sollte die Einleitung eine kurze Aussage über das im literarischen Text angesprochene Thema bzw. Problem machen.
Hauptteil	Im Hauptteil geben Sie die wichtigsten Geschehnisse mit eigenen Worten wieder (Personen, Zeit und Ort der Handlung, wichtige Handlungsschritte). Auf die Darstellung von Einzelheiten wird verzichtet. Damit die innere Logik der Handlung in ihrem ursächlichen Zusammenhang deutlich wird, sollten Sie die Sätze kausal verknüpfen (z. B.: Sie kehrt noch einmal zurück, **weil** … Ihre ständige Angst führt dazu, **dass** …). Den zeitlichen Zusammenhang machen Sie durch eine chronologische Wiedergabe deutlich. Dazu benutzen Sie am besten temporale Verknüpfungen (z. B.: **Daraufhin** folgt ein … **Anschließend** macht sie … **Bevor** sie abreist, …). In vielen modernen Erzählungen ist die äußere Handlung sehr begrenzt. Dann ist es Aufgabe der Inhaltsangabe, die innere Handlung (also das, was sich im Bewusstsein der in der Erzählung vorkommenden Personen abspielt) kurz darzustellen.
Schluss	Die Inhaltsangabe besitzt keinen eigentlichen Schluss. Am Ende kann man aber eine knappe Zusammenfassung der Aussage des literarischen Textes geben.
Die Sprache	Die Sprache der Inhaltsangabe ist bestimmt durch ihre informierende Absicht: Sie ist sachlich und informativ. Die direkte/wörtliche Rede wird durch die indirekte Rede (Modus: Konjunktiv I) oder eine Umschreibung ersetzt. Z. B.: *Paul sagt: „Ich bin ein guter Sportler."* (Direkte Rede) *Paul sagt, er sei ein guter Sportler.* (Indirekte Rede) *Paul hält sich für einen guten Sportler.* (Umschreibung) Als Tempus verwendet man in der Inhaltsangabe das Präsens, bei Vorzeitigkeit das Perfekt.

Ein Beispiel

Stefanie Dominguez (geb. 1996)
Unter dem Regenschirm

Den Text finden Sie im Kapitel „Wer bin ich? Wer will ich sein? – Identität als Thema modernen Erzählens" auf S. 17 f.

▶ **Aufgabenstellung**
Geben Sie den Inhalt des Textes „Unter dem Regenschirm" von Stefanie Dominguez wieder.

So können Sie vorgehen

1. Lesen Sie den Text zunächst durch, um einen ersten Überblick zu gewinnen, und halten Sie erste Leseeindrücke schriftlich fest.

2. Lesen Sie den Text ein zweites Mal besonders gründlich, um ein vollständiges Textverständnis zu bekommen.
   Markieren Sie wichtige Textstellen und halten Sie das Thema des Textes in Stichworten fest. Für die Erzählung „Unter dem Regenschirm" könnte das z. B. so aussehen:
   – Demenz
   – Alter, Identitätsverlust
   – unvergängliche Liebe, Treue, Zuneigung auch in schwierigster Situation
   – „Unter dem Regenschirm" als Metapher für Schutz, Geborgenheit

3. Erschließen Sie den inhaltlichen Aufbau des Textes, indem Sie ihn in Sinnabschnitte gliedern und stichwortartig wiedergeben.

Sinnab-schnitt	Zeile	Inhalt
I	Z. 1–42	Älterer Mann trifft ältere Frau im Park, setzt sich zu ihr, beginnt ein Gespräch.
II	Z. 43–74	Er begleitet sie nach Hause, erzählt von sich und seiner Frau.
III	Z. 75–86	Verabschiedung vor der Eingangstür mit einem Kuss, Wunsch, sie wieder zu begleiten.
IV	Z. 87–103	„Auflösung": Junge Frau kommt hinzu, fragt den Mann, wo er seine Frau gefunden habe und ob sie ihn wieder nicht erkannt habe. Älterer Mann macht deutlich, dass er seine Frau trotz allem noch sehr liebt.

4. Formulieren Sie eine Einleitung und mithilfe Ihrer Abschnittszusammenfassungen einen zusammenhängenden Hauptteil (siehe nachfolgende Lösung).

5. Zum Schluss können Sie noch vertiefende Gedanken zur Thematik des Textes und zur Aussage formulieren.

Eine mögliche Lösung

Einleitung	Die Kurzgeschichte „Unter dem Regenschirm", 2016 von Stefanie Dominguez geschrieben, erzählt von einem alten Mann, der sich liebevoll um seine an Demenz erkrankte Frau kümmert, obwohl diese ihn nicht mehr erkennt.	Textsorte, Titel, Autorin, kurzer Handlungsüberblick
	Trotz dieser schwierigen Situation hält er in unerschütterlicher Liebe zu ihr.	Thema
Hauptteil **1. Textabschnitt**	Ein älterer Mann trifft in einem Park eine ältere Frau, die unter einem Regenschirm auf einer Parkbank sitzt und ein Buch liest. Er fragt sie, ob er sich zu ihr setzen dürfe, und beginnt mit ihr ein Gespräch über das Buch, in das sie vertieft ist. <u>Im weiteren Verlauf</u> entwickelt sich eine liebevolle Unterhaltung, in der die beiden alten Menschen sich sehr nahe sind. Auch der heftige Regen kann ihre Zweisamkeit nicht stören.	temporale Verknüpfung
2. Textabschnitt	<u>Nach einer Weile</u> steht der alte Mann auf und bietet der Frau an, sie nach Hause zu bringen. <u>Da</u> sie darauf aber nicht reagiert, muss er etwas energischer werden, bis sie mit ihm geht. <u>Weil</u> sie an Demenz erkrankt ist, erkennt sie nicht, dass es sich bei dem Mann um ihren eigenen Ehemann handelt, und sie fragt ihn, ob er verheiratet sei. Der alte Mann bejaht die Frage und erzählt von seiner klugen und schlagfertigen Frau und seiner wundervollen Ehe.	temporale Verknüpfung; kausale Verknüpfungen
3. Textabschnitt	<u>Nachdem</u> sie vor der Eingangstür angekommen sind, verabschiedet sich der Mann liebevoll von der alten Frau mit einem Kuss auf die Wange und versichert ihr, dass er gerne wieder einmal mit ihr spazieren gehen würde.	temporale Verknüpfung
4. Textabschnitt	<u>In diesem Moment</u> erscheint eine junge Frau in der Tür und fragt den alten Mann, wo er sie (die alte Frau) gefunden habe und ob sie ihn wieder nicht erkannt habe. Erst an dieser Stelle erfährt der Leser, dass die alte Frau die Ehefrau des Mannes ist, ihn aber <u>wegen ihrer Krankheit</u> nicht mehr erkennt. Die junge Frau, vermutlich eine Pflegerin, sagt, dass sie manchmal denke, Demenz sei keine Krankheit, sondern ein Tier, das die Erinnerungen fresse.	temporale Verknüpfung kausale Verknüpfung
	<u>Daraufhin</u> …	temporale Verknüpfung
Schluss	…	Vertiefung der Thematik/ Aussage

Einen Erzähltext interpretieren

Das müssen Sie wissen

Bei der **Interpretation** eines Erzähltextes geht es darum, einen kürzeren oder längeren Erzähltext, ggf. einen Textauszug, genau zu untersuchen und die darin enthaltene Aussage zu erschließen.
➔ Texte analysieren bzw. interpretieren – Ein Überblick, S. 156 f.

Die schriftliche Interpretation eines Erzähltextes

Einleitung	Ihre Einleitung enthält die wichtigsten Textdaten: Titel, Verfasser, Erscheinungsjahr und -ort sowie Textsorte bzw. Textart (z. B. Roman, Kurzgeschichte). Eventuell geben Sie weiterhin Hinweise zum historischen Kontext. Anschließend nennen Sie das Thema, d. h. die zentrale Problematik oder Fragestellung des Textes. Das Thema hat daher schon Deutungscharakter.
Hauptteil	Sie beginnen den Hauptteil mit einer kurzen Inhaltsangabe des zu untersuchenden Textes. Wenn es sich um einen Textauszug (z. B. aus einem Roman) handelt, sollten Sie den Auszug außerdem in den Zusammenhang des Gesamttextes einordnen, damit der Leser Ihren weiteren Ausführungen folgen kann (z. B. Handlungsverlauf, Entwicklung der Figuren, Thematik). Anschließend stellen Sie die Ergebnisse Ihrer Untersuchung dar; dabei können Sie wahlweise linear oder aspektorientiert vorgehen (s. S. 156 f.), sofern in der Aufgabenstellung nicht bereits eine Methode vorgegeben wird. Wenn die Aufgabenstellung keine Untersuchungsaspekte vorgibt, müssen Sie selbst entscheiden, welche Schwerpunkte Sie sinnvollerweise setzen. Infrage kommen z. B.: • **Thema:** Ausgestaltung des zentralen Themas/Motivs/Problems • **Aufbau der Handlung:** Abschnitte/Verlauf der Handlung, Bedeutung von Anfang und Ende, Spannungsbogen, Haupt- und Nebenhandlung • **Figuren:** Unterscheidung von Haupt- und Nebenfiguren sowie deren Charakterisierung und Entwicklung, Beziehungen zwischen den Figuren, Bedeutung des kommunikativen Verhaltens der Figuren • **Ort und Zeit der Handlung:** Beschreibung des Handlungsortes, Gestaltung der Atmosphäre, evtl. symbolische Bedeutung des Handlungsortes, (historische) Zeit der Handlung, Zeitstruktur • **Sprache:** z. B. Auffälligkeiten in Wortwahl und Satzbau, rhetorische Mittel, Bildhaftigkeit, Stilebene • **Erzähltechnik:** z. B. Erzählform, Erzählerstandort, Erzählverhalten • **Textsorte/Gattung:** Benennung und Bestimmung der Textsorte/Gattung anhand der Textsortenmerkmale • **Titel:** Deutung des Titels, Zusammenhang zwischen Titel und Erzähltem Wichtig ist, dass inhaltliche und formale Merkmale in der Interpretation miteinander verbunden werden!
Schluss	Im Schlussteil fassen Sie die zentralen Untersuchungsergebnisse zusammen und leiten daraus eine Gesamtdeutung des Textes bzw. Textauszuges ab. Dabei greifen Sie das in der Einleitung formulierte Kernproblem (s. o.) auf. Außerdem sollten Sie erläutern, welche Wirkungs- und Aussageabsichten der Text für den Leser hat.

Ein Beispiel

Daniel Kehlmann (geb. 1975)
Ruhm. Ein Roman in neun Geschichten (Osten)

Die erfolgreiche und bei ihren Lesern beliebte Krimiautorin Maria Rubinstein begibt sich als Mitglied einer internationalen Delegation von Reisejournalisten auf eine Pressereise nach Zentralasien, um die Schönheit und Errungenschaften des Ostens kennenzulernen und anschließend in den Medien darüber zu berichten. Ihre Motivation ist eher gering, da sich die in sich ruhende, bodenständige Maria eigentlich am liebsten zu Hause bei ihrem Ehemann und an ihrem Schreibtisch mit Blick auf den Garten aufhält, zumal sie lediglich als Ersatz für den eigentlich eingeladenen Schriftstellerkollegen Leo Richter kurzfristig eingesprungen ist. Durch eine Verkettung eigenartiger, jedoch nie unglaubhafter Zufälle wird sie von der Reisegruppe vergessen, verliert sich ohne Pass, Geld, Handy und Sprachkenntnisse in einem fremden Land und bleibt schließlich verschollen.
Der vorliegende Textauszug bildet das Ende dieser Episode: Maria lernt ein einheimisches, älteres Ehepaar kennen, welches ihr als Gegenleistung für ihre Arbeit als Putzhilfe etwas zu essen gibt und eine notdürftige Unterkunft für die Nacht bereitstellt.

Während sie putzte, versuchte Maria nachzudenken. Sie würde ein Jahr hier leben müssen, vielleicht zwei, kein Suchtrupp würde sie finden, kein Gesandter des Auswärtigen Dienstes plötzlich auftauchen und sie
5 befreien. Sie mußte bleiben und arbeiten, bis sie die Sprache beherrsche. Falls diese Leute sie bezahlten, würde sie etwas Geld zur Seite legen. Irgendwann würde sie sich auf den Weg in die Hauptstadt machen können. Dort würde sie jemanden finden, der
10 ihr half. Sie würde nicht ewig hier sein; sie hatte es besser als diese Menschen, sie würde herauskommen.

Schon nach kurzem schmerzte ihr Rücken, ihre Arme waren nicht an die Anstrengung gewöhnt, und es schien ihr, als würden die Bodenbretter während der 15 Arbeit nur immer schmutziger. Sie schluchzte leise. Die Frau saß in ihrem Stuhl und schälte Kartoffeln, der alte Mann hockte auf einer Holzbank und blickte ohne Ausdruck vor sich hin.
Als sie fertig war, sah der Boden genauso aus wie 20 zuvor, aber die Frau gab ihr noch ein Stück Brot und sogar etwas Fleisch. Nachdem sie es gegessen hatte, ging sie hinaus zur Wasserpumpe und wusch sich Gesicht und Hände. Plötzlich war es eiskalt. In der Ferne heulte ein Tier. Der Himmel war voller Sterne. 25
Die Frau zeigte ihr die Matratze, auf der sie schlafen durfte. Sie war überraschend weich, nur an einer Stelle war eine rostige Feder durchgebrochen, und Maria mußte sich zusammenkrümmen, damit sie ihr nicht in den Rücken stach. Für einen Moment dachte 30 sie an ihren Mann. Plötzlich war er ihr fremd, so wie jemand, den sie vor langer Zeit gekannt hatte, in einer anderen Welt, einem vergangenen Leben. Sie hörte sich atmen, und da begriff sie, daß sie bereits schlief und im Traum auf sich selbst herabsah. Mit 35 verblüffender Klarheit wußte sie, daß solche Momente selten waren und daß man vorsichtig mit ihnen umgehen mußte. Eine falsche Regung, und man fand nicht mehr zurück, und schon war das alte Dasein dahin und kam nie wieder. Sie seufzte. Oder vielleicht 40 träumte sie nur, daß sie das tat. Dann, endlich, erlosch ihr Bewußtsein.

(Aus: Daniel Kehlmann: Ruhm. Ein Roman in neun Geschichten, Reinbek 2009, S. 117 ff.; aus lizenzrechtlichen Gründen folgt dieser Text nicht der reformierten Rechtschreibung.)

▶ **Aufgabenstellung**

Interpretieren Sie den Auszug aus Daniel Kehlmanns Geschichte „Osten".

Oder:

Interpretieren Sie den Auszug aus Daniel Kehlmanns Geschichte „Osten" im Hinblick auf
– die Darstellung der Protagonistin und
– die im Text entfaltete Identitätsproblematik.

So können Sie vorgehen

1. Lesen Sie den Text aufmerksam durch und halten Sie auf einem Notizzettel stichwortartig fest, was Ihnen hinsichtlich
   - des Inhalts (z. B. Darstellung und Handeln der Figuren),
   - der sprachlichen und erzähltechnischen Gestaltungsmittel und
   - der Wirkung des Textes auf Sie als Leser aufgefallen ist.

2. Lesen Sie den Text erneut und markieren Sie wichtige Textstellen, die Aufschluss über die Funktion und Wirkung der sprachlichen und erzähltechnischen Gestaltungsmittel geben, und machen Sie Randbemerkungen. Sie können auch Bezüge innerhalb des Textes deutlich machen, z. B. durch Pfeile.

3. Tragen Sie Ihre Ergebnisse in einer Stichwortsammlung zusammen. Vergessen Sie nicht, Textbelege in Ihre Sammlung aufzunehmen.

4. Entscheiden Sie, ob Sie Ihre Interpretation linear – ausgehend von einer Gliederung – oder aspektorientiert anlegen wollen, und entwickeln Sie einen Schreibplan, indem Sie Ihre bisherigen Ergebnisse auf einem Konzeptblatt sinnvoll gliedern.

5. Verfassen Sie Ihre Interpretation mithilfe Ihres Schreibplans und Ihrer Stichwortsammlung (Zeitform: **Präsens**). Achten Sie dabei darauf, Beschreibung (Inhalt, Sprache, Erzählweise) und Deutung miteinander zu verknüpfen und die eingeführten Fachbegriffe (z. B. zur Erzähltechnik) zu verwenden.

6. Überprüfen Sie Inhalt, Aufbau und Sprache Ihrer Interpretation und überarbeiten Sie Ihren Text gegebenenfalls.

Eine mögliche Lösung

Einleitung	Der vorliegende Textauszug stammt aus Daniel Kehlmanns Roman „Ruhm", der 2009 in Reinbek erschienen ist. Das Besondere an diesem Werk ist, dass der Autor neun voneinander scheinbar unabhängige Episoden kunstvoll zu einem Textganzen verknüpft.	Autor, Titel, Textsorte, Entstehungsort/-jahr
	Protagonistin der fünften Geschichte mit dem Titel „Osten" ist die bodenständige Krimiautorin Maria Rubinstein, die aus beruflichen Gründen eine Reise nach Zentralasien antritt, welche schicksalhafte Ausmaße annimmt und ihr Leben in seinen Grundfesten erschüttert.	Thema
	Im Folgenden wird der Auszug im Hinblick auf die Darstellung der Heldin und die im Text entfaltete Identitätsproblematik untersucht.	Angabe der zu untersuchenden Aspekte
Hauptteil	Der vorliegende Schluss des Erzähltextes kann in zwei Sinnabschnitte unterteilt werden. Im ersten Abschnitt (vgl. Z. 1–24) beschreibt der Er-/Sie-Erzähler, wie Maria Rubinsteins Odyssee durch den Osten vorläufig endet: Als Gegenleistung für ihre Arbeit als Putzhilfe gewährt ihr ein einheimisches älteres Ehepaar Asyl und gibt ihr etwas zu essen. Maria ist überzeugt, dass dies ihr künftiger	Inhaltszusammenfassung, Textgliederung

Alltag sein wird, bis sie genug Geld gespart hat, um den ärmlichen Verhältnissen in der zentralasiatischen Provinz endlich entfliehen und in ihre Heimat zurückkehren zu können.

Der zweite Abschnitt (vgl. Z. 24 – 42) beinhaltet Maria Rubinsteins Selbstreflexion ihrer jetzigen Lage am Ende eines schweren und zugleich unwirklichen Tages. Zwischen Wachen und Träumen wird der Protagonistin bewusst, dass sie an dem Plan für die Rückkehr in ihre gewohnte Welt unbedingt festhalten muss, anstatt sich mit den neuen Gegebenheiten zu arrangieren und ihr Leben und somit ihre Identität aufzugeben.

Zentral bei der Untersuchung des Textes ist die Darstellung der Heldin:

1. Aspekt: *Darstellung der Heldin*

Als erfolgreiche Krimiautorin aus dem zivilisierten Westen ist Maria Rubinstein körperliche Arbeit nicht gewohnt (vgl. Z. 13 f.), weshalb sie das Schrubben der „Bodenbretter" (Z. 15), die ihr durch ihre „Arbeit nur immer schmutziger" (Z. 16) erscheinen und den vorläufigen Tiefpunkt ihrer desolaten Gesamtsituation (verschollen in einer fremden Welt, ohne Geld, Handy und Papiere) markieren, an den Rand der Kapitulation und Selbstaufgabe bringt, was folgende Aussage deutlich macht: „Sie schluchzte leise." (Z. 16)

Durch das personale Erzählverhalten des Er-/Sie-Erzählers liegt der Fokus während des gesamten Textauszuges auf der Innensicht der Protagonistin. Die wenigen, dafür gezielt eingestreuten ambivalenten Naturbeschreibungen spiegeln dabei die inneren Vorgänge Maria Rubinsteins und machen den Widerstreit ihrer Gefühle deutlich.

So ist beispielsweise bereits der kurze Erzählerbericht „Plötzlich war es eiskalt" (Z. 24) doppeldeutig, weil er einerseits auf die für kontinentale Klimazonen typischen Temperaturschwankungen zwischen Tag und Nacht verweist, andererseits metaphorisch für die innere Leere und Resignation der Protagonistin angesichts ihrer wenig aussichtsreichen Lage steht. Verstärkt wird dies dadurch, dass „[i]n der Ferne [...] ein Tier" (Z. 24 f.) heult, welches die Ungewissheit und Unsicherheit Maria Rubinsteins in einer für sie gänzlich ungewohnten Welt symbolisiert. Ein positives Signal für einen letzten Rest Hoffnung, dieser desolaten Situation doch noch entkommen zu können, vermittelt lediglich der „Himmel [...] voller Sterne." (Z. 25)

Erzähltechnik, Sprache in funktionaler Anbindung

Ein weiterer wichtiger Aspekt ist die in diesem Auszug anklingende Identitätsproblematik.

2. Aspekt: *Identitätsproblematik*

Als Maria Rubinstein am Ende dieses Tages auf ihrem Notbett endlich zur Ruhe kommt, wird ihr selbstkritisch ein erstes Anzeichen von Selbstentfremdung und eines beginnenden

	Identitätsverlustes bewusst: „Für einen Moment dachte sie an ihren Mann. Plötzlich war er ihr fremd, so wie jemand, den sie vor langer Zeit gekannt hatte, in einer anderen Welt, einem vergangenen Leben." (Z. 30 ff.) …	
Schluss	*Zusammenfassend ist im Hinblick auf die Geschichte „Osten" Folgendes festzustellen: Während die Hauptfiguren der anderen Episoden des Romans aus ganz unterschiedlichen Gründen zumindest in Gedanken mit einer anderen Identität spielen, ist Maria Rubinstein zu Beginn der Handlung ganz bei sich und innerlich gefestigt. Das Schicksal will es, dass ausgerechnet sie bei dieser Reise auf absurde Weise ihr gewohntes Leben und somit buchstäblich ihre Identität verliert.* *Dies wird sprachlich besonders durch die leitmotivisch gebrauchte und den Text strukturierende Kälte- bzw. Dunkelheitssymbolik deutlich gemacht. Diese gipfelt darin, dass die Protagonistin am Ende der Geschichte „endlich […] ihr Bewußtsein" (Z. 41 f.) verliert, wobei das Adverb „endlich" die resignierende, fatalistische Haltung der Krimiautorin signalisiert.*	zusammenfassende Deutung mit Rückgriff auf das Thema (vgl. Einleitung)

Die Technik des Erzählens – Ein Überblick

Das müssen Sie wissen

Ein besonderes Kennzeichen **erzählender Texte** ist, dass in ihnen in der Regel eine **in der Zeit fortschreitende Handlung** dargestellt wird. Dies geschieht durch einen **Erzähler**, der für den Leser mehr oder weniger deutlich erkennbar ist.

Autor – Erzähler	Vom **Autor** eines Erzähltextes unterscheidet man den **Erzähler**, der als vermittelnde Instanz zwischen Autor und Leser tritt. Auch wenn der Erzähler Ähnlichkeiten mit dem Autor aufweisen kann, z. B. wenn autobiografische Erfahrungen verarbeitet werden, muss immer zwischen Autor und Erzähler **getrennt werden**.
Erzählform	Der Erzähler kann zwei Erzählformen verwenden, nämlich die **Ich-Erzählung** (der Erzähler tritt selbst in Erscheinung, spricht von sich und verwendet das Personalpronomen der 1. Person Singular) oder die **Er-/Sie-Erzählung** (der Erzähler berichtet über andere, er wählt in der Regel das Personalpronomen der 3. Person Singular). In seltenen Fällen benutzen Erzähler die **Du-Erzählform**.
Erzählperspektive und Erzählerstandort	Man unterscheidet hier die **Innen-** und die **Außensicht**. Der Erzähler kann sich auf das beschränken, was er als Betrachter von außen wahrnehmen kann (Außensicht); er kann aber auch in die Figuren hineinsehen und ihre Wahrnehmungen, Gedanken und Gefühle mitteilen – dann erzählt er aus der Innensicht der Figuren. Er vermittelt dem Leser so das Gefühl, unmittelbarer am Geschehen teilzuhaben.

Der Erzähler kann konstant die Sichtweise einer Figur einnehmen, er kann aber auch zwischen den Sichtweisen verschiedener Figuren wechseln (**Multiperspektivität**). Wichtig ist auch, welchen **Standort** der Erzähler zum erzählten Geschehen einnimmt. Er kann außerhalb der von ihm erzählten Welt stehen und als an der Handlung Unbeteiligter berichten. Er erzählt dann aus großer **Distanz**, hat zumeist den Überblick über die gesamte Handlung und kennt auch deren Vorgeschichte und Fortgang; man spricht in diesem Fall von einem **olympischen** oder **allwissenden Erzähler**.

Der Erzähler kann aber auch Teil der von ihm erzählten Welt sein. Er ist dann sehr **nah am Geschehen** und hat in der Regel nur eine **eingeschränkte Perspektive** auf die Figuren und die Handlung.

Wie wir das Erzählte wahrnehmen, hängt ganz wesentlich davon ab, wie Erzählperspektive und Erzählerstandort gewählt werden. Diese können innerhalb eines Textes wechseln.

Erzählverhalten	Man unterscheidet zwischen auktorialem, personalem und neutralem **Erzählverhalten**. Das Erzählverhalten kann innerhalb eines Textes wechseln. • Beim **auktorialen Erzählverhalten** tritt eine Erzählerfigur deutlich hervor, die das erzählte Geschehen arrangiert und kommentiert und sich dabei auch direkt an den Leser wenden kann. Der auktoriale Erzähler weiß in der Regel mehr als die handelnden Figuren, überblickt das Geschehen, kann die Figuren direkt charakterisieren und gibt dem Leser Hinweise auf Geschehnisse, die vor der erzählten Handlung liegen oder erst später ausgeführt werden. Der Erzählerstandort ist meistens der des allwissenden Erzählers. • Beim **personalen Erzählverhalten** beschränkt sich der Erzähler auf die Sicht einer oder mehrerer Figuren. Der Leser erlebt das Geschehen sowie die Wahrnehmungen, Gedanken und Gefühle der handelnden Figur(en) scheinbar unmittelbar aus deren Sicht. Der Erzähler tritt beim personalen Erzählverhalten weitgehend hinter die Figur(en) zurück. • Beim **neutralen Erzählverhalten** wird das Geschehen vom Erzähler wie von einem unbeteiligten Beobachter dargestellt. Er wird vom Leser in der Regel nicht bemerkt und konzentriert sich auf die äußerlich wahrnehmbaren Vorgänge.
Erzählhaltung	Der Erzähler kann dem von ihm erzählten Geschehen und den von ihm dargestellten Figuren **neutral** gegenüberstehen, er kann aber auch eine **wertende Einstellung** einnehmen. Sie kann zustimmend oder ablehnend, ironisierend, satirisch, kritisch oder humorvoll sein. Diese als Erzählhaltung bezeichnete wertende Einstellung des Erzählers darf nicht als Auffassung des Autors missverstanden werden, auch wenn sich die Auffassungen des Autors in ihr spiegeln können.
Zeitstruktur	Viele erzählende Texte sind gekennzeichnet von einer **chronologischen Abfolge** der Handlungsschritte. Die chronologische Ordnung des Geschehens kann der Erzähler aber durch **Rückwendungen** und **Vorausdeutungen** durchbrechen. Die Zeitspanne, die man braucht, um einen Text zu lesen, bezeichnet man als **Erzählzeit**; die **erzählte Zeit** dagegen ist die Zeitspanne, über die sich das erzählte Geschehen erstreckt. Man unterscheidet • zeitdehnendes Erzählen (Erzählzeit größer als erzählte Zeit), • zeitdeckendes Erzählen (Erzählzeit und erzählte Zeit gleich lang), • zeitraffendes Erzählen (erzählte Zeit größer als Erzählzeit, z. B. durch Aussparungen oder Zeitsprünge).

Raum	Der Raum ist in einem erzählenden Text zunächst der **Handlungsort**, an dem sich das Geschehen zuträgt. Dieser kann zur **Charakterisierung der Figuren** oder zur Ausgestaltung der **Atmosphäre** beitragen, aber auch **symbolische Bedeutung** haben.

Darbietungsformen	Der Erzähler kann das Geschehen auf verschiedene Weise darbieten; grundlegend ist hier zu unterscheiden zwischen dem **Erzählerbericht** und der **Figurenrede**.
	• In seinem **Erzählerbericht** kann der Erzähler **berichten**, **beschreiben** und **kommentieren/erörtern**. Diese Passagen sind als Äußerungen des Erzählers erkennbar.
	• Als **Figurenrede** bezeichnet man alle Äußerungen, die erkennbar einer Figur der Handlung zugeordnet werden können; hierzu gehören auch unausgesprochene Gedanken und Empfindungen einer Figur. Die Figurenrede lässt sich auf verschiedene Weise darstellen:
	  – Oft tritt sie als **direkte** oder **indirekte Rede** auf, z. B. wenn ein **Dialog** dargestellt wird. Solche Passagen haben fast den Charakter einer Dramenszene, man spricht deshalb auch von **szenischer Darstellung**.
	  – Auch die Wiedergabe der Gedanken einer Figur gehört zur Figurenrede. Der Erzähler kann durch den Einsatz eines **inneren Monologs** oder der **erlebten Rede** den Eindruck großer Unmittelbarkeit erreichen und weitgehend hinter die Figuren zurücktreten. Der **innere Monolog** steht in der 1. Person Singular Präsens (meistens Indikativ) und wird ohne Anführungszeichen dargeboten. Er gibt unmittelbar die Wahrnehmungen, Empfindungen, Überlegungen und Assoziationen einer Figur wieder. Der innere Monolog kann bis zum **Bewusstseinsstrom** (stream of consciousness) gesteigert werden, in dem zusammenhängende Gedankenführung und herkömmliche Satzstruktur weitgehend aufgelöst werden können. Die **erlebte Rede** unterscheidet sich vom inneren Monolog dadurch, dass sie in der 3. Person und in der Regel im Präteritum steht.

Ein Gedicht interpretieren

Das müssen Sie wissen

Bei der Interpretation eines Gedichtes untersuchen Sie zunächst, wie Inhalt, Aussage und Wirkung des poetischen Textes durch seine sprachliche Gestaltung verdeutlicht werden. Anschließend deuten Sie die Ergebnisse Ihrer Untersuchung.

Einleitung	In der Einleitung nennen Sie die wichtigsten Textdaten (Gedichtart, Titel, Autor, Erscheinungs- bzw. Entstehungsjahr) und geben – soweit bekannt – Informationen zum historischen Hintergrund. Ferner machen Sie in knapper Form Angaben zum Inhalt und zum Thema des Gedichtes (Worum geht es? Was wird dargestellt?). Die Einleitung kann bereits einen ersten Hinweis darüber enthalten, wie das Gedicht zu deuten ist.
Hauptteil	Im Hauptteil beschreiben Sie zunächst die äußere Form des Gedichtes (Strophenzahl, Verseinteilung, Reimschema, Metrum) zusammenhängend. Die formale Gestalt sollte später in die genaue Beschreibung und Deutung der Einzelstrophen eingebunden

	werden. Das gilt vor allem auch für besondere Auffälligkeiten/Ausnahmen (z. B. Unregelmäßigkeiten im Metrum). Danach beschreiben und deuten Sie – soweit auffällig – den Textaufbau (z. B. bei einer Rahmenstellung von Versen bzw. Strophen). Anschließend gehen Sie näher auf den Inhalt und die Sprache des Gedichtes ein (z. B. Situation des lyrischen Ichs, Atmosphäre, Darstellung des Themas in den einzelnen Strophen, inhaltliche Entwicklung). Dabei können Sie strophenweise vorgehen oder bestimmte Untersuchungsschwerpunkte in den Mittelpunkt stellen. Hierbei sind unbedingt die sprachlichen Mittel (z. B. sprachliche Bilder, Wortwahl, Satzbau, rhetorische Mittel) zu benennen und in ihrer Wirkung und Bedeutung für Inhalt und Aussage des Gedichtes zu erläutern. Weitere Hilfen zur linearen bzw. aspektorientierten Bearbeitung literarischer Texte erhalten Sie im Kapitel „Texte analysieren bzw. interpretieren – Ein Überblick" auf S. 156 f.
Schluss	Am Schluss fassen Sie die wichtigsten Beobachtungen und Erkenntnisse zusammen und formulieren eine Deutung (Aussage- und Wirkungsabsicht). Abschließend können Sie das Gedicht persönlich bewerten.
Sprache	Die Sprache der Interpretation ist grundsätzlich sachlich. Deutungsaussagen und Bewertungen müssen Sie stets begründen. Als Belege sollten Sie Zitate aus dem Gedicht (vgl. Kapitel „ Richtig Zitieren" auf S. 205 f.) in die Textbeschreibung übernehmen. Falls Sie nicht wörtlich zitieren, müssen Sie Gedichtinhalte mit eigenen Worten im Indikativ wiedergeben. Beschreibungstempus ist das Präsens, bei Vorzeitigkeit das Perfekt.

Ein Beispiel

Joseph Freiherr von Eichendorff (1788 – 1857)
Sehnsucht

Es schienen so golden die Sterne,
Am Fenster ich einsam stand
Und hörte aus weiter Ferne
Ein Posthorn im stillen Land.
5 Das Herz mir im Leib entbrennte,
Da hab' ich mir heimlich gedacht:
Ach wer da mitreisen könnte
In der prächtigen Sommernacht!

Zwei junge Gesellen gingen
10 Vorüber am Bergeshang,
Ich hörte im Wandern sie singen
Die stille Gegend entlang:
Von schwindelnden Felsenschlüften,
Wo die Wälder rauschen so sacht,
15 Von Quellen, die von den Klüften
Sich stürzen in die Waldesnacht.

Sie sangen von Marmorbildern,
Von Gärten, die über'm Gestein
In dämmernden Lauben verwildern,
20 Palästen im Mondenschein,
Wo die Mädchen am Fenster lauschen,
Wann der Lauten Klang erwacht,
Und die Brunnen verschlafen rauschen
In der prächtigen Sommernacht. –

(1834)

▶ **Aufgabenstellung**

Interpretieren Sie das Gedicht „Sehnsucht" von Joseph von Eichendorff.
Wählen Sie dafür Ihnen wichtig erscheinende Aspekte selbstständig aus.

So können Sie vorgehen

1. Lesen Sie das Gedicht zunächst einmal durch, um einen Überblick zu gewinnen. Notieren Sie dann Ihr erstes Textverständnis.
2. Lesen Sie das Gedicht noch mehrmals aufmerksam durch, um ein vollständiges Textverständnis zu erlangen.
3. Bringen Sie auf einer Kopie des Gedichtes oder auf einer Folie Unterstreichungen und Randbemerkungen an, um sich einen „Materialsteinbruch" für die Interpretation anzulegen. Dazu werden in der folgenden Übersicht die wichtigsten Gestaltungsmittel lyrischer Texte zusammengefasst.

Wichtiges Sachwissen		
Gedichtaufbau	Kennzeichen eines Gedichtes ist die Verssprache. Ein **Vers** ist eine Gedichtzeile, deren Länge im Unterschied zum Prosatext nicht bis zum Seitenrand reicht, sondern bewusst durch den Dichter gesetzt wird. Wird der Satz über das Versende hinausgeführt, spricht man von einem **Zeilensprung** (Enjambement). Fallen Vers- und Satzende zusammen, spricht man vom **Zeilenstil**. Eine **Strophe** fasst mehrere Verse zu einem Abschnitt zusammen, der in der Regel auch im Druck deutlich von den übrigen Teilen des Gedichtes abgehoben ist.	
Reime und Reimordnung	Verse werden häufig durch einen **Endreim** klanglich miteinander verbunden. Zwei oder mehrere Wörter reimen sich, wenn sie vom letzten betonten Vokal an gleich klingen (z. B.: „Reichen" – „erweichen"). Man kann zwischen **männlichen Reimen** (der Reim ist einsilbig, z. B.: „Welt" – „Feld"), **weiblichen Reimen** (der Reim ist zweisilbig, z. B.: „leben" – „geben") und **reichen Reimen** (der Reim ist drei- oder mehrsilbig, z. B.: „prächtige" – „mächtige") unterscheiden. Man unterscheidet folgende Reimformen:	
	Paarreim:	aabb
	Kreuzreim:	abab
	umarmender Reim:	abba
	Schweifreim:	aabccb
	Haufenreim:	aaa
	Binnenreim:	Die Wörter, die sich reimen, stehen im Versinneren, z. B.: „Ihm ist, als ob es tausend **Stäbe gäbe** [...]" (Rilke)
	unreiner Reim:	Die Silben reimen sich nur annähernd, sind lautlich nicht exakt identisch (z. B.: „sprießen" – „grüßen").
Versmaß (Metrum)	Die Verse vieler Gedichte weisen ein bestimmtes **Betonungsmuster** auf, d. h., **Hebungen** (betonte Silben) und **Senkungen** (unbetonte Silben) sind innerhalb eines Verses in einer festen Abfolge angeordnet. Diese Abfolge nennt man **Versmaß** oder **Metrum**. Die häufigsten Versmaße sind: **Jambus** (x**X**): z. B. Gedicht **Trochäus** (**X**x): z. B. Dichter **Daktylus** (**X**xx): z. B. Daktylus **Anapäst** (xx**X**): z. B. Paradies	

Wichtiges Sachwissen

Je nach Anzahl der Hebungen spricht man dann z. B. von einem vierhebigen Jambus:

„Am **grau**en **Strand**, am **grau**en **Meer**" […]
(Storm)

In der modernen Lyrik findet sich oft ein unregelmäßiges, kaum zu bestimmendes Metrum. Auch Reime findet man manchmal nicht.

Endet ein Vers auf einer betonten Silbe, nennt man das **stumpfe Kadenz**, endet er auf einer unbetonten Silbe, spricht man von einer **klingenden Kadenz**.[1]

Das Versmaß steht häufig in Verbindung zum Inhalt des Gedichtes und kann für die Interpretation, vor allem wenn es besonders regelmäßig oder unregelmäßig ist, genutzt werden. Es hat Einfluss auf die mit dem Gedicht vermittelte Stimmung.

Vom Metrum zu unterscheiden ist der **Rhythmus**. Er macht das Gedicht erst lebendig und hängt ab von der Betonung, dem Sprechtempo, den Pausen und auch dem Inhalt des Gedichtes. Das Schema des Versmaßes sagt deswegen noch nichts über die rhythmische Gestaltung aus.

Klangfarbe

Die Wirkung eines Gedichtes wird auch durch seine Klanggestalt beeinflusst, hier vor allem durch die Vokale. Helle **Vokale** (e und i) lassen ein Gedicht oft heiter und fröhlich klingen, dunkle Vokale (a, o und u) machen es vielfach gedämpfter, getragener oder geheimnisvoller. Wenn mehrere Wörter einen vokalischen Gleichklang aufweisen, spricht man von einer **Assonanz**. So reimen sich z. B. die Wörter „schlafen" und „klagen" nicht, weisen aber den gleichen Vokal auf. Assonanzen können ein Gedicht zusätzlich rhythmisieren und werden oft benutzt, um eine Nähe zum Volkslied herzustellen.

Die ersten drei Verse eines Gedichtes von Ludwig Uhland sind dafür ein Beispiel:

„Die linden Lüfte sind erw**a**cht,
Sie säuseln und weben T**a**g und N**a**cht,
Sie sch**a**ffen **a**n **a**llen Enden."

Eine weitere Möglichkeit, den Klang eines Gedichtes zu beeinflussen, liegt im Gebrauch von Wörtern, die das Geräusch, das sie bezeichnen, lautmalerisch nachahmen, z. B. bei den Wörtern „klirren", „rascheln", „zischen". Man spricht dann von Lautmalerei oder Onomatopoesie.

Gedichtarten/ Gedichtformen

Unterschiede in Thematik, Metrum, sprachlicher Gestaltung sowie Vers- und Strophenform haben zu unterschiedlichen Gedichtformen geführt. Die wichtigsten sind:

Ballade (Erzählgedicht)
Lied/Volkslied (eingängiger Reim, flexibles Metrum, Refrain)
Hymne (Preis- und Lobgesang)
Ode (langes, feierliches Gedicht, oft reimlos)
Sonett (vier Strophen, davon zwei Quartette, zwei Terzette; häufig mit der Reimanordnung abba abba ccd eed)

Gedichte können auch nach ihrer Thematik oder Funktion unterschieden werden: Naturgedichte, Liebesgedichte, politische Gedichte usw.

---

[1] Oft spricht man auch von männlicher und weiblicher Kadenz.

4. Informieren Sie sich auf den Seiten 105 ff. über die Epoche der Romantik, zu der dieses Gedicht gehört. Welche Informationen erscheinen Ihnen für die Interpretation des Gedichtes wichtig? Machen Sie sich dazu einen Stichwortzettel:

> - Poetisierung der Welt
> - wichtige Motive: Sehnsucht, Reisen/Wandern, Natur
> - Sagen, Märchen
> - Betonung des Traumhaften, Fantastischen, Wunderbaren
> - …

5. Überprüfen Sie auf der Grundlage Ihrer bisherigen Arbeitsergebnisse noch einmal Ihr Textverständnis. Präzisieren oder korrigieren Sie Ihren ersten Ansatz.

6. Sammeln Sie mögliche Gesichtspunkte für eine aspektorientierte Interpretation. Entscheiden Sie sich für maximal drei Aspekte, auf die Sie in Ihrer Arbeit näher eingehen wollen.

7. Entwickeln Sie einen Schreibplan, indem Sie auf einem Konzeptblatt Ihre Ergebnisse ordnen und weniger Wichtiges streichen. So könnte Ihr Schreibplan aussehen:

> 1. Einleitung
>   …
>
> 2. Hauptteil
>   a) formale Gestalt, Aufbau/Struktur
>   b) 1. Aspekt: Die Bedeutung der Natur
>   c) 2. Aspekt: Das Motiv der Sehnsucht

8. Formulieren Sie Ihre schriftliche Interpretation mithilfe Ihres Schreibplans aus. Denken Sie stets daran, Textbeschreibung (Was steht in dem Vers/der Strophe? Wie ist es sprachlich gestaltet?) und Textdeutung (Was bedeutet das Wort, die Metapher, der Vergleich usw.?) eng miteinander zu verknüpfen. Belegen Sie Ihre Ausführungen mit Zitaten unter Beachtung der dafür gültigen Regeln.

9. Überarbeiten Sie abschließend Ihren Text, achten Sie dabei auf eine sinnvolle Verknüpfung von Einleitung, Hauptteil und Schluss sowie der einzelnen Textteile (roter Faden!). Korrigieren Sie stilistische, grammatische und orthografische Fehler.

Eine mögliche Lösung (aspektorientierte Gedichtinterpretation)

Einleitung	Das Gedicht „Sehnsucht" von Joseph von Eichendorff stammt aus dem Jahre 1834. Die in ihm verwendeten Motive und die sprachliche Gestaltung machen es zu einem typischen Gedicht der Romantik. Das lyrische Ich steht am Fenster, lauscht den Geräuschen einer Sommernacht und hört aus weiter Ferne ein Posthorn, welches in ihm den Wunsch auslöst, in die Ferne zu reisen. Dieses Verlangen wird noch gesteigert durch zwei junge Gesellen, die im Vorbeiwandern eine ferne Landschaft und geheimnisvolle Orte besingen.	Autor, Textart, Titel, Jahr Inhalt
Hauptteil	Das Verhältnis von Mensch und Natur und das Motiv der Sehnsucht sind wichtige Aspekte des Gedichtes und sollen im Zentrum der Interpretation stehen. Das Gedicht weist eine klare äußere Struktur auf. Es besteht aus drei Strophen mit jeweils acht Versen.	Methode formale Gestalt, Aufbau/Struktur

Der doppelte Kreuzreim (abab/cdcd), ein einfacher Satzbau und der natürliche Sprechrhythmus geben dem Gedicht einen volksliedhaften Charakter. Das Metrum ist unregelmäßig, aber jeder Vers weist drei Hebungen auf, was dem Gedicht – genauso wie der regelmäßige Wechsel von stumpfen und klingenden Kadenzen – den gleichmäßig fließenden Sprechrhythmus verleiht. Dieser äußeren Struktur steht der innere Aufbau des Gedichtes gegenüber. Inhaltlich besteht es aus zwei Teilen, wobei der Doppelpunkt in der Mitte (V. 12) den Einschnitt markiert. — *innere Struktur*

Der erste Teil beschreibt die Situation des lyrischen Ichs, das einsam am Fenster steht und beim Klang des Posthorns starkes Fernweh spürt.

Der zweite Teil des Gedichtes gibt den Inhalt des Liedes wieder, das die Gesellen während ihrer Wanderung singen.

Die beiden Teile werden durch inhaltliche Verbindungen miteinander verknüpft, so etwa durch den Schein der Sterne (vgl. V. 1) und den Schein des Mondes (vgl. V. 20) oder das klingende Posthorn (vgl. V. 4) und den Klang der Lauten, dem die Mädchen lauschen (vgl. V. 21 f.). Eine weitere Verbindung schaffen die gleichlautenden letzten Verse der ersten und der dritten Strophe: „In der prächtigen Sommernacht." Und auch der Gleichklang des 6. und 8. Verses jeder Strophe stellt eine Einheit her. — *Zusammenhang von Aufbau und sprachlicher Gestaltung*

Das lyrische Ich, das am Fenster steht und dem Klang des Posthorns lauscht, spürt das starke Verlangen, die Enge des Hauses zu verlassen und auf Reisen zu gehen. Das Adjektiv „weit" in Verbindung mit dem Nomen „Ferne" (vgl. V. 3) macht die Dringlichkeit des Wunsches besonders deutlich. — **1. Aspekt:** *Bedeutung der Natur / sprachliche Besonderheiten*

Das Motiv des Aufbruchs ist typisch für die Dichtung der Romantik. Das lyrische Ich macht allerdings auch deutlich, dass dieser Wunsch unerfüllbar ist, indem es im Konjunktiv formuliert: „Ach wer da mitreisen könnte" (V. 7).

Der Wunsch, aus der Enge der Realität auszubrechen und Neues zu erkunden, wird eng verknüpft mit der Vorstellung von einer ungebändigten Natur, wie sie im Lied der wandernden Gesellen besungen wird: Von „schwindelnden Felsenschlüften" (V. 13), rauschenden Wäldern (vgl. V. 14) und von Quellen, die sich von Klüften stürzen (vgl. V. 15/16), ist in der zweiten Strophe die Rede. Durch die Häufung metaphorischer Ausdrücke und die Personifizierungen wird die Ursprünglichkeit der Natur besonders spürbar. — *sprachliche Besonderheiten*

Mit der dritten Strophe ändert sich das Bild von der Natur als Sehnsuchtsort: Beschrieben wird nun eine vom Menschen gestaltete Natur mit „Marmorbildern" (V. 17), „Gärten" (V. 18), „dämmernden Lauben"(V. 19), „Palästen" (V. 20) und „Brunnen" (V. 23). Diese „Traumwelt", die sehr stark an das Italienbild dieser Epoche erinnert, wird zum Ziel der Sehnsucht des lyrischen Ichs. Sie symbolisiert eine erträumte Freiheit und bildet den Gegensatz zur Enge der realen Verhältnisse.

	Der Gedankenstrich am Ende des Gedichtes deutet darauf hin, dass …	
	Das Motiv der Sehnsucht findet sich bereits in der Überschrift und zieht sich durch das gesamte Gedicht. Das lyrische Ich, das gedankenverloren am Fenster steht und den Ruf des Posthorns wahrnimmt, wünscht sich nichts mehr, als mitreisen zu können. So äußert es: „Das Herz mir im Leib entbrennte" (V. 5). Die Interjektion „Ach" (V. 7) verstärkt noch das sehnsuchtsvolle Gefühl, die häusliche Enge verlassen und in die Ferne reisen zu können. Allerdings werden diese Gedanken nur heimlich gedacht (vgl. V. 6) und nicht ausgesprochen.	**2. Aspekt:** Das Motiv der Sehnsucht
	Das lyrische Ich träumt sich, animiert durch das Lied der wandernden Gesellen, in eine unberührte, wilde Natur bzw. in eine vom Menschen geschaffene traumhafte Kulturlandschaft (vgl. die Strophen 2 und 3).	
	Das Dunkle und Zauberhafte dieser Sehnsuchtslandschaft wird in der dritten Strophe vor allem durch die Klangfarbe zum Ausdruck gebracht. Dunkle a- und o-Vokale geben dem Gedicht einen geheimnisvollen Ton.	sprachliche Besonderheiten
	Diese Sehnsucht nach Entgrenzung in der Natur ist vielleicht zu erklären mit der Unzufriedenheit des lyrischen Ichs mit der eigenen, als unzureichend empfundenen Existenz. Die träumerische Flucht in entlegene Welten ist auch ein Ausbruch aus der Alltagswelt mit ihren Bindungen.	
	Allerdings bleibt diese Traumwelt rein fiktiv, worauf der Konjunktiv in Vers 7 deutlich hinweist. Die Sehnsucht wird keine Erfüllung finden und dennoch bleibt sie für das lyrische Ich ein erstrebenswertes Gefühl, denn immerhin befreit sie für Augenblicke vom nüchternen Alltag.	
	Das Sehnsuchtsmotiv ist in Eichendorffs Gedicht eng verknüpft mit dem Fenstermotiv und den Motiven des Reisens und Wanderns …	
Schluss	Das Gedicht „Sehnsucht" von Joseph von Eichendorff ist mit seinen Motiven der Sehnsucht, des Reisens und Wanderns und der Nacht sowie dem volksliedhaften Ton ein typisches Gedicht der Romantik. Die genannten Motive finden in der Romantik und insbesondere bei Eichendorff immer wieder Verwendung.	Zusammenfassung
	Das Gedicht schildert die Sehnsucht des lyrischen Ichs nach einer Flucht vor einer zunehmend durch Wissenschaft und Technik bestimmten Welt. Ziel der Sehnsucht ist die Einheit mit der ursprünglichen Natur, die – zumindest in der Fantasie – zu einem Ort wird, an dem der Mensch wieder zu sich selbst finden kann. Die Gesellen, deren Lied das lyrische Ich in den Zustand sehnsüchtigen Träumens versetzt, sind sozusagen das Symbol für die angestrebte Freiheit. …	Aussagen zur Intention

Eine Dramenszene interpretieren

Das müssen Sie wissen

Das Besondere der literarischen Gattung „Drama" gegenüber der erzählenden Literatur besteht darin, dass eine Handlung nicht erzählt, sondern von Personen auf der Bühne dargestellt wird.

Zentrales Element des Dramas ist das Gespräch, sei es der Dialog zwischen zwei oder mehreren Figuren oder der Monolog, das Selbstgespräch einer Figur. In seltenen Fällen kann eine Figur des Schauspiels auch das Publikum direkt ansprechen. Unterstützt wird die Darstellung auf der Bühne durch die Körpersprache (Gestik, Mimik, Bewegung im Raum) und die Intonation. Körpersprache und Intonation werden häufig vom Verfasser des Dramas durch Regieanweisungen vorgegeben.

Sehr viele Dramen sind gegliedert in Akte/Aufzüge und Szenen/Auftritte. Ein Akt/Aufzug stellt einen größeren Handlungszusammenhang dar, der durch Szenen/Auftritte, die kleinsten Handlungseinheiten im Drama, untergliedert wird.

Dass eine Szene/ein Auftritt die kleinste Einheit der Handlung ist, bedeutet, dass in ihr die Handlung, der dramatische Konflikt, ein Stück vorangetrieben wird: Die Beziehung von Figuren ändert sich, sie können sich einander annähern, sich aber auch voneinander entfernen. In der Regel findet ein Szenenwechsel durch den Abgang bzw. Auftritt von Figuren der Handlung statt, wobei sich u.U. auch der Handlungsort ändern kann.

Der Handlungsort ist zum einen der konkrete Schauplatz der Handlung, er kann zum anderen aber auch eine übertragene Bedeutung haben oder Gegensätze zwischen den Figuren des Dramas deutlicher herausstellen, z. B. wenn das Haus des Bürgers dem Hof des Adligen gegenübergestellt wird. Der Verfasser des Dramas kann zur Ausgestaltung des Handlungsortes in seinen Regieanweisungen genaue Vorgaben machen. Er kann den Handlungsort aber auch nur sehr allgemein benennen oder ganz offenlassen.

Die schriftliche Interpretation einer Dramenszene

Ziel	Das Ziel der schriftlichen Interpretation einer Dramenszene ist es, den Leser über • den Inhalt der Szene, • die Charakterisierung der Figuren, • die Beziehungen zwischen den Figuren, • deren Gesprächsverhalten und Redestrategien sowie • die Bedeutung der Szene für den Handlungsverlauf des Dramas zu informieren. Zusätzlich können Vergleiche zu einem anderen Drama oder anderen literarischen Figuren gezogen werden. Darüber hinaus ist es sinnvoll, einen Bezug zu der literarischen Epoche herzustellen, der das Drama zuzuordnen ist.
Einleitung und Hinführung zur Interpretation	In der Einleitung nennen Sie den Autor und den Titel des Dramas, das Erscheinungs- oder Entstehungsjahr und eventuell den historischen Kontext, in dem das Drama spielt. Weiterhin geben Sie Ort, Zeit und auftretende Figuren der zu interpretierenden Szene an, formulieren eine kurze Inhaltsangabe und ordnen die Szene in den Gesamtzusammenhang der bisherigen Handlung ein.
Hauptteil	In diesem Teil gehen Sie zum Beispiel folgenden Fragestellungen nach: • Welche Absichten verfolgen die Gesprächspartner? • Wie reagieren Sie aufeinander? • Welche Redestrategien verwenden sie (Intonation, Sprechweise, rhetorische Figuren, Gestik, Mimik)?

- Welche Beziehung der Gesprächspartner wird deutlich? Ändert sich möglicherweise die Beziehung im Verlauf der Szene?
- Welche Charaktereigenschaften werden in der Szene deutlich? Welche Haltungen und Wertvorstellungen prägen die Figuren?
- Wie werden die Figuren charakterisiert (durch ihr Handeln und ihre Sprache oder durch Aussagen anderer über sie)?
- Agieren die Figuren vielleicht stellvertretend für eine Gruppe (z. B. als Adlige oder als Angehörige des Bürgertums)?

Bei der Untersuchung der genannten Fragen sollten Sie auch Ihr Wissen über Kommunikationsmodelle und Kommunikationsprozesse einbringen.

Schluss — Zum Schluss fassen Sie die Ergebnisse Ihrer Interpretation zusammen und erläutern die Bedeutung, die die Szene für den Fortgang der Handlung hat. Sie können weiterhin eine persönliche Wertung der Handlungsweise einer oder mehrerer Figuren abgeben.

Ein Beispiel

Gotthold Ephraim Lessing (1729 – 1781)
Miss Sara Sampson (1. Aufzug, 3. Auftritt)

Das Stück „Miss Sara Sampson" gilt als das erste bürgerliche Trauerspiel der deutschen Literatur. Lessing schrieb es im Jahr 1755 innerhalb weniger Wochen und brachte es in demselben Jahr zur Aufführung. In Berlin fand er kein Theater, das sein Stück auf der Bühne zeigen wollte, sodass er nach Frankfurt an der Oder auswich. Dort soll das Publikum sehr positiv auf die Handlung und die Figuren reagiert haben.

Eine der Hauptfiguren ist Mellefont, der sich mit seinem Diener Norton und seiner Geliebten, Sara Sampson, auf der Flucht von England nach Frankreich befindet, wo Mellefont die junge Frau gegen den Willen ihres Vaters heiraten will. Unterwegs machen sie Rast in einem Gasthof, in dem sowohl die folgende Szene als auch die gesamte Dramenhandlung spielen. Mellefont verzögert die Weiterreise. Angeblich wartet er auf das ihm zustehende Erbe eines Verwandten, doch er ist sich außerdem unsicher, ob er Sara wirklich heiraten soll, während die junge Frau darauf drängt, dass Mellefont die Ehe mit ihr eingeht.

Sara Sampson verkörpert bürgerliche Wert- und Moralvorstellungen. Sie wird als tugendhafte und liebenswerte junge Frau gestaltet, die nur durch die Verführung und die Versprechungen Mellefonts dazu gebracht werden kann, ihr bisheriges Leben aufzugeben und ihren Vater zu verlassen. Dieser folgt seiner Tochter, um sie zurückzuholen, und trifft ebenfalls in dem Gasthof ein. Die Situation wird dadurch noch komplizierter, dass sich auch Marwood, die ehemalige Geliebte Mellefonts, in dem Gasthof einfindet, da sie den Geliebten zurückgewinnen will. Aus dieser Beziehung ist zudem eine Tochter, Arabella, hervorgegangen, die Marwood mitgebracht hat, um Mellefont zu beeinflussen.

Die zu interpretierende Szene gehört zur Einführung in die Handlung, der sogenannten Exposition. Dem Zuschauer wird, nachdem er zuvor bereits Sir William Sampson als besorgten und liebevollen Vater kennengelernt hat, Mellefont als Verführer Saras vorgestellt.

Die zweite auftretende Figur ist Norton, der Diener Mellefonts, der eng mit seinem Herrn zusammenlebt und diesen auch auf der Flucht begleitet.

Vorangegangen ist der Szene, dass Sir William und sein Diener Waitwell auf der Suche nach Sara in dem Gasthof eingetroffen sind, in dem sich auch Mellefont und Sara befinden.

Der mittlere Vorhang wird aufgezogen. Mellefonts Zimmer

Mellefont und hernach sein Bedienter

Mellefont *(unangekleidet in einem Lehnstuhle)* Wieder eine Nacht, die ich auf der Folter nicht grausamer hätte zubringen können! – Norton! – Ich muss nur machen, dass ich Gesichter zu sehen bekomme. Bliebe ich mit meinen Gedanken länger allein: sie möchten mich zu weit führen. – He, Norton! Er schläft noch. Aber bin ich nicht grausam, dass ich den armen Teufel nicht schlafen lasse? Wie glücklich ist er! – Doch ich will nicht, dass ein Mensch um mich glücklich sei. – Norton!

Norton *(kommend)* Mein Herr!

Mellefont Kleide mich an! – O mache mir keine sauern Gesichter! Wenn ich werde länger schlafen können, so erlaube ich dir, dass du auch länger schlafen darfst. Wenn du von deiner Schuldigkeit nichts wissen willst, so habe wenigstens Mitleiden mit mir.

Norton Mitleiden, mein Herr? Mitleiden mit Ihnen? Ich weiß besser, wo das Mitleiden hingehört.

Mellefont Und wohin denn?

Norton Ah, lassen Sie sich ankleiden, und fragen Sie mich nichts.

Mellefont Henker! So sollen auch deine Verweise mit meinem Gewissen aufwachen? Ich verstehe dich; ich weiß es, wer dein Mitleiden erschöpft. – Doch, ich lasse ihr und mir Gerechtigkeit widerfahren. Ganz recht; habe kein Mitleiden mit mir. Verfluche mich in deinem Herzen, aber – verfluche auch dich.

Norton Auch mich?

Mellefont Ja; weil du einem Elenden dienst, den die Erde nicht tragen sollte, und weil du dich seiner Verbrechen teilhaft gemacht hast.

Norton Ich mich Ihrer Verbrechen teilhaft gemacht? durch was?

Mellefont Dadurch, dass du dazu geschwiegen.

Norton Vortrefflich! in der Hitze Ihrer Leidenschaften, würde mir ein Wort den Hals gekostet haben. – Und dazu, als ich Sie kennenlernte, fand ich Sie nicht schon so arg, dass alle Hoffnung zur Bessrung vergebens war? Was für ein Leben habe ich Sie nicht, von dem ersten Augenblicke an, führen sehen! In der nichtswürdigen Gesellschaft von Spielern und Landstreichern – ich nenne sie, was sie waren und kehre mich an ihre Titel, Ritter und dergleichen, nicht – in solcher Gesellschaft brachten Sie ein Vermögen durch, das Ihnen den Weg zu den größten Ehrenstellen hätte bahnen können. Und Ihr strafbarer Umgang mit allen Arten von Weibsbildern, besonders der bösen Marwood – –

Mellefont Setze mich, setze mich wieder in diese Lebensart: sie war Tugend im Vergleich zu meiner itzigen[1]. Ich vertat mein Vermögen; gut. Die Strafe kömmt nach, und ich werde alles, was der Mangel Hartes und Erniedrigendes hat, zeitig genug empfinden. Ich besuchte lasterhafte Weibsbilder; lass es sein. Ich ward öfter verführt, als ich verführte; und die ich selbst verführte, wollten verführt sein. – Aber – ich hatte noch keine verwahrloste Tugend auf meiner Seele. Ich hatte noch keine Unschuld in ein absehliches[2] Unglück gestürzt. Ich hatte noch keine Sara aus dem Hause eines geliebten Vaters entwendet, und sie gezwungen, einem Nichtswürdigen zu folgen, der auf keine Weise mehr sein eigen war. Ich hatte – Wer kömmt schon so früh zu mir?

(1755)

[1] **itzigen:** jetzigen, derzeitigen – [2] **absehlich:** absehbar, vorhersehbar

▶ **Aufgabenstellung**

Interpretieren Sie die Szene I,3 aus Lessings bürgerlichem Trauerspiel „Miss Sara Sampson" von 1755.

So können Sie vorgehen

1. Listen Sie Ihre **ersten Leseeindrücke** stichpunktartig auf. Diese können sich beziehen auf den Handlungsverlauf, die Figuren und ihre Beziehung, die Sprechweisen …

2. Notieren Sie in Stichworten die **Grunddaten der Szene**:
   - Wo, wann und aus welchem Anlass findet das Gespräch statt?
   - Was muss der Leser aus der vorangegangenen Handlung wissen, um die Szene verstehen zu können?
   - Wer sind die am Gespräch Beteiligten?
   - Wer ergreift die Gesprächsinitiative?
   - Welche Anliegen tragen die Gesprächspartner vor bzw. sind aus den Gesprächsbeiträgen zu erkennen?

3. Rufen Sie sich in Erinnerung, was Sie über **Kommunikationsmodelle** und **Kommunikationsprozesse** wissen, vor allem über die vier Seiten einer Botschaft nach Schulz von Thun: Sachaspekt, Selbstoffenbarung, Beziehungsaspekt, Appell. Untersuchen Sie unter diesen Aspekten die Äußerungen der Gesprächsteilnehmer. Beziehen Sie auch die Körpersprache in ihre Untersuchung ein. Die Regieanweisungen geben Ihnen dazu manchmal Hinweise.

4. Untersuchen Sie, welche **sprachlichen Mittel** die Figuren verwenden und welchen Zweck sie damit verfolgen. Beziehen Sie die Überlegung ein, ob bzw. wie die Figuren über ihre Sprache charakterisiert werden (als Einzelner und als Angehöriger einer sozialen Gruppe).

5. Bereiten Sie die schriftliche Interpretation der Szene vor, indem Sie einen **Schreibplan** bzw. die **Gliederung** Ihrer Interpretation erstellen. Entscheiden Sie sich für ein lineares oder aspektorientiertes Vorgehen.
   ➔ Texte analysieren bzw. interpretieren – Ein Überblick, vgl. S. 156 f.

6. Achten Sie beim **Ausformulieren der Interpretation** darauf, Ihre eigenen Aussagen und Deutungen durch Textverweise und Zitate zu belegen.
   ➔ Richtig zitieren, S. 205 f.

7. **Überarbeiten** Sie Ihre Interpretation; achten Sie auf abwechslungsreiche Formulierungen und auf korrekte Verwendung der sprachlichen Normen (Rechtschreibung, Zeichensetzung, Grammatik, Satzbau).
   ➔ An der Darstellung feilen – Texte überarbeiten, S. 202 ff.

Eine mögliche Lösung

Einleitung	Die vorliegende Szene stammt aus dem bürgerlichen Trauerspiel „Miss Sara Sampson", das der deutsche Schriftsteller Gotthold Ephraim Lessing im Jahr 1755 verfasst hat.	Titel, Autor, Entstehungszeit
	Die Handlung des Dramas spielt im 18. Jahrhundert in England. Die eigentlich tugendhafte Sara Sampson, die bürgerliche Werte repräsentiert, ist von Mellefont dazu verleitet worden, das Haus ihres Vaters zu verlassen und mit dem Geliebten zu fliehen, in der Hoffnung, dass er sie nach der Ankunft in Frankreich heiraten werde. Saras Vater, Sir William, folgt den beiden zusammen mit seinem Diener Waitwell, um die Tochter zurückzuholen. Alle beteiligten Figuren, hierzu gehört auch Marwood, die ehemalige Geliebte Mellefonts, treffen in einem Gasthof zusammen.	Hinführung zur Interpretation: Einbindung in den Inhalt des Schauspiels

Figuren der Handlung |
| | In der zu interpretierenden Szene kommt es in Mellefonts Zimmer in diesem Gasthof zu einem Gespräch zwischen Mellefont und seinem Diener Norton über die Situation, in der sie sich befinden. Mellefont wünscht sich Mitleid und beklagt sein Handeln und seinen Lebenswandel. Norton dagegen wirft ihm vor, dass er kein Mitleid verdient habe und sich zu Unrecht als Opfer darstelle. Mellefont wird von Schuldgefühlen geplagt und empfindet sich selbst als moralisch verdorben, wofür er aber zum einen seine Frauenbekanntschaften und zum anderen seinen Diener verantwortlich macht, der ihn nicht aufgehalten habe. In der folgenden aspektorientierten Analyse stehen die Charakterisierung Mellefonts sowie die Beziehung zwischen ihm und seinem Diener im Mittelpunkt. Außerdem … | Handlungsort

inhaltlicher Kern der Szene

Aspekte der Untersuchung |

Hauptteil	Mellefont wird in der vorliegenden Szene an vielen Stellen direkt charakterisiert, und zwar durch Aussagen, die er selbst über sich macht, aber auch durch Aussagen Nortons, seines Dieners. Die Sichtweisen der beiden Figuren sind vielfach gegensätzlich. Mellefont stellt bereits zu Beginn der Szene heraus, dass er sich selbst für bemitleidenswert hält, da er aufgrund seiner Schuldgefühle kaum noch schlafen könne (vgl. Z. 16 f.). Er scheut das Alleinsein und fürchtet, er könne sich etwas antun. Zugleich empfindet er sein Verhalten Norton gegenüber als geradezu vorbildlich, da er nicht „grausam" (Z. 10 f.) sei und seinen Diener noch schlafen lasse. Bereits in diesem ersten Redebeitrag der Szene wird deutlich, dass Mellefonts Aussagen über sich selbst widersprüchlich sind. Er lobt einerseits sein Verhalten, im nächsten Moment aber macht er durch Aussagen wie „Doch ich will nicht, dass ein Mensch um mich glücklich sei" (Z. 12 f.) deutlich, dass er egozentrisch und missgünstig sein kann. An dieser Stelle wird die Figur eher indirekt durch ihr Verhalten und ihre Aussagen charakterisiert …	*Charakterisierung Mellefonts*
	Norton, der Diener, handelt zunächst so, wie man es von einem Bediensteten erwartet. Er reagiert auf den Ruf seines Herrn und spricht diesen auch demgemäß mit den Worten „Mein Herr!" (Z. 14) an. Er scheint sich also, wie erwartet, in einer unterlegenen und abhängigen Position zu befinden. Die Kommunikationssituation ist zunächst komplementär. Doch bereits der nächste Redebeitrag Nortons offenbart, dass er seinem Herrn keineswegs unterwürfig begegnet. Das gewünschte Mitleid verweigert er Mellefont; stattdessen spielt er auf die Situation Saras an, auch wenn er den Namen nicht ausdrücklich nennt. Die junge Frau habe eher Mitleid verdient als Mellefont. Norton möchte seinen Dienst pflichtgemäß versehen und seinen Herrn ankleiden, aber in kein Gespräch von ihm hineingezogen werden (vgl. Z. 24 f.). Dies deutet bereits zu Beginn der Szene darauf hin, dass Norton sich als sehr viel unabhängiger von seinem Herrn sieht, als der Zuschauer es möglicherweise erwartet hat. Dies wird auch durch die Verwendung sprachlicher Mittel deutlich. Norton verwendet elliptische Sätze (vgl. z. B. Z. 37 f.), die fast unfreundlich klingen. Die Verwendung einer rhetorischen Frage (vgl. Z. 21) zeigt ebenfalls die Ablehnung, mit der Norton seinem Herrn begegnet. …	*Verhalten Nortons, Beziehung zu Mellefont* *sprachliche Mittel*
Schluss	Die zu interpretierende Szene ist Teil der Exposition des Dramas. Nachdem der Zuschauer bereits Sir William und seinen Diener Waitwell kennengelernt hat, treten nun Mellefont und Norton zum ersten Mal auf. Im Gegensatz zu dem vertrauensvollen Verhältnis zwischen Sir William und Waitwell ist die Herr-Diener-Beziehung zwischen Mellefont und Norton angespannt und vonseiten Nortons fast schon feindselig. Dieser Kontrast zwischen den beiden Figurenpaaren dient auch der Lenkung des Zuschauers, der so schnell Sympathie für Saras Vater entwickelt, nicht aber für	*abschließende Deutung der Szene* *Beziehung Mellefont – Norton* *Funktion der Figurendarstellung*

> *Mellefont. Dieser erscheint zudem als von Selbstmitleid und geringem Verantwortungsbewusstsein gekennzeichnet. Die Schuld für seine Verfehlungen sieht er in der Regel bei anderen. Dies kann als Vorausdeutung auf den Fortgang der Handlung gesehen werden. Die versprochene Heirat mit Sara erscheint angesichts der Unzuverlässigkeit Mellefonts als eher unwahrscheinlich. So wird dieser zur Kontrastfigur zu den Mitgliedern der Familie Sampson, die bürgerliche Wertvorstellungen vertreten und zu positiven Identifikationsfiguren werden. Damit deutet sich bereits in dieser Szene ein für die Zeit der Aufklärung prägendes Thema an, nämlich der Gegensatz zwischen Adel und Bürgertum.*
> *…*

Mellefont als Kontrastfigur

Einordnung in die Epoche

Eine Filmsequenz interpretieren

Das müssen Sie wissen

Wenn Sie das Medium „Film" als einen audiovisuellen Text interpretieren wollen, kommt es auch darauf an, die filmsprachlichen Besonderheiten mit den entsprechenden Fachtermini zu kennzeichnen, um Ihre Aussagen zur Deutung informativ zu belegen.
Die folgende Liste enthält wichtige, immer wieder verwendete filmsprachliche Mittel. Welche Funktion diese jeweils im Textzusammenhang haben, kann man nicht allgemein sagen. In jedem Fall unterstützen sie eine bestimmte Aussageabsicht, die mit diesem Medium verbunden ist, nämlich die eigentliche Botschaft („Message") des Films.

Ausgewählte filmsprachliche Mittel

A Bild	
Beleuchtung	Hierbei werden a) natürliches Licht und Kunstlicht, b) nach Art der Ausleuchtung Vorder-, Gegen- und Unterlicht und c) nach Grad der Ausleuchtung High Key (mit besonders heller, gleichmäßiger Ausleuchtung der Szene) und Low Key (mit absichtlich unausgeleuchteten Flächen mit bedrohlicher, düsterer oder auch „romantischer" Wirkung) unterschieden.
Blende	Im Gegensatz zum harten → **Schnitt** werden durch entsprechende Auf- bzw. Abblenden (in Form von Schwarz-, Unschärfe-, Über-, Wischblenden usw.) weiche Szenenübergänge geschaffen.
Einstellung (= Take)	kontinuierlich aufgenommene und wiedergegebene Kameraaufnahme; wird durch → **Blende** und → **Schnitt** begrenzt
Einstellungsgröße	Hierunter wird die Größe des dargestellten Objektes – in der Regel eine Einzelperson – im Verhältnis zu seiner Umgebung (Bildausschnitt) verstanden. Die Einstellungsgröße bestimmt die Nähe bzw. Distanz zum gefilmten Objekt und folglich auch die emotionale Wirkung auf den Zuschauer. Folgende Einstellungsgrößen sind dabei gängig:

Detail (auch: Makro)
Bei dieser Einstellung wird die Aufmerksamkeit des Zuschauers auf einen kleinen Teil des Körpers bzw. eines Gegenstandes gelenkt, wodurch Intimität und extreme Nähe suggeriert werden. Das Gezeigte soll auf den Zuschauer entweder angenehm oder auch abstoßend wirken.

Groß (auch: Close-up, Porträt)
Bei dieser Einstellung erscheint z. B. der Kopf einer Figur in einer Großaufnahme. Sie findet häufig Verwendung in Gesprächen, weil sie die ausdrucksstarke Mimik des Sprechenden zeigt (Einblick in das Gefühlsleben, Identifikation des Zuschauers usw.).

Nah
Bei dieser Einstellung bestimmen der Kopf sowie der halbe Oberkörper (etwa ab Brusthöhe aufwärts) das Bild. Hier stehen somit mimische und gestische Elemente im Vordergrund und sollen erfasst werden. Die Naheinstellung ist subjektiv und hat noch emotionalen Charakter, weswegen auch diese häufig in Dialogen gebraucht wird.

Halbnah
Bei dieser Einstellung wird die Figur von der Hüfte an aufwärts gezeigt. Sie ermöglicht eine Orientierung im Raum, indem auch die unmittelbare Umgebung gezeigt wird. Im Vordergrund steht somit die gesamte Situation.

Amerikanisch (auch: Knee-shot)
Diese Einstellung, bei welcher die Figur bis knapp unterhalb der Hüfte gezeigt wird, hat sich aus dem Westerngenre entwickelt. Der Zuschauer kann z. B. unmittelbar verfolgen, wie die Hand bei dem Showdown zum Revolver greift. Gleichzeitig soll jedoch auch das Verhältnis zum Gegenspieler und/oder zur näheren Umgebung dargestellt werden.

Halbtotale
Bei dieser Einstellung werden Figuren oder Gegenstände im Ganzen und in einer sie und ihre Situation charakterisierenden Umgebung gezeigt. Zudem ist diese Einstellung auch für körperbetonte Aktionen geeignet. Der Zuschauer verfolgt das Geschehen allerdings bereits aus einiger Distanz.

		**Totale** Diese Einstellung soll einen räumlichen Überblick verschaffen, weshalb Menschen und Gebäude nur klein, aber im Ganzen erkennbar sind. Der Mensch nimmt hierbei eine untergeordnete Stellung innerhalb des Handlungsraums ein. Der Zuschauer verfolgt das Geschehen als objektiver, distanzierter Beobachter.
		**Weit** (auch: Panorama, Super-Totale) Die Einstellung hat häufig die Funktion einer Einführung (Überblick verschaffen, Atmosphäre vermitteln), weshalb sie oft am Anfang bzw. Ende einer Filmsequenz sowie für die Darstellung von Landschaften verwendet wird.
Einstellungslänge	Sie entscheidet über die Schnittfrequenz und somit über das Tempo einer Filmsequenz. Eine Einstellung dauert meist zwischen weniger als 3 und 7,5 Sekunden und kann in Ausnahmefällen jedoch auch mehrere Minuten betragen.	
Kamerabewegung	Folgende Formen werden unterschieden: a) Schwenk (entspricht dem Sich-Herumdrehen eines Menschen und dient der Orientierung), b) Kamerafahrt (Kamera bewegt sich in einem bestimmten Verhältnis zum Objekt im Raum, z. B. als Hin-, Weg- oder Parallelfahrt) und c) Zoom (scheinbare Kamerafahrt ohne Veränderung des Standortes durch Veränderung der Brennweite des Kameraobjektives, indem das Objekt wie mit einem Fernrohr herangeholt oder umgekehrt entfernt wird).	
Kameraperspektive	Unterschieden werden folgende Perspektiven auf die gezeigten Personen, Gegenstände bzw. Räume: a) Normalsicht (neutrale Wirkung), b) Untersicht (z. B. Froschperspektive mit Wirkung der Unterordnung oder Ohnmacht), c) Aufsicht (z. B. Vogelperspektive mit Wirkung der Dominanz und Überlegenheit), d) Point-of-View-Shot (Einstellung erfolgt unmittelbar aus der Perspektive einer Figur; subjektive Kamera).	
Mise-en-Scène	Bezeichnung für die Gesamtheit aller Bildelemente und ihre Wirkung in einer Einstellung: Bildinhalt, Bildgestaltung, Schnitt und Montage	
B Ton		
Off-Ton	Ton, dessen Quelle in der Einstellung nicht zu sehen ist (Stimme des Erzählers, entfernte Polizeisirenen, langsame Schritte aus dem Off, Filmmusik usw.)	
On-Ton	Ton, dessen Quelle in der Einstellung zu sehen ist (Gespräch der Personen, quietschende Untergrundbahn, musizierende Straßenmusiker usw.)	
C Schnitt		
Assoziationsmontage	Hierbei werden Bilder kombiniert, an die eine Person in einer gegebenen Situation denkt (z. B. Tagtraum); beim Zuschauer soll dies einen Denkprozess bzw. Assoziationen zu dem Geschehen auslösen.	
Parallelmontage (= Cross Cutting)	Einstellungswechsel zwischen zwei oder mehr simultanen, jedoch räumlich getrennten Handlungen	

Schnitt (= Cut)	a) technische Verknüpfung zweier Einstellungen bzw. Ende einer Einstellung b) harter Schnitt: Im Gegensatz zur → **Blende** erfolgen hier die Szenenübergänge bewusst abrupt.
Short Cut	Extrem schnelle Schnittfolge, bei der die Länge einer Einstellung unter Umständen nur den Bruchteil einer Sekunde beträgt
Sequenz	Folge von Einstellungen, die einen inhaltlichen Zusammenhang (eine Szene) bilden

Die schriftliche Interpretation einer Filmsequenz

Einleitung	Ihre Einleitung enthält die wesentlichen Daten zum Film: Titel, Regisseur, Filmgenre (z. B. Komödie, Thriller), Produktionsland und Erscheinungsjahr. Anschließend nennen Sie das Thema, d. h. die zentrale Problematik oder Fragestellung der Filmsequenz. Das Thema hat daher schon Deutungscharakter.
Hauptteil	Sie beginnen den Hauptteil mit einer kurzen Inhaltsangabe der zu untersuchenden Filmsequenz und ordnen diese zudem in den Zusammenhang des gesamten Films ein, damit der Leser Ihren weiteren Ausführungen folgen kann (z. B. Handlungsverlauf, Entwicklung der Figuren und/oder der Thematik). Anschließend stellen Sie die Ergebnisse Ihrer Untersuchung dar; dabei können Sie wahlweise linear oder aspektorientiert vorgehen (vgl. S. 156 f.), sofern in der Aufgabenstellung nicht bereits eine Methode vorgegeben wird. Ist die Aufgabenstellung offen formuliert, müssen Sie sich entscheiden, welche Aspekte in dem Ihnen vorliegenden Filmausschnitt sinnvollerweise untersucht werden sollten. Infrage kommen z. B.: • **Thema:** Ausgestaltung des zentralen Themas/Motivs/Problems • **Aufbau der Handlung:** Abschnitte/Verlauf der Handlung, Bedeutung von Anfang und Ende, Spannungsbogen, Haupt- und Nebenhandlung • **Figuren:** Unterscheidung von Haupt- und Nebenfiguren sowie deren Charakterisierung und Entwicklung, Beziehungen zwischen den Figuren, Bedeutung des kommunikativen Verhaltens der Figuren • **Ort und Zeit der Handlung:** Beschreibung des Handlungsortes, Gestaltung der Atmosphäre, evtl. symbolische Bedeutung des Handlungsortes, (historische) Zeit der Handlung, Zeitstruktur • **Filmsprachliche Mittel:** Inszenierung eines Konflikts, einer Figur, einer Entscheidungssituation, eines Motivs usw. durch gezielten Einsatz der Gestaltungselemente in den Bereichen Bild, Ton und Schnitt (s. o.) • **Titel:** Deutung des Titels, Zusammenhang zwischen Titel und Filmhandlung Wichtig ist, dass inhaltliche und formale Merkmale in der Interpretation miteinander verbunden werden!
Schluss	Im Schlussteil fassen Sie die zentralen Untersuchungsergebnisse kurz zusammen und leiten daraus eine Gesamtdeutung des Films bzw. der Filmsequenz ab. Dabei greifen Sie das in der Einleitung formulierte Kernproblem (s. o.) auf. Außerdem sollten Sie erläutern, welche Wirkungs- und Aussageabsichten der Film/die Filmsequenz für den Zuschauer („Message") hat.

Ein Beispiel

Isabel Kleefeld (geb. 1966)
Ruhm

Der vorliegende Text stellt eine Mitschrift (Transkription) zu einem Ausschnitt aus der Literaturverfilmung „Ruhm" der Drehbuchautorin und Regisseurin Isabel Kleefeld dar. Protagonistin dieser kurzen Filmsequenz ist die todkranke Rosalie, die Erlösung bei einem Verein für Sterbehilfe in der Schweiz sucht, wo aktive Sterbehilfe legal ist. Obwohl Rosalie sich eigentlich noch nicht vom Leben trennen mag, trifft sie hier systematisch die erforderlichen Vorbereitungen für ihren letzten Weg.

Im Flur von Rosalies Wohnung

Rosalie telefoniert mit einem Mitarbeiter des Schweizer Sterbehilfevereins.

Rosalie Wie lange muss ich noch warten, *(Pause)* bis
5   ich zu Ihnen kommen kann?
Off-Stimme Ja, ist denn – *(Pause)* Ist Eile geboten?
Rosalie Ja.
Off-Stimme In diesem Fall werden wir die Dinge beschleunigen. Bis Samstag müsste alles erledigt
10   sein. Wäre Ihnen das recht?
Rosalie *(schüttelt leicht den Kopf)* Ja. *(Pause)* Auf Wiedersehen. *(Rosalie legt den Hörer auf und setzt sich neben dem Telefon auf einen Stuhl. Szenenwechsel.)*

15 *Rosalie befindet sich im Kundenberatungsgespräch mit der jungen Angestellten eines Reisebüros.*

Mitarbeiterin Den Rückflug für wann?
Rosalie Egal.
Mitarbeiterin Beim billigsten Tarif können Sie nicht
20   umbuchen. *(Sie lächelt verbindlich, während sie Daten in den Computer eingibt.)* Also, wann soll's zurückgehen?
Rosalie Gar nicht.
Mitarbeiterin *(hört auf zu lächeln und schaut ihre*
25   *Kundin betroffen an)* Aber Sie werden doch zurückwollen.
Rosalie Wollen schon.
Mitarbeiterin *(sehr bemüht)* Ich kann den Rückflug zur Not auch offen buchen, das ist dann allerdings
30   teurer.
Rosalie Teurer als ein einfacher Flug?
Mitarbeiterin Teurer als ein einfacher Flug ist nichts.
Rosalie Ist denn das logisch?
Mitarbeiterin Das steht hier so im Computer.   35
Rosalie Haben Sie sich noch nie selbst gefragt, warum die Dinge so sind, wie sie sind?
Mitarbeiterin Bitte? *(Pause)*
Rosalie Und wenn ich den Zug nehme? Einfache Fahrt?   40
Mitarbeiterin Dann sind Sie fast vier Stunden länger unterwegs.
Rosalie Gut.

(2012)

▶ **Aufgabenstellung**

Schauen Sie sich die vorliegende Filmsequenz (00:18:10 – 00:19:42 Std.) aus Isabel Kleefelds Literaturverfilmung „Ruhm" an und interpretieren Sie diese.

Oder:

Schauen Sie sich die vorliegende Filmsequenz (00:18:10 – 00:19:42 Std.) aus Isabel Kleefelds Literaturverfilmung „Ruhm" an und interpretieren Sie diese im Hinblick darauf, wie Rosalies Wille, weiterleben zu wollen, filmsprachlich inszeniert wird.

So können Sie vorgehen

1. Schauen Sie sich die Filmsequenz aufmerksam an und halten Sie auf einem Notizzettel stichwortartig fest, was Ihnen hinsichtlich
   - des Inhalts (z. B. Darstellung und Handeln der Figuren),
   - der filmsprachlichen Mittel und
   - der Wirkung dieses audiovisuellen Textes auf Sie als Zuschauer aufgefallen ist.

2. Sehen Sie sich die Filmsequenz erneut an und identifizieren Sie wichtige filmsprachliche Mittel (z. B. Kameraeinstellung, Perspektive, Off-Ton) und erschließen Sie deren mögliche Funktion.

3. Tragen Sie Ihre Ergebnisse in einer Stichwortsammlung zusammen. Vergessen Sie nicht, Textbelege in Form von Timecodes (hh:mm:ss – hh:mm:ss) in Ihre Sammlung aufzunehmen.

4. Entscheiden Sie, ob Sie Ihre Interpretation linear oder aspektorientiert anlegen wollen, und entwickeln Sie einen Schreibplan, indem Sie Ihre bisherigen Ergebnisse auf einem Konzeptblatt sinnvoll gliedern.

5. Verfassen Sie Ihre Interpretation mithilfe Ihres Schreibplans und Ihrer Stichwortsammlung (Zeitform: **Präsens**). Achten Sie dabei darauf, Beschreibung – Inhalt, (Film-)Sprache, Erzählweise – und Deutung miteinander zu verknüpfen und die eingeführten Fachbegriffe der Filmsprache zu verwenden.
6. Überprüfen Sie Inhalt, Aufbau und Sprache Ihrer Interpretation und überarbeiten Sie Ihren Text gegebenenfalls.

Eine mögliche Lösung

Einleitung	Die vorliegende Filmsequenz stammt aus Isabel Kleefelds 2012 in Deutschland produzierter Literaturverfilmung „Ruhm". Wie schon in der gleichnamigen literarischen Vorlage werden auch hier mehrere, scheinbar voneinander unabhängige Handlungsstränge zu einem Spielfilm verbunden.	Regisseurin, Titel, Filmgenre, Produktionsland und Erscheinungsjahr
	Protagonistin dieser Episode ist die todkranke Rosalie (Senta Berger), welche Erlösung bei einem Verein für Sterbehilfe in der Schweiz sucht, in der – anders als in Deutschland – aktive Sterbehilfe legal ist. In der vorliegenden Filmsequenz geht es darum, dass Rosalie alle nötigen Vorbereitungen für ihren letzten Weg trifft, obwohl sie sich eigentlich noch nicht vom Leben trennen mag. Sie befindet sich in einer Extremsituation, die ihre Entscheidungsfähigkeit in besonderer Weise beeinflusst, was den thematischen Schwerpunkt des Textes ausmacht.	Inhaltsüberblick Thema
	Im Folgenden soll der Filmauszug im Hinblick darauf untersucht werden, wie Rosalies Wille, weiterleben zu wollen, filmsprachlich inszeniert wird.	Angabe des Untersuchungsaspektes
Hauptteil	Die knapp zweiminütige Filmsequenz kann in zwei Abschnitte unterteilt werden: In den ersten Takes wird gezeigt, wie Rosalie telefonisch einen Termin mit dem Schweizer Sterbehilfeverein (vgl. 00:18:10 – 00:18:49 Std.) vereinbart. In der zweiten Szene sucht Rosalie ein Reisebüro auf, um ein einfaches (Flug-)Ticket in die Schweiz zu buchen (vgl. 00:18:50 – 00:19:42 Std.).	Inhaltsangabe
	Bereits in der ersten Szene wird deutlich, dass Rosalie an ihrem Leben hängt und eigentlich noch nicht bereit ist zu sterben. Dem Zuschauer wird ihr innerer Zwiespalt durch ihre widersprüchlichen (körper-)sprachlichen Äußerungen verdeutlicht: Einerseits beantwortet sie die Frage des anderen Gesprächsteilnehmers, ob ihr der kommende Samstag als Termin für ihren geplanten Suizid zusage, eindeutig mit „Ja" (00:18:32 Std.), wobei sie ruhig spricht und auch äußerlich sehr gefasst wirkt. Andererseits schüttelt sie bei dieser Antwort für den Betrachter erkennbar ihren Kopf und macht während des Telefonats mehrfach Sprechpausen, was die ambivalente Gefühlslage der Protagonistin sichtbar macht. Die gewählte Einstellungsgröße Nah dient dabei dazu, Rosalies Emotionen zu transportieren.	**Untersuchungsaspekt:** filmsprachliche Mittel in funktionaler Anbindung

	Die Farbgestaltung und Beleuchtung des Raumes spiegeln dabei ihre insgesamt melancholische Stimmung wider: So wird im länglichen Flur ausschließlich natürliches Licht als Lichtquelle eingesetzt, wodurch die Handlung überwiegend im Halbdunkel stattfindet. Dass dieser sichtbare Teil von Rosalies Wohnung zudem nur spärlich möbliert ist, jegliche Farbakzente vermissen lässt und stattdessen von eher tristen Beige- und Grautönen dominiert wird, verstärkt diese Wirkung zusätzlich. Der Raum verbildlicht zugleich aber auch das Vorhaben der so veranlagten Protagonistin, dass sie ihre Probleme auch in einer solchen Ausnahmesituation nüchtern und möglichst sachlich lösen will. …	filmsprachliche Mittel
	Mit einem harten Schnitt wird der Szenenwechsel zum Reisebüro eingeleitet. Die hier gewählte Einstellungsgröße der Totale dient dem Zuschauer zum einen zur Orientierung über den neuen Schauplatz. Zum anderen verdeutlichen die leicht nach vorn gebeugte Körperhaltung und der zu Boden gerichtete Blick Rosalies Resignation und Verzweiflung darüber, dass ihr Leben mit der Diagnose eine schicksalsschwere Wende genommen hat. So äußert sie: „Haben Sie sich noch nie selbst gefragt, warum die Dinge so sind, wie sie sind?" (00:19:21 Std.) …	filmsprachliche Mittel
Schluss	*Zusammenfassend ist im Hinblick auf die vorliegende Filmsequenz Folgendes festzustellen: Während die Hauptfiguren aus den übrigen Handlungssträngen des Spielfilms mit ihrer Existenz aus unterschiedlichen Gründen eher unzufrieden sind und zum Teil sogar gerne jemand anderer wären, hängt Rosalie an ihrem Leben, obwohl sie sich der Unheilbarkeit ihrer Krankheit bewusst ist. Dass sie noch nicht bereit ist zu sterben, wird filmsprachlich durch kleine nonverbale Signale zunächst nur angedeutet, steigert sich im Verlauf der Filmsequenz und gipfelt schließlich in ihrem erleichterten Ausruf „Gut!" (00:19:40 Std.), als Rosalie durch die Mitarbeiterin des Reisebüros erfährt, dass eine Zugfahrt ihr im Vergleich zum (Linien-)Flug einen Aufschub von vier Stunden bis zum Eintritt ihres Todes gewährt.* …	zusammenfassende Deutung mit Rückgriff auf das Thema (vgl. Einleitung)

3 Texte planen und schreiben – Sachtexte

Den Inhalt eines Sachtextes zusammenfassen

Das müssen Sie wissen

Bei der Zusammenfassung eines Sachtextes geht es in erster Linie darum, den Leser bzw. die Leserin über den Inhalt eines Textes zu informieren. Dies geschieht am besten über die Beschreibung des Textaufbaus, also in der Regel entlang der einzelnen Sinnabschnitte. Anders als in der Sachtextanalyse beschränkt man sich bei der Zusammenfassung auf den Inhalt und weniger auf die „Machart" des Textes.

Einleitung	In der Einleitung nennt man den Verfasser bzw. die Verfasserin, den Titel, die Textsorte, das Thema sowie ggf. Erscheinungsort und -jahr des Sachtextes.
Hauptteil	Im Hauptteil werden die Informationen der einzelnen Textabschnitte knapp mit eigenen Worten zusammengefasst. Dafür ist als Vorarbeit eine Gliederung des Textes in Sinnabschnitte anzulegen. Diese ist nicht zwangsläufig mit den optischen Absätzen identisch, wobei diese jedoch als sichtbare Signale wichtige Hinweise auf die Textgestalt geben können. Hierdurch können Sie den Aufbau des Textes besser erfassen und beschreiben.
Schluss	Im Schlussteil wird das Thema des Textes noch einmal präzise benannt. Der inhaltlich erfasste und beschriebene Sachtext kann darüber hinaus auch hinsichtlich seines Aufbaus, seiner Wirkung und Intention im Rahmen eines kurzen Fazits bewertet werden.
Sprache	Die Sprache sollte sachlich und informativ sein. Das Tempus ist das Präsens. Der Text soll in eigenen Worten zusammengefasst werden, wobei umgangssprachliche Formulierungen vermieden werden sollten. Um zu kennzeichnen, wann man einen fremden Gedankengang wiedergibt, wird die indirekte Rede verwendet. Dies ermöglicht dem Leser, zwischen Ihrem eigenen Text und dem originalen Gedankengang im Bezugstext zu differenzieren. Direkte Zitate sollten nicht verwendet werden. Sinngemäße Zitate werden mit „vgl." als solche angezeigt.

Ein Beispiel

Tina Klopp
Warum das Telefongespräch verschwindet

Die Tage des Telefons sind gezählt, SMS und E-Mail viel beliebter. Sie lassen mehr Zeit zum Antworten. Text kostet auch weniger Überwindung als ein Gespräch.
5 *27. August 2010*

In einem *Wired*-Artikel sagt Clive Thompson[1] den baldigen „Tod des Telefonanrufs" voraus. Er stützt sich dabei unter anderem auf eine Studie des Beratungsunternehmens Nielsen. Demzufolge ist die Zeit, die Amerikaner am Telefon verbringen, seit 2007 ste- 10

---

[1] **Clive Thompson:** kanadischer Journalist und Verfasser eines Artikels über die schwindende Bedeutung des Telefongesprächs

tig gesunken. Stattdessen kommunizieren sie immer mehr über SMS, E-Mails und Instant Messenger. In Deutschland wurden 2009 laut BITKOM mit 34,4 Milliarden SMS 24 Prozent mehr verschickt als noch im Vorjahr. Die SMS selbst wird dabei zunehmend von Textprogrammen im Internet ersetzt – E-Mail und Instant Messaging oder Nachrichten in sozialen Netzwerken wie Facebook zum Beispiel.

[Das]Telefonieren [nimmt] laut der Nielsen-Studie bereits seit Jahren bei allen Altersgruppen ab. Zugleich ist nicht nur die reine Zahl der Telefongespräche zurückgegangen, es wird auch nicht mehr so lange telefoniert. [...] Der Autor glaubt, das Telefon könnte in absehbarer Zeit ganz verschwinden – und hätte es nicht anders verdient. Die ganze Erfindung „Telefon" leide an einem Konstruktionsfehler. Den hätten die neuen Medien nur offensichtlich gemacht. Das größte Versäumnis des Telefons sei nämlich die fehlende Statusanzeige. Schon lange habe das einleitende „Guten Tag, hier spricht ..." eine Frage wie: „Störe ich grad?" abgelöst. Stören – genau, hier liegt das Problem.

Auf eine E-Mail kann der Angesprochene antworten, wann immer es ihm beliebt. Das Telefon lasse diese Form asynchroner Kommunikation[1] nicht zu. Oder wie Axel Rühle in der Süddeutschen schreibt: „Jemanden abends um elf anzurufen, hat etwas vom Eintreten der Wohnungstür. Wie elegant und diskret ist zu solchen Tageszeiten dagegen die SMS oder Mail, sie gleicht einem vorsichtigen Anklopfen, während das Telefon zu solcher Uhrzeit wie ein akustischer Sprengsatz mitten in der Wohnung hochgeht." [...]

Es geht ums Schreiben

Womöglich geht es gar nicht so sehr um Höflichkeit. Sondern ums Schreiben. Das ist so bequem geworden, seitdem ständig eine Tastatur in der Nähe ist. Offensichtlich ziehen viele Menschen das abstraktere Medium Schrift der gesprochenen Sprache vor. Oder warum schickt man sogar an Bürokollegen Mails, anstatt anzurufen oder kurz hinüberzugehen? Allen kulturellen Abendlanduntergangsgesängen zum Trotz scheint das Lesen und Schreiben derzeit einem neuen kulturgeschichtlichen Höhepunkt entgegenzustreben.

Studien von Andrea Lunsford von der Stanford Universität legen nahe, dass sich die Gesellschaft auf dem Weg in eine neue „Literatizität"[2] befinde. In ihrer „Stanford Study of Writing" hat sie zwischen 2001 und 2006 14 672 Schreibproben von College-Schülern eingesammelt – Aufsätze, Tagebucheinträge, Blogs, Notizen, Chats – und ist dabei zu erstaunlichen Schlüssen gekommen: „Ich denke, dass wir zurzeit eine literarische Revolution erleben, wie sie die Menschheit seit der griechischen Zivilisation nicht gekannt hat", sagt Lunsford. Schließlich hätten noch vor wenigen Jahren die meisten Jugendlichen fast ausschließlich geschrieben, um Schulpflichten zu erfüllen. Gleiches gilt für die Mehrzahl der Berufe. Texte zu verfassen gehörte selten zu den Hauptaufgaben. Dank des Internets ist das Schreiben aber wieder zu einer alltäglichen Praxis geworden.

Auch wenn damit vielleicht noch nichts über die Qualität der Texte und die Kompetenz der Vielschreiber gesagt ist: Vielen Menschen scheint es heute deutlich leichter zu fallen, eine E-Mail zu verfassen, als zum Telefonhörer zu greifen. Viele schüchterne Menschen leiden unter Formen von Telefonphobie, die bei E-Mail-Schreibern gänzlich unbekannt sind.

Vor allem in der Etablierungsphase des neuen Massenmediums Internet gab es viele Debatten darum, inwiefern die im Forscherjargon „computerbasierte Kommunikation" getaufte Interaktion eine „Verarmung" gegenüber dem Gespräch von Angesicht zu Angesicht oder wenigstens dem Telefongespräch darstellen könnte. Die meisten wissenschaftlichen Studien zum Thema sind in den Jahren bis 2005 entstanden. Damals überwog die Hypothese: Wer zu viel im Netz kommuniziere, könnte darüber „echte" soziale Kontakte vernachlässigen.

Zum einen prägten die Wissenschaftler den Begriff der „Kanalreduktion". Ganz simpel gesprochen: Sind weniger Sinne an einer Kommunikation beteiligt, wird im Gespräch auch weniger transportiert. Der Klang der Stimme sagt mehr als tausend Texte. Wie auch immer man das genau zu gewichten vermag – Vazrik Bazil und Manfred Piwinger schreiben in ihrem Aufsatz „Über die Funktion der Stimme in der Kommunikation": Ein Drittel der Wirkung eines Menschen hänge von seiner Stimme ab.

---

[1] **Asynchrone Kommunikation** bedeutet, dass das Senden und Empfangen von Daten zeitlich versetzt stattfinden kann, ohne dass dadurch der Prozess blockiert würde oder der Sender auf die Antwort des Empfängers warten muss. – [2] **Literatizität:** Begriff, der den literarischen Anspruch eines Werkes kennzeichnet; hier im Sinne von „Schriftlichkeit" verwendet

Einigen scheint dieses Weniger nicht unlieb zu sein. Es fallen nämlich auch soziale Schranken und andere potenziell diskriminierende Hindernisse. Auf der anderen Seite bedeutet ein breiter Kanal auch mehr Aufwand: Sich zu treffen, um nach dem Befinden des anderen zu fragen, mag zwar ein Fest für die Sinne sein, es bedeutet aber auch, dass man sich bewegen muss. Vielleicht regnet es gerade. Da ist es weitaus bequemer, eine kurze SMS zu schicken. Es gibt also nicht die eine überlegene Kommunikationsmethode, sondern jeweils die effizienteste in einer gegebenen Situation.

Die Qualität von Freundschaften profitiert vom Internet

Wissenschaftler haben auch versucht, den Einfluss unterschiedlicher Kommunikationsmöglichkeiten auf das Wohlbefinden der Handelnden zu untersuchen. So kommen Patti Valkenburg und Jochen Peter zu dem Ergebnis: Wer das Internet nutzt, um bestehende Freundschaften zu pflegen, könne davon profitieren. (Bei anonymen Kontakten im Netz sieht es schon etwas anders aus, in diesem Fall gehen die Wissenschaftler eher davon aus, dass „echte" Sozialkontakte vernachlässigt werden.) Vor allem die Kontrollierbarkeit und die Tatsache, dass sich Menschen in geschriebenen Worten dem anderen eher anvertrauten, fördere die Qualität von Freundschaften, heißt es in mehreren Studien.

Menschen sind offensichtlich tatsächlich offener, wenn sie mit anderen vor ihren Rechnern kommunizieren, als wenn sie sich direkt gegenübersitzen. Über die Gründe dafür gibt es mehrere Hypothesen, eine besonders gut überprüfte scheint zu sein, dass computerbasierte Kommunikation zu direkteren Nachfragen führt als im direkten Gespräch.

All das deutet darauf hin, dass das Nachrichtenschreiben so viel beliebter ist, weil es weniger soziale Überwindung kostet. Zum einen muss man nicht fürchten, den anderen zu stören, weil es ihm überlassen bleibt, wann und ob er antwortet. Außerdem verrät man aufgrund der Kanalreduktion zwar weniger von sich und fühlt sich nicht so schnell aufgrund irgendwelcher sozialer Unterschiede eingeschüchtert, man gerät dafür auch noch schneller in einen persönlichen Ton und traut sich eher, genauer nachzufragen. Vielleicht steckt dahinter sogar die alte Urangst, das Gegenüber könnte einen ob einer unüberlegten Frage mit einem Fausthieb niederstrecken. Am Telefon droht höchstens noch das Anschreien. Eine böse Antwort per Mail erscheint da als die ungefährlichste aller Varianten.

Menschen haben also zwar das Bedürfnis nach Kontakt, sonst würden Mails und Facebook-Nachrichten nicht so ungebremst zunehmen. Aber offensichtlich haben sie auch nichts dagegen, diesen Kontakt beizeiten eher abstrakt zu gestalten.

Die Vorliebe für das getippte Wort nimmt übrigens langsam beunruhigende Dimensionen an. Einer Umfrage von Retrevo[1] zufolge findet es ein bedeutender Anteil der unter 25-Jährigen heute in Ordnung, auch während anderer Beschäftigungen eine Textnachricht zu tippen: Jeder Zweite tut es beim Essen. Jeder Vierte auf der Toilette. Und zehn Prozent sagen sogar, man könnte problemlos eine SMS schreiben, während man Sex hat.

(ZEIT ONLINE, www.zeit.de, 27.08.2010)

▶ Aufgabenstellung

Fassen Sie den Inhalt des Sachtextes „Warum das Telefongespräch verschwindet" von Tina Klopp zusammen.

So können Sie vorgehen

1. Lesen Sie den vorliegenden Sachtext zunächst ein Mal, um einen Überblick zu gewinnen.

2. Bei der zweiten, gründlichen Lektüre sollten Sie nun ein vollständiges Textverständnis bekommen. Markieren Sie dafür zentrale Textstellen und klären Sie ggf. unbekannte Begriffe. Formulieren Sie das Thema des Textes in eigenen Worten.

3. Nutzen Sie die vorliegende Tabelle als Hilfe zur Erschließung des Textes. In diesem Fall sind Ihnen Sinnabschnitte durch die Zwischenüberschriften vorgegeben. Die Formulierungshilfen dienen dazu, die Zusammenfassung mithilfe dieser Vorarbeiten flüssig formulieren zu können.

---

[1] **Retrevo:** US-amerikanischer Online-Marktplatz, der den Einfluss sozialer Netzwerke auf das Privatleben untersucht hat

3 Texte planen und schreiben – Sachtexte 189

Zeilen	Inhalt – Was wird gesagt?	Formulierungshilfen
Z. 1 – 43	• Anführen von statistischen Daten, die den Rückgang von Telefongesprächen zugunsten internetbasierter Kommunikation belegen und Nennen erster Gründe für diese Entwicklung	• … führt zum Thema hin, indem … • … Zitat … dient als Aufhänger für die generelle Frage, ob … • … in diesem Zusammenhang wird die These aufgestellt …
Z. 44 – 112	• steigende Bedeutung des Schreibens durch internetbasierte Kommunikationsweisen • Diskussion um die Qualität der entstehenden Texte • Frage nach den psychologischen Ursachen für die Beliebtheit der „neuen" schriftlichen Kommunikationsweisen	• … angesichts … stellt die Autorin die These auf, dass es … • Zur Veranschaulichung und als Beleg für … führt die Autorin an … • Anschließend stellt sie die bereits vielfach diskutierte Frage nach … in den Mittelpunkt ihrer Überlegungen. • beruft sich auf eine Autorität/eine Statistik/ Studien … • Um die Beliebtheit der schriftlichen Kommunikation wissenschaftlich zu untermauern, führt die Autorin den Begriff … an und erläutert ihn.
Z. 113 – 165	• Frage nach den psychologischen Umständen bei direkter mündlicher und indirekter schriftlicher Kommunikation • relativierender Abschluss der Überlegungen mit Hinweis auf beunruhigende Dimensionen der neuen Kommunikationsvorlieben	• … führt den Gedankengang durch eine neue These, wonach … weiter • belegt ihre Position mit dem Hinweis auf … • fasst abschließend seine/ihre Position zusammen, indem … • demzufolge – im Gegensatz dazu/dagegen • schlussfolgert, dass …/zieht die Schlussfolgerung …

4. Fassen Sie den Inhalt des jeweiligen Abschnitts in eigenen Worten zusammen.

5. Überarbeiten Sie anschließend Ihren Text. Achten Sie auf eine sinnvolle Verknüpfung von Einleitung, Hauptteil und Schluss sowie der einzelnen Textteile.

Eine mögliche Lösung

Einleitung	Der vorliegende Sachtext „Warum das Telefongespräch verschwindet" von Tina Klopp aus dem Online-Magazin der Wochenzeitschrift „DIE ZEIT", der im Jahre 2010 erschien, befasst sich mit dem Schwinden von Telefongesprächen zugunsten internetbasierter Kommunikationsformen und stellt die Frage nach den zugrunde liegenden Ursachen.	*Textsorte, Autor, Titel, Thema*
Hauptteil	Der Text ist schon optisch durch Zwischenüberschriften in drei große Teile gegliedert: Beginnend mit einer Hinführung wird schließlich die Rolle des Schreibens bei der onlinebasierten Kommunikation beleuchtet, welche dann in einem dritten Teil bewertet wird.	*Grobgliederung, Textüberblick*

1. Abschnitt	*Der Text beginnt mit einer Zukunftsvision vom Ende des Telefongesprächs (Z. 1 – 43), welche sodann mit dem Anführen statistischer Daten aus Amerika und Deutschland einen Trend weg vom Telefongespräch und hin zur Nutzung onlinebasierter Kommunikationsformen gestützt wird. Tina Klopp nennt unter Berufung auf einen Text von Axel Rühle aus der Süddeutschen Zeitung den vergleichsweise geringeren Störfaktor bei textbasierten Nachrichten in Form von SMS oder E-Mails als einen möglichen Grund für diesen Trend.*	*Zusammenfassung des Inhalts*
2. Abschnitt	*Im zweiten Sinnabschnitt (Z. 44 – 112) geht es dann um die Frage, inwiefern die neuen Medien durch das Angebot schriftbasierter Kommunikationsdienste dazu beitragen, dass wieder mehr geschrieben wird, und was mögliche Vorteile des Schreibens gegenüber mündlicher Kommunikation sind. Klopp beruft sich dabei erneut auf eine wissenschaftliche Studie von der Stanford Universität, wonach …*	
Schluss	*In dem informierenden Sachtext geht die Verfasserin der Frage nach veränderten Kommunikationsformen im Zeitalter digitaler Medien nach. Ausgehend von statistischen Daten, die die abnehmende Bedeutung des Telefongesprächs konstatieren, greift sie auf wissenschaftliche Ergebnisse zurück, um die Ursachen und möglichen Folgen zu beleuchten, und stellt die Frage nach der Bewertung. Neben dem größeren Maß an Höflichkeit nennt Klopp auch die – von vielen begrüßte – größere Distanz und zuweilen auch Offenheit als Belege dafür, dass das Schreiben weniger soziale Überwindung koste als das Telefonieren und darum immer beliebter werde. In der Frage nach der Bewertung bleibt Klopp ambivalent, denn während sie einerseits auf Ergebnisse verweist, die die Vorteile des kommunikativen Wandels im Hinblick auf die Qualität von Freundschaften belegen, stellt sie doch die Verhaltensweisen derer, die in allen möglichen Lebenssituationen in ihr Handy tippen, kritisch infrage.* *…*	

Einen argumentativen Sachtext analysieren

Das müssen Sie wissen

Die Analyse eines argumentativen Sachtextes kann je nach Aufgabenstellung in zwei Schritten erfolgen. Zunächst soll der Leser bzw. die Leserin über den Inhalt des Textes im Sinne einer Zusammenfassung informiert werden. Darüber hinaus soll in einem zweiten Schritt dann untersucht werden, auf welche Art und Weise der Verfasser bzw. die Verfasserin den Standpunkt argumentativ zu stützen versucht, wie er oder sie sprachlich vorgeht und welche Wirkung dabei erzielt wird.

Einleitung	In der Einleitung werden der Verfasser bzw. die Verfasserin, der Titel, die Textsorte, das Thema sowie ggf. der Erscheinungsort und das Erscheinungsjahr des Sachtextes genannt.
Hauptteil	Im Hauptteil sollten Sie die Informationen gegliedert in eigenen Worten zusammenfassen. Als Vorarbeit empfiehlt sich dafür eine Gliederung in Sinnabschnitte, deren Inhalt dann jeweils in wenigen Sätzen wiedergeben wird. Sodann geht es in einer Detailanalyse darum, den Aufbau des Textes sowie die argumentative Struktur zu untersuchen. Nennt der Autor in seinem Text beispielsweise ausschließlich Argumente, die seine These stützen, spricht man von einer linearen (thetischen) Argumentationsstruktur; erwähnt er auch Gegenargumente, bezeichnet man diese als dialektisch (antithetisch). Um die Strategie des Autors zu verstehen, sollten Sie nach der Funktion und den Merkmalen einzelner Textteile fragen und auch die verwendeten Argumentationstypen (Autoritäts- oder Faktenargument oder normatives Argument) oder die Art und Weise der Belege in den Blick nehmen. In besonderer Weise geht es auch darum, die sprachliche Gestaltung in die Analyse mit einzubeziehen.
Schluss	Zuletzt sollten Sie die Gesamtaussage des Textes knapp und prägnant zusammenfassen. Der untersuchte Sachtext kann mit Bezug auf die Analyseergebnisse im Hauptteil hinsichtlich seiner Wirkung und der Intention des Autors bewertet werden.

Ein Beispiel

Wolf Schneider (geb. 1925)
Ich habe einen Traum[1]

Wolf Schneider ist ein renommierter Journalist, Sprachkritiker und Schriftsteller. 1994 verlieh die Gesellschaft für deutsche Sprache ihm den Medienpreis für Sprachkultur. Er träumt davon, dass die Sprache einmal wieder das werden könnte, was sie war: eine Schatztruhe voller Erinnerungen, Offenbarungen und Visionen.

Rosa Luxemburg[2] steht mir politisch verhältnismäßig fern. Aber ich träume von Menschen, die noch heute die Kraft hätten, Sätze zu meißeln wie den, womit sie im Ersten Weltkrieg die Profite der Rüstungsindustrie attackierte: „Die Dividenden[3] steigen – und die Proletarier fallen." Da war jedes Wort mit mehr Kilowatt aufgeladen als heute ein ganzer Fernsehabend. „Stell dir vor, es ist Krieg, und keiner geht hin!"[4] Auch so eines. Einsam ragen solche Monumente großer Sprache aus einem anschwellenden Meer des Geschwätzes.

Die Sätze müssen nicht aus Marmor sein. Aus Spott können sie bestehen wie bei Heine: „Der Knecht singt gern ein Freiheitslied des Abends in der Schänke: Das fördert die Verdauungskraft und würzet die Getränke." Vibrierende Stimmung können sie schaffen wie Clemens von Brentano mit den Zeilen:

---

[1] Anspielung auf eine berühmte Rede des schwarzen Bürgerrechtlers Martin Luther King, der damit im Jahre 1963 für die Gleichberechtigung der afroamerikanischen Bevölkerung in Amerika eintrat – [2] **Rosa Luxemburg** (1871 – 1919) war eine wichtige Vertreterin der europäischen Arbeiterbewegung und in dieser Rolle Wortführerin bei politischen Kundgebungen. Während des Ersten Weltkriegs trat sie entschlossen als Pazifistin und Kriegsgegnerin auf und strebte nach einer internationalen proletarischen Revolution. Aufgrund ihres Kampfes für die Rechte der Arbeiterklasse wurde sie wiederholt inhaftiert und schließlich ermordet. – [3] **Dividende:** der Teil des Gewinns, den eine Aktiengesellschaft an ihre Aktionäre ausschüttet – [4] ursprünglich Übersetzung eines Zitats von Carl August Sandburg (1878 – 1967), US-amerikanischer Dichter, Journalist und Historiker

„Mond! Mond! Wie die Wellen kühlen, wie die Winde wühlen in den dunklen Mähnen der Nacht!"
Vielleicht gibt es noch Menschen, die solche Wörter zu Feuerkugeln ballen können. Doch ihre Chance, beachtet zu werden, sinkt Jahr um Jahr. Es geht bergab mit der Sprache, machen wir uns nichts vor: Die Fernsehschwätzer beherrschen die Szene, die Bücherleser sind eine bedrohte Gattung, die Grammatik ist unter jungen Leuten unpopulär, ihr Wortschatz schrumpft, und viele Siebzehnjährige betreiben das Sprechen so, als ob es ein Nebenprodukt des Gummikauens wäre. „Luftschnapp" oder „Megaknuddel": So *chatten* sie, die plauderfreudigsten unter den Computernutzern [...].

Und so träume ich: Sie könnten noch einmal wiederkehren, die Kraft und die Herrlichkeit der Sprache, der Respekt vor ihr, die Bewunderung für sie, der Höhenflug auf den Flügeln des Gesanges. Doch dem Boden verhaftet, wie ich es auch in Träumen bleibe, beginne ich mit einem kleinen Schritt: Ich lade die Fernsehintendanten ein, sie möchten anordnen, dass keuchenden Sportlern nie mehr ein Mikrofon entgegengestreckt werden darf. Das wäre mal ein Anfang und kein ganz kleiner, bei der Beschaffenheit der damit verhinderten Sprachprodukte – und bei der Millionenschar derer, denen sie dann vorenthalten würden. Was geschieht auf den Sportstätten? Ein gedemütigter Torwart, der früher zwischen ein paar Umstehenden einfach „Scheiße" geschrien hätte, sieht sich jetzt genötigt, dieses allein sinnstiftende Wort zu einem Geschwafel aufzublasen, das er für Hochdeutsch und für fernsehkompatibel hält – ein Graus; und Millionen hören zu. Und da die meisten von denen keine Bücher lesen, ist das Torwart-Gestammel für sie ein Sprachmodell geworden.

Alle Sportler in ihrer Atemnot in Ruhe lassen, Herr Intendant! Haben die denn jemals etwas zu sagen? Entweder sie freuen sich, oder sie haben wenigstens ihr Bestes gegeben. Auch hat der liebe Gott seine Gaben nicht so ungerecht über die Menschen ausgeschüttet, dass eine Meisterin im Biathlon, die ohnehin schon zweierlei können muss, nämlich laufen und schießen, auch noch ein Drittes beherrschte: halbwegs schlüssig zu erzählen – wie umgekehrt solche Leute, die im Reden glänzen, sich nur selten im Hammerwerfen hervortun.

Schreiben können eher Menschen wie dieser, der, mit dicker Brille, lesend und für niemanden ansprechbar, durch die Straßen von Odessa schlenderte: Isaak Babel[1] hieß er, und eine Köchin, die für Jesuiten kochte, lobte er so: „Ihre Biskuits dufteten wie Kruzifixe, betörender Saft war darin und der wohlriechende Zorn des Vatikans." Doch wer liest noch solche Bücher – Bücher überhaupt? Das Fernsehen labert uns die Ohren voll, und in den Nachmittags-Talkshows darf auch die untere Hälfte des Volkskörpers ihre Seele entblößen.

So träume ich: von Kindern und Heranwachsenden, die sich mithilfe von Eltern und Lehrern noch andere Sprachvorbilder suchen als die Heißluftplauderer von der Mattscheibe, die Sportplatz-Keucher, die Diskjockeys, die Hooligans, die Soziologie-Professoren – ja, auch die: Denn ohne sie würde es ja keine Studenten geben, die von ihrem Selbsteinbringungs-Kauderwelsch auch dann nicht lassen können, wenn sie auf der Parkbank schmusen. Ohne Professoren gäbe es auch keine Sprachprodukte wie diese: „So erfindet Bruno S. Frey etwa den Homo oeconomicus maturus, der anders als sein unreifer Prototyp von der Wichtigkeit intrinsisch-moralischer Motivationen überzeugt ist und sich dagegen wehrt, sie durch monetäre Anreize und zwangsbewehrte Regelsysteme verdrängen zu lassen, weil er weiß, dass eine Ordnung intrinsisch motivierbarer Menschen einer Ordnung nur extrinsisch, durch Sanktionen und Inzentive motivierbarer Menschen ökonomisch überlegen ist." Gedruckt im Aprilheft der Zeitschrift Cicero. Der Text ist eine Tragödie – er demonstriert: So gehen die mit der Sprache um, die doch unsere Verbündeten sein könnten, denn sie gehören der noblen, der schwindenden Minderheit derer an, die noch die Grammatik beherrschen und zuweilen Bücher lesen. Also träume ich lieber. Vom Duden zum Beispiel: dass er das Herz haben möge, wieder das Richtige zu registrieren und nicht das Übliche. Denn die ihn benutzen, suchen das Richtige; indem sie aber stattdessen das Übliche finden, setzen sie, Arm in Arm mit der Duden-Redaktion, eine Abwärtsspirale in Gang. Die Deutsche Presse-Agentur hat daher schon 1985 intern beschlossen: Vorsicht vor dem Duden! Wenn wir einen Fehler oft genug gemacht haben, wird er sich im Duden wiederfinden – als das Übliche eben.

Schon träume ich von Managern, die noch imstande wären, „Dienstleistungen" zu sagen statt „dienstleistungsbasierte Aktivitäten". Von Feuilletonredakteuren, die die Paradigmen (viel besser: Paradigmata!)

---

[1] **Isaak Babel** (1894–1940): russischer Journalist und Schriftsteller

aus ihrem ewigen Wechsel erlösen. Sogar von Lehrern träume ich, die sich guten Gewissens von der regierenden Spaßpädagogik verabschieden – in der Einsicht, dass Kinder manchmal auch das lernen müssen, was sie hassen: die unregelmäßigen Verben einer Fremdsprache zum Beispiel. Wer das nicht will, darf im Keller Pisa[1] spielen.

An dieser Stelle schwingt sich mein Traum, vom Schiller-Jahr beflügelt, in atemversetzende Höhen auf: in der Schule mindestens eine Schiller'sche Ballade auswendig lernen! Das hätte, den triefenden Edelmut beiseite, drei ungeheure Vorzüge. Zum Ersten: Da die Kinder es hassen, wäre es ein fruchtbarer Beitrag zur Abkehr von der Spaßpädagogik. Zum Zweiten: Das Gedächtnis ist ein trainierbares Organ, und es in der Schule nicht zu trainieren ist unterlassene Fürsorge. Und zum Dritten: Statt dass sich nur Sprachmodelle wie „Also irgendwie ich meine er ist ein Arschloch, echt!" im Hinterkopf festsetzen, könnte das Sprachzentrum dann auch Muster abrufen wie dieses: „Da treibt ihn die Angst, da fasst er sich Mut/ und wirft sich hinein in die brausende Flut/und teilt mit gewaltigen Armen/den Strom, und ein Gott hat Erbarmen."[2]

Ich erwache schweißgebadet. Immerhin, ich habe von Schiller geträumt und nicht von Oliver Kahn[3].

(ZEIT, Nr. 19, 2005, www.zeit.de)

▶ **Aufgabenstellung**

Analysieren Sie die vorliegende Glosse „Ich habe einen Traum" von Wolf Schneider.

So können Sie vorgehen

1. Lesen Sie den vorliegenden Text von Wolf Schneider zunächst einmal durch, um einen Überblick über das Thema zu gewinnen. Klären Sie, worum es geht und was die zentralen Aussagen sind.

2. Um ein vollständiges Verständnis zu gewinnen, klären Sie beim zweiten, genaueren Lesen unbekannte Begriffe. Markieren Sie zudem Ihnen zentral erscheinende Textstellen und formulieren Sie dann das Thema des Textes in eigenen Worten.

3. Legen Sie auf einem Notizzettel eine Tabelle nach folgendem Muster an und erschließen Sie den inhaltlichen und argumentativen Aufbau des Textes, indem Sie ihn in Sinnabschnitte gliedern und den Inhalt des jeweiligen Abschnitts, dessen argumentative Funktion und Auffälligkeiten zur Sprache stichpunktartig wiedergeben.

Abschnitt	Inhalt: Was wird gesagt?	Aufgabe/Funktion des Abschnitts	Sprachliche Auffälligkeiten
1 (Z. 1–31)	große Worte und Sätze schwinden und werden durch nichtssagende Phrasen ersetzt	Hinführung durch zentrale These	direkte Zitate aus Politik und Literatur als Beispiele für „große Sprache"; Beispiele aus der Chat-Sprache als Gegenpol und Beleg für den Sprachverfall
2 (Z. 32–63)	der Traum und die Wirklichkeit: Betrachtung der Sprache in den Medien, insbesondere im Sportjournalismus	Veranschaulichung der These des Sprachverfalls Antithese: große Sprache (Traum) vs. Sprachverfall (Realität)	rhetorische Frage als Auftakt für die ironische Kommentierung der Sprache im Sportjournalismus
3 (Z. …–…)	…	…	…
4 (Z. …–…)	…	…	…

[1] **Pisa:** Pisa-Studien sind internationale Schulleistungsstudien, die seit dem Jahr 2000 in den Mitgliedsstaaten der OECD-Länder durchgeführt werden. Im ersten Jahr sorgte das schlechte Abschneiden deutscher Schülerinnen und Schüler, das auch mit dem Begriff „Pisa-Schock" betitelt wird, für Aufmerksamkeit und Reformbemühungen im deutschen Schulwesen. – [2] Auszug aus der Ballade „Die Bürgschaft" von Friedrich Schiller – [3] **Oliver Kahn:** ehemaliger deutscher Fußballtorhüter und Nationalspieler

Eine mögliche Lösung

Einleitung	Bei der vorliegenden Glosse „Ich habe einen Traum" von Wolf Schneider aus dem Online-Magazin der Wochenzeitschrift „DIE ZEIT" aus dem Jahr 2005 geht es einerseits um die Kritik an dem zunehmend niveaulosen Gebrauch der deutschen Sprache und andererseits um den dieser Tendenz entgegengesetzten Traum von einem sprachlichen Wiedererstarken.	Textsorte, Autor, Titel, Erscheinungsjahr, Thema
Hauptteil	Der Text lässt sich in vier Sinnabschnitte einteilen. Im ersten Abschnitt (Z. 1 – 31) wird die zentrale These von einem aktuellen Verfall der deutschen Sprache, welcher antithetisch zu deren möglicher Kraft und Schönheit, wie sie in der Vergangenheit sichtbar geworden seien, verdeutlicht. Im zweiten Abschnitt	Einleitung
Inhaltsangabe	(Z. 32 – 63) geht Schneider genauer auf die Sprache in den Medien, insbesondere im Bereich des Sports, ein und nimmt diese kritisch-ironisch in den Blick. Der dritte Abschnitt (Z. 64 – 99) thematisiert die Rolle der Sprachvorbilder, wobei hier jeweils ein positives und ein negatives Beispiel vorgestellt werden. In diesem Abschnitt wird dann zu der Frage nach den möglichen Verantwortlichen für eine Renaissance einer guten Sprachverwendung übergeleitet. Im vierten und letzten Abschnitt (Z. 100 – 139) wird der Text mit dem symbolischen Erwachen aus dem Traum des Autors vom Wiedererstarken der Sprache abgeschlossen.	Gliederung und Inhaltsangabe
1. Abschnitt	Der Text beginnt mit der Erinnerung an Worte und Sätze, die der Autor als „groß" bezeichnet (vgl. Z. 9). Diese entstammen der Politik und der Literatur und somit verschiedenen Kontexten und werden metaphorisch als „Monumente großer Sprache [in] einem anschwellenden Meer des Geschwätzes" (Z. 9 – 11) bezeichnet. Die zur Veranschaulichung dieser These herangezogenen Textbeispiele illustrieren die Wirkungsmacht der deutschen Sprache, die Schneider später als „Kraft und die Herrlichkeit der Sprache" (Z. 33) sowie als „Höhenflug auf den Flügeln des Gesanges" (Z. 34 f.) bezeichnet, und werfen zugleich schon zu Beginn ein Licht auf die Intention des Schreibers.	Analyse der Argumentationsstrategie auf der Grundlage der Textgliederung unter Einbezug der sprachlich-formalen Gestaltung
	Die zentrale These befasst sich im Gegenteil dazu aber mit dem Schwinden derartiger positiver Phänomene und lautet, es gehe bergab mit der Sprache (vgl. Z. 22 f.). Gestützt wird diese mit dem Hinweis auf Sprachverwendungsweisen in den Medien, unter Jugendlichen und im Chat. Dabei wird das Sprechen der jungen Menschen polemisch mit dem Vergleich „als ob es ein Nebenprodukt des Gummikauens wäre" (Z. 28 f.) überzeichnet, um die Dramatik des Sprachverfalls zu veranschaulichen.	zentrale These
2. Abschnitt	Der zweite Sinnabschnitt (Z. 32 – 63) beginnt mit der Beschreibung der Vision von der Rückkehr einer besonders ausgestalteten Sprache, die durch den sich später wiederholenden Satz „Und so träume ich ..." (Z. 32) eingeleitet wird. ...	

	Antithetisch dazu wird mit der rhetorischen Frage „Was geschieht auf den Sportstätten?" (Z. 44) zu einer Kritik an dem „Geschwafel" (Z. 48) von Sportlerinnen und Sportlern übergeleitet. Dieses Problem lastet Schneider nicht diesen selbst, sondern vielmehr den verantwortlichen Intendanten an. Dabei verwendet Schneider Ironie, um die Absurdität der Situation offenzulegen. Dass ein „gedemütigter Torwart [...] dieses allein sinnstiftende Wort" (Z. 44–47) – gemeint ist „Scheiße" – nach einem verpatzten Spiel nicht sagen dürfe, sondern nun in einem mehrminütigen Interview ein „Geschwafel [...], das er für Hochdeutsch und für fernsehkompatibel hält" (Z. 48 f.), von sich gebe, fördere nach Meinung Schneiders den Sprachverfall insbesondere derer, die keine Bücher lesen und für die deshalb die Sprache dieser Personen zum „Sprachmodell" (Z. 52) werde. *Der Sinnabschnitt endet mit dem Ausblick auf ein gegenteiliges Positivszenario, in dessen Mittelpunkt es um die Frage nach anderen, besseren Sprachvorbildern geht als jenen, die polemisch noch einmal zusammenfassend als Negativfolie aufgeführt werden. Der Gegensatz zwischen der ironisch beschriebenen Realität und dem heraufbeschworenen Traum bildet damit ein zentrales Strukturmerkmal des gesamten Textes.*	
3. Abschnitt	*Die Frage nach weiteren Ursachen des Sprachverfalls ist Thema des dritten Abschnitts. Denn nicht nur Vertreter der trivialen Unterhaltungsbranche, sondern auch die Wissenschaft trügen Schneider zufolge dazu bei. Deren Vertreter sprächen zwar nicht niveaulos, aber auch hier würden Texte produziert, die „Tragödie[n]" (Z. 95) seien. Das für diese These verwendete Beispiel aus der Zeitschrift „Cicero" verweist auf eine Wissenschaftssprache, die unverständlich, dünkelhaft und mit Fachbegriffen überladen ist.* ...	
4. Abschnitt	*Im Gegensatz zu den Passagen, in denen es um Sprachkritik geht, wirken jene Textteile, in denen von dem „Traum" Schneiders von einer Wiederauferstehung einer besonders ausgestalteten Sprache die Rede ist, bei aller Ironie auch ein wenig pathetisch. Für die Verwirklichung seines Traums sieht Schneider verschiedene Institutionen sowie Personen(gruppen) in der Pflicht. Zunächst einmal geht er auf die Rolle des Dudens ein.* ...	
Schluss	*Die Argumentationsstruktur der Glosse beruht sehr stark auf der Antithese zwischen der Diagnose von einem Verfall der deutschen Sprache und dem Traum von ihrem Wiedererstarken.* ...	*Zusammenfassung der Analyseergebnisse*

4 Texte miteinander vergleichen – Ein Überblick

Textvergleich | In vielen unterrichtlichen Zusammenhängen ist es sinnvoll und notwendig, Texte (literarische Texte und Sachtexte) miteinander zu vergleichen, wenn es sich z. B.

- um verschiedene Texte desselben Autors oder derselben Autorin,
- um Texte unterschiedlicher Autorinnen und Autoren zu demselben Thema,
- um Texte mit unterschiedlichen thematischen Schwerpunkten,
- um Texte aus unterschiedlichen Zeiten handelt.

Unabhängig davon, welche der folgenden Möglichkeiten Sie wählen, ist es für einen Textvergleich notwendig, Vergleichskriterien (Vergleichsaspekte) festzulegen, um der Darstellung eine entsprechende Systematik zu verleihen.

Wenn Sie z. B. zwei Erzähltexte miteinander vergleichen sollen, können dieses relevante Vergleichskriterien sein:

- Thema
- Figuren
- Motive
- Ort und Zeit der Handlung
- Sprache
- Erzähltechnik
- Textsorte/Gattung
- Titel
- …

Es gibt drei verschiedene Möglichkeiten, wie Sie einen Textvergleich anlegen können. Oftmals ergibt sich schon aus der Aufgabenstellung, welche dieser Möglichkeiten Sie wählen sollen. Manchmal sind die Vergleichskriterien zudem in der Aufgabenstellung genannt.

Möglichkeit 1 | Getrennte Analyse bzw. Interpretation der beiden Texte und anschließender Vergleich:
1. Einleitung
2. Analyse bzw. Interpretation des ersten Textes
3. Überleitung zu Text 2
4. Analyse bzw. Interpretation des zweiten Textes
5. Vergleich der beiden Texte (orientiert an ausgewählten Vergleichskriterien)
6. Schlussteil (Zusammenfassung, Fazit)

Möglichkeit 2 | Ausführliche Analyse bzw. Interpretation des ersten Textes, Berücksichtigung des zweiten Textes im Hinblick auf vorgegebene Vergleichskriterien:
1. Einleitung zu Text 1
2. Analyse bzw. Interpretation des ersten Textes
3. Überleitung zu Text 2 (kurze Einführung in den Text)
4. Ausarbeitung der vorgegebenen oder selbst festgelegten Vergleichskriterien mit Bezug zum Text 1
5. Schlussteil (Zusammenfassung, Fazit)

Möglichkeit 3	Direkter Vergleich beider Texte nach vorab festgelegten Vergleichskriterien:
	1. Einleitung (kurze Einführung in die Texte und Festlegung der Vergleichsaspekte)
	2. Hauptteil:
	   – Vergleichsaspekt 1 (vergleichende Analyse beider Texte unter diesem Aspekt)
	   – Vergleichsaspekt 2
	   – …
	3. Schlussteil (Zusammenfassung und Fazit)

Beispielhafte Aufgabenstellungen:	
Möglichkeit 1	1. Interpretieren Sie die Szenen 2.6 und 2.8 aus Lessings Drama „Nathan der Weise". 2. Vergleichen Sie anschließend die beiden Szenen nach selbstgewählten Kriterien. *oder* 1. Interpretieren Sie die Szenen 2.6 und 2.8 aus Lessings Drama „Nathan der Weise". 2. Vergleichen Sie anschließend die beiden Szenen im Hinblick auf die Sprechweise Nathans und die Charakterzeichnung Dajas.
Möglichkeit 2	1. Analysieren Sie den Sachtext „Wohl und Wehe" von Dagmar Dehmer. 2. Vergleichen Sie anschließend die Ausführungen mit dem Sachtext „Das Leben verpasst" von Silke Hock im Hinblick auf die Bewertung des Smartphones, Internets und der sozialen Netzwerke. Beziehen Sie dabei auch die Besonderheiten in der sprachlichen Gestaltung mit ein.

Möglichkeit 3	• Interpretieren Sie vergleichend die beiden Kurzgeschichten „An manchen Tagen" von Nadja Einzmann und „Mädchen mit Zierkamm" von Botho Strauß im Hinblick auf
	   – die unterschiedliche Charakterzeichnung der Hauptfiguren,
	   – die Frage, wie das Thema „Identität" in den Texten verarbeitet wird und
	   – zentrale erzähltechnische Elemente.
	
	oder
	
	• Interpretieren Sie die beiden Kurzgeschichten „An manchen Tagen" von Nadja Einzmann und „Mädchen mit Zierkamm" von Botho Strauß auf der Grundlage selbstgewählter Vergleichskriterien.

5 Gedichte miteinander vergleichen

Das müssen Sie wissen

Einleitung	Sie geben zuerst die wichtigsten Textdaten wieder: Autoren, Titel der Gedichte, Gedichtart. Ferner beschreiben Sie kurz die biografischen und epochalen Zusammenhänge der Texte, sofern sie Ihnen bekannt oder zusammen mit der Aufgabenstellung angegeben sind. Machen Sie, wenn möglich, kurze Angaben zum historischen Hintergrund der Entstehungszeit der Gedichte und zum Inhalt: Was wird dargestellt? Worum geht es? Sie sollten in der Einleitung auch schon auf einen möglichen Deutungsansatz der Texte hinweisen.
Hauptteil	Häufig wird in der Aufgabenstellung eines der zu vergleichenden Gedichte als Ausgangspunkt der Interpretation vorgegeben. Es empfiehlt sich daher, dieses Gedicht nach den Ihnen bekannten Kriterien vollständig zu interpretieren (s. S. 167 ff.). Für das zweite Gedicht wird oft keine vollständige Interpretation verlangt, sondern es werden entweder Vergleichsaspekte vorgegeben oder Sie müssen diese eigenständig entwickeln. Achten Sie beim Fortschreiten des Vergleichs vom ersten zum zweiten Gedicht auf einen sinnvollen Überleitungssatz, z. B.: „Bei dem Vergleich der beiden Gedichte stehen folgende Vergleichsaspekte im Mittelpunkt …"
Schluss	Fassen Sie Ihre Ergebnisse noch einmal im Überblick zusammen. Hier können Sie auch eine Bewertung der Gedichte vornehmen: Welche Problematik spricht Sie mehr an? Mit welcher Gedichtaussage können Sie sich eher identifizieren? …

Ein Beispiel

Text I

Johann Wolfgang von Goethe (1749 – 1832)
Mailied

Wie herrlich leuchtet
Mir die Natur!
Wie glänzt die Sonne!
Wie lacht die Flur!

5 Es dringen Blüten
Aus jedem Zweig
Und tausend Stimmen
Aus dem Gesträuch

Und Freud' und Wonne
10 Aus jeder Brust.
O Erd', o Sonne!
O Glück, o Lust!

O Lieb', o Liebe!
So golden schön,
15 Wie Morgenwolken
Auf jenen Höhn!

Du segnest herrlich
Das frische Feld,
Im Blütendampfe
20 Die volle Welt.

O Mädchen, Mädchen,
Wie lieb' ich dich!
Wie blickt dein Auge!
Wie liebst du mich!

25 So liebt die Lerche
Gesang und Luft,
Und Morgenblumen
Den Himmelsduft,

Wie ich dich liebe
30 Mit warmem Blut,
Die du mir Jugend
Und Freud' und Mut

Zu neuen Liedern
Und Tänzen gibst.
35 Sei ewig glücklich,
Wie du mich liebst!

(1771)

Text II Ingeborg Bachmann (1926 – 1973)
Entfremdung

In den Bäumen kann ich keine Bäume mehr sehen.
Die Äste haben nicht die Blätter, die sie in den Wind halten.
Die Früchte sind süß, aber ohne Liebe.
Sie sättigen nicht einmal.
5 Was soll nur werden?
Vor meinen Augen flieht der Wald,
vor meinem Ohr schließen die Vögel den Mund,
für mich wird keine Wiese zum Bett.
Ich bin satt vor der Zeit
10 und hungre nach ihr.
Was soll nur werden?

Auf den Bergen werden nachts die Feuer brennen.
Soll ich mich aufmachen, mich allem wieder nähern?

Ich kann in keinem Weg mehr einen Weg sehen.

(e 1948 – 1953/v 1978)

▶ Aufgabenstellung

1. Interpretieren Sie das Gedicht „Mailied" von Johann Wolfgang von Goethe.
2. Vergleichen Sie es anschließend mit dem Gedicht „Entfremdung" von Ingeborg Bachmann unter besonderer Berücksichtigung des Verhältnisses zwischen lyrischem Ich und Natur.

So können Sie vorgehen

1. Lesen Sie die Gedichte, um einen ersten Eindruck zu gewinnen.
2. Verschaffen Sie sich durch nochmaliges Lesen ein entsprechendes Textverständnis und versuchen Sie, erste Überlegungen zur Deutung anzustellen. Markieren Sie wichtige Textstellen, halten Sie Ihre Beobachtungen zum Inhalt, zur Intention und zur Form der Texte in stichwortartigen Randbemerkungen oder auch in einer Tabelle fest. Z. B.:

	Gedicht A	Gedicht B
Thema/Problem	…	…
Inhalt/Intention	…	…
Sicht des lyrischen Ichs	…	…
Form: Strophenzahl, Reime, Metrum usw.	…	…
Dominante Stilmittel: Metaphern, Wiederholungen, Parallelismen usw.	…	…
Biografische Zusammenhänge	…	…
Epochenbezüge	…	…
Vergleichsaspekte	…	…

3. Entwickeln Sie mithilfe der Randbemerkungen, des Konzeptpapiers oder der Tabelle einen Schreibplan. Formulieren Sie mit diesen Grundlagen Ihre Interpretation.
4. Überarbeiten Sie Ihren Text, indem Sie den Inhalt, den Aufbau und die sprachliche Gestaltung überprüfen.

Eine mögliche Lösung

Einleitung	Das Gedicht „Mailied" von Johann Wolfgang von Goethe (1749 – 1832) entstand im Jahre 1771 und gehört zur Epoche des Sturm und Drang, deren Lyrik durch große Leidenschaft, Subjektivität und Spontaneität gekennzeichnet ist.	Autor, Titel, Gedichtart, Jahr, historischer Hintergrund
	Das lyrische Ich dieses Gedichtes empfindet ein großes Glücksgefühl der Liebe und bringt dies in einem überschwänglichen Jubel über die Schönheit der Natur zum Ausdruck.	Inhalt und Deutungsansatz
Hauptteil	Das Gedicht besteht aus neun Strophen mit jeweils vier Versen, wobei sich immer nur der 2. und 4. Vers reimen (abcb). In der zweiten Strophe liegt ein unreiner Reim vor (Zweig – Gesträuch). Das Metrum ist überwiegend ein zweihebiger Jambus, allerdings weicht die sprachbedingte Betonung häufig vom jambischen Grundschema ab, was schon einen Hinweis auf die große Emotionalität des lyrischen Ichs gibt. So wird z. B. im zweiten Vers abweichend vom Metrum das Personalpronomen „Mir" betont.	vollständige Interpretation des ersten Gedichtes

äußere Form |
	Im ersten Teil des Gedichtes (Strophe 1 – 3) bringt das lyrische Ich seine grenzenlose Freude über die blühende Natur zum Ausdruck, indem es ausruft: „Wie herrlich leuchtet/Mir die Natur!" (V. 1f.). Anschließend (Strophe 4 und 5) wird mit dem Ausruf „O Lieb', o Liebe!" (V. 13) die überschäumende Freude auf die Liebe übertragen. Im letzten Teil des Gedichtes (Strophe 6 – 9) …	Aufbau/Struktur
	Das Liebesglück des lyrischen Ichs findet seinen Ausdruck in zahlreichen Vergleichen mit der Natur (z. B.: V. 14/15 oder Strophe 7/8). Enjambements, Ellipsen (V. 27/28) und häufige Ausrufe machen seine Begeisterung deutlich. Die enge Verbindung von Liebe und Natur wird auch durch die Parallelismen in den Versen 3/4, 11 – 13 und 21 hervorgehoben. Metaphorische Ausdrücke und Personifikationen …	Inhalt und Sprache
	Das Gedicht hat ein leidenschaftliches Liebesgeständnis zum Gegenstand. Im Moment äußersten Glücks verherrlicht das lyrische Ich die erblühende Natur und „besingt" die Liebe zu seinem Mädchen. …	erste Zusammenfassung
	Das Gedicht „Entfremdung" von Ingeborg Bachmann (1926 – 1973) wurde zwischen 1948 und 1953 verfasst und gehört damit zur Literatur der Moderne.	Überleitung zum Vergleich, Autorin, Titel, Gedichtart, Jahr, historischer Hintergrund

	In ihm drückt ein lyrisches Ich seine Unfähigkeit aus, die Eindrücke der Natur aufzunehmen und sich in der Natur zurechtzufinden. Es fühlt sich von der Natur und von der Welt ausgeschlossen. Auch in diesem Gedicht spielt das Verhältnis zwischen lyrischem Ich und Natur eine wichtige Rolle.	Inhalt und Deutungsansatz Vergleichskriterium
	Das lyrische Ich kann die Erscheinungen der Natur nicht wahrnehmen, Bäume und Blätter scheinen unsichtbar, die Vögel sind nicht zu hören, der Wald ist nicht zu sehen und die Wiese ist kein Ort des Ausruhens. Zweimal fragt sich das lyrische Ich verzweifelt: „Was soll nur werden?" (V. 5/11). Obwohl es sich dann kurz die Frage stellt, ob es sich der Natur wieder nähern soll (Strophe 2), ist die Resignation am Ende unausweichlich: „Ich kann in keinem Weg mehr einen Weg sehen." (V. 14) *Das lyrische Ich ist verzweifelt, es fühlt sich unsicher und kann seine Einsamkeit auch nicht mithilfe der Natur überwinden. Die Natur entzieht sich ihm.* … *Diese Entfremdung (Titel!) von der Natur spiegelt sich auch im Aufbau und der sprachlichen Gestaltung des Gedichtes wider: In drei unterschiedlich langen Strophen werden im Wesentlichen Hauptsätze parataktisch aneinandergereiht, es gibt weder ein einheitliches Metrum noch Endreime.* …	
Schluss	*In den beiden zu untersuchenden Gedichten erlebt das jeweilige lyrische Ich die Natur völlig unterschiedlich: Während in Goethes Gedicht „Mailied" das lyrische Ich die Natur als beglückend empfindet, fühlt sich das Ich in Bachmanns Gedicht „Entfremdung" von der Natur ausgeschlossen. Sie ist nicht mehr Anlass für überschwänglichen Jubel und grenzenlose Freude, sondern verstärkt die empfundene Leere und Einsamkeit. In beiden Gedichten spiegelt die Natur den inneren Seelenzustand des lyrischen Ichs wider. Das Ich des Goethe-Gedichtes jubelt vor Glück und Freude, das Ich in Bachmanns Gedicht spürt eine innere Leere und sieht keinen Ausweg.*	Zusammenfassung der Untersuchungsergebnisse
	Ich persönlich …	evtl. persönliche Wertung

6 An der Darstellung feilen – Texte überarbeiten

Das müssen Sie wissen

In schriftlichen Klausuren ist nicht nur die **Verstehensleistung** – also der Inhalt (Gütekriterien: sachlich richtig, aspektreich, differenziert und komplex) – der schriftlichen Ausführungen zu beurteilen und zu bewerten, sondern auch die **Darstellungsleistung**.

Möglichkeiten der Textüberarbeitung

Das Schreiben von Texten ist immer als ein Prozess zu verstehen, der in mehreren Schritten abläuft: Zunächst wird ein (schriftlicher oder gedanklicher) Schreibplan entworfen, dieser wird anschließend in einem ersten Entwurf umgesetzt und dann mehrmals – häufig unter verschiedenen Fragestellungen – überarbeitet. Zur **Überarbeitung eines Textes** gibt es verschiedene Möglichkeiten, die man allein, zu zweit oder auch in einer Gruppe umsetzen kann.

- Innerhalb einer Gruppe liest jeder seinen Text vor. Die anderen machen möglichst konkrete Vorschläge zur Verbesserung. Diese Vorschläge werden vom vorlesenden Schüler oder der vorlesenden Schülerin notiert und anschließend zur Überarbeitung genutzt.
- Eine weitere Möglichkeit besteht darin, die Texte mithilfe der sogenannten **Textlupe** zu überarbeiten:
  Innerhalb einer Kleingruppe werden die Texte reihum gelesen und mithilfe eines gesonderten Feedback-Bogens (s. Muster) kommentiert, indem Fragen, Anmerkungen, Verbesserungsvorschläge, aber auch Lob notiert werden. Der ursprüngliche Schreiber nutzt diese Anregungen zur Verbesserung seines Textes.

Name	Das hat mir gut gefallen!	Hier stört mich etwas.	Ich habe einen (Änderungs-)Vorschlag
Maximilian	…	…	…
…	…	…	…

- Sollten Texte bereits elektronisch vorliegen, kann man sie auch per E-Mail weiterleiten und von anderen am PC überarbeiten lassen. Mit der Funktion „Überprüfen" können die Vorschläge für den ursprünglichen Schreiber kenntlich gemacht werden. Nachdem der Schreiber seinen Text zurückerhalten hat, kann er sich die Vorschläge anschauen und diese ggf. übernehmen.

Aspekte der Textüberarbeitung

Generell ist bei der Darstellungsleistung zwischen Sprache, Textaufbau/Leserführung und Fachmethodik zu unterscheiden: Dies sind wichtige Teilaspekte, die bei der Textüberarbeitung noch einmal besonders in den Blick genommen werden sollten.

Sprache
- standardsprachlich korrekt (Rechtschreibung, Zeichensetzung und Grammatik)
- sicherer, variabler und (nicht zu) komplexer Satzbau
- schlüssige Satzverknüpfungen
- allgemeinsprachlich präzise, abwechslungsreiche und stilistisch gewandte Wortwahl
- …

Textaufbau/Leserführung
- Einführung des Lesers in das Thema
- Schlüssigkeit der Argumentation
- Folgerichtigkeit der Gedankenführung
- Konkretisierung an Beispielen
- erkennbare Gliederung des Textes in Sinnabschnitte (inkl. Absatzgestaltung)
- …

Fachmethodik
- angemessene und korrekte Zitierweise
- Gebrauch treffender Fachtermini
- Berücksichtigung formaler Anforderungen der Textsorte (z. B. korrekte Verwendung des Konjunktivs bei Inhaltsangaben, Präsens bei Sachtextanalysen bzw. Interpretationen)
- …

Ein Beispiel

Im Rahmen einer schriftlichen Abiturprüfung sollte in Aufgabe 1 zunächst Peter Huchels Gedicht „Damals" interpretiert werden. In der hieran anknüpfenden Aufgabe 2 wurde dann der Vergleich mit dem motivverwandten Gedicht „Die Gewohnheit zu zittern" von Guntram Vesper gefordert, wobei die Gestaltung der Kindheitserinnerungen als Untersuchungsaspekt vorgegeben war. Der vorliegende Text stellt einen Auszug aus einer Schülerlösung zum Gedichtvergleich im zweiten Aufgabenteil dar.

[…] Auf den ersten Blick fällt auf, dass beide Gedichte die selbe Versanzahl aufweisen. Das Gedicht „Damals" von Huchel besteht aus einer einzigen Strophe mit zusammenhängenden Sätzen mit Harmonie,
5 während Vespers Gedicht „Die Gewohnheit zu zittern" aus vielen abgehackten, unvollständigen Sätzen besteht. Ein erster Unterschied der beiden Gedichte. Auch im Inhalt unterscheiden sich beide Gedichte stark. Die eine handelt von einer positiven Kindheits-
10 erinnerung und das andere Gedicht von einer negativen Kindheitserinnerung. Vesper erzielt mit seiner eher kargen Wortwahl und den eher negativ behafteten Wörtern wie finster, eng, scharf und Flucht eine eher düstere Stimmung. Huchel verwendet ein eher
15 düsteres Wortfeld schafft es aber ein Gefühl von Geborgenheit und Sicherheit zu erzeugen. In beiden Gedichten werden zwei vollkommen unterschiedliche Kindheitserinnerungen dargestellt, zum einen, ein Kind das unbeschwert aufwuchs und sein Zuhause als Zufluchtsort ansieht und ein Kind das sein Zu-
20 hause als Besserungsanstalt sieht und sich nichts sehnlicher wünscht als von dort zu flüchten.
Beide Autoren hatten unterschiedliche herangehensweisen. Währen der eine sein Gedicht mit vielen Wörtern schmückte, indem er viele Personifikatio-
25 nen und Metaphern nutzt, hat der andere weniger Wörter genutzt um seine Gefühle auszudrücken. […]

▶ **Aufgabenstellung**
Identifizieren Sie mögliche Mängel des vorliegenden Textes und überarbeiten Sie diesen entsprechend.

So können Sie vorgehen

1. Legen Sie auf einem gesonderten Blatt eine Tabelle mit den drei Spalten
   - Sprache,
   - Textaufbau/Leserführung und
   - Fachmethodik

   an.

2. Lesen Sie den Text in seiner jetzigen Fassung aufmerksam durch, markieren Sie auf einer Kopie die von Ihnen identifizierten Mängel und nummerieren Sie diese fortlaufend.

3. Übertragen Sie die jeweiligen Ziffern in die zugehörige Spalte Ihrer Tabelle und notieren Sie Ihre Verbesserungsvorschläge stichwortartig.

4. Überarbeiten Sie den vorliegenden Text entsprechend, indem Sie orthografische Fehler korrigieren, bestimmte Textpassagen kürzen, ergänzen und/oder umformulieren, Fachbegriffe einfügen usw.

Eine mögliche Lösung

[…] Mit Blick auf die Form fällt zunächst auf, dass beide Gedichte dieselbe Versanzahl aufweisen. Das Gedicht „Damals" von Huchel besteht aus einer einzigen Strophe mit zwar überwiegend parataktischen, jedoch zusammenhängenden Sätzen (vgl. V. 1 f. und V. 3 f. usw.), sogenannten Enjambements, während Vespers Gedicht „Die Gewohnheit zu zittern" viele kurze, unvollständige Sätze enthält. Anstelle eines Leseflusses, der mit der vermittelten Harmonie in Huchels Gedicht korrespondiert, spiegeln die Ellipsen in Vespers Gedicht die negative Kindheitserinnerung des lyrischen Ichs wider.	Fachterminus, Rechtschreibung Fachterminus, Textbeleg Fachterminus/sprachliche Mittel mit funktionaler Anbindung, Wortwahl, Ausdruck
Letzteres markiert zugleich einen zentralen inhaltlichen Unterschied, der im Folgenden näher erläutert werden soll:	Kausalität, Satzbau, Wortwahl, Leserführung/Absatzgestaltung
Beide Gedichte unterscheiden sich grundlegend dadurch voneinander, dass das lyrische Ich im ersten Gedicht „Damals" eine positive, im zweiten hingegen eine negative Kindheitserinnerung beschreibt. Vesper schafft mit seiner kargen Wortwahl und den eher negativ behafteten Wörtern wie „finster[…]" (V. 15), „eng[…]" (V. 1), „scharf[…]" (V. 2) und „Flucht" (V. 7) eine überwiegend düstere Stimmung. Obwohl auch das lyrische Ich in Huchels Gedicht „Damals" ein zeitweilig düsteres Wortfeld verwendet, gelingt es ihm, im Ganzen ein Gefühl von Geborgenheit und Sicherheit zu vermitteln.	Ausdruck, Grammatik/Satzbau, Fachterminus, Wortwahl Ausdruck, Zeichensetzung, Zitierweise Kausalität, Wortwahl, Zeichensetzung
In beiden Gedichten werden somit zwei gegensätzliche Kindheitserinnerungen dargestellt: Auf der einen Seite wächst ein Kind unbeschwert auf und sieht sein Zuhause als Zufluchtsort an. Auf der anderen Seite erachtet das lyrische Ich sein Elternhaus als „Besserungsanstalt" (V. 3) und wünscht sich nichts sehnlicher, als von dort zu flüchten, um der Kontrolle des strengen Dienstmädchens zu entkommen (vgl. V. 6 ff.).	Wortwahl, Ausdruck, Tempus, Grammatik/Satzbau, Zitierweise Textbeleg
Letzteres deutet darauf hin, dass Huchel und Vesper insbesondere bei der sprachlichen Gestaltung ihrer Gedichte unterschiedliche Herangehensweisen haben:	Leserführung/Absatzgestaltung, Rechtschreibung, Tempus
Während das lyrische Ich bei Vesper einen eher knappen und prosaischen Stil nutzt, um seine Gefühle auszudrücken (vgl. V. 3 f.), bedient sich das lyrische Ich bei Huchel einer bildhaften Sprache. Diese ist gekennzeichnet durch vermehrten Gebrauch von Personifikationen und Metaphern, wie etwa die „schweigsam hockende […] Klettenmarie, die in der Küche Wolle knäulte" (V. 14 f.) und bei der das lyrische Ich Schutz vor dem draußen wütenden Sturm findet (vgl. V. 2 und V. 13 ff.), sowie durch wertende Adjektive wie „milchige[r] Mond" (V. 10). […]	Rechtschreibung, Fachterminus, Ausdruck, Zeichensetzung, Textbeleg Textbelege Fachterminus Textbeleg

7 Richtig zitieren

Grundregel

Wörtliche Übernahmen (Zitate) aus Büchern, Briefen, Schriftstücken u. a. müssen durch Anführungszeichen kenntlich gemacht werden. Im Rahmen des Deutschunterrichts zitieren Sie insbesondere dann, wenn Sie Aussagen zur Deutung durch den Text belegen wollen. Hinter dem Zitat wird in Klammern immer die Quelle vermerkt, in der Regel handelt es sich dabei um die Zeilen- oder bei einem Gedicht um Versangaben.

Endet das Zitat mit einem Satzschlusszeichen, kommt hinter die schließende Klammer der Quellenangabe kein weiteres Schlusszeichen. Fehlt am Ende des Zitats ein Satzschlusszeichen, steht dieses hinter der schließenden Klammer der Quellenangabe.

Im Folgenden werden die grundlegenden Zitierweisen und weitere Besonderheiten anhand von Reinhard Lettaus Kurzerzählung „Auftritt" erläutert.

Reinhard Lettau (1929 – 1996)
Auftritt

Ein Herr tritt ein.
„Ich bin's", sagt er.
„Versuchen Sie es noch einmal", rufen wir.
Er tritt erneut ein.
5 „Hier bin ich", sagt er.
„Es ist nicht viel besser", rufen wir.
Wieder betritt er das Zimmer.
„Es handelt sich um mich", sagt er.
„Ein schlechter Anfang", rufen wir.
10 Er tritt wieder ein.
„Hallo", ruft er. Er winkt.
„Bitte nicht", sagen wir.
Er versucht es wieder.
„Wiederum ich", ruft er.
15 „Beinahe", rufen wir.
Noch einmal tritt er ein.
„Der Langerwartete", sagt er.
„Wiederholung", rufen wir, aber ach, nun haben wir zu lange gezögert, nun bleibt er draußen, will nicht mehr kommen, ist weggesprungen, wir sehen ihn
20 nicht mehr, selbst wenn wir die Haustür öffnen und links und rechts die Straße schnell hinunterschauen.

(1963)

Zitierweisen

1. Zitate mit hinweisendem Begleitsatz

Steht vor, innerhalb oder hinter dem Zitat ein hinweisender Begleitsatz, erfolgt die Kennzeichnung wie bei der wörtlichen Rede. Das gilt vor allem für den Fall, dass ganze Sätze zitiert werden.

Beispiel: Die Erzählung beginnt mit dieser nüchternen Feststellung: „Ein Herr tritt ein" (Z. 1).[1]
„Ein Herr tritt ein" (Z. 1), so beginnt die Erzählung von Reinhard Lettau.
„Ein Herr", so beginnt Reinhard Lettau seine Erzählung unvermittelt, „tritt ein." (Z. 1)[2]

2. Eingebaute Zitate

Eleganter ist es, wenn Zitate in den eigenen Satzbau grammatisch korrekt eingefügt werden. Der Doppelpunkt entfällt dann.

Beispiel: Mit Aussagen wie „Wieder betritt er das Zimmer" (Z. 7) oder „Er tritt wieder ein" (Z. 10) wird zunächst die Hartnäckigkeit des Protagonisten zum Ausdruck gebracht, aber am Schluss wird er „nicht mehr" (Z. 20) gesehen.

Besonderheiten

1. Manchmal erfordert es der eigene Satzbau, die Endung zitierter Wörter zu verändern. In diesem Fall werden die geänderten Wortendungen in eckige Klammern gesetzt. Gleiches gilt für Wörter, die im Sinne eines korrekten Satzbaus hinzugefügt werden müssen.

   Beispiel: Bei seinem nächsten Versuch bezeichnet er sich als „Langerwartete[r]" (Z. 17).
   Nach diesem Auftritt wissen sie instinktiv, dass der Herr „nicht mehr kommen [wird]" (Z. 19).

2. Wenn Teile eines zitierten Satzes ausgelassen werden, werden die Auslassungen durch drei Punkte und eckige Klammern gekennzeichnet.

   Beispiel: Ihnen wird bewusst, dass sie „nun […] zu lange gezögert" (Z. 18) und ihn zu sehr kritisiert haben. Die Feststellung des Erzählers „nun bleibt er draußen, […] ist weggesprungen, wir sehen ihn nicht mehr" (Z. 18 ff.) enthält den indirekten Appell an den Leser, seine Mitmenschen als Individuen mit ganz unterschiedlichen Wesenszügen zu akzeptieren, anstatt sie ändern zu wollen.

3. Eine wörtliche Rede, ein Titel oder ein Zitat innerhalb eines Zitats werden durch halbe Anführungszeichen kenntlich gemacht.

   Beispiel: Der Protagonist unternimmt einen weiteren Versuch, um seinem Testpublikum zu gefallen: „Er tritt wieder ein. ‚Hallo', ruft er. Er winkt" (Z. 10 f.).

4. Wenn unmittelbar auf einen Textteil Bezug genommen, aber nicht wörtlich zitiert wird, verwendet man für die Quellenangabe die Abkürzung „vgl." (= vergleiche).

   Beispiel: Mehrfach versucht der Protagonist, seinen Auftritt so zu beginnen, dass er den Vorstellungen seines Testpublikums entspricht. Dies gelingt ihm jedoch nicht. (Vgl. Z. 3 ff.)

5. Geht ein Zitat über zwei Zeilen, können als Quelle entweder beide Zeilen angegeben werden (Z. 1–2) oder man kann mit der Abkürzung „f." (für: folgende Zeile) arbeiten (Z. 1 f.). Erstreckt sich das Zitat über mehrere Zeilen, können ebenfalls die Zeilen angegeben werden (Z. 1–3) oder man kann mit der Abkürzung „ff." (für: folgende Zeilen) arbeiten (Z. 1 ff.).

---

[1] Der Schreiber bzw. die Schreiberin kann entscheiden, ob der Punkt mitzitiert wird, was in diesem Fall nicht geschehen ist, sodass er hinter die schließende Klammer rückt. – [2] In diesem Fall wurde der Punkt mitzitiert, sodass er hinter der Klammer entfällt (vgl. auch die einführenden Anmerkungen auf S. 205).

8 Rhetorische Figuren

Wenn Sie einen Sachtext, z. B. eine Rede, einen Kommentar, eine Werbeanzeige, analysieren oder einen literarischen Text, z. B. eine Kurzgeschichte, eine Dramenszene oder ein Gedicht, interpretieren wollen, kommt es auch darauf an, die sprachlichen Besonderheiten mit den entsprechenden Fachausdrücken zu kennzeichnen, um Ihre Aussagen zur Funktion und zur Deutung informativ zu belegen.

Die folgende Liste enthält wichtige, immer wieder verwendete rhetorische Figuren. Manchmal spricht man auch von sprachlichen Mitteln, von stilistischen Mitteln oder von Stilmitteln bzw. Stilfiguren. Dass man von „rhetorischen Figuren" spricht, hängt damit zusammen, dass diese sprachlichen Besonderheiten vielfach auf die antike Rhetorik zurückgehen.

Welche Funktion diese rhetorischen Figuren im Textzusammenhang haben, kann man nicht allgemein sagen. In jedem Fall unterstützen sie eine bestimmte Aussageabsicht, die mit dem Text verbunden ist.

Rhetorische Figur	Erklärung	Beispiel
Akkumulation, die	Eine Anhäufung von Wörtern, die dazu dienen, einen genannten oder gedachten Oberbegriff näher zu erklären	„Nun ruhen alle Wälder, Vieh, Menschen, Stadt und Felder […]" (Paul Gerhardt)
Alliteration, die	Mehrere Wörter bzw. betonte Silben beginnen mit dem gleichen Laut. Die Wörter müssen nicht direkt aufeinanderfolgen, stehen jedoch in einem engen Zusammenhang im Text.	Haus und Hof „Ich höre des gärenden Schlammes Geheimnisvollen Ton […]" (Theodor Storm)
Anapher, die	Mehrere Sätze, Satzteile oder Verse beginnen mit dem gleichen Wort.	„Wie herrlich leuchtet Mir die Natur! Wie glänzt die Sonne! Wie lacht die Flur!" (Johann Wolfgang Goethe)
Antithese, die	Gegensätzliche Begriffe oder Aussagen werden einander gegenübergestellt.	Er schläft am Tag und wacht in der Nacht.
Assonanz, die	Mehrere Wörter enthalten gleichklingende Vokale.	„Schwarze Damen, schwarze Herren Wandeln durch Bolognas Straßen. […]" (Clemens Brentano)
Asyndeton, das	Wörter oder kurze Sätze stehen unverbunden nebeneinander.	Haus, Hof, Wälder, Wiesen
Chiasmus, der	Jeweils zwei Wörter oder Satzglieder werden einander spiegelbildlich zugeordnet (Überkreuzstellung, nach dem griechischen Buchstaben Chi).	Groß ist der Baum, der Strauch ist klein.
Correctio, die	Ein Ausdruck wird unmittelbar wieder aufgegriffen und berichtigt.	Das Smartphone verändert unseren Alltag, ja, es revolutioniert ihn geradezu.
Ellipse, die	Teile eines Satzes, die man gedanklich leicht ergänzen kann, werden ausgelassen, sodass dieser Satz grammatisch unvollständig ist.	„Aus den Schornsteinen, hier und da, Rauch, oben, hoch, in sonniger Luft, ab und zu Tauben." (Arno Holz)

Rhetorische Figur	Erklärung	Beispiel
Euphemismus, der	Beschönigung. Das Negative eines Sachverhalts wird durch positive Bezeichnungen verhüllt.	„entschlafen" anstelle von „sterben" „Nullwachstum" anstelle von „Stagnation"
Hyperbel, die	Übertreibung. Ein Ausdruck wird so übersteigert, dass er, wörtliche genommen, nicht mehr zutrifft.	„Ewig schaust du auf dein Smartphone!"
Interjektion, die	Ausrufewort	Oh! Igitt!
Inversion, die	Wörter bzw. Satzglieder stehen innerhalb eines Satzes an ungewöhnlicher Stelle.	Spät kam er zurück.
Ironie, die	Der Sprecher meint das Gegenteil dessen, was er sagt.	Na super! Jetzt funktioniert gar nichts mehr!
Klimax, die	Eine Reihe von Ausdrücken ist steigernd angeordnet. Bei einer fallenden Anordnung spricht man von einer Antiklimax.	Er geht, er eilt, er läuft und stürzt.
Lautmalerei, die (Onomatopoesie, die)	Die Bedeutung eines Wortes wird bereits durch den Klang ersichtlich.	„Und dennoch fallen raschelnd, fern und nah, Die schönsten Früchte ab von jedem Baum." (Friedrich Hebbel)
Metapher, die	Ein Wort wird aus dem üblichen Sprachgebrauch gelöst und so in einen anderen Zusammenhang eingeordnet, dass es eine neue Bedeutung erhält. Die Metapher ist ein verkürzter Vergleich (ohne das Vergleichswort „wie").	„Im Blütendampfe Die volle Welt." (Johann Wolfgang von Goethe)
Neologismus, der	Neuschöpfung eines Wortes, das es so bisher noch nicht gab und das manchmal nur in einem bestimmten Text verwendet wird	Sie war eine herzenskluge Kollegin.
Parallelismus, der	In aufeinanderfolgenden Sätzen werden die Satzglieder in gleicher Weise angeordnet.	„Was ist die Welt und ihr berühmtes Glänzen? Was ist die Welt und ihre ganze Pracht?" (Christian Hofmann von Hofmannswaldau) „Der schnelle Tag ist hin/die Nacht schwingt ihre Fahn […]" (Andreas Gryphius)
Personifikation, die	Allgemeinen Begriffen, Gegenständen, Tieren oder Pflanzen werden Eigenschaften und Verhaltensweisen zugeordnet, die nur Menschen zukommen.	„Wo Tier und Vögel waren/Trauert jetzt die Einsamkeit." (Andreas Gryphius)
rhetorische Frage, die	Es handelt sich um eine Frage, auf die keine Antwort erwartet wird, weil die Zustimmung des Hörers bzw. Lesers vorausgesetzt wird. Häufig enthält die rhetorische Frage einen Appell.	Gibt es etwas Menschlicheres als die Sprache?

Rhetorische Figur	Erklärung	Beispiel
Satzbau – parataktisch	Einfache Hauptsätze werden aneinandergereiht.	„Jugendliche sprechen ihre eigene Sprache. Sie wollen sich und ihr Lebensgefühl damit zum Ausdruck bringen. Sie wollen Spaß haben und sich ausprobieren." (Alexandra Wölke)
– hypotaktisch	Hierbei handelt es sich um Satzgefüge, die manchmal sehr verschachtelt sein können (Verschachtelungen).	„Das Menschlichste, was wir haben, ist doch die Sprache, und wir haben sie, um zu sprechen." (Theodor Fontane)
Symbol, das	Ein konkreter Gegenstand wird als Träger eines allgemeinen Sinnzusammenhangs gesetzt. Die Bedeutung kann man in der Regel nicht aus dem Gegenstand ableiten, man muss sie gelernt haben bzw. gesagt bekommen.	Die Farbe Grün als Symbol der Hoffnung. Die Taube als Symbol des Friedens. Der Lorbeerkranz als Symbol des Sieges.
Synästhesie, die	Verschiedene Sinnesbereiche (Geruch, Geschmack, Sehen …) werden miteinander verschmolzen	„Holdes Bitten, mild' Verlangen Wie es süß zum Herzen spricht." (Clemens Brentano)
Vergleich, der	Durch *wie, wieso, als ob* u. Ä. wird eine Beziehung zwischen zwei Bereichen hergestellt, zwischen denen es Gemeinsamkeiten gibt.	Sie tanzte wie eine Königin der Nacht.

1. In den folgenden Sätzen und Kurztexten ist jeweils mindestens eine rhetorische Figur enthalten, manchmal sind es mehrere. Darunter finden Sie mehrere Fachbegriffe, von denen einer nicht zutrifft. Erläutern Sie, welche rhetorischen Figuren enthalten sind, und identifizieren Sie diejenige, die unzutreffend ist.

- „Heute back' ich, morgen brau' ich, übermorgen hol ich der Königin ihr Kind."
  (Rumpelstilzchen)
  – Klimax, Anapher, Asyndeton, Alliteration, parataktischer Satzbau

- „Kann ich von dir verlangen, dass du deine
  Vorfahren Lügen strafst, um meinen nicht
  Zu widersprechen?"
  (Gotthold Ephraim Lessing)
  – hypotaktischer Satzbau, Vergleich, rhetorische Frage, Alliteration

- „Dieser These ist insbesondere von Sprachwissenschaftlern, die in dieser besonderen Jugendsprache vor allem einen Ausdruck sprachlichen Unvermögens sehen, welcher keinesfalls mit der Bedeutung eines Dialekts verglichen werden könne, vehement widersprochen worden."
  (Alexandra Wölke)
  – parataktischer Satzbau, hypotaktischer Satzbau

- Das Meer ist finster, hell ist der Sand.
  – Antithese, Chiasmus, Personifikation

- „O, so seid ihr alle drei/Betrogene Betrüger!"
  (Gotthold Ephraim Lessing)
    - Personifikation, Alliteration, Interjektion
- Im Meer der digitalen Medien sich zu behaupten ist keineswegs einfach.
    - Alliteration, Personifikation, Metapher
- Sie kam, breitete sich aus, verdarb die schöne Stimmung.
    - Neologismus, Klimax, Asyndeton.
- „Es war, als hätt der Himmel
  Die Erde still geküsst [...]"
  (Joseph Freiherr von Eichendorff)
    - Alliteration, Anapher, Vergleich,
- „Und meine Seele spannte
  Weit ihre Flügel aus,
  Flog durch die stillen Lande,
  Als flöge sie nach Haus."
  (Joseph Freiherr von Eichendorff)
    - Vergleich, Alliteration, Metapher, Parallelismus
- „[...] Und wenn sich dann der Steine Kräfte
  Bei euren Kindeskindern äußern:
  So lad ich über tausend tausend Jahre
  Sie wiederum vor diesen Stuhl. [...]"
  (Gotthold Ephraim Lessing)
    - Vergleich, Hyperbel, Alliteration
- Die rote Abendsonne schaute herab auf das Paar, das sich traumselig umarmte.
    - Symbol, Neologismus, Vergleich
- „Dem Schnee, dem Regen,
  dem Wind entgegen,
  im Dampf der Klüfte,
  durch Nebeldüfte,
  immer zu!"
  (Johann Wolfgang Goethe)
    - Ellipse, hypotaktischer Satzbau, Assonanz, Anapher
- „Verschneit liegt rings die ganze Welt,
  ich hab nichts, was mich freuet,
  verlassen steht der Baum im Feld,
  hat längst sein Laub verstreuet."
  (Joseph Freiherr von Eichendorff)
    - Alliteration, Inversion, hypotaktischer Satzbau
- Schnell lief sie hin, langsam kam sie zurück.
    - Parallelismus, Ellipse, Antithese, Alliteration

9 Zuhören und Informationen verarbeiten – Protokollieren

Das müssen Sie wissen

Nicht nur in der Schule, aber dort ganz besonders häufig erleben Sie Situationen, in denen es darauf ankommt, genau zuzuhören und wichtige Informationen zu notieren und weiterzuverarbeiten. Dabei gibt es verschiedene Möglichkeiten:

1. Informationen gezielt heraushören
Manchmal ist es so, dass Sie bereits vorher wissen, zu welchen Bereichen Sie Informationen erhalten möchten. Hier kommt es also darauf an, gezielt hinzuhören und stichwortartig die Informationen aufzuschreiben, die Sie benötigen. Möchten Sie z. B. einem Filmbeitrag zu einem Sachthema Informationen entnehmen oder hält eine Mitschülerin oder ein Mitschüler ein Referat zu einer bestimmten literaturgeschichtlichen Epoche wie der der Aufklärung, kann es für Sie wichtig sein, zuvor bestimmte Informationsbereiche zu notieren, die für Sie besonders bedeutsam sind, z. B.:
- Zeitraum
- wichtige Autoren
- zentrale Werke
- geschichtlicher Hintergrund
- Denkweisen …

Diese Bereiche können Sie vorab notieren, um dann die gehörten Detailinformationen stichwortartig zuzuordnen.

2. Einen Stichwortzettel anlegen und die Informationen ordnen
Häufiger ist es so, dass Sie sehr viele Informationen präsentiert bekommen, die Sie zunächst noch ungeordnet und stichwortartig aufschreiben.

Dabei können Sie mit Spiegelstrichen (– …) und anderen grafischen Zeichen arbeiten. Etwas, was Ihnen besonders wichtig erscheint, können Sie unterstreichen, farbig markieren oder mit einem Ausrufezeichen (!) versehen. Informationen, die eng zusammengehören, können Sie mit einem Pfeil (→) verbinden oder Sie können deutlich vermerken, dass Ihnen noch etwas unklar geblieben ist und Sie sich noch genauer informieren wollen ?…?. Hilfreich ist es auch, wenn Sie mit Abkürzungen arbeiten (Dat. = Daten/Datierungen; Def. = Definition; w. = wichtig/wichtige Information, Zh. = Zusammenhang …).

Lassen Sie einen breiten Rand, um gegebenenfalls weitere Detailinformationen ergänzen zu können.

Der Stichwortzettel hilft Ihnen jedoch nur, wenn Sie ihn anschließend weiterverarbeiten. So können Sie z. B. Oberbegriffe festlegen und diesen Oberbegriffen einzelne Informationen, die vielleicht über den Zettel verteilt sind, zuordnen.

Manchmal bietet es sich auch an, eine Mindmap zu erstellen, um die Informationen schnell wieder zur Verfügung zu haben.

3. Ein Protokoll anfertigen
Mit einem Protokoll gibt man die wichtigen Ergebnisse oder aber auch den genauen Verlauf einer Unterrichtsstunde oder z. B. auch einer Sitzung des Vorstandes eines Sportvereins etc. wieder. In der Regel wird ein Protokoll im Präsens abgefasst.

Ein Protokoll erhält immer die Unterschrift des Protokollanten/der Protokollantin und einen sogenannten Protokollkopf, der bei einer Unterrichtsstunde folgendermaßen gestaltet wird:

> **Protokoll der Deutschstunde vom 15.09.20..**
> **Ort:**
> **Zeit:**
> **Anwesende:**
> **Abwesend:**
> **Protokollant/in:**
> **Thema der Stunde:**

Man unterscheidet zwei Protokollarten:

A: Das Ergebnisprotokoll

Bei einem Ergebnisprotokoll zu einer Unterrichtsstunde werden kurz der Inhalt einer Stundenphase und die wichtigsten Ergebnisse genannt. Dabei kann Ihnen z. B. auch ein erstelltes Tafelbild helfen.

Ergebnisprotokoll der Deutschstunde vom 15.09.20..
Ort: Städtisches Gymnasium Hannover
Zeit: 08:50 – 09:35 Uhr
Anwesende: EF Kurs Deutsch, Herr Vogt
Abwesend: – – –
Protokollantin: Ella Flügel
Thema der Stunde: Immanuel Kants Verständnis des Aufklärungsbegriffs

1. Anhand eines Auszugs aus Kants philosophischem Text „Beantwortung der Frage: Was ist Aufklärung?" werden zunächst die Begriffe „Aufklärung" und „Unmündigkeit", wie diese im ersten Absatz (Z. 1 – 10) definiert werden, geklärt:
   – „Aufklärung": selbsttätige Befreiung des Menschen von „Unmündigkeit"
   – „Unmündigkeit": die Unfähigkeit, ohne Leitung durch einen anderen seinen Verstand einzusetzen

2. Die von Kant genannten möglichen Ursachen für eine selbst verschuldete Unmündigkeit werden im Folgenden aus dem Text herausgearbeitet:
   – fehlende Motivation
   – Bequemlichkeit und Feigheit
   – fehlender Mut
   – Bevormundung

3. Im weiteren Verlauf werden die Ergebnisse aus den Aufgaben 1 und 2 in einem Schaubild visualisiert:

   | Immanuel Kant: „Beantwortung der Frage: Was ist Aufklärung?" |

   Aufklärung
   ↓
   Prozess aktiver, selbsttätiger Befreiung des Menschen aus
   selbst verschuldeter Unmündigkeit
   durch
   ↓
   den Gebrauch des Verstandes und der Vernunft

   Widerstände   – fehlende Motivation   *Widerstände*
   – fehlender Mut
   – Faulheit
   – Bevormundung

Hannover, den 15.09.20..
Ella Flügel

B: Das Verlaufsprotokoll

Ein Verlaufsprotokoll wird viel ausführlicher geschrieben. Hier werden neben den Inhalten der Stundenphasen und den Ergebnissen auch einzelne Gesprächsbeiträge (auch mit Namen) wiedergegeben. Diese Wiedergabe erfolgt in der indirekten Rede. Ein Verlaufsprotokoll wird in der Regel ebenfalls im Präsens verfasst; wie bei einem Bericht kann jedoch auch das Präteritum verwendet werden.

Verlaufsprotokoll der Deutschstunde vom 15.09.20..
Ort: Städtisches Gymnasium Hannover
Zeit: 08:50 – 09:35 Uhr
Anwesende: EF Kurs Deutsch, Herr Vogt
Abwesend: – – –
Protokollantin: Dilan Krol
Thema der Stunde: Immanuel Kants Verständnis des Aufklärungsbegriffs

1. In einem ersten Schritt wird zunächst der erste Abschnitt aus Kants philosophischem Text in den Blick genommen und es wird versucht zu klären, wie der Autor den Begriff „Aufklärung" definiert. Dabei geht es vor allem um die zentralen Begriffe „Aufklärung" und „Unmündigkeit". „Aufklärung" ist demnach ein Prozess, in dem sich ein Mensch durch den Einsatz seines Verstandes aus einer Unmündigkeit befreit, die er selbst verschuldet hat. Marie äußert dabei die Meinung, dass es sich der Philosoph etwas einfach mache, wenn er von „selbst verschuldet" spreche. Schließlich gebe es zahlreiche Gründe, warum jemand nicht selbst verschuldet, sondern gezwungenermaßen unmündig sei. Dieses führt zu der Frage von Herrn Vogt, was Kant überhaupt unter „Unmündigkeit" verstehe. Theo antwortet, dass es vor allem um die Unfähigkeit gehe, ohne die Hilfe eines anderen seinen Verstand einzusetzen ...

2. Im weiteren Verlauf werden in einer Gruppenarbeit die Hindernisse herausgearbeitet, die nach Kant einem selbstbestimmten Aufklärungsprozess im Wege stehen. Genannt werden von einer Gruppe:
   – fehlende Motivation
   – Bequemlichkeit und Feigheit
   – fehlender Mut
   – Bevormundung
   Dieses führt zu einer lebhaften Diskussion darüber, ...

Hannover, den 14.03.20..
Dilan Krol

Wenn Sie ein Stundenprotokoll anfertigen sollen, befragen Sie Ihren Lehrer oder Ihre Lehrerin vorab, welches Thema behandelt werden soll und wie dieses Thema in der Stunde untergliedert werden soll. Auf diesem Weg bekommen Sie gewissermaßen eine „Tagesordnung".
So eine Tagesordnung erhalten die Teilnehmerinnen und Teilnehmer von Konferenzen, die es oft auch in der Schule gibt, in der Regel vor der jeweiligen Sitzung. Die Tagesordnungspunkte, sogenannte TOPs, bestimmen dabei den Verlauf der Veranstaltung und somit auch die Gliederung Ihres Protokolls.

10 Grammatisches Wissen festigen

Wortarten

Wortarten im Überblick

Man unterscheidet Wortarten, die im Satzzusammenhang ihre Form **verändern**, und solche, die sich **nicht verändern**. Man spricht auch von **flektierbaren** und **nicht flektierbaren** Wortarten.

Wortarten, die flektierbar sind	
Wortart	**Beispiel**
Verb (Zeitwort, Tätigkeitswort) • Vollverb • Hilfsverb • Modalverb	 handeln, denken, sich erinnern sein, werden, haben wollen, sollen, dürfen, können, mögen, müssen
Nomen/Substantiv (Namenwort, Hauptwort) • Konkreta • Abstrakta	 Fahrrad, Rose, Dach Klugheit, Vertrauen, Treue
Artikel (Geschlechtswort, Begleiter) • bestimmter Artikel • unbestimmter Artikel	 der, die, das ein, eine, ein
Adjektiv (Eigenschaftswort)	laut, (ein) leises (Geräusch) italienisch, (die) italienische (Sprache)
Pronomen (Fürwort) • Personalpronomen (persönliches Fürwort) • Possessivpronomen (besitzanzeigendes Fürwort) • Demonstrativpronomen (hinweisendes Fürwort) • Relativpronomen (bezügliches Fürwort) • Reflexivpronomen (rückbezügliches Fürwort) • Interrogativpronomen (fragendes Fürwort) • Indefinitpronomen (unbestimmtes Fürwort)	 ich, mir, du, dir, wir, uns mein, dein, unser dieser, jene, das, derjenige der, welcher, was sich, mich, uns, euch wer? wessen? jemand, niemand, man, etwas[1]
Numerale (Zahlwort) • Kardinalzahlen (Grundzahlen) • Ordinalzahlen (Ordnungszahlen)	 eins, zwei, hundert, dreimal die erste, dritte, zehnte, hundertste Besucherin

[1] Einige Indefinitpronomen wie „nichts", „man" oder „etwas" sind nicht flektierbar, ebenso einige Zahlwörter.

1. Testen Sie Ihr Wissen. Um welche flektierbare Wortart handelt es sich bei den fett gedruckten Wörtern jeweils? Schreiben Sie die Sätze mit den Lösungen (in Klammern dahinter) in Ihr Heft oder arbeiten Sie mit einer Folie, wenn Ihnen das Buch nicht gehört. Alle Lösungen zu den Aufgaben finden Sie im Anhang auf den Seiten 256 – 262.

- Gotthold Ephraim Lessing war ein sehr **bedeutender** Dichter der deutschen Aufklärung, **die** für das 18. Jahrhundert bestimmend ist.
- Er **hat** mit seinen **theoretischen** Schriften und Dramen die **Entwicklung** des deutschen Theaters maßgeblich beeinflusst.
- **Seine** dramatischen Werke **werden** bis heute ununterbrochen auf deutschen Theaterbühnen aufgeführt.
- **Diese** sind unter anderem **dem** Toleranzgedanken verpflichtet, beschäftigen **sich** jedoch auch mit dem **historischen** Konflikt zwischen **Bürgertum** und Adel.
- Geboren wurde Lessing am 22. **Januar** 1729 als **drittes** Kind des **protestantischen** Theologen Johann Gottfried Lessing und **seiner** Frau Justina Salome in **Kamenz**.
- Um seinen Sohn auf die Schule und auf die Universität vorzubereiten, **unterrichtete** der Vater **ihn** zunächst selbst.
- Bereits in seinem **fünften** Lebensjahr **konnte** Lessing die Bibel **lesen**.
- Zu **dieser** Zeit erhielt **er** den Privatlehrer Christlob Mylius an **die** Seite gestellt, mit dem Lessing bis über das Studium hinaus **freundschaftlich** verbunden blieb.

Das Lessing-Haus in Kamenz

Gotthold Ephraim Lessing (nach einem Gemälde von C. Jäger)

Wortarten, die nicht flektierbar sind	
Wortart	**Beispiel**
Adverb (Umstandswort)	
• Lokaladverb (Umstandswort des Ortes)	hier, dort, hinten, aufwärts
• Temporaladverb (Umstandswort der Zeit)	nun, erst, immer, wieder, heute
• Modaladverb (Umstandswort der Art und Weise)	gern, sehr, teilweise, vielleicht, nicht, dadurch, etwas
• Kausaladverb (Umstandswort des Grundes)	darum, deshalb, folglich, somit
• Relativadverb (Umstandswort, mit dem man eine Beziehung ausdrückt)	das Land, <u>wo</u> die Zitronen blühen
• Interrogativadverb (Umstandswort, mit dem man fragt)	Wo? Wohin? Warum? Wie?
Präposition (Verhältniswort)	an, auf, unter, bei, zwischen
Konjunktion (Bindewort)	
• nebenordnende Konjunktion	und, oder, sowie, sowohl – als auch
• unterordnende Konjunktion	weil, bevor, obwohl, sodass
Interjektion (Ausrufewort)	Oh! Au! Igitt!
Alle nicht flektierbaren Wortarten werden auch unter dem Begriff **Partikeln** zusammengefasst.	

2. Um welche nicht flektierbaren Wortarten geht es bei den fett gedruckten Wörtern in den folgenden Sätzen jeweils? Gehen Sie wie bei der Aufgabe 1 vor.

- Wie sein Vater studierte Lessing **zunächst** Theologie, brach das Studium allerdings ab **und** widmete sich **für** kurze Zeit der Medizin, um **dann** den Entschluss zu fassen, selbstständiger Schriftsteller zu werden.
- **Nach** schwierigen Anfangsjahren gelang ihm **mit** dem Stück „Miss Sara Sampson" ein erster literarischer Erfolg.
- Dieses Stück war **deshalb** eine Sensation, **weil** darin nicht mehr, wie **zuvor** üblich, ausschließlich Adelige im Mittelpunkt standen, **sondern** auch Figuren **aus** dem Bürgertum.
- **Man** hatte bisher in Deutschland Theaterstücke **nach** dem Vorbild französischer Dramen gespielt, **wo** strenge Regeln vorherrschten.
- Lessing wollte eine Theaterform konzipieren, die sich **an** den Dramen Shakespeares orientierte.

3. Um welche Wortart geht es jeweils bei den folgenden Umschreibungen?

a) Mit dieser Wortart werden z. B. Adverbialsätze eingeleitet.

b) Mit dieser Wortart kann man auf eine Person, einen Gegenstand oder einen Sachverhalt hinweisen.

c) Verbindungen zwischen Wörtern, Wortgruppen oder ganzen Hauptsätzen werden mit dieser Wortart hergestellt.

d) Wörter dieser Art zeigen den Besitz oder die Zugehörigkeit an.

e) Mit dieser Wortart sind Aussagen über einen Zeitpunkt oder eine Zeitdauer möglich.

f) Mit dieser Wortart zählt man Mengen, Strecken, Räume und Zeiten.

g) Wörter dieser Art stehen für Personen oder Sachen.

h) Will man die Eigenschaften von Lebewesen, Pflanzen oder Gegenständen angeben, benutzt man diese Wortart.

i) Diese Wortart gibt es sowohl als Konkretum als auch als Abstraktum.

j) Mit dieser Wortart werden Relativsätze eingeleitet.

k) Wörter dieser Art verschmelzen manchmal mit einem Artikel. Mit ihnen können räumliche, zeitliche oder ursächliche Beziehungen/Verhältnisse verdeutlicht werden.

4. Wenn Sie eine Analyse eines Sachtextes oder eine Interpretation eines literarischen Textes verfassen wollen, sollten Sie immer wieder auch mit den korrekten fachsprachlichen Bezeichnungen für die Wortarten arbeiten. Verbessern Sie die folgenden Formulierungen entsprechend.

- Mit der dreimaligen Wiederholung des Wortes „Gewissen" (Z. 40 ff.) verweist Daja auf ihren inneren Konflikt.
- Die Verwendung des Wortes „betäuben" (Z. 47) macht deutlich, dass Daja sich gezwungen sieht, diesen Konflikt zu verdrängen.
- Beide Fragen, die Nathan formuliert, beginnen mit dem Wort „Wo" (Z. 62).
- Mit dem Wort „Ha!" (Z. 23) drückt Nathan seine Verzweiflung über den vermeintlichen Tod der Tochter aus.
- Auf den Tempelherrn, dessen Identität zu diesem Zeitpunkt nicht bekannt ist, wird lediglich mehrfach mit dem Wort „ihm" (Z. 79 ff.) verwiesen.
- Mit dem „und" (Z. 105) werden die Wörter „kalt" und „ungerührt" (Z. 105) verknüpft, sodass der Leser bzw. Zuschauer eine erste Einschätzung des Tempelherrn vermittelt bekommt, die sich später jedoch als falsch erweist.
- Die Wörter „dankte, erhob, entbot, beschwor" (Z. 112 f.) beinhalten eine Steigerung.
- Die Wörter „Wahn" (V. 162) und „Wahrheit" (Z. 162) bilden eine Alliteration und nehmen das Thema des folgenden Dialogs zwischen Nathan und Recha vorweg.
- Die Wörter „gut" (Z. 167) und „schlimm" (Z. 167) zeigen abschließend, wie Daja den Protagonisten aufgrund ihrer beider Vorgeschichte einschätzt.

Das Verb und seine Formen

Unterschiedliche Verbarten

> **Regel**
>
> **a) Vollverben:** Vollverben können allein das Satzglied Prädikat bilden. Wenn es sich um ein zusammengesetztes Verb handelt, entsteht in vielen Fällen eine Klammer und das Prädikat ist zweigeteilt.
>
> Beispiel: Lessing **verfasste** das bürgerliche Trauerspiel „Emilia Galotti".
> Er **schrieb** es in wenigen Monaten **nieder**. (niederschreiben)
> Prädikatsklammer
>
> **b) Hilfsverben:** Zu ihnen zählen: sein, haben, werden. Im Satzzusammenhang erscheinen sie in der Regel mit einem Vollverb in der Form des Infinitivs oder Partizip II. Hilfsverben werden vor allem für die Bildung unterschiedlicher Zeitformen verwendet. Sie besitzen also eine Hilfsfunktion. Gemeinsam mit dem Vollverb bilden sie häufig eine Prädikatsklammer.
>
> Beispiel: Er **wurde** 1729 in Kamenz **geboren**.
> Prädikatsklammer
>
> Die Szene **ist** noch nicht **besprochen worden**.
> Der Kurs **wird** ein weiteres Drama von Lessing **lesen**.
>
> **c) Modalverben:** Mit Modalverben kann ein Sprecher seine Aussagen verstärken oder abschwächen, man spricht auch von „färben". Zu den Modalverben, die oft zusammen mit einem Vollverb erscheinen, gehören: **können, dürfen, mögen, sollen, müssen, wollen**.
>
> Beispiel: Die Schülerinnen und Schüler **wollen** mehrere Szenen auf der Bühne **darstellen**.
>
> **d)** Die **Hilfsverben** und **Modalverben** können auch als **Vollverben** verwendet werden. In diesem Fall bilden sie allein das Satzglied Prädikat.
>
> Beispiel: Odoardo Galotti **hat** eine Abneigung gegen den Adel.
> Sie **will** das nicht.

1. Kennzeichnen Sie in den folgenden Sätzen aus einer Inhaltszusammenfassung von Lessings Drama „Emilia Galotti" die jeweilige Art des markierten Verbs, indem Sie entsprechend der Übersicht zuvor a, b, c oder d dahinterschreiben.

- Prinz Hettore Gonzaga, der mit absolutistischer Willkür über Guastalla in Oberitalien **herrscht** ( ), **will** ( ) die Beziehung zu seiner Geliebten, der Gräfin Orsina, beenden, weil er sich in das Bürgermädchen Emilia Galotti verliebt **hat** ( ), deren Hochzeit mit dem vom Hof unabhängigen Grafen Appiani jedoch unmittelbar **bevorsteht** ( ).
- Hettores Kammerherr Marinelli, ein intriganter und gewissenloser Höfling, **unternimmt** ( ) alles, damit sein Herr die Offizierstochter doch noch an sich binden **kann** ( ).
- Zu diesem Zweck **sorgt** ( ) er in hinterhältiger Weise dafür, dass die Hochzeitskutsche des Paares überfallen und Appiani getötet **wird** ( ).

- Emilia und ihre Mutter Claudia **flüchten** ( ) auf das Lustschloss des bereits wartenden Prinzen nach Dosalo und **kommen** völlig entsetzt und verstört dort **an** ( ).

- Emilias Vater **will** ( ) die Beziehung in keinster Weise, weil das Leben am Hof nicht seinen Moralvorstellungen **entspricht** ( ).

Infinite Verbformen

> **Regel**
>
> Ein Verb kann einerseits in **infiniten** Formen im Satzzusammenhang erscheinen, andererseits in **finiten** Formen. Infinit bedeutet wörtlich „unbestimmt" oder „nicht eingegrenzt". Finit besitzt somit die Bedeutung „näher bestimmt" oder „eingegrenzt".
>
> Zu den **infiniten Verbformen** gehören:
>
> a) **Der Infinitiv** (Grundform)
> Beispiel: **leben, wollen, besitzen**
>
> Der Infinitiv steht z. B. im Satz häufig in Verbindung mit einem Modalverb oder in verkürzten Gliedsätzen/Nebensätzen (s. S. 228). Außerdem wird er zur Bildung von einigen Tempusformen benutzt.
> Beispiel: Lessing kann bereits mit fünf Jahren die Bibel **lesen**.
> Die Schülerin hat die Absicht, sich das Buch **zu kaufen**.
> Wir werden etwas später **kommen**.
>
> b) **Das Partizip I und II**
> Beispiel: **lebend, sich erinnernd, beruhend auf** (Partizip I)
> **verbrannt, legitimiert, angesprochen** (Partizip II)
>
> Partizip I und II werden im Satzzusammenhang häufig als Adjektiv verwendet. Sie können auch Teil eines verkürzten Gliedsatzes/Nebensatzes sein (s. S. 228). Mit dem Partizip II werden zudem bestimmte Verbformen gebildet.
> Beispiel: **Beeindruckende** (Partizip I) Zeugnisse aus Lessings Leben hat Dieter Hildebrandt **zusammengetragen** (Partizip II).

1. Schreiben Sie aus den Sätzen in Aufgabe 1 auf Seite 217 jeweils ein Beispiel für einen Infinitiv, für ein Partizip I und für ein Partizip II heraus.

2. Übertragen Sie die folgende Tabelle vervollständigt in Ihr Heft.

Infinitiv	Partizip I	Partizip II
…	…	beeindruckt
…	lebend	…
zurückblicken	…	…
…	…	aufgeführt
vorausdeuten	…	…
…	fahrend	…

Personalform, Tempusform und Handlungsart (Genus Verbi)

Regel

Die finite Verbform drückt aus, ob der Sprechende (ich, wir), der Angesprochene (du, ihr) oder die Person oder Sache, über die gesprochen wird (er, sie, es; sie), im Mittelpunkt des Geschehens stehen. Man spricht in diesem Zusammenhang von den **Personalformen**. Außerdem wird deutlich, ob es um *eine* Person (Singular) oder um *mehrere* Personen bzw. Sachen geht (Plural). Der übergeordnete Begriff für **Singular** und **Plural** ist der **Numerus** (grammatische Zahl).

Die finite Verbform zeigt auch an, ob das Geschehen für den Sprecher oder die Sprecherin in der Gegenwart, Vergangenheit oder Zukunft abläuft. Hier geht es also um die **Tempusformen**.

Außerdem verdeutlicht die finite Verbform, ob das Geschehen aus der Sicht des Handelnden oder aus der Sicht des von der Handlung Betroffenen gesehen wird. Dementsprechend unterscheidet man zwei Handlungsarten: das **Aktiv** und das **Passiv**. Der übergeordnete lateinische Begriff dafür ist **Genus Verbi** (Plural: Genera Verbi).

Die folgende Übersicht fasst das Ganze noch einmal für die 1. Person Singular und Plural des Verbs *rufen* zusammen:

Person/Numerus	Tempus	Aktiv	Passiv
1. Person Singular	Präsens	ich rufe	ich werde gerufen
	Präteritum	ich rief	ich wurde gerufen
	Perfekt	ich habe gerufen[1]	ich bin gerufen worden
	Plusquamperfekt	ich hatte gerufen	ich war gerufen worden
	Futur I	ich werde rufen	ich werde gerufen werden
	Futur II	ich werde gerufen haben	ich werde gerufen worden sein
1. Person Plural	Präsens	wir rufen	wir werden gerufen
	Präteritum	wir riefen	wir wurden gerufen
	Perfekt	wir haben gerufen	wir sind gerufen worden
	Plusquamperfekt	wir hatten gerufen	wir waren gerufen worden
	Futur I	wir werden rufen	wir werden gerufen werden
	Futur II	wir werden gerufen haben	wir werden gerufen worden sein

Beim **Passiv** unterscheidet man folgende Formen:

1. **Das Vorgangspassiv**
   Dabei steht das Geschehen im Vordergrund. Der „Täter" kann, muss aber nicht genannt werden. Wird er nicht genannt, spricht man auch vom **täterlosen Passiv**.
   Beispiel: Die Szene **wird** (von der Schülergruppe) in beeindruckender Weise **vorgetragen**.

2. **Das Zustandspassiv**
   Es bezeichnet den erreichten Zustand oder das Ergebnis einer Handlung. Das Zustandspassiv gibt es nur in zwei Zeitformen (Präsens und Präteritum).
   Beispiel: Die Biografie **ist** von Dieter Hildebrandt **geschrieben**.
   Die Aufführung **war** bereits **beendet**, als sie kam.

---

[1] Einige Verben bilden das Perfekt mit dem Hilfsverb sein: *Ich bin gelaufen.*

1. Überprüfen Sie Ihr Wissen. Welche Tempusform ist mit den folgenden Umschreibungen jeweils gemeint?

a) Das ▢ wird verwendet, wenn ein vergangenes Geschehen vor einem ebenfalls vergangenen Geschehen abgelaufen ist.

b) Das ▢ bezeichnet vor allem etwas, das in der Gegenwart abläuft oder jederzeit gültig ist.

c) Das ▢ drückt aus, dass etwas vergangen und abgeschlossen ist.

d) Das ▢ wird verwendet, um auf ein Geschehen zu verweisen, dass in der Zukunft abgeschlossen ist. Es wird nur sehr selten benutzt.

e) Das ▢ bezieht sich auf ein vergangenes Geschehen, das noch in die Gegenwart hineinwirkt. In mündlichen Erzählungen wird es häufig verwendet.

f) Das ▢ drückt aus, dass ein Geschehen in der Zukunft abläuft.

2. Schreiben Sie die folgenden Verbformen in Ihr Heft und bestimmen Sie sie wie in dem Beispiel. Jede Zeitform kommt im Aktiv und im Passiv einmal vor.

Verbform	Bestimmung
er wird gefragt	3. Person Singular, Präsens, Passiv
sie bedanken sich	…
sie hatte vorgeschlagen	
wir sind gefahren	
ihr wurdet gelobt	
sie wird kommen	
er klagte	
sie wird benachrichtigt worden sein	
er wird es gelesen haben	
ihr seid befragt worden	
wir waren geprüft worden	
sie werden angerufen werden	

3. Bestimmen Sie wie in Aufgabe 2 die markierten Verbformen in dem folgenden Text. Es handelt sich dabei um den Anfang einer Inhaltszusammenfassung zu Lessings Drama „Nathan der Weise".

Alexandra Wölke

Gotthold Ephraim Lessing: „Nathan der Weise" – Der Anfang einer Inhaltszusammenfassung

Jerusalem im Jahre 1192, zur Zeit des dritten Kreuzzugs: Es **herrscht** eine Atempause im erbitterten Kampf zwischen Christen und Muslimen um die Vorherrschaft in der Heiligen Stadt. Der muslimische Herrscher Saladin **hat** mit den christlichen Kreuzfahrern ein Waffenstillstandsabkommen **getroffen**, welches von den Tempelrittern (Tempelherren), einem christlichen Orden, **gebrochen worden** ist. Saladin **will** das Schweigen der Waffen wiederherstellen und durch geschickte Heiratspolitik festigen. Drei angesichts dieses zerbrechlichen Friedenszustands außergewöhnliche Taten **gehen** der Dramenhandlung **voran**: Der Jude Nathan **hat** nach dem von Christen verübten Mord an seiner Familie die christlich getaufte Tochter seines Freundes Wolf von Filnek **aufgenommen** und **erzieht** sie seitdem als seine Tochter. Sultan Saladin **hat** nach einem Teilsieg über christliche Angreifer einen einzigen christlichen Tempelherrn, der damit gerettet ist, **begnadigt**, weil dieser seinem verschollenen Bruder Assad **ähnelt**. Besagter Tempelherr wiederum **hat** das mittlerweile jugendliche Mädchen Recha, die vermeintliche Tochter Nathans, aus den Flammen des brennenden Hauses des Juden **gerettet**. Im Verlauf der Handlung **wird** sich der Kreuzritter in das Mädchen **verlieben**. [...]

4. Der Text enthält mehrere Perfekt-Formen. Begründen Sie, warum diese verwendet werden.
5. Schauen Sie sich die Passivformen in dem Text zuvor noch einmal genau an. Wo wird das Zustandspassiv verwendet. Es handelt sich um eine Verbform, die noch nicht markiert ist.
6. Wird bei der im Text markierten Passivform der Verursacher der Handlung genannt oder handelt es sich um ein täterloses Passiv?
7. Biografische Texte sind häufig im Präsens abgefasst. Verändern Sie diesbezüglich den folgenden Text.

Alexandra Wölke
Lessings Kindheit und Jugend

Gotthold Ephraim Lessing stammte wie viele deutsche Schriftsteller seiner Zeit aus einem evangelischen Pfarrhaushalt. Trotz der angesehenen Position des Vaters – er war Pastor Primarius an der Hauptkirche St. Marien zu Kamenz – waren die finanziellen Verhältnisse beengt: Die Gemeinde in der Oberlausitz war arm und die Familie wurde ständig größer. Gotthold Ephraim wurde am 22. Januar 1729 als ältester lebender Sohn von Johann Gottfried und seiner Frau Justina Salome Lessing, geborene Feller, geboren. Im protestantischen Kamenz war die Familie bereits eine Generation zuvor ansässig geworden. Sein Großvater Theophilus Lessing, ein studierter Jurist, hatte dort als Ratsherr und schließlich Bürgermeister gewirkt. Mit seiner Schrift „De religionum tolerantia", in der er sich für die Duldung der Religionen einsetzte, trug er in seiner Heimat zum Frieden zwischen der protestantischen Mehrheit und der diskriminierten katholischen Minderheit bei, was seinen Enkel sicherlich prägte.

Der Vater Johann Gottfried dagegen verstand sich als orthodoxer Prediger in erster Linie als Wahrer von Sittlichkeit und Glauben. Gegen eine neu gegründete Theatergruppe ging er entschieden vor und vertrieb sie dadurch aus der Heimatgemeinde. Die Erziehung seiner Söhne war geprägt von Bibellektüre, Gebet, gelehrten Gesprächen und der Suche nach Moral. Besonders auf seinen ältesten Sohn setzte er große Hoffnungen: Er sollte mit dem Studium der Theologie in seine Fußstapfen treten und die Familie bald finanziell unterstützen. Deshalb bemühte er sich intensiv um die umfassende geistige Ausbildung seines Sohnes, brachte ihm früh das Lesen bei, engagierte dann einen Privatlehrer und bemühte sich schließlich um ein Stipendium in der Fürstenschule St. Afra in Meißen für den lernbegierigen und begabten Gotthold Ephraim.

In der Eliteschule stach Lessing einerseits durch seine herausragende Begabung, andererseits auch durch Schwierigkeiten, sich widerspruchslos unterzuordnen, hervor. Aufgrund seines hohen Lerntempos verließ er die Schule bereits mit siebzehn Jahren und wurde auf sein eigenes Drängen hin vorzeitig Student der Theologie an der Leipziger Universität.

8. Wandeln Sie die folgenden Passivsätze in sinnvolle und verständliche Aktivsätze um. Welche Form erscheint Ihnen geeigneter?

- Nathans vermeintliche Tochter Recha ist von dem Tempelherrn bereits aus dem brennenden Haus gerettet worden, als der wohlhabende Jude von einer Reise zurückkehrt.
- Er wird von der Gesellschafterin seiner Tochter empfangen, die ihn über den Brand informiert.
- Diese Information wird von Nathan zunächst eher gelassen aufgenommen.
- Trotz seines Reichtums und seiner kaufmännischen Tätigkeit werden von dem Juden materielle Werte als nicht so wichtig angesehen.
- Als ihm von Daja jedoch mitgeteilt wird, in welcher Gefahr sich Recha befunden hat, reagiert er äußerst emotional.
- Seine Emotionalität wird in dieser Situation durch den Wechsel von Ausrufen, Fragen und unvollständigen Sätzen (Ellipsen) verdeutlicht.

Der Modus

> **Regel**
>
> **Die unterschiedlichen Modi (Aussageweisen)**
>
> Die Verbform drückt aus, wie ein Geschehen vom Schreiber oder Sprecher **eingeschätzt** wird. Wird es als **wirklich (real), möglich, erwünscht, nur erdacht oder nicht wirklich (irreal)** angesehen oder ist damit eine Aufforderung bzw. ein Befehl verbunden. Man unterscheidet folgende Modi (Aussageweisen):
>
> **1. Der Indikativ**
> Der Indikativ drückt aus, dass das Geschriebene oder Gesagte als **tatsächlich/wirklich** angesehen wird.
> Beispiel: Lessing ist 17 Jahre alt, als er Student der Theologie an der Leipziger Universität wird.
>
> **2. Der Konjunktiv I**
> Mit dem Konjunktiv I stellt ein Sprecher oder eine Schreiberin ein Geschehen als **möglich** dar. Der Konjunktiv I wird überwiegend in der **indirekten Rede** verwendet. Dabei gibt ein Sprecher oder ein Schreiber das wieder, was er von einem anderen erfahren hat.
> Beispiel: Alexandra Wölke schreibt, das Schauspiel „Nathan der Weise" **werde** rückblickend auch als Erziehungsdrama **bezeichnet**, weil im Stück das optimistische aufklärerische Menschenbild von der Erziehbarkeit des Menschen zum Guten zum Ausdruck **komme**.
>
> **3. Der Konjunktiv II**
> *3.1 Der Konjunktiv II als Ausdruck der Nicht-Wirklichkeit*
> Der Konjunktiv II wird häufig verwendet, wenn eine Sprecherin oder ein Schreiber ausdrücken möchte, dass ein Geschehen **nicht wirklich (irreal)**, sondern nur **gewünscht**, **vorgestellt** oder **gedacht** ist. Häufig wird der Konjunktiv II mit „würde" umschrieben.
> Beispiel: **Hätte** ich das Buch früher **bekommen**, **wäre** das Referat schon fertig.
> Ich **würde** dir gern dabei **helfen**, aber ich kenne mich nicht aus.
>
> *3.2 Der Konjunktiv II als Höflichkeitsform*
> Der Konjunktiv II wird häufig in **höflichen Frage- und Aussagesätzen** verwendet.
> Beispiel: Ich **würde** mir gern das Buch **ansehen**. **Könnten** Sie bitte die Folie **entfernen**?
>
> **4. Der Imperativ**
> Mit dem Imperativ wird eine **Aufforderung** ausgedrückt. Je nachdem, mit welchem Nachdruck diese ausgesprochen wird, kann es sich dabei zum Beispiel um eine **Bitte** oder einen **Befehl** handeln. Den Imperativ gibt es nur für die 2. Person Singular und Plural.
> Beispiel: Nathan zu Daja: „**Sag** nur **heraus**!" (V. 24)
> **Beginnt** erst mit der Arbeit, wenn ich es sage!

1. Welche Aussageweise wird in den folgenden Beispielsätzen jeweils verwendet? Schreiben Sie die Sätze ab, unterstreichen Sie die Verbformen und kennzeichnen Sie diese mit der richtigen Ziffer aus der Übersicht zuvor (1, 2, 3.1, 3.2 oder 4).

- Beeilt euch mit dem Anfertigen des Tafelbildes! (?)
- Hättest du heute etwas Zeit für mich? (?) Ich benötige deine Hilfe bei meinem Referat. (?)
- Würdest du dir die Gliederung des Referats einmal anschauen? (?)
- Du musst das Schaubild unbedingt noch einmal überarbeiten. (?)
- Ich würde mir das Buch kaufen (?), wenn es eine preiswertere Ausgabe gäbe. (?)
- Das Schauspiel „Nathan der Weise" zeige erstaunli-

che Bezüge zur unmittelbaren Gegenwart (**?**), heißt es in einer Rezension. (**?**)

- Er fragte mich (**?**), ob ich ihm weiteres Material zur Verfügung stellen könne. (**?**)

- Würden Sie mir bitte sagen (**?**), wo sich die nächste Buchhandlung befindet? (**?**)

- Das täte ich gern. (**?**) Ich komme jedoch nicht von hier. (**?**)

Die indirekte Rede

Regel

Möchten Sie **Aussagen Dritter** wiedergeben, können Sie dieses auf zwei verschiedene Arten tun:

a) mithilfe der direkten Rede bzw. wörtlichen Wiedergabe
Beispiel: Alexandra Wölke schreibt: „Nathan reagiert auf Dajas Bericht mit großer Einfühlsamkeit gegenüber seiner Tochter."

b) mithilfe der indirekten Rede
Beispiel: Alexandra Wölke schreibt, Nathan reagiere auf Dajas Bericht mit großer Einfühlsamkeit.

1. Der Konjunktiv I in der indirekten Rede
In der **indirekten Rede** verwendet man in der Regel **Formen des Konjunktiv I**. Der Konjunktiv I wird aus dem Infinitiv bzw. den Indikativformen des Präsens, Perfekts und Futurs gebildet.
Beispiel: Er sagte, dass er sofort **komme**. (Indikativ Präsens: er kommt; Infinitiv: kommen)
Er sagte, dass er **gekommen sei**. (Indikativ Perfekt: er ist gekommen; Infinitiv sein)
Er sagte, dass er mich **angerufen habe**. (Indikativ Perfekt: er hat angerufen)
Er sagte, dass er gleich **kommen werde**. (Indikativ Futur: er wird kommen)

2. Der Konjunktiv II als Ersatzform in der indirekten Rede
Der Konjunktiv II wird aus den Indikativformen des Präteritums und Plusquamperfekts gebildet.
Beispiel: Ich **hätte** gern viel mehr Zeit für mich. (Indikativ Präteritum: ich hatte)
Ich **wäre gekommen**, wenn du **angerufen hättest**. (Indikativ Plusquamperfekt: ich war gekommen, du hattest angerufen.)

Formen des Konjunktiv II verwendet man dann in der indirekten Rede, wenn die Form des Konjunktiv I genauso lautet wie der Indikativ. In diesem Fall stellt der Konjunktiv II eine **Ersatzform** dar.
Beispiel: Ein Rezensent schreibt: „Schülerinnen und Schüler **müssen** sich auf Lessings Sprache einlassen. Dann jedoch **können** sie das Schauspiel mit großem Gewinn lesen. Vor allem **werden** sie schnell die aktuellen Bezüge erkennen." (Direkte Rede)
Ein Rezensent schreibt, Schülerinnen und Schüler **müssten** (statt: müssen) sich auf Lessings Sprache einlassen. Dann jedoch **könnten** (statt: können) sie das Schauspiel mit großem Gewinn lesen. Vor allem **würden** (statt: werden) sie schnell die aktuellen Bezüge erkennen. (Indirekte Rede)

3. Die indirekte Rede in Form von dass-Sätzen
Wenn Sie die indirekte Rede in Form eines vollständigen Nebensatzes/Gliedsatzes wiedergeben, der mit der **Konjunktion dass** eingeleitet wird, können Sie auch den **Indikativ** verwenden. In diesem Fall muss jedoch im Hauptsatz deutlich auf die Person oder Quelle hingewiesen werden, deren Aussage wiedergegeben wird.
Beispiel: Alexandra Wölke schreibt, **dass** Nathan in dieser Situation zunächst auffällig gelassen **reagiert**. (Indirekte Rede im Indikativ, weil ein dass-Satz vorliegt)
aber:
Alexandra Wölke schreibt, Nathan **reagiere** in dieser Situation zunächst auffällig gelassen. (Indirekte Rede im Konjunktiv I, weil kein dass-Satz vorliegt)

1. Geben Sie die folgenden Deutungsaussagen zu einzelnen Passagen aus dem Schauspiel „Nathan der Weise" in Form der indirekten Rede wieder. Leiten Sie Ihre Texte folgendermaßen ein:
   - Der Autor/Die Autorin schreibt, …
   - Der Autor/Die Autorin äußert, …
   - Der Autor/Die Autorin ist der Meinung, …

   Verwenden Sie zur Übung für die indirekte Rede in jedem Fall die Konjunktivformen, auch wenn Sie sie mit der Konjunktion *dass* einleiten.

- „Nathans Haltung zeichnet sich zudem aus durch eine ausgeprägte Sorge um die Familie – er ist im bürgerlichen Verständnis der Lessing-Zeit der beschützende Vater –, außerdem trägt er eine große Gelassenheit in sich, was sich in seiner Sprechweise zeigt."

- „Seine Rolle als fürsorglicher Vater wird bedeutsam im Zusammenhang mit der Zusammenführung der Familie am Schluss, deren Teil er dann jedoch nicht mehr ist. Seine Gelassenheit ist verknüpft mit seiner Zukunftsorientierung und damit ein Ausdruck seiner optimistischen Grundhaltung."

- „Nathan und Daja argumentieren nicht auf Augenhöhe, weil der Gesellschafterin die aufgeklärte Grundhaltung fehlt."

- „Die Verssprache verleiht der Darstellung eine gewisse Dynamik, indem die Sprechteile der Dialogpartner metrisch verknüpft werden."

- „Die Ringparabel und die darin enthaltenen Reaktionen des Sultans erinnern von der Struktur her an den Aufbau eines klassischen Dramas, sodass Lessing hier gewissermaßen ein Drama im Drama komponiert hat."

- „Geht man von der unbezweifelten Annahme aus, dass die in der Parabel genannten Ringe stellvertretend und bildhaft für unterschiedliche Ausprägungen der Religion stehen, so geht es in diesem Anfangsteil der Parabel um die Befähigung des Menschen zu einem religiösen Verhalten als Gottesgeschenk, eine Befähigung, die zur Natur des von Gott geschaffenen Menschen gehört."

- „Gott wird in seiner Existenz nicht geleugnet, die Menschen bedürfen jedoch nicht der permanenten Einflussnahme und Lenkung Gottes, weil ihre Vernunft ausreicht, um zu einem gottgewollten, religiösen und damit menschenwürdigen Verhalten zu gelangen."

Satzglieder und Satzgliedteile

1. Satzglieder übernehmen unterschiedliche Aufgaben und können mit bestimmten Fragen ermittelt werden. Welche Satzglieder ermittelt man mit folgenden Fragen? Überprüfen Sie Ihr Wissen.
   a) Wen oder was?
   b) Wann? Zu welchem Zeitpunkt? Wie lange? Wie oft?
   c) Wem?
   d) Auf welche Art und Weise? Wie?
   e) Wer oder was?
   f) Wo? Wohin? Woher?
   g) Mit wem? Vor wem? An wen? …
   h) Warum? Weshalb?
   i) Was tut das Subjekt? Was geschieht mit dem Subjekt?
   j) Mit welchem Mittel? Womit?

2. Bestimmen Sie in den folgenden beiden Fabeln von Gotthold Ephraim Lessing die markierten Satzglieder. Wenn Sie sich unsicher sind, können Sie sich in den Übersichten auf S. 225 und 226 informieren.

Gotthold Ephraim Lessing (1729–1781)
Der Wolf und das Schaf

Der Durst **trieb** ein Schaf **an den Fluss**; **eine gleiche Ursache** führte **auf der anderen Seite** einen Wolf herzu. Durch die Trennung des Wassers gesichert und durch die Sicherheit höhnisch gemacht, rief das Schaf **dem Räuber** hinüber: „**Ich** mache **dir** doch **das Wasser** nicht trübe, Herr Wolf? Sieh **mich** recht an; habe ich dir nicht **etwa vor sechs Wochen** nachgeschimpft? Wenigstens wird es **mein Vater** gewesen sein." Der Wolf verstand **die Spötterei**; er betrachtete **die Breite des Flusses** und knirschte mit den Zähnen. „Es ist dein Glück", antwortete er, „dass **wir Wölfe** gewohnt sind, mit euch Schafen Geduld zu haben"; und ging **mit stolzen Schritten** weiter.

(1759)

Der Wolf auf dem Todbette

Der Wolf lag in den letzten Zügen und schickte **einen prüfenden Blick** auf sein vergangenes Leben zurück. „Ich bin freilich **ein Sünder**", sagte er; „aber doch, ich hoffe, keiner von den größten. Ich habe Böses getan;
5 aber auch **viel Gutes**. **Einstmals**, erinnere ich mich, kam mir ein blökendes Lamm, welches sich von der Herde **verirret hatte**, so nahe, dass ich es **gar leicht** hätte würgen können; und ich tat **ihm** nichts. **Zu eben dieser Zeit** hörte ich die Spöttereien und
10 Schmähungen eines Schafes **mit der bewunderungswürdigsten Gleichgültigkeit** an, ob[1] ich **schon keine schützenden Hunde** zu fürchten hatte."
„**Und das alles** kann **ich** dir bezeugen", **fiel** ihm
15 Freund Fuchs, der ihn zum Tode bereiten half, ins Wort. „Denn ich erinnere mich **noch gar wohl** aller Umstände dabei. Es war zu eben der Zeit, als du an dem Knochen **so jämmerlich** würgtest, den dir **der gutherzige Kranich** hernach **aus dem Schlunde** zog."

(1759) 20

Satzglieder im Überblick

Sätze bestehen nicht aus aneinandergereihten Wörtern, sondern aus **Satzgliedern**, die unterschiedliche Aufgaben übernehmen. Welche Wörter allein oder zusammen ein Satzglied bilden, ermittelt man durch die **Umstellprobe**. Die **Aufgaben** der einzelnen Satzglieder können **erfragt werden** (Wer oder was? Was tut/ist? Wen oder was? Wann? Wohin? …).

Regel

Subjekt, Prädikat und Objekt

Ein grammatisch vollständiger Satz besteht mindestens aus einem Subjekt und einem Prädikat. Damit ein sinnvoller Satz entsteht, kommen häufig Objekte hinzu. In vielen Fällen werden diese Objekte vom Verb gefordert.

Satzglied	Satzgliedfrage
Subjekt	Wer oder was?
Prädikat	Was tut das Subjekt?
Prädikativum[2]	Was ist das Subjekt? Als was gilt es?
Objekt	
• Genitivobjekt (sehr selten)	Wessen?
• Dativobjekt	Wem?
• Akkusativobjekt	Wen oder was?
• Präpositionales Objekt[3]	Mit wem? Vor wem? An wen? …

Beispiele:

Lessing	besaß	zahlreiche Geschwister
Subjekt	Prädikat	Akkusativobjekt

Er	gilt	als der berühmteste deutsche Dichter der Aufklärungsepoche
Subj.	Präd.	Prädikativum

Sein Gesamtwerk	erstreckt sich	über mehrere Tausend Seiten
Subj.	Prädikat	präpositionales Objekt

Ihm	widmete	die Stadt Braunschweig	ein Denkmal
Dativobjekt	Prädikat	Subjekt	Akkusativobjekt

---

[1] **ob:** obwohl – [2] **Prädikativum:** Das Satzglied Prädikativum macht eine Aussage über das Subjekt und steht immer in Verbindung mit einem Verb wie *sein, werden, gelten als* (z. B.: Er ist der berühmteste deutsche Dichter). – [3] **Präpositionales Objekt:** Manche Verben sind eng mit einer Präposition verbunden. Diese Verben erfordern im Satzzusammenhang ein präpositionales Objekt, z. B.: *denken an, sich schützen vor, sich erinnern an, sich fürchten vor, sich bedanken für, berichten über, bestehen aus, achten auf …*

Regel

Die adverbiale Bestimmung – das Adverbiale

Adverbiale Bestimmungen (Adverbialien) kennzeichnen als Satzglieder **die näheren Umstände** eines Geschehens genauer. Sie werden in der Regel aus einem Adjektiv, einem Adverb oder einem **Nomen/ Substantiv mit Präposition**, zu dem weitere Wörter hinzukommen können, gebildet. Die wichtigsten Adverbialien sind:

Adverbiale/adverbiale Bestimmung	Satzgliedfrage
Lokaladverbiale (adv. Best. des Ortes)	Wo? Wohin? Woher?
Temporaladverbiale (adv. Best. der Zeit)	Wann? Wie lange? Seit wann? Wie oft?
Modaladverbiale (adv. Best. der Art und Weise)	Wie? Auf welche Art und Weise?
Instrumentaladverbiale (adv. Best. des Mittels)	Mit welchem Mittel? Womit?
Kausaladverbiale (adv. Best. des Grundes)	Warum? Weshalb?

Weitere Adverbialien antworten auf die Fragen: Unter welcher Bedingung? (Konditionaladverbiale) Mit welcher Wirkung? (Konsekutivadverbiale) Zu welchem Zweck?(Finaladverbiale) Trotz welchen Umstandes? (Konzessivadverbiale)

Beispiele:

|Im Jahr 1727| wurde Lessing |in Kamenz| geboren.
Temporaladverbiale   Lokaladverbiale

|Aufgrund seiner kritischen Grundhaltung| provozierte er |immer wieder| Konflikte.
Kausaladverbiale   Temporaladverbiale

Attribute im Überblick

Regel

Attribute – Funktion und Arten

Attribute dienen dazu, im Satz ein **Nomen/Substantiv näher zu kennzeichnen**. Sie können nur gemeinsam mit ihrem **Bezugsnomen/Bezugssubstantiv** umgestellt werden und bilden deshalb kein eigenes Satzglied. Attribute sind **Satzgliedteile**, die entweder vor oder hinter dem Bezugsnomen/Bezugssubstantiv stehen. Die wichtigsten Attributarten sind:

Attributart	Beispiel
Adjektivattribut	die **authentische** Darstellung
Genitivattribut	die Angehörigen **der Familie**
präpositionales Attribut	der Konflikt **zwischen Lessing und Goethe**
Apposition	Bettina, **das siebte der zwölf Kinder**, …
Attributsatz/Relativsatz	die Erziehung, **die sehr streng war**, …

3. Im Folgenden sind noch einmal zwei Fabeln Lessings abgedruckt. Schreiben Sie sie in Ihr Heft, kreisen Sie die Bezugsnomen/Bezugssubstantive der unterstrichenen Attribute ein und bestimmen Sie die Attributarten.

Gotthold Ephraim Lessing (1729 – 1781)
Der Löwe mit dem Esel

Als des Äsopus Löwe mit dem Esel, der ihm durch seine fürchterliche Stimme die Tiere sollte jagen helfen, nach dem Walde ging, rief ihm eine naseweise[1] Krähe von dem Baume zu: „Ein schöner Gesellschafter! Schämst du dich nicht, mit einem Esel, einem Dummkopf, zu gehen?" – „Wen ich brauchen kann", versetzte der Löwe, „dem kann ich ja wohl meine Seite gönnen."
So denken die Großen alle, wenn sie einen Niedrigen ihrer Gemeinschaft würdigen. (1759)

Der Esel und der Wolf

Ein Esel mit traurigem Blick begegnete einem hungrigen Wolfe. „Habe Mitleid mit mir", sagte der zitternde Esel, „ich bin ein armes, krankes Tier; sieh nur, was für einen Dorn ich mir in den Fuß getreten habe!" „Wahrhaftig, du dauerst mich[2]", versetzte der Wolf. „Und ich finde mich in meinem Gewissen verbunden, dich von deinen großen Schmerzen zu befreien."
Kaum ward das Wort gesagt, so ward der Esel zerrissen. (1759)

Vom Satzglied zum Gliedsatz/Nebensatz

Im Satzzusammenhang können Gliedsätze die Aufgabe von Satzgliedern übernehmen. Man erfragt sie in gleicher Weise wie die einfachen Satzglieder (Wer oder was? Wen oder was? Wann? Auf welche Art und Weise? …). Man spricht dabei auch von Nebensätzen, weil die Gliedsätze einem Hauptsatz untergeordnet sind.

Gliedsätze können vor oder hinter einem Hauptsatz stehen oder in ihn eingefügt sein.
Gliedsätze werden in der Regel mit einem Relativpronomen, einer Konjunktion oder einem W-Fragewort eingeleitet. Das finite (gebeugte) Verb steht am Ende; Gliedsätze können nicht alleine stehen.

Gliedsätze/Nebensätze im Überblick

Art des Gliedsatzes/Nebensatzes	Einleitungswort	Funktion
1. Adverbialsatz	Konjunktion:	Umstände des Geschehens:
• Temporalsatz	als; nachdem; bevor; wenn; seit	Zeitpunkt, Zeitdauer
• Kausalsatz	weil; da	Ursache, Begründung
• Konditionalsatz	wenn; falls; sofern	Bedingung, Voraussetzung
• Konsekutivsatz	sodass/so dass; so …, dass	Folge
• Finalsatz	damit; dass; auf dass	Absicht, Zweck
• Konzessivsatz	obwohl; obgleich	Einräumung
• Modalsatz	indem; dadurch, dass	Art und Weise
• Adversativsatz	anstatt dass; während	Gegenteil
• Komparativsatz	als; wie; als ob; als wenn	Vergleich
• Lokalsatz[3]	wo; wohin; woher	Ort
2. Attributsatz/Relativsatz	Relativpronomen: welcher, welche, welches; was; der, die, das; wo; woher	Nähere Kennzeichnung eines Nomens/Substantivs oder Pronomens im Hauptsatz
3. Subjektsatz	Konjunktion: dass W-Fragewort: wer; was	Handlungsträger (Subjekt)
4. Objektsatz	Konjunktion: dass; ob W-Fragewort: was; wem; wen; wann …	Zielrichtung der Handlung (Objekt)

[1] **naseweis:** vorlaut, vorwitzig – [2] **dauern:** leidtun – [3] Der **Lokalsatz**, entstanden aus dem Lokaladverbiale, wird zu den Adverbialsätzen gezählt. Dem einleitenden Wort nach ist er jedoch kein Konjunktionalsatz. Er zählt zu den Relativsätzen (z. B.: *Wir treffen uns dort, wo wir uns bereits in der letzten Woche getroffen haben. Wir treffen uns an dem Ort, an dem …*).

Besonderheiten

Regel

1. Der indirekte Fragesatz

Zu den Gliedsätzen/Nebensätzen gehört auch der **indirekte Fragesatz**, der eine Frage enthält, die nicht direkt, in wörtlicher Rede ausgedrückt wird.

Beispiel: Nathan will wissen, **ob es seiner Tochter gut geht**.
Er fragt sich, **warum Daja so emotional reagiert**.

Der **indirekte Fragesatz** ist gleichzeitig häufig ein **Objektsatz**, weil er das Satzglied Objekt vertritt. ((Wen oder) Was will er wissen?)
Der indirekte Fragesatz kann auch ein Subjektsatz sein. (Es ist fraglich, **ob er ihr vertrauen kann**.)

2. Verkürzte Gliedsätze/Nebensätze

Manchmal klingen Sätze eleganter, wenn man die Gliedsätze/Nebensätze verkürzt. Das kann z. B. bei einem Konditionalsatz geschehen, indem die Konjunktion weggelassen wird.

Beispiel: **Wenn es nur um den Schaden am Haus geht**, bleibt er gelassen.
Geht es nur um den Schaden am Haus, bleibt er gelassen.

Zu den verkürzten Gliedsätzen/Nebensätzen gehören auch der Infinitivsatz und der Partizipialsatz.

Beispiel: Nathan fordert Daja dazu auf, **dass sie ihm die Wahrheit sagt**.
Nathan fordert Daja dazu auf, **ihm die Wahrheit zu sagen**. (Infinitivsatz)
Als Nathan zu Hause ankommen ist, erfährt er von Daja von dem Hausbrand.
Zu Hause angekommen(,) erfährt Nathan von dem Hausbrand. (Partizipialsatz)

Parataxe oder Hypotaxe

Regel

Wenn Sie einen Text analysieren, kommt es häufig u. a. darauf an, den **Satzbau** genau zu untersuchen.

1. Parataktischer Satzbau (Satzreihe)

Werden Hauptsätze aneinandergereiht, spricht man von einem **parataktischen Satzbau**.

Beispiel: Nathan kommt von einer Geschäftsreise zurück, er wird von Daja empfangen und diese berichtet sehr emotional von den Ereignissen während seiner Abwesenheit.

2. Hypotaktischer Satzbau (Satzgefüge)

Bei einer Verknüpfung von Hauptsatz und Gliedsatz/Nebensatz spricht man von einem **hypotaktischen Satzbau**.

Beispiel: Als Nathan von dem Brand des Hauses, in dem er zusammen mit seiner Tochter Recha und deren Gesellschafterin Daja lebt, erfährt, reagiert er zunächst sehr gelassen, weil ihm materielle Werte nicht so wichtig sind, obwohl er ein Kaufmann ist.

1. Gliedsätze/Nebensätze spielen eine große Rolle, wenn es darum geht, seine Meinung zu äußern, Deutungen zu belegen und damit zu argumentieren. Mit ihnen können Sie begründen, Folgen aufzeigen, Bedingungen nennen, zeitliche Zusammenhänge erläutern etc. Verknüpfen Sie die folgenden Satzreihen so, dass logische Satzgefüge entstehen. Bestimmen Sie die Art des von Ihnen verwendeten Gliedsatzes.

- Der jüdische Kaufmann Nathan kehrt von einer Geschäftsreise zurück nach Jerusalem, dort lebt er mit seiner Tochter Recha und deren Gesellschafterin Daja zusammen in einem Haus.
- Nathan wird in der Szene I.1 als ein viel beschäftigter Kaufmann dargestellt, er trägt sowohl beruflich wie privat eine hohe Verantwortung.
- Daja berichtet sehr emotional von der Beinahe-Katastrophe, dennoch reagiert Nathan zunächst sehr gelassen und beinahe tadelnd auf Dajas sensationslüsterne Andeutungen.
- Die Gesellschafterin erzählt ihm dann von der Gefährdung Rechas, nun fällt alle Souveränität von Nathan ab.
- Zuvor waren seine Worte wohlbedacht, jetzt gerät er ins Stammeln.
- In seiner Rolle als Vater ist Nathan sehr verletzbar, allein der Gedanke an einen Verlust seines Kindes verunsichert ihn sehr.
- Der Vater hat nun von der Rettung des Kindes erfahren und es schließt sich ein Streit zwischen ihm und der Gesellschafterin an.
- Ein für den Zuschauer noch ungeklärtes Geheimnis um Rechas Herkunft scheint die Gesellschafterin in einen Gewissenskonflikt zu versetzen, Daja weiß offensichtlich um die Hintergründe dieser Herkunft.

2. Manchmal kann der Satzbau, wenn er übertrieben hypotaktisch angelegt ist, auch dazu führen, dass der Informationsgehalt einer Aussage gemindert wird und der Leser eher verwirrt zurückbleibt. Überarbeiten Sie entsprechend den folgenden Auszug aus einer Interpretation der Szene I.1.

[...] Nathan reagiert auf Dajas Bericht, dass Recha davon ausgeht, dass ihr Retter ein Engel, der von Gott gesandt sei, sei, mit großer Einfühlsamkeit gegenüber seiner Tochter, indem er sich fragt, was die offensichtliche Kaltherzigkeit des Tempelherrn „auf einen Geist wie Rechas wohl/Für einen Eindruck machen muss" (Z. 128 f.). Ohne dass er mit ihr gesprochen hat, schätzt er richtig ein, dass die abweisende Haltung des Tempelherrn, die offenbar judenfeindlich motiviert ist, die psychische Verfassung der Tochter ins Wanken bringen und sie in einen bedenklichen schwärmerischen Zustand versetzen könnte. Dajas Auffassung, dass man Recha ihren Engelsglauben und den „süßen Wahn" (Z. 153), dass sich „Jud' und Christ und Muselmann" (Z. 152) vereinen und versöhnen, lassen solle, widerspricht Nathan. Auch wenn ihm die Vorstellung, dass sich die drei Religionen versöhnen, verheißungsvoll erscheint, möchte er Recha von ihrem Glauben, dass sie ein Engel gerettet habe, heilen, damit statt der Schwärmerei eine noch „süßer[e] Wahrheit" (Z. 162) – der Mensch – zum Vorschein kommen kann. [...]

3. Auf S. 220 f. finden Sie den Anfang einer Inhaltszusammenfassung zu Lessings Drama „Nathan der Weise". Der folgende Text ist eine Fortsetzung dieser Inhaltszusammenfassung, die jedoch ausschließlich aus Satzreihen (parataktischer Satzbau) besteht. Überarbeiten Sie den Text, indem Sie vor allem auch mithilfe von Satzgefügen oder adverbialen Bestimmungen die Aussagen besser aufeinander beziehen.

[...] Nathan kehrt heim. Er erfährt von Daja, der christlichen Gesellschafterin seiner Tochter, von der Rettungstat. Er ist sehr dankbar und er will dem Tempelherrn sofort seinen Dank bezeugen. Dieses erweist sich jedoch als schwierig. Der Tempelherr hegt nämlich tief verwurzelte Vorurteile gegenüber Juden. Erst nach einem intensiven Gespräch mit Nathan öffnet sich der Tempelherr. Dieses Gespräch ist ein regelrechtes Erziehungsgespräch. Der Tempelherr willigt in ein Wiedersehen mit Recha ein. Dieses findet in Nathans Haus statt. Sogleich verliebt er sich in das Mädchen. Stürmisch bittet er Nathan um die Hand seiner Tochter. Dieser will ihm den Wunsch jedoch nicht sogleich gewähren. Daraufhin stellt der Tempelherr die gerade erst gewonnene Freundschaft zu Nathan wieder infrage. Nathan hat zu diesem Zeitpunkt bereits einen Verdacht. Der Tempelherr könnte Rechas Bruder sein. [...]

11 Rechtschreibung

Auf den folgenden Seiten finden Sie in übersichtlicher Form vor allem wichtige Regeln und Übungen zur Rechtschreibung. Konzentrieren Sie sich auf die Bereiche, in denen Sie sich besonders unsicher fühlen. Zur Kontrolle sollten Sie sich nach Möglichkeit mit Ihrem Banknachbarn oder Ihrer Banknachbarin austauschen. Darüber hinaus finden Sie die Lösungen im Anhang Ihres Schülerbuches (S. 262–268).
Es macht einige Mühe, die längeren Texte abzuschreiben und die zahlreichen Lücken auszufüllen. Sie sollten sich jedoch die Zeit nehmen, da sich gerade beim sorgfältigen Abschreiben die Wörter besonders gut einprägen. Lange Texte können Sie in Abschnitten bearbeiten. Alternativ können Sie natürlich auch eine Folie verwenden, wenn Ihnen das Buch nicht gehört.

Fehlerschwerpunkte erkennen

Damit Sie gezielt an bestimmten Rechtschreibproblemen arbeiten können, ist es notwendig, **Fehlerschwerpunkte** zu **erkennen** und diese bestimmten Bereichen der Rechtschreibung zuzuordnen. Anschließend können Sie sich dann entsprechendes Übungsmaterial besorgen und versuchen, auf diesem Weg in der Rechtschreibung sicherer zu werden.

Patrick Süßkind: Das Parfum – Eine Inhaltsangabe (Auszug)

Patrick Süßkinds Roman „Das Parfum" spielt in Frankreich Mitte des 18. Jahrhunderts. Der Roman erzählt die Lebensgeschichte des Waisenjungen Jean-Baptiste Grenouille, der am 17. Juli 1738 auf einem Fischmarkt in Paris geboren wird und im Alter von 28 Jahren am 29. Juni 1767 an demselben Ort stirbt.

Grenouilles Mutter, eine arme, ungebildete Fischverkäuferin, bringt das Kind während ihrer Arbeit am Fischstand zur Welt. Sie möchte das Neugeborene in den Fischabfällen sterben lassen, wie sie es schon mit mehreren Kindern zuvor getan hat. Grenouille aber erweist sich als ungewöhnlich zäh. Sein Schrei rettet ihm das Leben. Seine Mutter dagegen wird als Kindsmörderin hingerichtet.

Grenouille kommt anschließend bei der Amme Jeanne Bussie unter, die das seltsam geruchlose Kind jedoch ebenso von sich weist wie Pater Terrier, der sich von dem schnuppernden Säugling in seinem Innersten durchschaut fühlt. Terrier bringt Grenouille als Ziehkind (Kostkind) bei der gefühllos kalkulierenden Madame Gaillard unter. Grenouille, der menschliche Empfindungen so gut wie gar nicht kennt, gedeiht in dieser emotionslosen Umgebung.

Als die Zahlungen für den inzwischen achtjährigen Jungen ausbleiben, verkauft ihn Madame Gaillard an den brutalen Gerber Grimal, der ihn als billige Arbeitskraft ausbeutet. Auch hier entgeht Grenouille nur aufgrund seiner widerstandsfähigen Natur einem frühen Tod.

Im Alter von 15 Jahren stößt Grenouille in den Straßen von Paris auf einen unwiderstehlichen Geruch, der ihn zu einem rothaarigen Mädchen führt. Er tötet es, um sich seinen Duft einzuverleiben. Nach dem Tod des Mädchens aber verliert sich dieser Duft. Deshalb beschließt Grenouille, einen Weg zu finden, einen solchen Geruch zu bewahren und Parfümeur zu werden.

Es gelingt ihm, eine Lehrstelle bei dem angesehenen Pariser Parfümeur Baldini zu erlangen. Vor allem dank Grenouilles Genialität erlebt Baldinis Laden, der seine besten Zeiten eigentlich längst hinter sich hat, einen spektakulären Aufschwung. Weil ihm das von Baldini angewandte Herstellungsverfahren für Parfümeure überhaupt nicht genügt, bricht Grenouille am Ende seiner Lehrzeit nach Grasse auf, um dort andere Methoden zu erlernen.

Auf seiner Wanderschaft entfernt sich Grenouille immer weiter von der menschlichen Zivilisation und ihren störenden Gerüchen, bis er sich schließlich ganz in einem Bergstollen vergräbt. Dort baut er in seiner Gedankenwelt ein eigenes Duftimperium auf. Sieben Jahre verbringt er so völlig zurückgezogen, ehe er schockartig begreift, dass er selbst keinen eigenen Geruch besitzt. Ohne Eigengeruch aber empfindet er sich als unvollständig. Daher bricht er auf, um sich einen eigenen, individuellen Geruch zu erschaffen. […]

1. Übertragen Sie die folgenden Rechtschreibbereiche in Ihr Heft und ordnen Sie die unterstrichenen Wörter entsprechend zu. Einige Wörter können Sie mehrfach zuordnen.
   – Die Schreibweise lang ausgesprochener, betonter Vokale (Dehnung):
   – Die Schreibung nach kurz ausgesprochenen, betonten Vokalen (Schärfung):
   – Die Schreibung von z und k nach l, m, n, r:
   – Gleich oder ähnlich klingende Laute, Silben und Wörter (p oder b, äu oder eu, v oder f oder pf, ent- oder end-, wieder oder wider, der Weise oder die Waise …):
   – s-Laute:
   – das oder dass:
   – Die Groß- und Kleinschreibung:
   – Zusammen- und Getrenntschreibung:
   – Fremdwörter:

Rechtschreibprobleme durch einfache Verfahren lösen

Regel

Natürlich ist es wichtig, die verschiedenen Rechtschreibregeln zu kennen, in vielen Fällen können Sie jedoch auch einfache Verfahren anwenden oder Merksprüche beherzigen, wenn Sie sich bei der Schreibweise von Wörtern unsicher sind, z. B.:

- die Schreibweise durch Ableiten und Verlängern des Wortes herausfinden,
- die Bedeutung von Wörtern, Silben und Lauten unterscheiden,
- deutlich sprechen und genau hinhören,
- Wortarten unterscheiden,
- Merksätze anwenden wie:
  – „Nach l, m, n, r, das merke ja, steht nie tz und nie ck!"
  – „Wer nämlich mit h schreibt, ist nicht …, hat aber einen Fehler gemacht."
  – „Vor allem, gar nicht und überhaupt nicht werden vor allem, gar nicht und überhaupt nicht zusammengeschrieben."
  – „Kurz, betont und einfach, macht oft den Konsonanten zweifach."
  – „Kannst du *dieses, welches, jenes* einsetzen, wird *das* mit einfachem s geschrieben, ansonsten mit ss."
  – …
- Wenn Sie unsicher sind, sollten Sie in jedem Fall im Wörterbuch nachschlagen. Dieses ist der wichtigste „Tipp"!

1. Im Folgenden finden Sie noch einmal den Auszug aus der Inhaltsangabe zu Patrick Süßkinds Roman abschnittsweise abgedruckt. Es sind jedoch Fehler darin enthalten. Wählen Sie einen oder mehrere Abschnitte aus und überlegen Sie, was jeweils falsch ist und mit welchen der oben beschriebenen Verfahren die Fehler vermieden werden könnten.

2. Schreiben Sie die ausgewählten Abschnitte in der richtigen Weise in Ihr Heft.

- Patrick Süßkinds Roman „Das Parfum" spielt in Frankreich in der Mitte des 18. Jahrhunderts. Der Roman erzählt die Lebensgeschichte des Weisenjungen Jean-Baptiste Grenouille, der am 17. Juli 1738 auf einem Fischmarckt in Paris geboren wird und im Alter von 28 Jahren am 29. Juni 1767 an demselben Ort stirbt. (2 Fehler)

- Grenouilles Mutter, eine arme, ungebildete Fischverkäuferin, bringt das Kind während ihrer Arbeit am Fischstand zur Welt. Sie möchte das neugeborene in den Fischabfällen sterben lassen, wie sie es schon mit mehreren Kindern zuvor getan hat. Grenouille aber erweißt sich als ungewöhnlich zäh. Sein Schrei rettet ihm das Leben. Seine Mutter dagegen wirt als Kindsmörderin hingerichtet. (3 Fehler)

- Grenouille kommt anschließend bei der Amme Jeanne Bussie unter, die das seltsam geruchlose Kind jedoch ebenso von sich weißt wie Pater Terrier, der sich nähmlich von dem schnupernden Säugling in seinem innersten durchschaut fühlt. Terrier bringt Grenouille als Ziehkind (Kostkind) bei der gefühlslos kalkulierenden Madame Gaillard unter. Grenouille, der menschliche Emfindungen so gut wie garnicht kennt, gedeiht in dieser emotionslosen Umgebung. (5 Fehler)

- Als die Zahlungen für den inzwischen achtjährigen Jungen ausbleiben, verkauft ihn Madame Gaillard an den bruttalen Gerber Grimal, der ihn als billige Arbeitskraft ausbeutet. Auch hier endgeht Grenouille nur aufgrund seiner wiederstandsfähigen Natur einem frühen Tod. (3 Fehler)

- Im Alter von 15 Jahren stöst Grenouille in den Straßen von Paris auf einen unwiederstehlichen Geruch, der ihn zu einem rothaarigen Mädchen führt. Er tötet es, um sich seinen Duft einzuverleiben. Nach dem Tot des Mädchens aber verliert sich dieser Duft. Deshalb beschließt Grenouille, einen Weg zu finden, einen solchen Geruch zu bewahren und Parfümeur zu werden. (3 Fehler)

- Es gelingt ihm, eine Leerstelle bei dem angesehenen Pariser Parfümeur Baldini zu erlangen. Vorallem dank Grenouilles Genialität erlebt Baldinis Laden, der seine besten Zeiten eigentlich lengst hinter sich hat, einen spektakulären Aufschwung. Weil ihm das von Baldini angewandte Herstellungsverfahren für Parfümeure überhauptnicht genügt, bricht Grenouille am Ende seiner Lehrzeit nach Grasse auf, um dort andere Methoden zu erlernen. (4 Fehler)

- Auf seiner Wanderschaft entfernt sich Grenouille immer weiter von der menschlichen Zivilisation und ihren störenden Gerüchen, bis er sich schließlich gantz in einem Bergstollen vergräbt. Dort baut er in seiner Gedankenwelt ein eigenes Duftimperium auf. Sieben Jahre verbringt er so völlich zurückgezogen, ehe er schockartig begreift, das er selbst keinen eigenen Geruch besitzt. Ohne Eigengeruch aber emfindet er sich als unvollständig. Daher bricht er auf, um sich einen eigenen, individuellen Geruch zu erschaffen. […] (5 Fehler)

Kurze Vokale – Schärfung

Regel

Regeln im Überblick

1	Folgen nach einem kurzen, betonten Vokal zwei oder mehr verschiedene Konsonanten wird meist keiner verdoppelt.	Wa**nd**, ka**lt**, verhi**nd**ern, ru**tsch**ig
2	Folgt nach einem kurzen, betonten Vokal nur ein Konsonant, wird dieser fast immer verdoppelt. Die Verdopplung gilt in allen Wortformen.	Nove**ll**e, so**ll**en, kna**ll**en, gre**ll** hi**mm**lisch, er so**ll**, es kna**llt**, gre**ll**bunt
3	Die Laute k und z werden in Wörtern aus der deutschen Sprache nicht verdoppelt. Nach kurzem, betontem Vokal steht fast immer ck und tz.	Za**ck**e, kna**ck**en, ru**ck**artig, Bli**tz**, erhi**tz**en
4	Nach l, m, n, r, das merke ja, steht nie tz und nie ck!	Wa**lz**er, I**mk**er, Ta**nz**, ku**rz**, Ho**lz**, de**nk**en, sta**rk**
5	In vielen Wörtern mit einem k-Laut, die einer fremden Sprache entstammen, steht nach einem kurzen, betonten Vokal ein einfaches k.	Kriti**k**, Ta**kt**, Arti**k**el, Fabri**k**, Dire**kt**or
6	In wenigen Fremdwörtern werden die Laute k und z verdoppelt.	A**kk**u, A**kk**usativ, Sa**kk**o, Pi**zz**a, Tre**kk**ing, Ra**zz**ia

1. Schreiben Sie die folgende Wörterliste in Ihr Heft und ergänzen Sie dabei die fehlenden Buchstaben. Tragen Sie zudem in die Klammern ein, welche der zuvor genannten Regeln Sie jeweils anwenden müssen.

Chara▢ter ( ), schnu▢ern ( ), Fle▢ ( ), kla▢schen ( ), verhi▢dern ( ), gan▢ ( ), A▢usativobje▢t ( ) ( ), Tan▢ste▢e ( ) ( ), Arti▢el ( ), Handya▢u ( ), Pla▢halter ( ), sta▢eln ( ), Inse▢t ( ), Stur▢ ( ), Verle▢ung ( ), Republi▢aner ( ), Tre▢ingausrüstung ( ), Konta▢tanzeige ( ), nu▢erieren ( )

2. Schreiben Sie zu den folgenden Wörtern weitere aus der Wortfamilie auf, dabei kann es sich auch um Zusammensetzungen handeln:
   – Artikel:
   – Charakter:
   – Kritik:
   – Direktor:
   – Blitz:
   – Satz:
   – Geschmack:
   – Novelle:
   – Arzt:
   – ganz:

3. Im Folgenden finden Sie eine Fortsetzung der Inhaltsangabe zu Patrick Süßkinds Roman „Das Parfum". Schreiben Sie den Text in Ihr Heft und setzen Sie die fehlenden Buchstaben ein.

Patrick Süßkind: Das Parfum – Eine Inhaltsangabe (Auszug)

[...] In Montpellier ni▢t ihn der Marquis des la Taillade-Espinasse unter die Fi▢iche. Der Marquis präse▢tiert den Höhlenmenschen Grenouille als Kuriosum und Studienobje▢t. Scheinbar geli▢gt es dem Marquis, Grenouille in einen vorzeigbaren, kultivierten Menschen zu verwa▢deln. Tatsächlich aber basiert diese Chara▢terveränderung vor a▢em auf einem Parfüm, das Grenouille perfe▢t zusa▢engebraut hat und ihn wie einen normalen Menschen du▢ten lä▢t. 10
Nach diesem Erfo▢g verlä▢t Grenouille Montpellier. In Grasse findet er dire▢t Arbeit in der Parfümerie der Wi▢we Arnulfi. Bei seiner Ankunft in Grasse riecht er ein rothaariges Mädchen, Laure Richis, dessen Geruch ihn an das Mädchen eri▢ert, 15
das er einst in Paris ermordet hat. Er beschließt, in den ko▢enden zwei Jahren ein Parfüm zu kreieren, um Laures Du▢t festzuha▢ten. Zu diesem Zwe▢ tötet er nach und nach 24 Jungfrauen und zule▢t auch Laure. [...] 20

Lange Vokale und Doppellaute – Dehnung

Regel

Regeln im Überblick

1	Viele Wörter mit einem lang ausgesprochenen Vokal oder Umlaut (ä, ö, ü) werden ohne Dehnungszeichen, also mit einfachem Vokal geschrieben. Wörter, die mit qu beginnen, werden immer mit einfachem Vokal geschrieben.	M**u**ße, R**e**gen, Sch**a**l, Parf**ü**m, l**e**ben, m**a**gisch, Q**ua**l, qu**a**ken, qu**e**r
2	Ein lang ausgesprochener Vokal kann auch mit einem Dehnungs-h gekennzeichnet werden. Das Dehnungs-h wird oft geschrieben, wenn ein l, m, n oder r folgt. In manchen Wortformen können Sie das Dehnungs-h hören, wenn Sie sehr deutlich die Silben voneinander getrennt sprechen. In diesem Fall spricht man auch vom silbentrennenden h, das im normalen Sprachgebrauch allerdings nicht zu hören ist.	S**oh**n, F**ah**rt, H**öh**le, f**eh**len, **oh**ne Mä-her, se-hen, sie sa-hen
3	In einigen Wörtern wird der lang ausgesprochene Vokal verdoppelt. Der Vokal u, die Umlaute (ä, ö, ü) und Doppellaute (äu, eu, ei, ai) werden immer nur einfach geschrieben.	S**aa**l, Sp**ee**r, Resüm**ee**, Id**ee**, Klisch**ee**, Z**oo** P**aa**r – P**ä**rchen
4	Die Wortbausteine ur-, -tum, -sam, -bar, -sal werden immer ohne Dehnungszeichen geschrieben.	**u**rgemütlich, Wachst**u**m, sonderb**a**r, Schicks**a**l

1. Schreiben Sie die folgende Wörterliste in Ihr Heft und ergänzen Sie dabei die fehlenden Buchstaben. Tragen Sie zudem in die Klammern ein, welche der zuvor genannten Regeln Sie jeweils anwenden müssen.

Auss□t ( ), Telef□nh□rer ( ) ( ), □ralt ( ), klisch□haft ( ), Qu□rverweis ( ), Se□vermögen ( ), Fe□lverhalten ( ), Sp□rspitze ( ), wiederg□ben ( ), B□tsfa□rt ( ) ( ), Reicht□m ( ), H□r ( ), H□rchen ( ), Ausfü□rungen ( ), gesche□en ( ), Id□ ( )

2. Im Folgenden finden Sie den Beginn des Romans „Das Parfum" abgedruckt. Übertragen Sie ihn in der richtigen Form in Ihr Heft.

Patrick Süßkind (geb. 1949)
Das Parfum

Im achtz□nten J□rhundert l□bte in Frankreich ein Mann, der zu den genialsten und abscheulichsten Gestalten dieser an geni□len und abscheulichen Gestalten nicht armen Epoche geh□rte. Seine Geschichte soll hier erz□lt werden. Er hieß Jean-Baptiste Grenouille, und wenn sein N□me im Gegensatz zu den N□men anderer genialer Scheus□le, wie etwa de Sades, Saint-Justs, Fouchès, Bonapartes usw., heute in Vergessenheit ger□ten ist, so sicher nicht deshalb, weil Grenouille diesen ber□mteren Finstermännern an Selbstüberh□bung, Menschenverachtung, Immoralit□t, kurz Gottl□sigkeit nachgestanden hätte, sondern weil sich sein Genie und sein einziger E□rgeiz auf ein Gebiet beschränkte, welches in der Geschichte keine Sp□ren hinterlässt: auf das flüchtige Reich der Gerüche. [...]

(1985)

Der lang ausgesprochene i-Laut

Regel

Regeln im Überblick

1	Der lang ausgesprochene i-Laut wird meistens ie geschrieben. Das gilt auch für Verbindungen mit dem Baustein -ieren	L**ie**be, s**ie** r**ie**fen, z**ie**mlich, h**ie**r, diskut**ieren**, dikt**ieren**, ag**ieren**, motiv**ieren**
2	Vor allem in Wörtern aus anderen Sprachen wird der lang ausgesprochene i-Laut manchmal mit einfachem i geschrieben. Das gilt auch für den Wortbaustein -iv bzw. -tiv.	Masch**i**ne, B**i**bel, Kr**i**se, Apfels**i**ne, präz**i**se, akt**iv**, pass**iv**, Mot**iv**
3	In wenigen Wörtern wird der lang ausgesprochene i-Laut ih (Pronomen) oder ieh geschrieben.	**ih**r, **ih**nen, **ih**re, es z**ieh**t (zie-hen), sie s**ieh**t (se-hen)
4	Bei den Wörtern „wieder" und „wider" muss man die Bedeutung unterscheiden. „Wieder" wird verwendet, wenn es um die Bedeutung „noch einmal" bzw. „zurück" geht. „Wider" hat die Bedeutung „gegen", „entgegen".	**Wieder**kehr, **wieder**kommen, **Wider**stand, **Wider**hall, **wider**sprechen, **wider**spiegeln

1. Schreiben Sie die folgenden Sätze in der richtigen Form in Ihr Heft. Tragen Sie in die Klammern ein, welche der zuvor genannten Regeln Sie jeweils anwenden müssen.

- In einigen Novellen sp□lt ( ) das Mot□v ( ) der Augen eine große Rolle.
- Geben S□ ( ) den Inhalt des Romanauszugs mit eigenen Worten w□der ( ).
- Der „Orden w□der ( ) den t□rischen ( ) Ernst" wird in jedem Jahr in Aachen während der Karnevalszeit verl□hen ( ).

- Als Preisträger sind vor allem Pol■tiker ( ) sehr bel■bt ( ).
- Das Innenleben der Figuren sp■gelt ( ) sich in der Beschreibung der Stadt w■der ( ).
- In d■sem ( ) Punkt muss ich meinem Vorredner entsch■den ( ) w■dersprechen ( ).
- Im Jahr 2017 ersch■n ( ) eine revid■rte ( ) Fassung der Lutherb■bel ( ), d■ ( ) den Anspruch hat, wissenschaftlich präz■se ( ) zu sein.
- Ein gesund geführtes Leben ist d■ ( ) beste Mediz■n ( ).
- Nach dem Tod seiner Mutter rang■rt ( ) Grenouille als Waisenkind auf der untersten Stufe der sozialen Leiter.
- Eine Perspekt■ve ( ) hat er nicht.
- Grenouille überlebt w■der ( ) Erwarten den Milzbrand, eine Krankheit, d■ ( ) bei v■len ( ) Menschen im 18. Jahrhundert zum Tode führte, ■n ( ) jedoch in besonderer Weise letztlich w■derstandsfähig ( ) macht.

2. Schreiben Sie zu den folgenden Nomen/Substantiven jeweils ein Verb mit dem Wortbaustein -ieren auf.

Motiv, Substantiv, Nummer, Elektrik, Aktivität, Position, Objekt, Diskussion, Animation, Diktat, Personifikation, Verlust, Minimum, Reaktion, Produktion

s-Laute

Regel

Regeln im Überblick

1	**s geschrieben**	
1.1	Der stimmhafte, gesummte s-Laut wird mit einfachem s geschrieben.	Preise, rasen, eisig
1.2	Der stimmlose, gezischt gesprochene s-Laut wird mit einfachem s geschrieben, wenn es verwandte Wörter mit stimmhaftem s-Laut gibt.	der Preis, sie rast, der Eisberg
1.3	In Konsonantenverbindungen wie st, sk, sp wird der s-Laut mit einfachem s geschrieben.	Taste, meistens, fast (beinahe), fest, Muskel, knuspern
1.4	Wörter mit den Endungen -nis, -as und -us werden im Singular immer mit einfachem s geschrieben. Im Plural steht jedoch ss.	Ereignis (Ereignisse), Ergebnis (Ergebnisse), Erlebnis (Erlebnisse), Zirkus (Zirkusse), Atlas (Atlasse oder Atlanten)
1.5	Die Schreibweise einiger Wörter mit einfachem s kann nicht durch Regeln erklärt werden. Sie müssen sich diese Wörter einprägen.	was, aus, bis zum, des, bereits, etwas, Reis, Mais …
2	**ss geschrieben** Nach kurzem, betontem Vokal wird der stimmlose, gezischt gesprochene s-Laut meist ss geschrieben.	Gosse, essen, essbar, er fasst an, geflossen
3	**ß geschrieben** Nach langem, betontem Vokal, Umlaut (ä, ö, ü) oder Doppellaut (äu, eu, ei) wird der stimmlose, gezischt gesprochene s-Laut ß geschrieben, wenn es keine verwandten Wörter mit stimmhaftem s-Laut gibt (s. 1.2).	Größe, reißen, außen, genießbar

1. Schreiben Sie die folgenden Sätze in der richtigen Form in Ihr Heft. Tragen Sie in die Klammern ein, welche der zuvor genannten Regeln Sie jeweils anwenden müssen.

- Genie en ( ) Sie mit gutem Gewi en ( ), un er ( ) Ei ( ) i t ( ) kalorienarm und prei wert ( ).
- Mit die er ( ) Formulierung scho ( ) er weit über das Ziel hinau ( ).
- Mit Gro zügigkeit ( ) gewinnt man Freunde.
- Mit blo en ( ) Händen konnte er eine Kartoffel zerquetschen, wa ( ) eine ( ) Freundin jedoch nicht be onders ( ) beeindruckte.
- Mit zunehmendem Alter wird man nicht unbedingt wei er ( ), aber das Haar wird oftmals wei er ( ).
- Weil die Tür ins Schlo ( ) gefallen war und der Schlü el ( ) sich in der Wohnung befand, mu te ( ) sie einen Schlü eldienst ( ) anrufen, der wenig später kam.
- Knu prig ( ) waren die Plätzchen, aber sie schmeckten nicht be onders ( ) lecker.
- Fa t ( ) hätte sie verge sen ( ), den Hund vor die Tür zu la en ( ).
- Er könnte ruhig ein bi chen ( ) geduldiger ein ( ).
- Unsere Nachbarn sind für einige Wochen verrei t ( ) und haben de halb ( ) ihre Freunde darum gebeten, auf ihr Hau ( ) aufzupa en ( ).
- Weil der Junge nicht aufpa t ( ), rei t ( ) er sich am Stacheldrahtzaun die Ho e ( ) auf.
- An onsten ( ) ist nichts pa iert ( ).
- Wenn ie ( ) am Tisch sa en ( ) und a en ( ), agten ( ) ie ( ) fa t ( ) gar nichts.
- In die er ( ) ereigni armen ( ) Zeit gehörte das gemein ame ( ) Spielen am Wald ee ( ) schon zu den bemerkenswerteren Erlebni en ( ).

2. Der folgende Text ist der Klappentext zu Robert Seethalers lesenswertem Roman „Der Trafikant", der 2012 erschien. Übertragen Sie den Text in der richtigen Form in Ihr Heft.

Robert Seethaler (geb. 1966)
Der Trafikant (Klappentext)

Robert Seethaler erzählt die Geschichte von Franz, Freud und Anezka im Wien der 30er-Jahre. Österreich 5 1937: Der 17-jährige Franz Huchel verlä t ein Heimatdorf, um in Wien als Lehrling in einer Trafik, einem Tabak- und Zeitungsgeschäft, ein Glück zu uchen. Dort begegnet er eines Tages dem Stammkunden Sig- 15 mund Freud und i t sofort fa ziniert von de en Ausstrahlung. Im Laufe der Zeit entwickelt sich eine ungewöhnliche Freundschaft zwischen den beiden unterschiedlichen Männern.
Als sich Franz kurz darauf Hal über Kopf in die 20 Varietétänzerin Anezka verliebt und in eine tiefe Verunsicherung stürzt, ucht er bei Profe or Freud Rat. Dabei stellt sich jedoch schnell heraus, da dem weltbekannten Psychoanalytiker da weibliche Geschlecht ein mindestens eben o 25 gro es Rätsel ist wie Franz. Ohnmächtig fühlen sich beide auch angesichts der sich dramatisch zuspitzenden politisch-gesellschaftlichen Verhältni e. Und schon bald werden sie und Anezka jäh vom Strudel der Ereigni e auseinandergeri en. 30

(2012)

das oder dass

> **Regel**
>
> **Regeln im Überblick**
>
> | 1 | *das* geschrieben | |
> |---|---|---|
> | | Der **Artikel** und das **Pronomen** (Demonstrativpronomen und Relativpronomen) *das* werden immer mit einfachem s geschrieben. Im Satzzusammenhang können sie auch durch *dieses*, *welches* oder *jenes* ersetzt werden. | **Das** Buch ist sehr interessant. (Artikel) Erstaunlich ist **das** nicht. (Demonstrativpronomen) Das Referat, **das** eine Stunde dauerte, war äußerst interessant. (Relativpronomen) |
> | 2 | *dass* geschrieben | |
> | | Die (unterordnenden) Konjunktionen *dass*, *sodass* (*so dass*) und *auf dass*, die einen Nebensatz/Gliedsatz einleiten, werden mit ss geschrieben. | Mich verwundert, **dass** du schon fertig bist. |

1. Vervollständigen Sie die folgenden Satzanfänge, indem Sie jeweils drei unterschiedliche dass-Sätze ergänzen. Mit welcher Wortart beginnen die ergänzten Sätze?

- Schülerinnen und Schüler erwarten von ihren Lehrerinnen und Lehrern, …
- Lehrerinnen und Lehrer erwarten von ihren Schülerinnen und Schülern, …
- Manche haben Angst davor, …
- Würden Sie bitte darauf Rücksicht nehmen, …

2. Schreiben Sie die folgenden Sätze in Ihr Heft, tragen Sie *das* oder *dass* ein und bestimmen Sie die Wortart des eingesetzten Wortes.

- ▢ ist ein Roman, der in Zukunft bestimmt auch in der Schule gelesen wird. (?)
- ▢ Urteil des Rezensenten wurde von vielen geteilt. (?)
- Interessant ist, ▢ die Hauptperson Franz im Verlauf der Handlung auf Sigmund Freud trifft. (?)
- Ein Erlebnis, ▢ für Franz besonders prägend ist, ist die Zusammenkunft mit einem böhmischen Mädchen. (?)

3. Bei den folgenden Sätzen handelt es sich um Zitate aus dem Roman „Der Trafikant" von Robert Seethaler. Übertragen Sie die Zitate in Ihr Heft und setzen Sie dabei *dass* oder *das* in der richtigen Weise ein.

a) „An einem Sonntag im Spätsommer des Jahres 1937 zog ein […] heftiges Gewitter über ▢ Salzkammergut, ▢ dem bislang eher ereignislos vor sich hin tröpfelnden Leben Franz Huchels eine ebenso jähe wie folgenschwere Wendung geben sollte." (S. 7)

b) „Die Mutter hob den Kopf, und da sah er, ▢ sie weinte." (S. 9)

c) „,Und was heißt ▢ jetzt?', fragte Franz. ‚▢ heißt, du machst dich morgen auf den Weg nach Wien!' ‚Morgen? Aber ▢ geht doch nicht …', stammelte er erschrocken." (S. 16)

d) „Im nächsten Moment gab sie ihm eine schallende Ohrfeige. Der Schlag traf ihn so plötzlich, ▢ er zwei Schritte zur Seite taumelte." (S. 16)

e) „Ja, dachte Franz benommen, ▢ hier ist etwas anderes." (S. 20)

f) „Die Art, wie der Trafikant diesen Herrn begrüßte, machte Franz sofort klar, ▢ ▢ hier ein richtiger Professor war […]." (S. 37)

g) „Eine Windböe fuhr ihm in die Haare und bauschte sie zu einem federleichten Gebilde auf, ▢ für ein paar Sekunden über seinem Kopf wehte." (S. 40)

h) „Es war ▢ schönste Gesicht, ▢ Franz […] je in seinem Leben gesehen hatte." (S. 51)

i) „Niemals hätte er es für möglich gehalten, ▢ ihn eine böhmische Zahnlücke einmal so aufrühren würde." (S. 54 f.)

j) „Es dauerte ungefähr eine halbe Stunde, bis er endgültig begriffen hatte, ▪▪▪ sie ohne ihn gegangen war." (S. 58)

k) „Die ganze Nacht hatte Franz sich durch wirres Traumgepolter gewälzt […]. ▪▪▪ Aufwachen war eine Erlösung, und obwohl sich schon mit dem ersten Wachblinzeln die Erinnerung aufzulösen begann wie eine Nebelschwade in der Morgendämmerung, bemühte er sich, ▪▪▪ ganze Chaos wenigstens mit ein paar Worten aufs Papier zu bringen." (S. 189)

Groß- und Kleinschreibung

Regel

Großschreibung – Regeln im Überblick

1	Nomen/Substantive schreibt man groß. Das gilt auch für Eigennamen. Alle anderen Wortarten, die ansonsten kleingeschrieben werden, schreibt man dann groß, wenn sie wie ein Nomen/Substantiv im Satzzusammenhang verwendet werden. Häufig steht ein Begleiter davor, der das Wort deutlich als Nomen/Substantiv kennzeichnet.	**H**aus, **R**aum, **C**omputerinstallation Das **G**ehen fällt ihr schwer. Im **F**olgenden beschreibt er … Sie wünscht ihm alles **G**ute. Des **W**eiteren erkläre ich … Wir stimmen ohne **W**enn und **A**ber zu.
2	Herkunfts- und Ortsbeschreibungen auf -er werden großgeschrieben. Herkunfts- und Ortsbezeichnungen auf -isch werden nur dann großgeschrieben, wenn es sich um Eigennamen handelt.	der **H**amburger Hafen das **P**aderborner Brot der **P**azifische Ozean der **T**rojanische Krieg
3	Zeitangaben in der Form eines Nomens/Substantivs schreibt man immer groß.	des **A**bends am **D**ienstagnachmittag gestern **M**orgen
4	Das Wort **Mal** wird großgeschrieben, wenn es Teil einer Wortgruppe ist und als Nomen/Substantiv gebraucht wird.	ein einziges **M**al zum achten **M**al jedes **M**al
5	Das höfliche Anredepronomen **Sie** und das entsprechende Possessivpronomen **Ihr** werden in allen Formen großgeschrieben.	Sie sagte: „Können **S**ie mir nicht etwas mehr Zeit geben?" Er antwortete: „Teilen **S**ie sich **I**hre Zeit doch besser ein!"

Kleinschreibung – Regeln im Überblick

6	Außer Nomen/Substantiven werden alle Wortarten kleingeschrieben.	**g**ehen, **h**eute, **g**roß, **n**icht, **h**ier
7	Adjektive, die sich auf ein vorhergehendes Nomen/Substantiv beziehen, werden kleingeschrieben.	Er ließ sich mehrere Computer zeigen, vor allem die **l**eistungsstarken interessierten ihn.
8	Der Superlativ (höchste Steigerungsstufe) eines Adjektivs wird immer kleingeschrieben.	am **g**rößten, am **s**chönsten nah, näher, am **n**ächsten
9	Die unbestimmten Zahlwörter **ein bisschen** und **ein paar** (= einige) werden immer kleingeschrieben. Das gilt auch für den Ausdruck **die beiden**, **beide**.	Hast du ein **p**aar Minuten Zeit? Darf es ein **b**isschen mehr sein? Die **b**eiden trafen sich immer wieder.

10	Die nebenstehenden Zahlwörter und Mengenangaben werden in der Regel kleingeschrieben. Werden sie wie ein Nomen/Substantiv gebraucht, kann auch großgeschrieben werden, empfohlen wird jedoch die Kleinschreibung.	**v**iel, das **v**iele, **w**enig, das **w**enige, die **m**eisten, der **e**ine, die **a**ndere, nichts **a**nderes Die **m**eisten (**M**eisten) aus der Klasse entschieden sich für eine Kanutour. Nichts **a**nderes (**A**nderes) will er.
11	Orts- und Herkunftsbezeichnungen auf -isch werden kleingeschrieben, wenn sie nicht Bestandteil eines Eigennamens sind.	**i**ndische Gewürze **n**iedersächsische Spezialitäten
12	Zeitangaben in der Form eines Adverbs schreibt man klein.	**g**estern, **h**eute, **m**orgen, **d**onnerstagnachmittags
13	Wörter mit dem Wortbaustein **-mal** werden kleingeschrieben, wenn es Adverbien sind. Ein Tipp: Fast immer ist der erste Wortbestandtteil betont. Soll der Bestandteil -mal betont werden, kann auch getrennt und großgeschrieben werden.	**e**inmal, **z**ehnmal, **n**iemals, **o**ftmals auch: **m**al so, **m**al so Drei **M**al hast du mich bereits versetzt.
14	Die persönlichen Anredepronomen **du** und **ihr** und die Possessivpronomen **dein** und **euer** werden in der Regel kleingeschrieben. In Briefen kann auch die Großschreibung gewählt werden.	Hast **d**u die Datei auf **d**einem PC gespeichert? Liebe Ella, hast **D**u/**d**u heute Abend Zeit? …

Groß oder klein – Regeln im Überblick

15	Die Wörter **recht/Recht** und **unrecht/Unrecht** können in Verbindung mit Verben wie **behalten, bekommen, geben, haben, tun** klein- oder großgeschrieben werden. Wird das Wort **Recht** deutlich als Nomen/Substantiv verwendet, wird es großgeschrieben.	Du willst immer **R**echt/**r**echt haben. sein **R**echt bekommen, **R**echt sprechen, im **R**echt sein
16	Feste Verbindungen aus einer Präposition und einem deklinierten (gebeugten) Adjektiv ohne vorangestellten Artikel kann man groß- oder kleinschreiben.	von **N**euem/von **n**euem von **W**eitem/von **w**eitem bis auf **W**eiteres/bis auf **w**eiteres seit **L**ängerem/seit **l**ängerem aufs **D**eutlichste/aufs **d**eutlichste

1. Schauen Sie sich die Regeln zuvor genau an und schreiben Sie die Satzpaare in der richtigen Form in Ihr Heft.

- Im ü/Übrigen bin ich der Meinung, dass nicht jeder, der laut schreit, auf der Seite des Rechts steht.
  Ich bin ü/Übrigens nicht deiner Meinung.

- Der n/Nächste bitte!
  Diese Übersetzung kam dem Original am n/Nächsten.

- Jeden e/Ersten Freitag im Monat trafen sich Murat und Marie zum Essen.
  Beim Marathonlauf lief Jonas als e/Erster über die Ziellinie.

- Das w/Weitere Vorgehen wollten sie bei der nächsten Zusammenkunft besprechen.
  Des w/Weiteren ergibt sich aus der sprachlichen Gestaltung, dass hier eine gewisse Monotonie vorherrscht.

- Bereits nach kurzer Zeit bot er ihr das d/Du an. Später sah er s/Sie noch einmal wieder.
- Nur ein einziges m/Mal passte der Fahrer nicht auf. Überlege bitte EINMAL, ob das wirklich notwendig ist.
- Sie war die e/Einzige, die sich traute, dem Redner etwas zu erwidern.
  Die Arbeit war eine e/Einzige Enttäuschung.

2. Schreiben Sie die folgenden Sätze in der richtigen Form in Ihr Heft. Tragen Sie in die Klammern ein, welche der zuvor genannten Regeln Sie jeweils anwenden müssen.

- Er sah sie bereits von w/Weitem ( ) kommen und rief m/Mehrmals ( ) ihren Namen.
- Sie verfügt über das gewisse e/Etwas ( ).
- Er möchte immer nur r/Recht ( ) haben, nichts a/Anderes ( ) hat er im Sinn, und das macht ihn für die m/Meisten ( ) sehr unsympathisch.
- Im f/Folgenden ( ) werde ich zunächst den Inhalt wiedergeben und das Gedicht anschließend aspektorientiert analysieren.
- Würden s/Sie ( ) mir diesen Platz bitte freihalten, ich komme in ein p/Paar ( ) Minuten zurück.
- Die b/Beiden ( ) ließen sich noch ein b/Bisschen ( ) Zeit, dann versuchten sie den Abstieg von n/Neuem ( ).
- Nur ein einziges m/Mal ( ) hörte er nicht zu, schon hatte er den Anschluss verpasst.
- Im a/Allgemeinen ( ) macht ihr der Unterricht sehr viel Spaß.
- Zwei j/Jugendliche ( ) wurden am f/Freitagabend ( ) im Rathaus ausgezeichnet, weil die b/Beiden ( ) fast allein ein Stadtteilfest organisiert hatten.
- Diman verpasste g/Gestern ( ) a/Abend ( ) das Konzert, weil sie sich im f/Fernsehen ( ) einen Film über einen b/Berliner ( ) Künstler angesehen hatte und danach ein p/Paar ( ) Minuten zu spät zur Bushaltestelle gegangen war.
- Das b/Besondere ( ) an dem Roman ist, dass er ausschließlich in der Du-Erzählform geschrieben ist.
- Des w/Weiteren ( ) ereignet sich das Geschehen nur an einem einzigen Ort.
- In dieser Stadt erlebte sie nichts b/Besonderes ( ); eigentlich hatte sie bereits vor dem a/Abreisen ( ) nichts a/Anderes ( ) erwartet, sie wollte sich jedoch selbst EINMAL ( ) ein Bild von der Monotonie machen.
- Tiere können Töne wahrnehmen, vor allem besonders h/Hohe ( ), deren Existenz dem Menschen ohne w/Weiteres ( ) nicht bewusst ist.
- Das m/Meiste ( ) hatte er bereits nach dem ersten Lesedurchgang verstanden, im f/Folgenden ( ) wollte er sich jedoch noch genauer mit den drei Texten auseinandersetzen, vor allem mit dem k/Kurzen ( ), den er besonders interessant fand.
- In der Sammlung sind bekannte n/Niedersächsische ( ) Sagen zusammengefasst, die zum Teil denen aus dem p/Paderborner ( ) Land ähneln.
- Sie hat seit l/Längerem ( ) keinen Sport mehr betrieben, aber nun hat sie sich entschieden, jeden m/Montag ( ) mit ihrem Freund joggen zu gehen und sich f/Freitags ( ) mit Arbeitskollegen zum s/Schwimmen ( ) zu treffen.

Zusammen oder getrennt?

> **Regel**
>
> Bei der Zusammen- und Getrenntschreibung muss man unterscheiden, ob es sich bei einem Ausdruck um eine **Wortgruppe**, die getrennt geschrieben wird, oder um eine **Zusammensetzung**, die zusammengeschrieben wird, handelt.
>
> Wortgruppe: Lukas ist ein **vom Sport begeisterter** Junge.
>   Nach der Operation kann er **wieder sehen**.
>   Er traute sich nicht, mit der Katze **zu spielen**.
> Zusammensetzung: Lukas ist ein **sportbegeisterter** Junge.
>   Ich möchte sie gern **wiedersehen**.
>   Würdest du mir den Ball bitte schneller **zuspielen**?
>
> Bei einer Zusammensetzung liegt häufig (nicht immer!) die **Betonung** auf dem ersten Wortbestandteil. Bei einer Wortgruppe können alle Bestandteile betont sein.

1. Wortgruppe oder Zusammensetzung? Schreiben Sie die folgenden Satzpaare in der richtigen Form in Ihr Heft. Sprechen Sie die Sätze deutlich, um herauszuhören, wie die Ausdrücke betont werden.

- Auf einem schön gedeckten Tisch darf nichts SCHIEFLIEGEN.
  Mit dieser Meinung dürftest du SCHIEFLIEGEN.

- Sollen wir HINAUFFAHREN oder HINAUFGEHEN?
  Er wollte keineswegs mit der Bahn HINAUFFAHREN.

- VONANGSTERFÜLLT betrachtete er das Geschehen aus der Ferne.
  ANGSTERFÜLLT kam er aus seinem Versteck hervor.

- Ella hatte JAHRELANG die Jugendgruppe geleitet, dann beendete sie aus Zeitgründen ihr Engagement.
  VIELEJAHRELANG ging sie regelmäßig zum Schwimmtraining, dann wechselte sie die Sportart.

- Er entschied sich, zunächst nur ZUSCHAUEN, ob sich etwas tat.
  Immer wenn er nur ZUSCHAUTE, überfiel ihn das Gefühl, aktiv werden zu müssen.

- Bei einem Referat sollte man nach Möglichkeit FREISPRECHEN.
  Sie konnte und wollte ihn von einer gewissen Schuld nicht FREISPRECHEN.

- Marie wusste mit dem Geschenk nichts ANZUFANGEN.
  Zum wiederholten Mal versuchte er, den entflogenen Vogel ZUFANGEN.

Regel

Verbindungen aus einem Nomen/Substantiv und einem Verb

1	Verbindungen aus einem Nomen/Substantiv und einem Verb werden in der Regel getrennt geschrieben.	**Fahrrad fahren, Ski laufen, Eis essen**
2	Wenn eine Verbindung aus einem Nomen/Substantiv und einem Verb wie ein Adjektiv gebraucht wird und z. B. als Attribut ein Nomen/Substantiv näher bestimmt, kann man getrennt oder zusammenschreiben.	**Eis essende** Kinder/**eisessende** Kinder
3	Wird der Ausdruck insgesamt als Nomen/Substantiv gebraucht, muss man groß- und zusammenschreiben.	das **A**utofahren, beim **S**kilaufen
4	In einigen Fällen bilden ein ursprüngliches Nomen/Substantiv und ein Verb eine Zusammensetzung, weil das Nomen/Substantiv nicht mehr als eigenständiges Wort angesehen wird.	**leidtun, eislaufen, teilnehmen, heimkommen** Es **tut** mir **leid**.

Verbindungen mit dem Hilfsverb sein

5	Verbindungen mit dem Hilfsverb sein werden immer getrennt geschrieben.	**da sein, hier gewesen** Er wird um 17.00 Uhr **zurück sein**.

Verbindungen aus zwei Verben

6	Verbindungen aus zwei Verben werden in der Regel getrennt geschrieben.	**schwimmen gehen, lesen lernen**, (auf dem Stuhl) **sitzen bleiben**
7	Verbindungen mit den Verben lassen und bleiben können dann zusammengeschrieben werden, wenn sich eine neue, übertragene Bedeutung ergibt. Auch bei der Verbindung kennenlernen/kennen lernen ist die Schreibweise freigestellt.	in der Schule **sitzenbleiben/sitzen bleiben** jemand links **liegenlassen/liegen lassen**

Verbindungen aus einem vorangestellten Adjektiv und einem Verb

8	Verbindungen aus einem vorangestellten Adjektiv und einem Verb werden in der Regel getrennt geschrieben.	**laut lachen, ruhig bleiben**, beim Referat **frei sprechen**
9	Zusammenschreiben muss man dann, wenn Adjektiv und Verb eine neue, übertragene Bedeutung ergeben.	sich **kranklachen** eine Entscheidung **freistellen**
10	Verbindungen aus einem Verb und einem vorangestellten Adjektiv können sowohl getrennt als auch zusammengeschrieben werden, wenn das Adjektiv ein Ergebnis des im Verb ausgedrückten Vorgangs bezeichnet.	**kaputtmachen/kaputt machen** **kleinschneiden/klein schneiden** **blankputzen/blank putzen**

Verbindungen mit einem Adjektiv als zweitem Bestandteil

11	Gleichrangige Adjektive, die verbunden werden, werden zusammengeschrieben	**hellrosa, feuchtwarm, süßsauer**
12	Verstärkt der erste Bestandteil die Bedeutung des Adjektivs oder schwächt er sie ab, wird ebenfalls zusammengeschrieben.	**supernervös, uralt, knallbunt**

2. Schreiben Sie die folgenden Sätze in der richtigen Form in Ihr Heft. Tragen Sie in die Klammern ein, welche der zuvor genannten Regeln Sie jeweils anwenden müssen.

- Das FEUCHTWARME ( ) Klima setzte der Reisegruppe sehr stark zu.
- Beim nächsten Mal wollte sie sich GUTÜBERLEGEN ( ), ob sie noch einmal mitfahren würde.
- Möchtest du noch länger hier SITZENBLEIBEN ( )? Ich habe gerade jemanden KENNENGELERNT ( ), wir wollen zum EISLAUFEN ( ) gehen.
- Am Abend wollten sie wieder HEIMFAHREN ( ) und gegen 20.00 Uhr ZURÜCKSEIN ( ), was wegen des URALTEN ( ) Busses jedoch misslang.
- Darüber hätte er sich TOTLACHEN ( ) können.
- Manche Pädagogen befürworten, dass Kinder bereits im Kindergarten LESENLERNEN ( ).
- Es sollte ihr noch LEIDTUN ( ), dass sie sich so unvorbereitet der Prüfung stellte.
- Bei EISKALTEM ( ) Wetter ist das FAHRRADFAHREN ( ) sehr gefährlich. Daran sollte man natürlich auch denken, wenn man AUTOFÄHRT ( ).
- Ziel ist es heute, dass keine Schülerinnen und Schüler mehr SITZENBLEIBEN ( ) müssen.
- Deshalb wird das Prinzip der individuellen Förderung in den Schulen GROßGESCHRIEBEN ( ).
- In unserem Geschäft sind EISESSENDE ( ) Kinder erwünscht.

Die Arbeit mit dem Wörterbuch

Wenn Sie sich bei der Rechtschreibung unsicher sind, sollten Sie immer mit einem Wörterbuch arbeiten. Dort erfahren Sie meistens nicht nur etwas über die Schreibweise, sondern auch etwas über
- die Aussprache (Betonung sowie Länge und Kürze der betonten Vokale)
- die Bildung des Genitivs
- die Pluralform
- die Herkunft des Wortes
- die Wortbedeutung
- weitere Wörter aus der Wortfamilie
- unterschiedliche Verbformen (manchmal)
- die Steigerungsformen der Adjektive (manchmal)
- die Worttrennung

Verben sind im Wörterbuch immer in der Form des Infinitivs eingeordnet (er rast → rasen), Adjektive in der Grundform (Positiv) (am besten → gut).
Dort, wo das Regelwerk zwei verschiedene Schreibweisen erlaubt, sind diese auch aufgeführt. Im folgenden Auszug bedeutet die gelbe Unterlegung, dass diese Schreibweise empfohlen wird.

1. Schauen Sie sich auf S. 244 die Seite aus einem Wörterbuch genau an und beantworten Sie schriftlich die folgenden Fragen:
a) Welche zweite Möglichkeit gibt es, das Nomen/Substantiv „Trekking" zu schreiben?
b) Welche Möglichkeit wird empfohlen?
c) Welches Verb ist von dem Nomen/Substantiv „Trekking" abgeleitet?
d) Wie lautet der bestimmte Artikel und damit das grammatische Geschlecht des Nomens/Substantivs „Tresor"?
e) Aus welcher Sprache stammt das Nomen/Substantiv „Tresor"?
f) Wie lautet die Pluralform des Nomens/Substantivs „Tresor"?
g) Welche Bedeutung hat das Nomen/Substantiv „Trenchcoat"?
h) Wie trennt man das Nomen/Substantiv „Treibhauseffekt"?

2. Welche Schreibweise ist die richtige? Schauen Sie noch einmal auf der Wörterbuchseite nach.
a) Treibjagt – Treibjagd – Treibjacht
b) trendy – trendi – trendie
c) Trehsen – Tresen – Thresen
d) Trendssetter – Trentsetter – Trendsetter
e) Trense – Trensse – Trensee

Treffen – Treterei

träfest; getroffen; triff!; **Tref|fen**, das; -s, -; **tref|fend**
Tref|fer; Tref|fer|an|zei|ge; Tref|fer|quo|te; Tref|fer|zahl
treff|lich; Treff|lich|keit, die; - **Treff|punkt**
treff|si|cher; Treff|si|cher|heit
Treib|an|ker; Treib|ar|beit; Treib|ball, der; -[e]s; **Treib|eis**
trei|ben; du triebst; du triebest; getrieben; treib[e]!; zu Paaren treiben; sich vom Wind treiben lassen; *aber* man darf sich im Leben nicht einfach treiben lassen *od.* treibenlassen; **Trei|ben**, das; -s, *Plur.* (*für* Treibjagden:) -; **trei|bend**; die treibende Kraft
Trei|ber; Trei|be|rei; Trei|be|rin
Treib|fäus|tel (*Bergmannsspr.* schwerer Bergmannshammer)
Treib|gas; Treib|gut
Treib|haus; Treib|haus|ef|fekt, der; -[e]s (Einfluss der Erdatmosphäre auf den Wärmehaushalt der Erde); **Treib|haus|gas** (Gas, das zum Treibhauseffekt beiträgt, z. B. Kohlendioxid); **Treib|haus|kul|tur; Treib|haus|luft**, die; -
Treib|holz; Treib|jagd; Treib|la|dung; Treib|mi|ne; Treib|mit|tel; Treib|netz; Treib|öl; Treib|rie|men; Treib|sand
Treib|satz (*Technik; auch übertr. für* Antrieb, Impuls)
Treib|stoff; Treib|stoff|preis; Treib|stoff|zoll (*schweiz.*); *vgl.* ¹Zoll; **Treib|stoff|zu|schlag** (*Flugw.*)
Trei|chel, die; -, -n (*schweiz. für* eine Kuhglocke)
Trei|del, der; -s, -n (*früher für* Zugtau zum Treideln); **Trei|de|ler** (*svw.* Treidler)
trei|deln (ein Wasserfahrzeug vom Ufer aus stromaufwärts ziehen); ich treid[e]le
Trei|del|pfad; Trei|del|weg (Leinpfad); **Treid|ler** (jmd., der einen Kahn treidelt)
trei|fe ⟨hebr.-jidd.⟩ (nach jüd. Speisegesetzen unrein; *Ggs.* koscher)
trek|ken, tre|cken ⟨engl.⟩ (Trekking betreiben)
Trek|king, Tre|cking, das; -s, -s ⟨engl.⟩ (mehrtägige Wanderung od. Fahrt [durch ein unwegsames Gebiet]); **Trek|king|bike**, Tre|cking|bike [...baik], das; -s, -s (Fahrrad, das bes. für längere Touren mit Gepäck geeignet ist); **Trek|king|rad**, Tre|cking|rad; **Trek|king|tour**, Tre|cking|tour

Trel|le|borg (schwed. Stadt)
Tre|ma, das; -s, *Plur.* -s u. -ta ⟨griech.⟩ (Trennpunkte, Trennungszeichen [über einem von zwei getrennt auszusprechenden Vokalen, z. B. franz. naïf »naiv«]; *Med.* Lücke zwischen den mittleren Schneidezähnen)
Tre|ma|to|de, die; -, -n *meist Plur.* (*Biol.* Saugwurm)
tre|mo|lan|do ⟨ital.⟩ (*Musik* bebend, zitternd); **tre|mo|lie|ren**, tre|mu|lie|ren (beim Gesang [übersteigert] beben u. zittern); **Tre|mo|lo**, das; -s, *Plur.* -s u. ...li
Tre|mor, der; -s, ...ores ⟨lat.⟩ (*Med.* das Muskelzittern)
Trem|se, die; -, -n (*nordd. für* Kornblume)
Tre|mu|lant, der; -en, -en ⟨lat.⟩ (Orgelhilfsregister)
tre|mu|lie|ren *vgl.* tremolieren
Trench|coat [ˈtrɛntʃ...], der; -[s], -s ⟨engl.⟩ (ein Wettermantel)
Trend, der; -s, -s ⟨engl.⟩ (Grundrichtung einer Entwicklung)
trend|be|wusst
tren|deln (*landsch. für* nicht vorankommen); ich trend[e]le
Trend|for|scher; Trend|for|sche|rin; Trend|for|schung (wissenschaftliche Beschäftigung mit den zu erwartenden Trends auf technischem, wirtschaftlichem u. sozialem Gebiet)
tren|dig (*svw.* trendy)
Trend|mel|dung; Trend|scout [...skaut] ⟨engl.⟩ (jmd., der Trends nachspürt); **Trend|set|ter**, der; -s, - ⟨engl.⟩ (jmd., der den Trend bestimmt; etwas, was einen Trend auslöst); **Trend|set|te|rin; Trend|sport; Trend|sport|art; Trend|um|kehr; Trend|wen|de**
tren|dy (*ugs. für* modisch; dem Trend entsprechend)
trenn|bar; Trenn|bar|keit, die; -
Trenn|di|ät (eine Schlankheitsdiät)
tren|nen; sich trennen
Trenn|kost (Trenndiät)
Trenn|li|nie; Trenn|mes|ser, das
Trenn|punk|te *Plur.* (Trema)
trenn|scharf; Trenn|schär|fe
Trenn|schei|be; Trenn|stab (z. B. zwischen Waren verschiedener Kunden an der Supermarktkasse); **Trenn|strich**
Tren|nung; Tren|nungs|ent|schä|di|gung; Tren|nungs|geld; Tren|nungs|li|nie; Tren|nungs|schmerz; Tren|nungs|strich; Tren|nungs|zei|chen
Trenn|wand

Tren|se, die; -, -n ⟨niederl.⟩ (leichter Pferdezaum); **Tren|sen|ring**
Trente-et-qua|rante [trãtekaˈrãːt], das; - ⟨franz., »dreißig und vierzig«⟩ (ein Kartenspiel)
Tren|ti|ner ⟨*zu* Trento⟩; **Tren|ti|ne|rin**
Tren|to (*ital. Form von* Trient)
tren|zen (*Jägerspr.* in besonderer Weise röhren [vom Hirsch]; *bayr., österr. für* sabbern, weinerlich jammern)
Tre|pan, der; -s, -e ⟨franz.⟩ (*Med.* Bohrer zum Öffnen der Schädeldecke); **Tre|pa|na|ti|on**, die; -, -en (*Med.* Öffnung der Schädeldecke mit dem Trepan)
Tre|pang, der; -s, *Plur.* -e u. -s ⟨malai.⟩ (getrocknete Seegurke)
tre|pa|nie|ren ⟨*zu* Trepanation⟩ (*Med.*)
trepp|ab; trepp|auf; treppauf, treppab laufen
Trepp|chen
Trep|pe, die; -, -n; Treppen steigen
Trep|pel|weg (*bayr., österr. für* Treidelweg)
Trep|pen|ab|satz; Trep|pen|auf|gang; Trep|pen|be|leuch|tung; Trep|pen|flur, der; **Trep|pen|ge|län|der; Trep|pen|gie|bel; Trep|pen|haus; Trep|pen|läu|fer; Trep|pen|lift; Trep|pen|po|dest; Trep|pen|rei|ni|gung; Trep|pen|stei|gen**, das; -s; **Trep|pen|stu|fe; Trep|pen|wan|ge** (die Stufen verbindendes Seitenteil einer [Holz]treppe); **Trep|pen|witz**
Tre|sen, der; -s, - (*nordd. u. mitteld. für* Laden-, Schanktisch)
Tre|sor, der; -s, -e ⟨franz.⟩ (Panzerschrank; Stahlkammer); **Tre|sor|raum; Tre|sor|schlüs|sel**
Tres|pe, die; -, -n (ein Gras); **tres|pig** (voller Trespen [vom Korn])
Tres|se, die; -, -n ⟨franz.⟩ (Borte)
Tres|sen|rock; Tres|sen|stern; Tres|sen|win|kel
tres|sie|ren (*Perückenmacherei* kurze Haare mit Fäden aneinanderknüpfen)
Tres|ter, der; -s, - (Tresterbranntwein; *Plur.*: Rückstände beim Keltern); **Tres|ter|brannt|wein; Tres|ter|schnaps**
Tret|au|to; Tret|boot; Tret|ei|mer
tre|ten; du trittst; du tratst (tratest); du trätest; getreten; tritt!; er tritt ihn (*auch* ihm) auf den Fuß
Tre|ter (*ugs. für* [sehr bequemer] Schuh); **Tre|te|rei** (*ugs.*)

T
Tret

12 Zeichensetzung – Das Komma

Kommaregeln im Überblick

Das Komma

	in Aufzählungen			bei Anreden und Ausrufen	bei Einschüben und nachgestellten Erläuterungen	bei Infinitivgruppen	in Satzgefügen	
1	**2**	**3**	**4**	**5**	**6**	**7**	**8**	
Das Komma steht zwischen gleichrangigen, unverbundenen Wörtern und Wortgruppen.	Das Komma steht zwischen gleichrangigen, unverbundenen Sätzen (auch Nebensätzen).	Das Komma steht vor entgegensetzenden Konjunktionen.	Anreden, Ausrufe oder Ausdrücke, die eine Stellungnahme (Bedauern, Zustimmung …) des Schreibers oder der Schreiberin verdeutlichen, werden durch Komma abgetrennt.	Einschübe oder nachgestellte Erläuterungen werden durch Komma vom übrigen Satz abgetrennt.	Das Komma trennt in der Regel Infinitivgruppen vom übergeordneten Satz ab. Es muss gesetzt werden, wenn ein Wort im übergeordneten Satz auf die Infinitivgruppe hinweist. Es muss auch gesetzt werden, wenn die Infinitivgruppe mit *um zu*, *anstatt zu*, *ohne zu* … eingeleitet wird.	Das Komma steht zwischen Haupt- und Nebensatz.	Das Komma trennt Nebensätze, die grammatisch voneinander abhängen.
• In ihrer Tasche befinden sich: Handy, Lippenstift, Kamm und Geldbörse. • Er sieht die geöffnete Tür, ruft die Polizei an und wartet in sicherer Entfernung.	• Ella malt ein Bild, Marie liest in einem Buch und Franzi hört Musik. • Ich bleibe, da es regnet, da kein Bus mehr fährt und da es mir so gut bei euch gefällt.	• Er hatte sehr viel gelernt, aber es half nichts. • Sie möchte nicht nur einen Tag, sondern einen ganzen Monat bleiben.	• Hast du mich verstanden, Rosalie? • Schade, es hätte eine gute Zusammenarbeit werden können. • Na gut, ich bin einverstanden.	• Jonathan, mein kleiner Bruder, ist ein lustiger Junge. • Die Fahrstunde, es war ihre erste, hat Sinem sehr viel Spaß gemacht. • Sie stimmte mit ihm überein, und zwar ohne Ausnahme.	• Murat hatte nicht daran gedacht, zu Hause anzurufen. • Der Vorschlag, in den Ferien eine Radtour zu unternehmen, stammte von Lukas. • Jonas trifft sich mit Sophie, um den geplanten Urlaub zu besprechen.	• Ich mache mit, weil ich die Idee gut finde. • Paul fragte ihn, um was es überhaupt gehe. • Sie weiß noch nicht, ob sie kommen kann.	• Obwohl der Kartenpreis für das Konzert, das am Samstag stattfindet, sehr hoch ist, hat sich Theo zu einem Besuch entschlossen.	

1. Schauen Sie sich die Regeln zuvor genau an und schreiben Sie die folgenden Sätze mit den entsprechenden Kommas in Ihr Heft. Tragen Sie jeweils in die Klammern ein, welche Regel (1, 2, 3 …) Sie anwenden müssen. Die Sätze beziehen sich auf Robert Seethalers Roman „Der Trafikant", z. T. sind es Zitate daraus, die Ihnen einen Eindruck von der Erzählweise vermitteln.
Alle Lösungen zu den Aufgaben finden Sie im Anhang auf den Seiten 268 – 274.

- Der Roman „Der Trafikant" verfasst von dem österreichischen Schriftsteller Robert Seethaler erschien im Jahr 2013. ( ) (2 Kommas)
- Das Geschehen spielt sich an unterschiedlichen Orten ab vor allem aber in Wien. ( ) (1 Komma)
- Im Zentrum der Handlung steht der siebzehnjährige Franz Huchel der im Jahre 1937 von seiner Mutter die gerade einen Schicksalsschlag erlitten hat nach Wien geschickt wird um in der Trafik österreichisch für Kiosk ihres Exgeliebten zu arbeiten. ( ) ( ) ( ) ( ) (6 Kommas)
- Dort lernt er nicht nur den berühmten Arzt Sigmund Freud kennen sondern erfährt auch die erste Liebe und zwar in Gestalt der Varietétänzerin Anezka. ( ) ( ) (2 Kommas)
- „Wunderbar erzählt Seethaler wie wachsende Klugheit das Leben zwar reicher aber auch komplizierter macht." ( ) ( ) (2 Kommas) (Claudia Vogt in: Der Spiegel, abgedruckt auf der Buchklappe)
- „An einem Sonntag im Spätsommer des Jahres 1937 zog ein ungewöhnlich heftiges Gewitter über das Salzkammergut das dem bislang eher ereignislos vor sich hin tröpfelnden Leben Franz Huchels eine ebenso jähe wie folgenschwere Wendung geben sollte." (Romanbeginn, S. 7) ( ) (1 Komma)
- „Im Hintergrund ragte düster der Schafsberg ins Wolkengrau in dem da und dort wieder blaue Flecken auftauchten." (S. 8) ( ) (1 Komma)
- „Statt einer Antwort stieß sich die Mutter vom Türrahmen ab kam mit ein paar unsicheren Schritten auf ihn zu blieb dann mitten im Raum wieder stehen." (S. 9) ( ) (2 Kommas)
- „Das Wasser war angenehm kühl. Alois schwamm mit ruhigen Zügen und schnaufte in die geheimnisvolle dunkle Tiefe unter ihm." (S. 13) ( ) (1 Komma)
- „Am nächsten Tag saß Franz im Frühzug nach Wien. Die dreizehn Kilometer zum Bahnhof waren er und seine Mutter zu Fuß gegangen um Geld zu sparen." (S. 16) ( ) (1 Komma)
- „Während der alte Dieselwagen Fahrt aufnahm streckte Franz seinen Kopf zum Fenster hinaus und sah die winkende Mutter auf dem Bahnsteig immer kleiner werden bis sie schließlich ganz verschwand ein undeutlicher Fleck im morgendlichen Sommerlicht." (S. 17) ( ) ( ) ( ) (3 Kommas)
- „Die Stadt brodelte wie der Gemüsetopf auf Mutters Herd. Alles war in ununterbrochener Bewegung selbst die Mauern und die Straßen schienen zu leben atmeten wölbten sich." (S. 20) ( ) ( ) (3 Kommas)
- „Franz legte sich mit etwas Spucke seine Haare zurecht knöpfte sich das Hemd bis ganz oben zu was ihm seiner Meinung nach den Anschein einer gewissen Ernsthaftigkeit verlieh holte tief Luft und betrat die Trafik." (S. 22) ( ) ( ) (3 Kommas)
- „Das Weltgeschehen glitt ihm damals noch durch die Hände und unterm Hintern hinweg ohne seine Seele zu erreichen." (S. 28) ( ) (1 Komma)

Unter die Lupe genommen – Das Komma in Aufzählungen

Regel

1. Das Komma steht zwischen **unverbundenen** Wörtern, Wortgruppen und grammatisch vollständigen Sätzen, die eine **Aufzählung** beinhalten.

   Beispiel: Am ersten Tag seines Aufenthalts in der Großstadt besuchte er zunächst ein Museum, schaute sich dann den Dom an, verbrachte ein paar Stunden im Park und ging abends noch in ein Kino.
   Jana bewertet das Buch sehr positiv, Paul kritisiert die etwas konstruiert wirkende Handlung und Franzi hat es noch gar nicht gelesen.

2. Werden einzelne Wörter, Wortgruppen oder Sätze durch eine **nebenordnende Konjunktion** miteinander verbunden, steht in der Regel kein Komma. Solche nebenordnenden Konjunktionen sind: **und, oder, beziehungsweise, sowie, entweder … oder, sowohl … als auch, weder … noch**.

   Beispiel: Autofahrer **sowie** alle anderen motorisierten Verkehrsteilnehmer müssen bei schlechtem Wetter besonders vorsichtig fahren.
   Sie war **weder** unzufrieden **noch** demotiviert.

3. Vor nebenordnenden Konjunktionen, die einen Gegensatz ausdrücken, steht ein Komma. Solche Konjunktionen sind: **aber, doch, jedoch, sondern, nicht nur …, sondern auch**.

   Beispiel: Er will nicht nur Profifußballer werden, **sondern** auch die Trainerlizenz erwerben.
   Du kannst jederzeit kommen, **aber** rufe vorher an.
   Marie hatte sich sehr gründlich auf die Arbeit vorbereitet, **jedoch** war das Ergebnis nicht zufriedenstellend.

4. Werden **vollständige** Hauptsätze durch nebenordnende Konjunktionen miteinander verbunden, kannst du ein Komma setzen, um die Gliederung des Gesamtsatzes zu verdeutlichen oder Missverständnisse zu vermeiden.

   Beispiel: Er wollte zunächst eine Ausbildung machen(,) **und** später wollte er noch ein Studium beginnen.
   Sie war **weder** unzufrieden(,) **noch** war sie demotiviert.

5. Gleichrangige Gliedsätze/Nebensätze, die von einem Hauptsatz grammatisch abhängen, dürfen nicht durch Kommas getrennt werden, wenn sie durch eine nebenordnende Konjunktion wie **und** bzw. **oder** verbunden sind.

   Beispiel: Er fragte sich, ob die Entscheidung richtig war **oder** ob er nicht doch besser etwas anderes hätte wählen sollen.
   Weil es sehr laut war, weil die Luft stickig war **und** weil keiner seiner Freunde anwesend war, machte er sich frühzeitig auf den Heimweg.

1. Schreiben Sie die Sätze mit den entsprechenden Kommas in Ihr Heft. In einigen Fällen können Sie sich entscheiden, ein Komma zu setzen.
- Der Wettkampf fand statt obwohl die Witterungsverhältnisse schlecht waren obwohl sich nur wenige Teilnehmer angemeldet hatten und obwohl das Zuschauerinteresse gering war.
- Murat hat nicht nur einen starken Husten und eine Mandelentzündung sondern auch hohes Fieber Schmerzen in den Gelenken und Beinen und er fühlt sich sehr schlapp .
- Entweder sagst du gar nichts oder du argumentierst sehr unsachlich.

- Regen und Sonne trafen aufeinander und sofort entstand ein wunderschöner Regenbogen.

- Bei einem großen Fußballturnier sind nicht nur die Stammspieler gefordert sondern auch das gesamte Team mit den Ersatzspielern dem Trainerstab und der medizinischen Abteilung.

- Sie wollte weder eine Ausbildung beginnen noch studieren sondern zunächst ein Jahr im Ausland zubringen und dann eine Entscheidung treffen.

- Ella liest bevorzugt Liebesromane Kurzgeschichten fantastische Literatur und Sachbücher zu den Themen Natur Umwelt sowie Geschichte Geografie und Technik.

- Hast du jetzt Zeit für einen Spaziergang oder arbeitest du noch?

- Klassenarbeiten bzw. schriftliche Ausarbeitungen jeder Art sollten gründlich gelesen, überarbeitet und dann erst vorgelegt werden.

- Er wollte sie unbedingt wiedersehen jedoch nicht am selben Tag und nicht am selben Ort.

- Vielleicht hatte sie sich verlaufen vielleicht hatte sie aber auch bewusst einen längeren Weg gewählt.

Unter die Lupe genommen – Das Komma bei Einschüben und nachgestellten Erläuterungen

Regel

1. Einschübe und an das Satzende angehängte Erläuterungen werden durch Komma abgetrennt und dadurch besonders hervorgehoben. Einschübe und Nachträge lassen sich in der Regel aus einem Satz heraushören, weil sie durch Sprechpausen verdeutlicht werden.

   Beispiel: Paulina, **meine beste Freundin**, hält mir morgens im Bus immer einen Platz frei.
   Bertolt Brecht, **1998 in Augsburg geboren und 1956 in Berlin gestorben**, hat eine eigene Theaterform entwickelt, **und zwar das sogenannte epische Theater**.

2. In einigen Fällen ist es Ihnen überlassen, ob Sie innerhalb eines Satzes bestimmte Teile durch Komma abtrennen und somit hervorheben möchten. Häufig ist dieses bei adverbialen Bestimmungen der Fall. Mit dieser Möglichkeit sollten Sie jedoch sparsam umgehen, weil der Lesefluss auch zu sehr unterbrochen werden kann. Steht der Ausdruck am Satzanfang, wird kein Komma gesetzt.

   Beispiel: Die Frau betritt (,) **trotz eines unguten Gefühls**(,) die Küche.
   Trotz eines unguten Gefühls betritt die Frau die Küche.

1. Schreiben Sie die folgenden Sätze mit den entsprechenden Kommas in Ihr Heft. Sie beziehen sich auf den Roman „Der Trafikant" von Robert Seethaler, z. T. sind es Zitate daraus.

- Der Roman „Der Trafikant" verfasst von Robert Seethaler und 2012 im Verlag Kein und Aber erschienen wird gelegentlich als Entwicklungsroman bezeichnet.

- Franz Huchel der Protagonist durchläuft dabei innerhalb kürzester Zeit einen Entwicklungsprozess und zwar vom eher naiven Jugendlichen zum fast Erwachsenen.

- In zahlreichen Rezensionen wird die besondere Erzähl- und Darstellungsweise des Autors gelobt vor allem die Leichtigkeit des Schreibens.

- „Franz erkannte Otto Trsneks aufgebrachte Stimme unterbrochen vom heiseren Bass des Fleischermeisters Roßhuber und immer wieder übertönt vom Gejohle einer kleineren Menschenmenge." (S. 60)

- „Einen Arm hatte sie ausgestreckt und schien damit irgendwo hinzuzeigen vielleicht zur Hütte vielleicht auch darüber hinweg zur nebelverhangenen Schafbergspitze." (S. 81)
- „Der Straßenlärm wogte gedämpft herauf die einzelnen Stimmen von Zehntausenden Wiener Bürgern vereinigten sich zu einem beständigen an- und abschwellenden Ton einer Art sirenenhaftem Heulen unter dem die Stadt zu vibrieren schien." (S. 144)
- „Fast genau drei Sekunden später saß er aufrecht im Bett und hielt den Atem an. Ein Lärm hatte ihn in die Wirklichkeit zurückgerüttelt ein Krachen und Splittern das die Nacht zu zerreißen schien." (S. 151)
- „Es hatte leicht zu nieseln angefangen ein warmer Frühlingssprühregen unter dem das Straßenpflaster zu duften begann." (S. 158)
- „In dieser Nacht träumte Franz von seinem seligen Vater einem Waldarbeiter aus Bad Goisern den er nie kennengelernt hatte […]" (S. 172)
- Vielleicht motivieren Sie diese Zitate sie sind alle dem Roman von Robert Seethaler entnommen das gesamte Buch zu lesen.

Unter die Lupe genommen – Das Komma in Satzgefügen

Regel

1. Das Komma trennt **Haupt- und Gliedsatz/Nebensatz** voneinander (einfaches Satzgefüge). Der Nebensatz kann vor dem Komma stehen, dahinter oder in ihn eingeschoben sein.

   Beispiel: Obwohl er intensiv gelernt hat, fällt ihm die Arbeit sehr schwer.
   Er fragte sich, ob er auch so gehandelt hätte.
   Das Buch, welches Noel gerade liest, trägt den Titel „Der Vorleser".

2. Das Komma steht zwischen Gliedsätzen/Nebensätzen, die **voneinander abhängig** sind (komplexes Satzgefüge).

   Beispiel: Als sie das Buch, das sie sich gerade gekauft hatte, aufschlug, stellte sie fest, dass mehrere Seiten, die aus dem ersten Kapitel stammten, nicht bedruckt waren.

3. **Verkürzte Gliedsätze/Nebensätze**, bei denen z. B. die Konjunktion eingespart wird, werden ebenfalls durch Komma vom Hauptsatz abgetrennt.

   Beispiel: Hätte er besser hingeschaut, wäre es nicht zu dem Sturz gekommen.
   Wenn er besser hingeschaut hätte, wäre es nicht zu dem Sturz gekommen.
   Ich hoffe, ihr habt an alles gedacht.
   Ich hoffe, dass ihr an alles gedacht habt.

4. Kein Komma steht zwischen Gliedsätzen/Nebensätzen, die alle **von demselben Hauptsatz abhängen** und durch eine nebenordnende Konjunktion wie *und* bzw. *oder* verbunden sind. (S. die Aufzählungsregel, S. 247)

   Beispiel: Menschen, mit denen er es regelmäßig zu tun hatte und die seinen Rat schätzten, enttäuschte er nie.

1. Schreiben Sie die folgenden Sätze in Ihr Heft und setzen Sie die fehlenden Kommas. Als Hilfe sollten Sie im Heft die Gliedsätze/Nebensätze markieren. Die Sätze beziehen sich auf Bernhard Schlinks Roman „Der Vorleser".

- Im Roman „Der Vorleser" der 1995 im Diogenes Verlag erschien wird die Liebesgeschichte zwischen einem jungen Mann mit Namen Michael Berg und einer wesentlich älteren Frau die Hanna Schmitz heißt erzählt.

- Die Begegnung mit der Frau wird für Michael aus dessen Perspektive zunächst erzählt wird zu einem Schlüsselerlebnis das ihn nicht mehr loslässt und das sein gesamtes Leben prägt.
- Erst in späteren Jahren erfährt er dass es sich bei der einstigen Geliebten an die er sich noch immer gebunden fühlt um die ehemalige Aufseherin eines Konzentrationslagers handelt.
- Hätte Hanna Schmitz frühzeitig dem Jungen ihre wahre Identität eröffnet und ihm die Chance zur Distanz gegeben wäre es wahrscheinlich nicht zu einer derartigen Beziehung gekommen.
- Aus den geschilderten Einzelheiten wird deutlich dass die Handlung in den späten Nachkriegsjahren des Zweiten Weltkriegs spielt.
- Michael Bergs erste Begegnung mit Hanna Schmitz findet statt als er sich auf dem Heimweg von der Schule befindet und sich übergeben muss weil er nach einer gerade überstandenen Gelbsucht noch sehr geschwächt ist.
- Hilfe erfährt er von einer für ihn fremden Frau die ihn mit in ihre Wohnung nimmt und ihm das Gesicht wäscht.
- Weil seine Mutter ihn dazu auffordert sucht Michael die Frau die gerade mit der Hausarbeit beschäftigt ist auf und bedankt sich bei ihr.
- Bevor Michael sich verabschiedet sieht er der Frau beim Umziehen zu und fühlt sich körperlich von ihr angezogen.
- Als er eine Woche später zu ihrem Haus zurückkehrt beginnt zwischen beiden aufgrund Michaels schüchternen Annäherungsversuchen und Hannas entschlossener Initiative eine sexuelle Beziehung.
- Michael integriert seine von nun an täglichen Besuche bei Hanna geschickt in seinen Alltag sodass sie von seinem sozialen Umfeld das vor allem aus seiner Familie und seinen Mitschülerinnen und Mitschülern besteht unbemerkt bleiben.
- Die Beziehung zu einer reiferen Frau führt dazu dass sich Michael verändert und von seinem Elternhaus löst.
- Ist er zunächst noch ein unsicherer Jugendlicher bestreitet er in der Folge den Weg zu einem selbstbewussten Erwachsenen.

2. Im Folgenden finden Sie einen Auszug aus einer Einleitung zu einem Buch, das sich mit Bernhard Schlinks Roman „Der Vorleser" beschäftigt. Schreiben Sie den Text abschnittsweise in Ihr Heft und setzen Sie die fehlenden Kommas ein. Es geht vor allem um die Zeichensetzung in Satzgefügen. Es fehlen jedoch auch Kommas in Aufzählungen.

Alexandra Wölke
Bernhard Schlink: Der Vorleser

- Die Geschichte die der Protagonist Michael Berg im Roman „Der Vorleser" erzählt handelt von einer jener erschütternden Erfahrungen mit denen ein Mensch wohl niemals ganz fertigwerden kann und die seinem Leben darum einen Stempel aufdrücken. (3 Kommas)
- Denn es geht vor allem um Verletzungen. Jene die durch Liebesleid verursacht werden aber auch jene die durch nicht wiedergutzumachendes Unrecht entstehen. (3 Kommas)
- Denn die Frau in die er sich als Jugendlicher verliebt ist tief in die Grausamkeiten des nationalsozialistischen Regimes verstrickt und hat als KZ-Aufseherin Morde begangen. (2 Kommas)
- Damit erzählt der Roman von einer Liebesgeschichte die moralisch historisch und philosophisch kaum lösbare Probleme bereitet. (2 Kommas)
- Michael erlebt in Hanna Schmitz eine Person die gleichzeitig zärtlich und grausam fürsorglich und abweisend sowie offen und verschlossen sein kann und deren Widersprüchlichkeit nach Erklärungen verlangt. (2 Kommas)
- Teilweise findet er diese Erklärungen als er ihr nach Jahren wiederbegegnet und erkennen muss dass sie ihre befleckte Vergangenheit vor ihm verschwiegen hat. Dafür dass er sie aus seinem Leben fernhalten oder die Erinnerung an gemeinsame beglückende Momente wieder löschen kann ist es jedoch zu spät. (4 Kommas)

- Und so gerät er in ein Dilemma das er mit vielen später geborenen Deutschen gemeinsam hat: durch Liebe Sympathie oder doch zumindest Achtung an die Älteren gebunden zu sein und nicht verstehen zu können dass sie eben diese Gräueltaten von einem Ausmaß begangen oder zugelassen haben das man keinem Menschen sondern nur Monstern zutraut. (5 Kommas)
- Noch komplizierter wird Michaels Lage als ihm klar wird dass Hanna noch etwas anderes verbirgt.
- Während er sie im Prozess in dem sie angeklagt wird agieren sieht erkennt er dass sie Analphabetin ist. (6 Kommas)
- Weil sie dies als ihre Lebenslüge verheimlicht droht ihr dass sie nun härter bestraft wird. Soll er eingreifen und sie dadurch zwar vor Schlimmerem bewahren ihr aber damit das Recht auf die eigene Entscheidung rauben? (3 Kommas)

Unter die Lupe genommen – Das Komma in Infinitivgruppen

Regel

Unter einer **Infinitivgruppe** versteht man einen **Infinitiv mit zu**, zu dem **weitere Wörter bzw. Satzglieder** hinzukommen. Eine Infinitivgruppe hängt von einem übergeordneten Hauptsatz ab. Sie kann vor oder hinter dem Hauptsatz stehen oder darin eingefügt sein.

Beispiel: Michael sieht durch den Türspalt, um Hanna beim Ankleiden **zu beobachten**.
Um Hanna beim Ankleiden **zu beobachten**, sieht Michael durch den Türspalt.
Michael sieht, um Hanna beim Ankleiden **zu beobachten**, durch den Türspalt.

In folgenden Fällen **muss** eine Infinitivgruppe durch Komma vom Hauptsatz **abgetrennt werden**:

1. Die Infinitivgruppe bezieht sich auf ein **Nomen/Substantiv** im übergeordneten Satz.
   Beispiel: Michael hat die **Möglichkeit**, als beobachtender Student an dem Prozess gegen Hanna **teilzunehmen**.

2. Die Infinitivgruppe bezieht sich auf ein Wort wie **daran, darauf, dazu, damit, es** im übergeordneten Satz.
   Beispiel: Auch als erwachsener Mann gelingt **es** ihm nicht, sich von der Frau **zu lösen** und seine Erlebnisse **zu vergessen**.

3. Die Infinitivgruppe wird mit **um (zu), anstatt (zu), statt (zu), ohne (zu), außer (zu), als (zu)** eingeleitet.
   Beispiel: Als Jugendlicher besucht Michael die ältere Hanna regelmäßig, **ohne** seine Eltern darüber **zu informieren**.
   Um das Erlebte **zu verarbeiten**, erzählt Michael es.

In den anderen Fällen **kann** eine Infinitivgruppe durch Komma **abgetrennt werden**.
Beispiel: Hanna verschweigt im Prozess (,) Analphabetin **zu sein**.

Ein einfacher Infinitiv mit *zu* kann abgetrennt werden, wenn ein Nomen/Substantiv oder ein anderes Wort im übergeordneten Satz darauf hinweist.
Beispiel: Sie hat nicht die **Absicht(,) zu sprechen**.
Hanna vermeidet **es(,) aufzuschauen**.

1. Übertragen Sie die folgenden Sätze in Ihr Heft und setzen Sie die fehlenden Kommas. Überlegen Sie zuvor genau, ob die Infinitivgruppe angekündigt oder eingeleitet wird und Sie ein Komma setzen müssen oder ob es Ihnen freigestellt ist. Markieren Sie zudem die jeweilige Infinitivgruppe.

- Ohne Scham zu zeigen lässt Hanna Michael bei ihrer ersten Begegnung beim Bügeln der Unterwäsche zuschauen.
- Michael hat immer wieder das Bedürfnis mehr über Hanna zu erfahren.
- Hanna äußert sich gegenüber Michael nur sehr lückenhaft und unwillig zu ihrer Herkunft und ihrem Werdegang um ihre schuldhafte Vergangenheit und ihre wahre Identität zu verbergen.
- Sie mag es nicht darauf angesprochen zu werden und reagiert immer wieder aggressiv.
- Erst der Prozess eröffnet Michael die Möglichkeit mehr über Hannas Vorgeschichte zu erfahren.
- Im Prozess verzichtet die Protagonistin darauf sich zu dem Geschehen zu äußern und sie bleibt weitgehend stumm.
- Aufgrund ihres schlecht ausgebildeten Beobachtungs- und Urteilsvermögens und ihrer fehlenden Intellektualität schafft es Hanna nicht sich in dem System des Gerichts mit seinen eigenen Regeln zurechtzufinden.
- Der Richter unternimmt immer wieder den Versuch Hanna Schmitz zu einer Aussage zu bewegen.
- Das Bewusstsein in das Geschehen verstrickt zu sein lastet lebenslang auf Michael.
- Als Erwachsener versucht er schließlich sich diesen Schuldgefühlen zu stellen anstatt vor ihnen zu fliehen und den vergeblichen Weg des Vergessens zu gehen.

2. Im Folgenden finden Sie Auszüge aus einer Charakterisierung Hannas. Es fehlen die Kommas. Dabei geht es nicht nur um Infinitivgruppen, aber in jedem Auszug ist mindestens eine enthalten.

- Hannas Selbstverständnis als KZ-Aufseherin ist von dem Bestreben geprägt ihre Aufgaben pflichtbewusst auszuführen. Dass sie dabei für ein Unrechtssystem arbeitet und ihre Tätigkeiten den ethischen Geboten der Menschlichkeit widersprechen dafür hat sie kein Gespür. (2 Kommas)
- Zudem ist sie nicht gebildet genug um sich in ihrem Handeln an den Idealen von Humanität orientieren zu können. (1 Komma)
- Im Gefängnis vollzieht sich eine innere und äußere Wandlung Hannas. Bedingt durch den selbst gewählten Schritt des Lesen- und Schreibenlernens der sich mithilfe der von Michael besprochenen Tonkassetten vollzieht beginnt ihr Weg in die Mündigkeit. Hanna fängt sogleich damit an sich durch das Lesen von KZ-Literatur mit ihrer Vergangenheit auseinanderzusetzen. (3 Kommas)
- Hanna hat große Schwierigkeiten sich verbal auszudrücken und sich in Kommunikationssituationen zu behaupten. (1 Komma)
- Um ihren oft mühsamen Alltag zu bewältigen und ihre Bedürfnisse zu befriedigen bedient sie sich Michael gegenüber häufig Imperativen. (1 Komma)
- Ihre Tendenz ihn mit Diminutiven (Verkleinerungsformen) zu titulieren korrespondiert mit ihren Ablenkungsmanövern in welchen sie ihn wie ein Kind behandelt sobald er ihr ernste Fragen stellt. (4 Kommas)
- Vor Gericht wirkt sie auf Michael verwirrt und hilflos weil sie sprachlich nicht in der Lage ist situationsangemessen zu agieren. (2 Kommas)
- Weil die Liebesgeschichte dem Prozess vorausgeht lernt der Leser Hanna zunächst unvoreingenommen kennen und kann durchaus mit ihr sympathisieren bevor er von ihren Gräueltaten erfährt. Damit gerät er in das Dilemma Michaels zwischen Verstehen und Verurteilen zu schwanken und beides zugleich nicht leisten zu können. (3 Kommas)
- Es bleibt dem Leser selbst überlassen wie der Erzähler über Hannas „verspätetes und verfehltes Leben" (S. 178) traurig zu sein oder sie wie die überlebende Tochter schlicht „brutal" (S. 202) zu finden und daher abzulehnen. (1 Komma)

Texte zum Üben

1. Der folgende Text stellt die Einleitung zu einer möglichen Analyse eines Auszugs aus dem Roman „Der Vorleser" dar. Schreiben Sie ihn, falls Ihnen das Buch nicht gehört, abschnittsweise in Ihr Heft und setzen Sie die fehlenden Kommas.

Alexandra Wölke
Bernhard Schlink: Der Vorleser – Die Einleitung zu einer Textanalyse

- Bernhard Schlinks Roman „Der Vorleser" erschienen 1995 thematisiert die innere und äußere Situation der Deutschen im Angesicht ihrer nationalsozialistischen Vergangenheit. Erzählt wird die Geschichte Michael Bergs eines Jugendlichen welcher sich in eine ältere Frau Hanna Schmitz verliebt. Er gerät in sexuelle Abhängigkeit zu ihr und wird später von ihr unvermittelt verlassen. (6 Kommas)

- Als er Hanna als Jurastudent wiederbegegnet wird er Zeuge eines Prozesses bei welchem sie als ehemalige KZ-Aufseherin auf der Anklagebank sitzt und sich für ihre Beteiligung am Massenmord verantworten muss. Michaels vormals feste Denk- und Urteilsgewohnheiten über Gut und Böse Schuldig und Unschuldig geraten ins Wanken weil er sie bereits als durchaus zur Brutalität fähigen aber doch liebenswerten Menschen kennengelernt hat und nunmehr nicht fassen kann welche Taten man ihr zur Last legt. (6 Kommas)

- Noch im Verborgenen liegt ein weiteres Problem das sich Michael später erschließt und das ihn an der Richtigkeit des Prozessverfahrens zweifeln lässt. Hanna ist Analphabetin. Weil sie diese Schwäche zu einer Lebenslüge macht weist ihr Verhalten für Außenstehende oft verwirrende und unverständliche Momente auf. (2 Kommas)

2. Auch in dem folgenden ersten Teil einer Charakterisierung Michaels fehlen die Kommas. Übertragen Sie den Text abschnittsweise in Ihr Heft und setzen Sie die Kommas.

Alexandra Wölke
Michael Berg – Eine Charakterisierung (Auszug)

Szenenbild aus „Der Vorleser" (2008; Regie: Stephen Daldry)

- Michael Berg ist in Bernhard Schlinks Roman „Der Vorleser" erschienen 1995 der Ich-Erzähler welcher indem er von der Liebesgeschichte zu Hanna Schmitz erzählt zugleich auch eine Lebensbeichte ablegt. (5 Kommas)

- Die Liebe zu Hanna beginnt als er fünfzehn ist und endet kurze Zeit nach ihrem Selbstmord sodass der Leser Michael Berg in verschiedenen Phasen seines Lebens kennenlernt. Ist er zu Beginn noch ein jugendlicher Schüler so ist er zum Abfassungszeitpunkt bereits ein Rechtshistoriker und Autor der auf seine Vergangenheit zurückblickt. (5 Kommas)

- Sich selbst beschreibt er als einen gewöhnlichen Jugendlichen mit den für diese Altersphase typischen Selbstwertproblemen und Zweifeln an seinem Aussehen und seinen Leistungen (vgl. S. 39). Michael wohnt bei seiner Familie und wächst dort gemeinsam mit zwei Schwestern und einem älteren Bruder weitgehend behütet auf was sich an der Fürsorge seiner Mutter um sein körperliches Wohlergehen (vgl. S. 28 f.) und an der Erziehung des Vaters festmachen lässt. Dieser ist Professor für Philosophie und legt großen Wert auf die Bildung seiner Kinder (vgl. S. 32). (1 Komma)

- Die Eigenschaft des Sohnes sehr intensiv und teilweise auch melancholisch über alles Erlebte nachzudenken entstammt wahrscheinlich seinem väterlichen Vorbild. Michaels Vater gehört zu den wenigen Deutschen die sich in der Zeit des Nationalsozialismus nicht opportunistisch verhalten und dafür Sanktionen in Kauf genommen haben (vgl. S. 88). (3 Kommas)

- Konflikte die insbesondere unter den Geschwistern aufkommen werden in Michaels Familie kommunikativ gelöst (vgl. S. 55) wobei die Eltern mit ihren Kindern jedoch weitgehend distanziert und sachlich umgehen. Emotionale Wärme und Nähe kann insbesondere der in seiner Arbeit aufgehende Vater nicht aufbringen und auch die Mutter scheint nur dann genügend Energie für Momente der Innigkeit zu haben wenn ihr Sohn krank ist oder ihm Schwierigkeiten bevorstehen (vgl. S. 29). (4 Kommas)

- Dieser Umstand und seine negativen Erfahrungen mit Hanna führen dazu dass Michael bei aller sprachlichen und kommunikativen Kompetenz später Schwierigkeiten damit hat anderen Menschen gegenüber gefühlsbetonte Nähe zuzulassen. (2 Kommas)

3. In den folgenden Kurzcharakterisierungen der Hauptpersonen aus Robert Seethalers Roman „Der Trafikant" fehlen die Kommas. Setzen Sie diese ein.

Anette Sosna
Robert Seethaler: Der Trafikant – Kurzcharakterisierung der zentralen Figuren

Franz Huchel
Der Protagonist des Romans ist 17 Jahre alt als ihn seine Mutter als Gehilfen für den Trafikanten Otto Trsnjek nach Wien schickt. Anlass ist der plötzliche Tod des Liebhabers und finanziellen Gönners der Mutter (Alois Preininger) durch den sich diese dazu gezwungen sieht ihre Lebensumstände neu zu ordnen. Der Ortswechsel von Nussdorf am Attersee nach Wien beendet Franz' sorgloses und unbedarftes Landleben. Der naive und lebensunerfahrene Franz erlebt in Wien nicht nur seine erste – und unglückliche – Liebe sondern wird auch zum Zeugen der politischen Veränderungen in den Jahren 1937 und 1938. Indem Franz durch seine Erlebnisse Schritt für Schritt zum jungen Erwachsenen heranreift gewinnt er auch an Selbstvertrauen und zeigt schlussendlich Zivilcourage gegenüber den Repressalien der Nationalsozialisten.
(5 Kommas)

Seine Mutter
Franz' Mutter wird beschrieben als eine ansehnliche Frau zwischen 40 und 50 Jahren die mit ihrem Sohn(,) dank der finanziellen Zuwendungen Alois Preiningers(,) in einem kleinen Fischerhaus lebt und ein Auskommen finden kann. Sie geht Gelegenheitsarbeiten nach um nach dem Weggang ihres Sohnes nach Wien Geld zu verdienen. Zu Franz hat sie ein sehr inniges und mütterliches Verhältnis das jedoch einer realistischen Sicht auf ihren Sohn und das Leben an sich nicht im Weg steht. Sie vermisst Franz schreibt ihm regelmäßig und schickt ihm Weihnachtspäckchen. Ihre emotionale Verbindung zu ihrem Sohn ist so eng dass sie am Ende der Handlung die Gefahr spürt in der er sich befindet.
(6 Kommas)

Otto Trsnjek
Nachdem er kriegsversehrt aus dem Ersten Weltkrieg zurückgekehrt ist hat Otto Trsnjek die Trafik einen kleinen Laden für Zeitungen Tabakwaren u. Ä. im neunten Wiener Gemeindebezirk als Entschädigung erhalten. Das linke Bein hat er zur Hälfte im Krieg verloren und kann sich deshalb nur noch mithilfe von Krücken vorwärtsbewegen. Er nimmt Franz bei sich in der Trafik auf um dessen Mutter einen Gefallen zu erweisen. Trsnjek ist Trafikant aus Leidenschaft der seine Waren als seine Familie begreift und seine Tätigkeit gewissenhaft ausübt. Als kritischer und unabhängiger Geist verkauft er seine Waren auch an Juden was im nationalsozialistischen Wien zur Verhaftung durch die Gestapo führt.
(7 Kommas)

Heutige Trafik in Wien

Anezka

Anezka ist eine aus Dobrovice stammende Böhmin die drei Jahre älter ist als der Protagonist sich ohne Arbeitsgenehmigung in Wien aufhält und ihren Lebensunterhalt unter anderem als Varietétänzerin verdient. Dass Franz sich in sie verliebt nimmt sie nicht ernst. Sie lässt sich mit ihm nur auf eine unverbindliche Liebschaft ein eine von vielen. Für sie bleibt Franz der „Burschi" ein naiver Junge vom Land. Anezka ist auf ihren eigenen Vorteil bedacht und geht nach dem Anschluss Österreichs an das nationalsozialistische Deutschland eine Liaison mit einem SS-Soldaten ein. Erst Jahre später kehrt sie zur verlassenen Trafik zurück – offenbar auf der Suche nach Franz.

(6 Kommas)

Sigmund Freud

Franz Huchel trifft Sigmund Freud den in Wien lebenden und inzwischen 81 Jahre alten Begründer der Psychoanalyse in den letzten Jahren seines Lebens(,) kurz vor der Emigration nach London(,) an. Freud ist einer der regelmäßigen Kunden Otto Trsnjeks bei dem er Zigarren und Zeitungen kauft. Im Roman wird Sigmund Freud als Figur positiv und fast schon großväterlich gezeichnet. Er nimmt sich mehrmals Zeit für den jungen Franz lässt sich auf Gespräche mit ihm ein und gibt ihm Rat. Durch Fragen und Denkanstöße trägt er zur Entwicklung des Protagonisten bei.

(4 Kommas)

Lösungen

Grammatisches Wissen festigen (S. 214 – 229)

Wortarten (S. 214 – 216)

S. 215 Aufgabe 1
- Gotthold Ephraim Lessing war ein sehr **bedeutender (Adjektiv)** Dichter der deutschen Aufklärung, **die (Relativpronomen)** für das 18. Jahrhundert bestimmend ist.
- Er **hat (Hilfsverb)** mit seinen **theoretischen (Adjektiv)** Schriften und Dramen die **Entwicklung (Nomen/Substantiv)** des deutschen Theaters maßgeblich beeinflusst.
- **Seine (Possessivpronomen)** dramatischen Werke **werden (Hilfsverb)** bis heute ununterbrochen auf deutschen Theaterbühnen aufgeführt.
- **Diese (Demonstrativpronomen)** sind unter anderem **dem (best. Artikel)** Toleranzgedanken verpflichtet, beschäftigen **sich (Reflexivpronomen)** jedoch auch mit dem **historischen (Adjektiv)** Konflikt zwischen **Bürgertum (Nomen/Substantiv)** und Adel.
- Geboren wurde Lessing am 22. **Januar (Nomen/Substantiv)** 1729 als **drittes (Ordinalzahl)** Kind des **protestantischen (Adjektiv)** Theologen Johann Gottfried Lessing und **seiner (Possessivpronomen)** Frau Justina Salome in **Kamenz (Nomen/Substantiv)**.
- Um seinen Sohn auf die Schule und auf die Universität vorzubereiten, **unterrichtete (Vollverb)** der Vater **ihn (Personalpronomen)** zunächst selbst.
- Bereits in seinem **fünften (Ordinalzahl)** Lebensjahr **konnte (Modalverb)** Lessing die Bibel **lesen (Vollverb)**.
- Zu **dieser (Demonstrativpronomen)** Zeit erhielt **er (Personalpronomen)** den Privatlehrer Christlob Mylius an **die (best. Artikel)** Seite gestellt, mit dem Lessing bis über das Studium hinaus **freundschaftlich (Adjektiv)** verbunden blieb.

S. 216 Aufgabe 2
- Wie sein Vater studierte Lessing **zunächst (Adverb)** Theologie, brach das Studium allerdings ab **und (nebenordnende Konjunktion)** widmete sich **für (Präposition)** kurze Zeit der Medizin, um **dann (Adverb)** den Entschluss zu fassen, selbstständiger Schriftsteller zu werden.
- **Nach (Präposition)** schwierigen Anfangsjahren gelang ihm **mit (Präposition)** dem Stück „Miss Sara Sampson" ein erster literarischer Erfolg.
- Dieses Stück war **deshalb (Adverb)** eine Sensation, **weil (unterordnende Konjunktion)** darin nicht mehr, wie **zuvor (Adverb)** üblich, ausschließlich Adelige im Mittelpunkt standen, **sondern (nebenordnende Konjunktion)** auch Figuren **aus (Präposition)** dem Bürgertum.
- **Man (Indefinitpronomen)** hatte bisher in Deutschland Theaterstücke **nach (Präposition)** dem Vorbild französischer Dramen gespielt, **wo (Relativadverb)** strenge Regeln vorherrschten.
- Lessing wollte eine Theaterform konzipieren, die sich **an (Präposition)** den Dramen Shakespeares orientierte.

S. 216 Aufgabe 3
a) Unterordnende Konjunktion; b) Demonstrativpronomen; c) nebenordnende Konjunktion; d) Possessivpronomen; e) Temporaladverb; f) Numerale; g) Personalpronomen; h) Adjektiv; i) Nomen/Substantiv; j) Relativpronomen; k) Präposition

Lösungen

S. 216 Aufgabe 4

- Mit der dreimaligen Wiederholung des **Nomens/Substantivs** „Gewissen" (Z. 40 ff.) verweist Daja auf ihren inneren Konflikt.
- Die Verwendung des **Verbs** „betäuben" (Z. 47) macht deutlich, dass Daja sich gezwungen sieht, diesen Konflikt zu verdrängen.
- Beide Fragen, die Nathan formuliert, beginnen mit dem **Interrogativadverb** „Wo" (Z. 62).
- Mit der **Interjektion** „Ha!" (Z. 23) drückt Nathan seine Verzweiflung über den vermeintlichen Tod der Tochter aus.
- Auf den Tempelherrn, dessen Identität zu diesem Zeitpunkt nicht bekannt ist, wird lediglich mehrfach mit dem **Personalpronomen** „ihm" (Z. 79 ff.) verwiesen.
- Mit der **nebenordnenden Konjunktion** „und" (Z. 105) werden die **Adjektive** „kalt" und „ungerührt" (Z. 105) verknüpft, sodass der Leser bzw. Zuschauer eine erste Einschätzung des Tempelherrn vermittelt bekommt, die sich später jedoch als falsch erweist.
- Die **Verben** „dankte, erhob, entbot, beschwor" (Z. 112 f.) beinhalten eine Steigerung.
- Die **Nomen/Substantive** „Wahn" (Z. 162) und „Wahrheit" (Z. 162) bilden eine Alliteration und nehmen das Thema des folgenden Dialogs zwischen Nathan und Recha vorweg.
- Die **Adjektive** „gut" (Z. 167) und „schlimm" (Z. 167) zeigen abschließend, wie Daja den Protagonisten aufgrund ihrer beider Vorgeschichte einschätzt.

Das Verb und seine Formen (S. 217 – 224)

S. 217 Aufgabe 1

- Prinz Hettore Gonzaga, der mit absolutistischer Willkür über Guastalla in Oberitalien **herrscht (a)**, **will (c)** die Beziehung zu seiner Geliebten, der Gräfin Orsina, beenden, weil er sich in das Bürgermädchen Emilia Galotti verliebt **hat (b)**, deren Hochzeit mit dem vom Hof unabhängigen Grafen Appiani jedoch unmittelbar **bevorsteht (a)**.
- Hettores Kammerherr Marinelli, ein intriganter und gewissenloser Höfling, **unternimmt (a)** alles, damit sein Herr die Offizierstochter doch noch an sich binden **kann (c)**.
- Zu diesem Zweck **sorgt (a)** er in hinterhältiger Weise dafür, dass die Hochzeitskutsche des Paares überfallen und Appiani getötet **wird (b)**.
- Emilia und ihre Mutter Claudia **flüchten (a)** auf das Lustschloss des bereits wartenden Prinzen nach Dosalo und **kommen** völlig entsetzt und verstört dort **an (a)**.
- Emilias Vater **will (d)** die Beziehung in keinster Weise, weil das Leben am Hof nicht seinen Moralvorstellungen **entspricht (a)**.

S. 218 Aufgabe 1

Infinitiv: beenden; Partizip I: wartenden; Partizip II: getötet

S. 218 Aufgabe 2

Infinitiv	Partizip I	Partizip II
beeindrucken	beeindruckend	beeindruckt
leben	lebend	gelebt
zurückblicken	zurückblickend	zurückgeblickt
aufführen	aufführend	aufgeführt
vorausdeuten	vorausdeutend	vorausgedeutet
fahren	fahrend	gefahren

S. 220 Aufgabe 1

a) Plusquamperfekt; b) Präsens; c) Präteritum; d) Futur II; e) Perfekt; f) Futur I

S. 220 Aufgabe 2

Verbform	Bestimmung
er wird gefragt	3. Person Singular, Präsens, Passiv
sie bedanken sich	3. Person Plural, Präsens, Aktiv
sie hatte vorgeschlagen	3. Person Singular, Plusquamperfekt, Aktiv
wir sind gefahren	1. Person Plural, Perfekt, Aktiv
ihr wurdet gelobt	2. Person Plural, Präteritum, Passiv
sie wird kommen	3. Person Singular, Futur I, Aktiv
er klagte	3. Person Singular, Präteritum, Aktiv
sie wird benachrichtigt worden sein	3. Person Singular, Futur II, Passiv
er wird es gelesen haben	3. Person Singular, Futur II, Aktiv
ihr seid befragt worden	2. Person Plural, Perfekt, Passiv
wir waren geprüft worden	1. Person Plural, Plusquamperfekt, Passiv
sie werden angerufen werden	3. Person Plural, Futur I, Passiv

S. 220 Aufgabe 3

Verbform	Bestimmung
es herrscht	3. Person Singular, Präsens, Aktiv
er hat getroffen	3. Person Singular, Perfekt, Aktiv
es ist gebrochen worden	3. Person Singular, Perfekt, Passiv
er will	3. Person Singular, Präsens, Aktiv
sie gehen voran	3. Person Plural, Präsens, Aktiv
er hat aufgenommen	3. Person Singular, Perfekt, Aktiv
er erzieht	3. Person Singular, Präsens, Aktiv
er hat begnadigt	3. Person Singular, Perfekt, Aktiv
er ähnelt	3. Person Singular, Präsens, Aktiv
er hat gerettet	3. Person Singular, Perfekt, Aktiv
er wird sich verlieben	3. Person Singular, Futur I, Aktiv

S. 221 Aufgabe 4

Bei der Wiedergabe eines Geschehens im Präsens wird das, was sich vor diesem Geschehen ereignet hat, im Perfekt wiedergegeben. Man spricht auch von einem gegenüber dem Präsens vorzeitigen Geschehen.

S. 221 Aufgabe 5

„der damit **gerettet ist**" (Z. 19)

S. 221 Aufgabe 6

Bei der markierten Passivform wird der Verursacher genannt: Das Waffenstillstandsabkommen ist **von den Tempelrittern** gebrochen worden. (Vgl. Z. 6 ff.)

S. 221 Aufgabe 7

Lessings Kindheit und Jugend

Gotthold Ephraim Lessing stammt wie viele deutsche Schriftsteller seiner Zeit aus einem evangelischen Pfarrhaushalt. Trotz der angesehenen Position des Vaters – er ist Pastor Primarius an der Hauptkirche St. Marien zu Kamenz – sind die finanziellen Verhältnisse beengt: Die Gemeinde in der Oberlausitz ist arm und die Familie wird ständig größer. Gotthold Ephraim wird am 22. Januar 1729 als ältester lebender Sohn von Johann Gottfried und seiner Frau Justina Salome Lessing, geborene Feller, geboren. Im protestantischen Kamenz ist die Familie bereits eine Generation zuvor ansässig geworden. Sein Großvater Theophilus Lessing, ein studierter Jurist, hat dort als Ratsherr und schließlich Bürgermeister gewirkt. Mit seiner Schrift „De religionum tolerantia", in der er sich für die Duldung der Religionen einsetzt, trägt er in seiner Heimat zum Frieden zwischen der protestantischen Mehrheit und der diskriminierten katholischen Minderheit bei, was seinen Enkel sicherlich prägt.

Der Vater Johann Gottfried dagegen versteht sich als orthodoxer Prediger in erster Linie als Wahrer von Sittlichkeit und Glauben. Gegen eine neu gegründete Theatergruppe geht er entschieden vor und vertreibt sie dadurch aus der Heimatgemeinde. Die Erziehung seiner Söhne ist geprägt von Bibellektüre, Gebet, gelehrten Gesprächen und der Suche nach Moral. Besonders auf seinen ältesten Sohn setzt er große Hoffnungen: Er soll mit dem Studium der Theologie in seine Fußstapfen treten und die Familie bald finanziell unterstützen. Deshalb bemüht er sich intensiv um die umfassende geistige Ausbildung seines Sohnes, bringt ihm früh das Lesen bei, engagiert dann einen Privatlehrer und bemüht sich schließlich um ein Stipendium in der Fürstenschule St. Afra in Meißen für den lernbegierigen und begabten Gotthold Ephraim.

In der Eliteschule sticht Lessing einerseits durch seine herausragende Begabung, andererseits auch durch Schwierigkeiten, sich widerspruchslos unterzuordnen, hervor. Aufgrund seines hohen Lerntempos verlässt er die Schule bereits mit siebzehn Jahren und wird auf sein eigenes Drängen hin vorzeitig Student der Theologie an der Leipziger Universität.

S. 221
Aufgabe 8
- Der Tempelherr hat Nathans vermeintliche Tochter Recha bereits aus dem brennenden Haus gerettet, als der wohlhabende Jude von einer Reise zurückkehrt.
- Die Gesellschafterin seiner Tochter empfängt ihn und informiert ihn über den Brand.
- Nathan nimmt diese Information zunächst eher gelassen auf.
- Trotz seines Reichtums und seiner kaufmännischen Tätigkeit sieht der Jude materielle Werte als nicht so wichtig an.
- Als Daja ihm jedoch mitteilt, in welcher Gefahr sich Recha befunden hat, reagiert er äußerst emotional.
- Der Wechsel von Ausrufen, Fragen und unvollständigen Sätzen (Ellipsen) verdeutlicht seine Emotionalität in dieser Situation.

S. 222
Aufgabe 1
- Beeilt euch mit dem Anfertigen des Tafelbildes! (4)
- Hättest du heute etwas Zeit für mich? (3.2) Ich benötige deine Hilfe bei meinem Referat. (1)
- Würdest du dir die Gliederung des Referats einmal anschauen? (3.2)
- Du musst das Schaubild unbedingt noch einmal überarbeiten. (1)
- Ich würde mir das Buch kaufen (3.1), wenn es eine preiswertere Ausgabe gäbe. (3.2)
- Das Schauspiel „Nathan der Weise" zeige erstaunliche Bezüge zur unmittelbaren Gegenwart (2), heißt es in einer Rezension. (1)
- Er fragte (1) mich, ob ich ihm weiteres Material zur Verfügung stellen könne. (2)
- Würden Sie mir bitte sagen (3.2), wo sich die nächste Buchhandlung befindet? (1)
- Das täte ich gern. (3.1) Ich komme jedoch nicht von hier. (1)

S. 224
Aufgabe 1
Die Autorin schreibt, …
- Nathans Haltung zeichne sich zudem aus durch eine ausgeprägte Sorge um die Familie – er sei im bürgerlichen Verständnis der Lessing-Zeit der beschützende Vater –, außerdem trage er eine große Gelassenheit in sich, was sich in seiner Sprechweise zeige.
- seine Rolle als fürsorglicher Vater werde bedeutsam im Zusammenhang mit der Zusammenführung der Familie am Schluss, deren Teil er dann jedoch nicht mehr sei. Seine Gelassenheit sei verknüpft mit seiner Zukunftsorientierung und damit ein Ausdruck seiner optimistischen Grundhaltung.
- Nathan und Daja argumentierten (würden argumentieren) nicht auf Augenhöhe, weil der Gesellschafterin die aufgeklärte Grundhaltung fehle.
- Die Verssprache verleihe der Darstellung eine gewisse Dynamik, indem die Sprechteile der Dialogpartner metrisch verknüpft würden.

- Die Ringparabel und die darin enthaltenen Reaktionen des Sultans erinnerten (würden erinnern) von der Struktur her an den Aufbau eines klassischen Dramas, sodass Lessing hier gewissermaßen ein Drama im Drama komponiert habe.
- Gehe man von der unbezweifelten Annahme aus, dass die in der Parabel genannten Ringe stellvertretend und bildhaft für unterschiedliche Ausprägungen der Religion stünden, so gehe es in diesem Anfangsteil der Parabel um die Befähigung des Menschen zu einem religiösen Verhalten als Gottesgeschenk, eine Befähigung, die zur Natur des von Gott geschaffenen Menschen gehöre.
- Gott werde in seiner Existenz nicht geleugnet, die Menschen bedürften (würden bedürfen) jedoch nicht der permanenten Einflussnahme und Lenkung Gottes, weil ihre Vernunft ausreiche, um zu einem gottgewollten, religiösen und damit menschenwürdigen Verhalten zu gelangen.

Satzglieder und Satzgliedteile (S. 224 – 227)

S. 224 Aufgabe 1

a) Akkusativobjekt; b) Temporaladverbiale; c) Dativobjekt; d) Modaladverbiale; e) Subjekt; f) Lokaladverbiale; g) präpositionales Objekt; h) Kausaladverbiale; i) Prädikat; j) Instrumentaladverbiale

S. 224 Aufgabe 2

Gotthold Ephraim Lessing
Der Wolf und das Schaf
Der Durst **trieb (Prädikat)** ein Schaf **an den Fluss (Lokaladverbiale)**; **eine gleiche Ursache (Subjekt)** führte **auf der anderen Seite (Lokaladverbiale)** einen Wolf herzu. Durch die Trennung des Wassers gesichert und durch die Sicherheit höhnisch gemacht, rief das Schaf **dem Räuber (Dativobjekt)** hinüber: „**Ich (Subjekt)** mache **dir (Dativobjekt)** doch **das Wasser (Akkusativobjekt)** nicht trübe, Herr Wolf? Sieh **mich (Akkusativobjekt)** recht an; habe ich dir nicht **etwa vor sechs Wochen (Temporaladverbiale)** nachgeschimpft? Wenigstens wird es **mein Vater (Subjekt)** gewesen sein." Der Wolf verstand **die Spötterei (Akkusativobjekt)**; er betrachtete die **Breite des Flusses (Akkusativobjekt)** und knirschte mit den Zähnen. „Es ist dein Glück", antwortete er, „dass **wir Wölfe (Subjekt)** gewohnt sind, mit euch Schafen Geduld zu haben"; und ging **mit stolzen Schritten (Modaladverbiale)** weiter.

Der Wolf auf dem Todbette
Der Wolf lag in den letzten Zügen und schickte **einen prüfenden Blick (Akkusativobjekt)** auf sein vergangenes Leben zurück. „Ich bin freilich **ein Sünder (Prädikativum)**", sagte er; „aber doch, ich hoffe, keiner von den größten. Ich habe Böses getan; aber auch **viel Gutes (Akkusativobjekt). Einstmals (Temporaladverbiale)**, erinnere ich mich, kam **mir (Dativobjekt)** ein blökendes Lamm, welches sich von der Herde **verirret hatte (Prädikat)**, so nahe, dass ich es **gar leicht (Modaladverbiale)** hätte würgen können; und ich tat **ihm (Dativobjekt)** nichts. **Zu eben dieser Zeit (Temporaladverbiale)** hörte ich die Spöttereien und Schmähungen eines Schafes **mit der bewunderungswürdigsten Gleichgültigkeit (Modaladverbiale)** an, ob ich **schon keine schützenden Hunde (Akkusativobjekt)** zu fürchten hatte."
„**Und das alles (Akkusativobjekt)** kann **ich (Subjekt)** dir bezeugen", **fiel (Prädikat)** ihm Freund Fuchs, der ihn zum Tode bereiten half, ins Wort. „Denn ich erinnere mich **noch gar wohl (Modaladverbiale)** aller Umstände dabei. Es war zu eben der Zeit, als du an dem Knochen **so jämmerlich (Modaladverbiale)** würgtest, den dir **der gutherzige Kranich (Subjekt)** hernach **aus dem Schlunde (Lokaladverbiale)** zog."

Lösungen 261

S. 226
Aufgabe 3

Gotthold Ephraim Lessing

Der Löwe mit dem Esel

Als des Äsopus Löwe mit dem Esel, der ihm durch seine fürchterliche Stimme die Tiere sollte jagen helfen (**Attributsatz/Relativsatz**), nach dem Walde ging, rief ihm eine naseweise (**Adjektivattribut**) Krähe von dem Baume zu: „Ein schöner (**Adjektivattribut**) Gesellschafter! Schämst du dich nicht, mit einem Esel, einem Dummkopf (**Apposition**), zu gehen?" – „Wen ich brauchen kann", versetzte der Löwe, „dem kann ich ja wohl meine Seite gönnen."
So denken die Großen alle, wenn sie einen Niedrigen ihrer Gemeinschaft (**Genitivattribut**) würdigen.

Der Esel und der Wolf

Ein Esel mit traurigem Blick (**präpositionales Attribut**) begegnete einem hungrigen (**Adjektivattribut**) Wolfe. „Habe Mitleid mit mir", sagte der zitternde (**Adjektivattribut**) Esel, „ich bin ein armes, krankes (**Adjektivattribut**) Tier; sieh nur, was für einen Dorn ich mir in den Fuß getreten habe!" „Wahrhaftig, du dauerst mich", versetzte der Wolf. „Und ich finde mich in meinem Gewissen verbunden, dich von deinen großen (**Adjektivattribut**) Schmerzen zu befreien."
Kaum ward das Wort gesagt, so ward der Esel zerrissen.

Vom Satzglied zum Gliedsatz/Nebensatz (S. 227 – 229)

S. 229
Aufgabe 1

- Der jüdische Kaufmann Nathan kehrt von einer Geschäftsreise zurück nach Jerusalem, wo er mit seiner Tochter Recha und deren Gesellschafterin Daja zusammen in einem Haus lebt (**Lokalsatz**).
- Nathan wird in der Szene I.1 als ein viel beschäftigter Kaufmann dargestellt, der sowohl beruflich wie privat eine hohe Verantwortung trägt (**Attributsatz/Relativsatz**).
- Obwohl Daja sehr emotional von der Beinahe-Katastrophe berichtet (**Konzessivsatz**), reagiert Nathan zunächst sehr gelassen und beinahe tadelnd auf deren sensationslüsterne Andeutungen.
- Als die Gesellschafterin ihm dann von der Gefährdung Rechas erzählt (**Temporalsatz**), fällt alle Souveränität von Nathan ab.
- Während seine Worte zuvor wohlbedacht waren (**Adversativsatz**), gerät er jetzt ins Stammeln.
- Weil Nathan in seiner Rolle als Vater sehr verletzbar ist (**Kausalsatz**), verunsichert ihn allein der Gedanke an einen Verlust seines Kindes sehr.
- Nachdem der Vater von der Rettung des Kindes erfahren hat (**Temporalsatz**), schließt sich ein Streit zwischen ihm und der Gesellschafterin an.
- Ein für den Zuschauer noch ungeklärtes Geheimnis um Rechas Herkunft scheint die Gesellschafterin in einen Gewissenskonflikt zu versetzen, da sie offensichtlich um die Hintergründe dieser Herkunft weiß (**Kausalsatz**).

S. 229
Aufgabe 2

Nathan reagiert auf Dajas Bericht, Recha gehe davon aus, ihr Retter sei ein von Gott gesandter Engel, mit großer Einfühlsamkeit, indem er sich fragt, was die offensichtliche Kaltherzigkeit des Tempelherrn „auf einen Geist wie Rechas wohl/Für einen Eindruck machen muss" (Z. 128 f.). Ohne dass er mit ihr gesprochen hat, schätzt er richtig ein, dass die abweisende, offenbar judenfeindlich motivierte Haltung des Tempelherrn die psychische Verfassung der Tochter ins Wanken bringen und sie in einen bedenklichen schwärmerischen Zustand versetzen könnte. Daja ist der Auffassung, dass man Recha ihren Engelsglauben und den „süßen Wahn" (Z. 153), dass sich „Jud' und Christ und Muselmann" (Z. 152) vereinen und versöhnen, lassen solle. Dem widerspricht Nathan. Auch wenn ihm die Vorstellung, dass sich die drei Religionen versöhnen, verheißungsvoll erscheint, möchte er Recha von ihrem Engelglauben heilen, damit statt der Schwärmerei eine noch „süßer[e] Wahrheit" (Z. 162) – der Mensch – zum Vorschein kommen kann.

**S. 229
Aufgabe 3**

[…] Als Nathan heimkehrt, erfährt er von Daja, der christlichen Gesellschafterin seiner Tochter, von der Rettungstat. Der Jude ist sehr dankbar und will dem Tempelherrn sofort seinen Dank bezeugen, was sich jedoch als schwierig erweist, da dieser nämlich tief verwurzelte Vorurteile gegenüber Juden hegt. Erst nach einem intensiven Gespräch mit Nathan, das ein regelrechtes Erziehungsgespräch ist, öffnet sich der Tempelherr und willigt in ein Wiedersehen mit Recha ein, welches in Nathans Haus stattfindet.
Er verliebt sich sogleich in das Mädchen und bittet Nathan stürmisch um die Hand seiner Tochter. Weil dieser ihm den Wunsch jedoch nicht sogleich gewähren will, stellt der Tempelherr die gerade erst gewonnene Freundschaft zu Nathan wieder infrage. Nathan hat zu diesem Zeitpunkt bereits den Verdacht, der Tempelherr könnte Rechas Bruder sein. […]

Rechtschreibung (S. 230 – 244)

Fehlerschwerpunkte erkennen (S. 230 – 231)

**S. 231
Aufgabe 1**

- Die Schreibweise lang ausgesprochener, betonter Vokale (Dehnung): mehreren, anschließend, Ziehkind, kalkulierenden, achtjährigen, entgeht, widerstandsfähigen, unwiderstehlichen, rothaarigen, Tod, Lehrstelle, spektakulären, vergräbt, Duftimperium
- Die Schreibung nach kurz ausgesprochenen, betonten Vokalen (Schärfung): Mitte, schnuppernden, Innersten, Lehrstelle, Duftimperium, schockartig, besitzt, erschaffen
- Die Schreibung von z und k nach l, m, n, r: Fischmarkt, ganz
- Gleich oder ähnlich klingende Laute, Silben und Wörter (p oder b, äu oder eu, v oder f oder pf, ent- oder end-, wieder oder wider, der Weise oder die Waise …): Waisenjungen, Neugeborene, Empfindungen, entgeht, widerstandsfähigen, unwiderstehlichen, Tod, längst, überhaupt, entfernt, vergräbt, empfindet
- s-Laute: Waisenjungen, erweist, anschließend, weist, stößt
- das oder dass: dass
- Die Groß- und Kleinschreibung: Mitte, Neugeborene, Innersten, Tod
- Zusammen- und Getrenntschreibung: demselben, Neugeborene, gar nicht, vor allem, überhaupt nicht
- Fremdwörter: kalkulierenden, Parfümeur, spektakulären, Methoden, Zivilisation, Duftimperium, individuellen

Rechtschreibprobleme durch einfache Verfahren lösen (S. 231 – 232)

**S. 231
Aufgaben 1 und 2**

Vergleichen Sie Ihre Korrekturen mit dem Originaltext auf S. 230 f.

Kurze Vokale – Schärfung (S. 232 – 233)

S. 233 Aufgabe 1

Cha**ra**kter (5), schnu**pp**ern (2), Fle**ck** (3), kla**t**schen (1), verhi**n**dern (1), ga**nz** (4), A**kk**usativobje**k**t (6) (5), Ta**n**kstelle (4) (2), Arti**k**el (5), Handya**kk**u (6), Pla**tz**halter (3), sta**mm**eln (2), Inse**k**t (5), Stu**rz** (4), Verle**tz**ung (3), Republi**k**aner (5), Tre**kk**ingausrüstung (6), Konta**k**tanzeige (5), nu**mm**erieren (2).

S. 233 Aufgabe 2

Artikel:	artikulieren, Artikelprobe, Artikelserie, Fanartikel …
Charakter:	charakterisieren, Charakterisierung, charakteristisch …
Kritik:	Kritikerin, kritisieren, kritikfähig, kritiklos …
Direktor:	Direktorin, Direktorat, Direktorzimmer, Schuldirektorin …
Blitz:	blitzen, Blitzlicht, Kugelblitz, Blitzschlag …
Satz:	Satzreihe, Kausalsatz, Satzgefüge, Satzbau …
Geschmack:	geschmackvoll, geschmäcklerisch, geschmacklos …
Novelle:	Novellentheorie, novellistisch, novellenartig …
Arzt:	verarzten, Ärztin, Arztpraxis, Notarzt …
ganz:	ergänzen, Ganzheit, ein Ganzes …

S. 233 Aufgabe 3

Patrick Süßkind: Das Parfum – Eine Inhaltsangabe (Auszug)

[…] In Montpellier ni**mm**t ihn der Marquis des la Taillade-Espinasse unter die Fi**tt**iche. Der Marquis prä**s**e**n**tiert den Höhlenmenschen Grenouille als Kuriosum und Studienobje**k**t. Scheinbar geli**n**gt es dem Marquis, Grenouille in einen vorzeigbaren, kultivierten Menschen zu verwa**n**deln. Tatsächlich aber basiert diese Chara**k**terveränderung vor a**ll**em auf einem Parfüm, das Grenouille perfe**k**t zusa**mm**engebraut hat und ihn wie einen normalen Menschen duf**t**en lä**ss**t.

Nach diesem Erfolg verlä**ss**t Grenouille Montpellier. In Grasse findet er dire**k**t Arbeit in der Parfümerie der Wi**t**we Arnulfi. Bei seiner Ankunft in Grasse riecht er ein rothaariges Mädchen, Laure Richis, dessen Geruch ihn an das Mädchen eri**nn**ert, das er einst in Paris ermordet hat. Er beschließt, in den ko**mm**enden zwei Jahren ein Parfüm zu kreieren, um Laures Duf**t** festzuhalten. Zu diesem Zwe**ck** tötet er nach und nach 24 Jungfrauen und zule**tz**t auch Laure. […]

Lange Vokale und Doppellaute – Dehnung (S. 233 – 234)

S. 234 Aufgabe 1

Auss**aa**t (3), Tel**e**fonh**ö**rer (1), (1), **u**ralt (4), klisch**ee**haft (3), Qu**e**rverweis (1), S**e**hvermögen (2), F**e**hlverhalten (2), Sp**ee**rspitze (3), wiederg**e**ben (1), B**oo**tsfa**h**rt (3) (2), Reicht**u**m (4), H**aa**r (3), H**ä**rchen (1), Ausf**ü**hrungen (2), gesch**e**hen (2), Id**ee** (3)

S. 234 Aufgabe 2

Patrick Süßkind

Das Parfum

Im achtz**eh**nten J**ah**rhundert l**e**bte in Frankreich ein Mann, der zu den genialsten und abscheulichsten Gestalten dieser an geni**a**len und abscheulichen Gestalten nicht armen Epoche gehörte. Seine Geschichte soll hier erz**äh**lt werden. Er hieß Jean-Baptiste Grenouille, und wenn sein N**a**me im Gegensatz zu den N**a**men anderer genialer Scheus**a**le, wie etwa de Sades, Saint-Justs, Fouchès, Bonapartes usw., heute in Vergessenheit ger**a**ten ist, so sicher nicht deshalb, weil Grenouille diesen ber**üh**mteren Finstermännern an Selbstüberh**e**bung, Menschenverachtung, Immoralit**ä**t, kurz Gottl**o**sigkeit nachgestanden hätte, sondern weil sich sein Genie und sein einziger E**h**rgeiz auf ein Gebiet beschränkte, welches in der Geschichte keine Sp**u**ren hinterlässt: auf das flüchtige Reich der Gerüche. […]

Der lang ausgesprochene i-Laut (S. 234 – 235)

S. 234 Aufgabe 1

- In einigen Novellenسp**ie**lt (1) das Mot**i**v (2) der Augen eine große Rolle.
- Geben S**ie** (1) den Inhalt des Romanauszugs mit eigenen Worten w**ie**der (4).
- Der „Orden w**i**der (4) den t**ie**rischen (1) Ernst" wird in jedem Jahr in Aachen während der Karnevalszeit verl**ieh**en (3).
- Als Preisträger sind vor allem Pol**i**tiker (2) sehr bel**ie**bt (1).
- Das Innenleben der Figuren sp**ie**gelt (1) sich in der Beschreibung der Stadt w**i**der (4).
- In d**ie**sem (1) Punkt muss ich meinem Vorredner entsch**ie**den (1) w**i**dersprechen (4).
- Im Jahr 2017 ersch**ie**n (1) eine revid**ie**rte (1) Fassung der Lutherb**i**bel (2), d**ie** (1) den Anspruch hat, wissenschaftlich präz**i**se (2) zu sein.
- Ein gesund geführtes Leben ist d**ie** (1) beste Mediz**i**n (2).
- Nach dem Tod seiner Mutter rang**ie**rt (1) Grenouille als Waisenkind auf der untersten Stufe der sozialen Leiter.
- Eine Perspekt**i**ve (2) hat er nicht.
- Grenouille überlebt w**i**der (4) Erwarten den Milzbrand, eine Krankheit, d**ie** (1) bei v**ie**len (1) Menschen im 18. Jahrhundert zum Tode führte, **ih**n (3) jedoch in besonderer Weise letztlich w**i**derstandsfähig (4) macht.

S. 235 Aufgabe 2

Motiv – motivieren; Substantiv – substantivieren; Nummer – nummerieren; , Elektrik – elektrifizieren; Aktivität – aktivieren; Position – positionieren; Objekt – objektivieren; Diskussion – diskutieren; Animation – animieren; Diktat – diktieren; Personifikation – personifizieren; Verlust – verlieren; Minimum – minimieren; Reaktion – reagieren; Produktion – produzieren

s-Laute (S. 235 – 236)

S. 236 Aufgabe 1

- Genießen (3) Sie mit gutem Gewi**ss**en (2), un**s**er (1.1) Ei**s** (1.2) i**s**t (1.3) kalorienarm und prei**s**wert (1.2).
- Mit die**s**er (1.1) Formulierung scho**ss** (2) er weit über das Ziel hinau**s** (1.5).
- Mit Großzügigkeit (3) gewinnt man Freunde.
- Mit bloßen (3) Händen konnte er eine Kartoffel zerquetschen, wa**s** (1.5) **s**eine (1.1) Freundin jedoch nicht be**s**onders (1.1) beeindruckte.
- Mit zunehmendem Alter wird man nicht unbedingt wei**s**er (1.1), aber das Haar wird oftmals weißer (3).
- Weil die Tür ins Schlo**ss** (2) gefallen war und der Schlü**ss**el (2) sich in der Wohnung befand, mu**ss**te (2) sie einen Schlü**ss**eldienst (2) anrufen, der wenig später kam.
- Knu**s**prig (1.3) waren die Plätzchen, aber sie schmeckten nicht be**s**onders (1.1) lecker.
- Fa**s**t (1.3) hätte sie verge**ss**en (2), den Hund vor die Tür zu la**ss**en (2).
- Er könnte ruhig ein bi**ss**chen (2) geduldiger **s**ein (1.1).
- Unsere Nachbarn sind für einige Wochen verrei**s**t (1.2) und haben de**s**halb (1.5) ihre Freunde darum gebeten, auf ihr Hau**s** (1.2) aufzupa**ss**en (2).
- Weil der Junge nicht aufpa**ss**t (2), reißt (3) er sich am Stacheldrahtzaun die Ho**s**e (1.1) auf.
- An**s**onsten (1.1) ist nichts pa**ss**iert (2).
- Wenn **s**ie (1.1) am Tisch saßen (3) und aßen (3), **s**agten (1.1) **s**ie (1.1) fa**s**t (1.3) gar nichts.
- In die**s**er (1.1) ereigni**s**armen (1.4) Zeit gehörte das gemein**s**ame (1.1) Spielen am Wald**s**ee (1.1) schon zu den bemerkenswerteren Erlebni**ss**en (1.4).

Lösungen 265

S. 236 **Robert Seethaler**
Aufgabe 2 **Der Trafikant (Klappentext)**
Robert Seethaler erzählt die Geschichte von Franz, Freud und Anezka im Wien der 30er-Jahre. Österreich 1937: Der 17-jährige Franz Huchel verlä**ss**t **s**ein Heimatdorf, um in Wien als Lehrling in einer Trafik, einem Tabak- und Zeitungsgeschäft, **s**ein Glück zu **s**uchen. Dort begegnet er eines Tages dem Stammkunden Sigmund Freud und i**s**t sofort fa**s**ziniert von de**ss**en Ausstrahlung. Im Laufe der Zeit entwickelt sich eine ungewöhnliche Freundschaft zwischen den beiden unterschiedlichen Männern.

Als sich Franz kurz darauf Hal**s** über Kopf in die Varietétänzerin Anezka verliebt und in eine tiefe Verunsicherung stürzt, **s**ucht er bei Profe**ss**or Freud Rat. Dabei stellt sich jedoch schnell heraus, da**ss** dem weltbekannten Psychoanalytiker da**s** weibliche Geschlecht ein mindestens eben**s**o gro**ß**es Rätsel ist wie Franz. Ohnmächtig fühlen sich beide auch angesichts der sich dramatisch zuspitzenden politisch-gesellschaftlichen Verhältni**ss**e. Und schon bald werden sie und Anezka jäh vom Strudel der Ereigni**ss**e auseinandergeri**ss**en.

das oder dass (S. 237 – 238)

S. 237 Die Nebensätze/Gliedsätze beginnen mit der (unterordnenden) Konjunktion *dass*.
Aufgabe 1
- Schülerinnen und Schüler erwarten von ihren Lehrerinnen und Lehrern, **dass** diese den Unterricht gut vorbereiten.
- Lehrerinnen und Lehrer erwarten von ihren Schülerinnen und Schülern, **dass** diese motiviert mitarbeiten.
- Manche haben Angst davor, **dass** sie etwas nicht verstehen.
- Würden Sie bitte darauf Rücksicht nehmen, **dass** die Busse nicht immer pünktlich kommen?

S. 237
Aufgabe 2
- **Das** ist ein Roman, der in Zukunft bestimmt auch in der Schule gelesen wird. (Demonstrativpronomen)
- **Das** Urteil des Rezensenten wurde von vielen geteilt. (Artikel)
- Interessant ist, **dass** die Hauptperson Franz im Verlauf der Handlung auf Sigmund Freud trifft. (Konjunktion)
- Ein Erlebnis, **das** für Franz besonders prägend ist, ist die Zusammenkunft mit einem böhmischen Mädchen. (Relativpronomen)

S. 237
Aufgabe 3
a) „An einem Sonntag im Spätsommer des Jahres 1937 zog ein […] heftiges Gewitter über **das** Salzkammergut, **das** dem bislang eher ereignislos vor sich hin tröpfelnden Leben Franz Huchels eine ebenso jähe wie folgenschwere Wendung geben sollte." (S. 7)
b) „Die Mutter hob den Kopf, und da sah er, **dass** sie weinte." (S. 9)
c) „‚Und was heißt **das** jetzt?', fragte Franz ‚**Das** heißt, du machst dich morgen auf den Weg nach Wien!' ‚Morgen? Aber **das** geht doch nicht …', stammelte er erschrocken." (S. 16)
d) „Im nächsten Moment gab sie ihm eine schallende Ohrfeige. Der Schlag traf ihn so plötzlich, **dass** er zwei Schritte zur Seite taumelte." (S. 16)
e) „Ja, dachte Franz benommen, **das** hier ist etwas anderes." (S. 20)
f) „Die Art, wie der Trafikant diesen Herrn begrüßte, machte Franz sofort klar, **dass das** hier ein richtiger Professor war […]." (S. 37)
g) „Eine Windböe fuhr ihm in die Haare und bauschte sie zu einem federleichten Gebilde auf, **das** für ein paar Sekunden über seinem Kopf wehte." (S. 40)
h) „Es war **das** schönste Gesicht, **das** Franz […] je in seinem Leben gesehen hatte." (S. 51)
i) „Niemals hätte er es für möglich gehalten, **dass** ihn eine böhmische Zahnlücke einmal so aufrühren würde." (S. 54 f.)

j) „Es dauerte ungefähr eine halbe Stunde, bis er endgültig begriffen hatte, **dass** sie ohne ihn gegangen war." (S. 58)
k) „Die ganze Nacht hatte Franz sich durch wirres Traumgepolter gewälzt [...]. **Das** Aufwachen war eine Erlösung, und obwohl sich schon mit dem ersten Wachblinzeln die Erinnerung aufzulösen begann wie eine Nebelschwade in der Morgendämmerung, bemühte er sich, **das** ganze Chaos wenigstens mit ein paar Worten aufs Papier zu bringen." (S. 189)

Groß- und Kleinschreibung (S. 238 – 240)

S. 239 Aufgabe 1

- **Im Übrigen** bin ich der Meinung, dass nicht jeder, der laut schreit, auf der Seite des Rechts steht.
  Ich bin **übrigens** nicht deiner Meinung.
- **Der Nächste** bitte!
  Diese Übersetzung kam dem Original **am nächsten**.
- Jeden **ersten** Freitag im Monat trafen sich Murat und Marie zum Essen.
  Beim Marathonlauf lief Jonas **als Erster** über die Ziellinie.
- Das **weitere** Vorgehen wollten sie bei der nächsten Zusammenkunft besprechen.
  Des Weiteren ergibt sich aus der sprachlichen Gestaltung, dass hier eine gewisse Monotonie vorherrscht.
- Bereits nach kurzer Zeit bot er ihr **das Du** an.
  Später sah er **sie** noch einmal wieder.
- Nur **ein einziges Mal** passte der Fahrer nicht auf.
  Überlege bitte **einmal**, ob das wirklich notwendig ist.
- Sie war **die Einzige**, die sich traute, dem Redner etwas zu erwidern.
  Die Arbeit war eine **einzige** Enttäuschung.

S. 240 Aufgabe 2

- Er sah sie bereits **von weitem/von Weitem** (16) kommen und rief **mehrmals** (13) ihren Namen.
- Sie verfügt über **das gewisse Etwas** (1).
- Er möchte immer nur **recht/Recht** (15) haben, **nichts anderes/nichts Anderes** (10) hat er im Sinn, und das macht ihn für **die meisten/die Meisten** (10) sehr unsympathisch.
- **Im Folgenden** (1) werde ich zunächst den Inhalt wiedergeben und das Gedicht anschließend aspektorientiert analysieren.
- Würden **Sie** (5) mir diesen Platz bitte freihalten, ich komme in **ein paar** (9) Minuten zurück.
- **Die beiden** (9) ließen sich noch **ein bisschen** (9) Zeit, dann versuchten sie den Abstieg **von neuem/von Neuem** (16).
- Nur **ein einziges Mal** (4) hörte er nicht zu, schon hatte er den Anschluss verpasst.
- **Im Allgemeinen** (1) macht ihr der Unterricht sehr viel Spaß.
- Zwei **Jugendliche** (1) wurden **am Freitagabend** (3) im Rathaus ausgezeichnet, weil **die beiden** (9) fast allein ein Stadtteilfest organisiert hatten.
- Diman verpasste **gestern** (12) **Abend** (1) das Konzert, weil sie sich **im Fernsehen** (1) einen Film über einen **Berliner** (2) Künstler angesehen hatte und danach **ein paar** (9) **Minuten** zu spät zur Bushaltestelle gegangen war.
- **Das Besondere** (1) an dem Roman ist, dass er ausschließlich in der Du-Erzählform geschrieben ist.
- **Des Weiteren** (1) ereignet sich das Geschehen nur an einem einzigen Ort.
- In dieser Stadt erlebte sie **nichts Besonderes** (1); eigentlich hatte sie bereits **vor dem Abreisen** (1) **nichts anderes/nichts Anderes** (10) erwartet, sie wollte sich jedoch selbst **einmal** (13) ein Bild von der Monotonie machen.

- Tiere können Töne wahrnehmen, vor allem **besonders hohe** (7), deren Existenz dem Menschen **ohne weiteres/ohne Weiteres** (16) nicht bewusst ist.
- **Das meiste/Das Meiste** (10) hatte er bereits nach dem ersten Lesedurchgang verstanden, **im Folgenden** (1) wollte er sich jedoch noch genauer mit den drei Texten auseinandersetzen, vor allem **mit dem kurzen** (7), den er besonders interessant fand.
- In der Sammlung sind bekannte **niedersächsische** (11) Sagen zusammengefasst, die zum Teil denen aus dem **Paderborner** (2) Land ähneln.
- Sie hat **seit längerem/seit Längerem** (16) keinen Sport mehr betrieben, aber nun hat sie sich entschieden, **jeden Montag** (3) mit ihrem Freund joggen zu gehen und sich **freitags** (12) mit Arbeitskollegen **zum Schwimmen** (1) zu treffen.

Zusammen oder getrennt? (S. 241 – 243)

S. 241 Aufgabe 1
- Auf einem schön gedeckten Tisch darf nichts **schief liegen**. Mit dieser Meinung dürftest du **schiefliegen**.
- Sollen wir **hinauf fahren** oder **hinauf gehen**?
  Er wollte keineswegs mit der Bahn **hinauffahren**.
- **Von Angst erfüllt** betrachtete er das Geschehen aus der Ferne.
  Angsterfüllt kam er aus seinem Versteck hervor.
- Ella hatte **jahrelang** die Jugendgruppe geleitet, dann beendete sie aus Zeitgründen ihr Engagement.
  Viele Jahre lang ging sie regelmäßig zum Schwimmtraining, dann wechselte sie die Sportart.
- Er entschied sich, zunächst nur **zu schauen**, ob sich etwas tat.
  Immer wenn er nur **zuschaute**, überfiel ihn das Gefühl, aktiv werden zu müssen.
- Bei einem Referat sollte man nach Möglichkeit **frei sprechen**.
  Sie konnte und wollte ihn von einer gewissen Schuld nicht **freisprechen**.
- Marie wusste mit dem Geschenk nichts **anzufangen**.
  Zum wiederholten Mal versuchte er, den entflogenen Vogel **zu fangen**.

S. 243 Aufgabe 2
- Das **feuchtwarme** (11) Klima setzte der Reisegruppe sehr stark zu.
- Beim nächsten Mal wollte sie sich **gut überlegen** (8), ob sie noch einmal mitfahren würde.
- Möchtest du noch länger hier **sitzen bleiben** (6)? Ich habe gerade jemanden **kennen gelernt/kennengelernt** (7), wir wollen zum **Eislaufen** (3) gehen.
- Am Abend wollten sie wieder **heimfahren** (4) und gegen 20.00 Uhr **zurück sein** (5), was wegen des **uralten** (12) Busses jedoch misslang.
- Darüber hätte er sich **totlachen** (9) können.
- Manche Pädagogen befürworten, dass Kinder bereits im Kindergarten **lesen lernen** (6).
- Es sollte ihr noch **leidtun** (4), dass sie sich so unvorbereitet der Prüfung stellte.
- Bei **eiskaltem** (12) Wetter ist das **Fahrradfahren** (3) sehr gefährlich. Daran sollte man natürlich auch denken, wenn man **Auto fährt** (1).
- Ziel ist es heute, dass keine Schülerinnen und Schüler mehr **sitzen bleiben/sitzenbleiben** (7) müssen.
- Deshalb wird das Prinzip der individuellen Förderung in den Schulen **großgeschrieben** (9).
- In unserem Geschäft sind **Eis essende/eisessende** (2) Kinder erwünscht.

Die Arbeit mit dem Wörterbuch (S. 243 – 244)

S. 243 Aufgabe 1
a) Trecking; b) Trekking; c) trekken; d) der Tresor; e) aus dem Französischen; f) die Tresore; g) ein Wettermantel; h) Treib-haus-ef-fekt

S. 243 Aufgabe 2
a) Treibjagd; b) trendy; c) Tresen; d) Trendsetter; e) Trense

Zeichensetzung – Das Komma (S. 245 – 255)

Kommaregeln im Überblick (S. 245 – 246)

S. 246 Aufgabe 1
- Der Roman „Der Trafikant", verfasst von dem österreichischen Schriftsteller Robert Seethaler, erschien im Jahr 2013. (5)
- Das Geschehen spielt sich an unterschiedlichen Orten ab, vor allem aber in Wien. (5)
- Im Zentrum der Handlung steht der siebzehnjährige Franz Huchel, der im Jahre 1937 von seiner Mutter, die gerade einen Schicksalsschlag erlitten hat, nach Wien geschickt wird, um in der Trafik, österreichisch für Kiosk, ihres Exgeliebten zu arbeiten. (7) (8) (6) (5)
- Dort lernt er nicht nur den berühmten Arzt Sigmund Freud kennen, sondern erfährt auch die erste Liebe, und zwar in Gestalt der Varietétänzerin Anezka. (3) (5)
- „Wunderbar erzählt Seethaler, wie wachsende Klugheit das Leben zwar reicher, aber auch komplizierter macht." (7) (3) (Claudia Vogt in: Der Spiegel, abgedruckt auf der Buchklappe)
- „An einem Sonntag im Spätsommer des Jahres 1937 zog ein ungewöhnlich heftiges Gewitter über das Salzkammergut, das dem bislang eher ereignislos vor sich hin tröpfelnden Leben Franz Huchels eine ebenso jähe wie folgenschwere Wendung geben sollte." (Romanbeginn, S. 7) (7)
- „Im Hintergrund ragte düster der Schafsberg ins Wolkengrau, in dem da und dort wieder blaue Flecken auftauchten." (S. 8) (7)
- „Statt einer Antwort stieß sich die Mutter vom Türrahmen ab, kam mit ein paar unsicheren Schritten auf ihn zu, blieb dann mitten im Raum wieder stehen." (S. 9) (1)
- „Das Wasser war angenehm kühl. Alois schwamm mit ruhigen Zügen und schnaufte in die geheimnisvolle, dunkle Tiefe unter ihm." (S. 13) (1)
- „Am nächsten Tag saß Franz im Frühzug nach Wien. Die dreizehn Kilometer zum Bahnhof waren er und seine Mutter zu Fuß gegangen, um Geld zu sparen." (S. 16) (6)
- „Während der alte Dieselwagen Fahrt aufnahm, streckte Franz seinen Kopf zum Fenster hinaus und sah die winkende Mutter auf dem Bahnsteig immer kleiner werden, bis sie schließlich ganz verschwand, ein undeutlicher Fleck im morgendlichen Sommerlicht." (S. 17) (7) (5) (5)
- „Die Stadt brodelte wie der Gemüsetopf auf Mutters Herd. Alles war in ununterbrochener Bewegung, selbst die Mauern und die Straßen schienen zu leben, atmeten, wölbten sich." (S. 20) (2) (1)
- „Franz legte sich mit etwas Spucke seine Haare zurecht, knöpfte sich das Hemd bis ganz oben zu, was ihm seiner Meinung nach den Anschein einer gewissen Ernsthaftigkeit verlieh, holte tief Luft und betrat die Trafik." (S. 22) (1) (7)
- „Das Weltgeschehen glitt ihm damals noch durch die Hände und unterm Hintern hinweg, ohne seine Seele zu erreichen." (S. 28) (6)

Unter die Lupe genommen – Das Komma in Aufzählungen (S. 247–248)

S. 247 Aufgabe 1

- Der Wettkampf fand statt, obwohl die Witterungsverhältnisse schlecht waren, obwohl sich nur wenige Teilnehmer angemeldet hatten und obwohl das Zuschauerinteresse gering war.
- Murat hat nicht nur einen starken Husten und eine Mandelentzündung, sondern auch hohes Fieber, Schmerzen in den Gelenken und Beinen(,) und er fühlt sich sehr schlapp.
- Entweder sagst du gar nichts(,) oder du argumentierst sehr unsachlich.
- Regen und Sonne trafen aufeinander(,) und sofort entstand ein wunderschöner Regenbogen.
- Bei einem großen Fußballturnier sind nicht nur die Stammspieler gefordert, sondern auch das gesamte Team mit den Ersatzspielern, dem Trainerstab und der medizinischen Abteilung.
- Sie wollte weder eine Ausbildung beginnen noch studieren, sondern zunächst ein Jahr im Ausland zubringen und dann eine Entscheidung treffen.
- Ella liest bevorzugt Liebesromane, Kurzgeschichten, fantastische Literatur und Sachbücher zu den Themen Natur, Umwelt sowie Geschichte, Geografie und Technik.
- Hast du jetzt Zeit für einen Spaziergang(,) oder arbeitest du noch?
- Klassenarbeiten bzw. schriftliche Ausarbeitungen jeder Art sollten gründlich gelesen, überarbeitet und dann erst vorgelegt werden.
- Er wollte sie unbedingt wiedersehen, jedoch nicht am selben Tag und nicht am selben Ort.
- Vielleicht hatte sie sich verlaufen, vielleicht hatte sie aber auch bewusst einen längeren Weg gewählt.

Unter die Lupe genommen – Das Komma bei Einschüben und nachgestellten Erläuterungen (S. 248–249)

S. 248 Aufgabe 1

- Der Roman „Der Trafikant", verfasst von Robert Seethaler und 2012 im Verlag Kein und Aber erschienen, wird gelegentlich als Entwicklungsroman bezeichnet.
- Franz Huchel, der Protagonist, durchläuft dabei innerhalb kürzester Zeit einen Entwicklungsprozess, und zwar vom eher naiven Jugendlichen zum fast Erwachsenen.
- In zahlreichen Rezensionen wird die besondere Erzähl- und Darstellungsweise des Autors gelobt, vor allem die Leichtigkeit des Schreibens.
- „Franz erkannte Otto Trsneks aufgebrachte Stimme, unterbrochen vom heiseren Bass des Fleischermeisters Roßhuber und immer wieder übertönt vom Gejohle einer kleineren Menschenmenge." (S. 60)
- „Einen Arm hatte sie ausgestreckt und schien damit irgendwo hinzuzeigen, vielleicht zur Hütte, vielleicht auch darüber hinweg zur nebelverhangenen Schafbergspitze." (S. 81)
- „Der Straßenlärm wogte gedämpft herauf, die einzelnen Stimmen von Zehntausenden Wiener Bürgern vereinigten sich zu einem beständigen an- und abschwellenden Ton, einer Art sirenenhaftem Heulen, unter dem die Stadt zu vibrieren schien." (S. 144)
- „Fast genau drei Sekunden später saß er aufrecht im Bett und hielt den Atem an. Ein Lärm hatte ihn in die Wirklichkeit zurückgerüttelt, ein Krachen und Splittern, das die Nacht zu zerreißen schien." (S. 151)
- „Es hatte leicht zu nieseln angefangen, ein warmer Frühlingssprühregen, unter dem das Straßenpflaster zu duften begann." (S. 158)
- „In dieser Nacht träumte Franz von seinem seligen Vater, einem Waldarbeiter aus Bad Goisern, den er nie kennengelernt hatte […]" (S. 172)

- Vielleicht motivieren Sie diese Zitate, sie sind alle dem Roman von Robert Seethaler entnommen, das gesamte Buch zu lesen.

Unter die Lupe genommen – Das Komma in Satzgefügen (S. 249 – 251)

S. 249
Aufgabe 1

- Im Roman „Der Vorleser", **der 1995 im Diogenes Verlag erschien**, wird die Liebesgeschichte zwischen einem jungen Mann mit Namen Michael Berg und einer wesentlich älteren Frau, **die Hanna Schmitz heißt**, erzählt.
- Die Begegnung mit der Frau wird für Michael, **aus dessen Perspektive zunächst erzählt wird**, zu einem Schlüsselerlebnis, **das ihn nicht mehr loslässt und das sein gesamtes Leben prägt.**
- Erst in späteren Jahren erfährt er, **dass es sich bei der einstigen Geliebten, an die er sich noch immer gebunden fühlt, um die ehemalige Aufseherin eines Konzentrationslagers handelt.**
- **Hätte Hanna Schmitz frühzeitig dem Jungen ihre wahre Identität eröffnet und ihm die Chance zur Distanz gegeben**, wäre es wahrscheinlich nicht zu einer derartigen Beziehung gekommen.
- Aus den geschilderten Einzelheiten wird deutlich, **dass die Handlung in den späten Nachkriegsjahren des Zweiten Weltkriegs spielt.**
- Michael Bergs erste Begegnung mit Hanna Schmitz findet statt, **als er sich auf dem Heimweg von der Schule befindet und sich übergeben muss, weil er nach einer gerade überstandenen Gelbsucht noch sehr geschwächt ist.**
- Hilfe erfährt er von einer für ihn fremden Frau, **die ihn mit in ihre Wohnung nimmt und ihm das Gesicht wäscht.**
- **Weil seine Mutter ihn dazu auffordert**, sucht Michael die Frau, **die gerade mit der Hausarbeit beschäftigt ist**, auf und bedankt sich bei ihr.
- **Bevor Michael sich verabschiedet**, sieht er der Frau beim Umziehen zu und fühlt sich körperlich von ihr angezogen.
- **Als er eine Woche später zu ihrem Haus zurückkehrt**, beginnt zwischen beiden(,) aufgrund Michaels schüchternen Annäherungsversuchen und Hannas entschlossener Initiative(,) eine sexuelle Beziehung.
- Michael integriert seine von nun an täglichen Besuche bei Hanna geschickt in seinen Alltag, **sodass sie von seinem sozialen Umfeld, das vor allem aus seiner Familie und seinen Mitschülerinnen und Mitschülern besteht, unbemerkt bleiben.**
- Die Beziehung zu einer reiferen Frau führt dazu, **dass sich Michael verändert und von seinem Elternhaus löst.**
- **Ist er zunächst noch ein unsicherer Jugendlicher**, bestreitet er in der Folge den Weg zu einem selbstbewussten Erwachsenen.

S. 250
Aufgabe 2

Alexandra Wölke
Bernhard Schlink: Der Vorleser

- Die Geschichte, die der Protagonist Michael Berg im Roman „Der Vorleser" erzählt, handelt von einer jener erschütternden Erfahrungen, mit denen ein Mensch wohl niemals ganz fertigwerden kann und die seinem Leben darum einen Stempel aufdrücken.
- Denn es geht vor allem um Verletzungen. Jene, die durch Liebesleid verursacht werden, aber auch jene, die durch nicht wiedergutzumachendes Unrecht entstehen.
- Denn die Frau, in die er sich als Jugendlicher verliebt, ist tief in die Grausamkeiten des na-

tionalsozialistischen Regimes verstrickt und hat als KZ-Aufseherin Morde begangen.
- Damit erzählt der Roman von einer Liebesgeschichte, die moralisch, historisch und philosophisch kaum lösbare Probleme bereitet.
- Michael erlebt in Hanna Schmitz eine Person, die gleichzeitig zärtlich und grausam, fürsorglich und abweisend sowie offen und verschlossen sein kann und deren Widersprüchlichkeit nach Erklärungen verlangt.
- Teilweise findet er diese Erklärungen, als er ihr nach Jahren wiederbegegnet und erkennen muss, dass sie ihre befleckte Vergangenheit vor ihm verschwiegen hat. Dafür, dass er sie aus seinem Leben fernhalten oder die Erinnerung an gemeinsame beglückende Momente wieder löschen kann, ist es jedoch zu spät.
- Und so gerät er in ein Dilemma, das er mit vielen später geborenen Deutschen gemeinsam hat: durch Liebe, Sympathie oder doch zumindest Achtung an die Älteren gebunden zu sein und nicht verstehen zu können, dass sie eben diese Gräueltaten von einem Ausmaß begangen oder zugelassen haben, das man keinem Menschen, sondern nur Monstern zutraut.
- Noch komplizierter wird Michaels Lage, als ihm klar wird, dass Hanna noch etwas anderes verbirgt. Während er sie im Prozess, in dem sie angeklagt wird, agieren sieht, erkennt er, dass sie Analphabetin ist.
- Weil sie dies als ihre Lebenslüge verheimlicht, droht ihr, dass sie nun härter bestraft wird. Soll er eingreifen und sie dadurch zwar vor Schlimmerem bewahren, ihr aber damit das Recht auf die eigene Entscheidung rauben?

Unter die Lupe genommen – Das Komma in Infinitivgruppen (S. 251 – 252)

S. 251 Aufgabe 1
- **Ohne Scham zu zeigen**, lässt Hanna Michael bei ihrer ersten Begegnung beim Bügeln der Unterwäsche zuschauen.
- Michael hat immer wieder das Bedürfnis, **mehr über Hanna zu erfahren**.
- Hanna äußert sich gegenüber Michael nur sehr lückenhaft und unwillig zu ihrer Herkunft und ihrem Werdegang, **um ihre schuldhafte Vergangenheit und ihre wahre Identität zu verbergen.**
- Sie mag es nicht, **darauf angesprochen zu werden**, und reagiert immer wieder aggressiv.
- Erst der Prozess eröffnet Michael die Möglichkeit, **mehr über Hannas Vorgeschichte zu erfahren.**
- Im Prozess verzichtet die Protagonistin darauf, **sich zu dem Geschehen zu äußern**, und sie bleibt weitgehend stumm.
- Aufgrund ihres schlecht ausgebildeten Beobachtungs- und Urteilsvermögens und ihrer fehlenden Intellektualität schafft es Hanna nicht, **sich in dem System des Gerichts mit seinen eigenen Regeln zurechtzufinden.**
- Der Richter unternimmt immer wieder den Versuch, **Hanna Schmitz zu einer Aussage zu bewegen.**
- Das Bewusstsein, **in das Geschehen verstrickt zu sein**, lastet lebenslang auf Michael.
- Als Erwachsener versucht er schließlich(,) **sich diesen Schuldgefühlen zu stellen, anstatt vor ihnen zu fliehen und den vergeblichen Weg des Vergessens zu gehen.**

S. 252　Aufgabe 2

- Hannas Selbstverständnis als KZ-Aufseherin ist von dem Bestreben geprägt, ihre Aufgaben pflichtbewusst auszuführen. Dass sie dabei für ein Unrechtssystem arbeitet und ihre Tätigkeiten den ethischen Geboten der Menschlichkeit widersprechen, dafür hat sie kein Gespür.
- Zudem ist sie nicht gebildet genug, um sich in ihrem Handeln an den Idealen von Humanität orientieren zu können.
- Im Gefängnis vollzieht sich eine innere und äußere Wandlung Hannas. Bedingt durch den selbst gewählten Schritt des Lesen- und Schreibenlernens, der sich mithilfe der von Michael besprochenen Tonkassetten vollzieht, beginnt ihr Weg in die Mündigkeit. Hanna fängt sogleich damit an, sich durch das Lesen von KZ-Literatur mit ihrer Vergangenheit auseinanderzusetzen.
- Hanna hat große Schwierigkeiten, sich verbal auszudrücken und sich in Kommunikationssituationen zu behaupten.
- Um ihren oft mühsamen Alltag zu bewältigen und ihre Bedürfnisse zu befriedigen, bedient sie sich Michael gegenüber häufig Imperativen.
- Ihre Tendenz, ihn mit Diminutiven (Verkleinerungsformen) zu titulieren, korrespondiert mit ihren Ablenkungsmanövern, in welchen sie ihn wie ein Kind behandelt, sobald er ihr ernste Fragen stellt.
- Vor Gericht wirkt sie auf Michael verwirrt und hilflos, weil sie sprachlich nicht in der Lage ist, situationsangemessen zu agieren.
- Weil die Liebesgeschichte dem Prozess vorausgeht, lernt der Leser Hanna zunächst unvoreingenommen kennen und kann durchaus mit ihr sympathisieren, bevor er von ihren Gräueltaten erfährt. Damit gerät er in das Dilemma Michaels, zwischen Verstehen und Verurteilen zu schwanken und beides zugleich nicht leisten zu können.
- Es bleibt dem Leser selbst überlassen, wie der Erzähler über Hannas „verspätetes und verfehltes Leben" (S. 178) traurig zu sein oder sie wie die überlebende Tochter schlicht „brutal" (S. 202) zu finden und daher abzulehnen.

Texte zum Üben (S. 253 – 255)

S. 253　Aufgabe 1

Alexandra Wölke

Bernhard Schlink: Der Vorleser – Die Einleitung zu einer Textanalyse

- Bernhard Schlinks Roman „Der Vorleser", erschienen 1995, thematisiert die innere und äußere Situation der Deutschen im Angesicht ihrer nationalsozialistischen Vergangenheit. Erzählt wird die Geschichte Michael Bergs, eines Jugendlichen, welcher sich in eine ältere Frau, Hanna Schmitz, verliebt. Er gerät in sexuelle Abhängigkeit zu ihr und wird später von ihr unvermittelt verlassen.
- Als er Hanna als Jurastudent wiederbegegnet, wird er Zeuge eines Prozesses, bei welchem sie als ehemalige KZ-Aufseherin auf der Anklagebank sitzt und sich für ihre Beteiligung am Massenmord verantworten muss. Michaels vormals feste Denk- und Urteilsgewohnheiten über Gut und Böse, Schuldig und Unschuldig geraten ins Wanken, weil er sie bereits als durchaus zur Brutalität fähigen, aber doch liebenswerten Menschen kennengelernt hat und nunmehr nicht fassen kann, welche Taten man ihr zur Last legt.
- Noch im Verborgenen liegt ein weiteres Problem, das sich Michael später erschließt und das ihn an der Richtigkeit des Prozessverfahrens zweifeln lässt. Hanna ist Analphabetin. Weil sie diese Schwäche zu einer Lebenslüge macht, weist ihr Verhalten für Außenstehende oft verwirrende und unverständliche Momente auf.

S. 253
Aufgabe 2

Alexandra Wölke

Michael Berg – Eine Charakterisierung (Auszug)

- Michael Berg ist in Bernhard Schlinks Roman „Der Vorleser", erschienen 1995, der Ich-Erzähler, welcher, indem er von der Liebesgeschichte zu Hanna Schmitz erzählt, zugleich auch eine Lebensbeichte ablegt.
- Die Liebe zu Hanna beginnt, als er fünfzehn ist, und endet kurze Zeit nach ihrem Selbstmord, sodass der Leser Michael Berg in verschiedenen Phasen seines Lebens kennenlernt. Ist er zu Beginn noch ein jugendlicher Schüler, so ist er zum Abfassungszeitpunkt bereits ein Rechtshistoriker und Autor, der auf seine Vergangenheit zurückblickt.
- Sich selbst beschreibt er als einen gewöhnlichen Jugendlichen mit den für diese Altersphase typischen Selbstwertproblemen und Zweifeln an seinem Aussehen und seinen Leistungen (vgl. S. 39). Michael wohnt bei seiner Familie und wächst dort gemeinsam mit zwei Schwestern und einem älteren Bruder weitgehend behütet auf, was sich an der Fürsorge seiner Mutter um sein körperliches Wohlergehen (vgl. S. 28 f.) und an der Erziehung des Vaters festmachen lässt. Dieser ist Professor für Philosophie und legt großen Wert auf die Bildung seiner Kinder (vgl. S. 32).
- Die Eigenschaft des Sohnes, sehr intensiv und teilweise auch melancholisch über alles Erlebte nachzudenken, entstammt wahrscheinlich seinem väterlichen Vorbild. Michaels Vater gehört zu den wenigen Deutschen, die sich in der Zeit des Nationalsozialismus nicht opportunistisch verhalten und dafür Sanktionen in Kauf genommen haben (vgl. S. 88).
- Konflikte, die insbesondere unter den Geschwistern aufkommen, werden in Michaels Familie kommunikativ gelöst (vgl. S. 55), wobei die Eltern mit ihren Kindern jedoch weitgehend distanziert und sachlich umgehen. Emotionale Wärme und Nähe kann insbesondere der in seiner Arbeit aufgehende Vater nicht aufbringen(,) und auch die Mutter scheint nur dann genügend Energie für Momente der Innigkeit zu haben, wenn ihr Sohn krank ist oder ihm Schwierigkeiten bevorstehen (vgl. S. 29).
- Dieser Umstand und seine negativen Erfahrungen mit Hanna führen dazu, dass Michael bei aller sprachlichen und kommunikativen Kompetenz später Schwierigkeiten damit hat, anderen Menschen gegenüber gefühlsbetonte Nähe zuzulassen.

S. 254
Aufgabe 3

Anette Sosna

Robert Seethaler: Der Trafikant – Kurzcharakterisierung der zentralen Figuren

Franz Huchel

Der Protagonist des Romans ist 17 Jahre alt, als ihn seine Mutter als Gehilfen für den Trafikanten Otto Trsnjek nach Wien schickt. Anlass ist der plötzliche Tod des Liebhabers und finanziellen Gönners der Mutter (Alois Preininger), durch den sich diese dazu gezwungen sieht, ihre Lebensumstände neu zu ordnen. Der Ortswechsel von Nussdorf am Attersee nach Wien beendet Franz' sorgloses und unbedarftes Landleben. Der naive und lebensunerfahrene Franz erlebt in Wien nicht nur seine erste – und unglückliche – Liebe, sondern wird auch zum Zeugen der politischen Veränderungen in den Jahren 1937 und 1938. Indem Franz durch seine Erlebnisse Schritt für Schritt zum jungen Erwachsenen heranreift, gewinnt er auch an Selbstvertrauen und zeigt schlussendlich Zivilcourage gegenüber den Repressalien der Nationalsozialisten.

Seine Mutter

Franz' Mutter wird beschrieben als eine ansehnliche Frau zwischen 40 und 50 Jahren, die mit ihrem Sohn(,) dank der finanziellen Zuwendungen Alois Preiningers(,) in einem kleinen Fischerhaus lebt und ein Auskommen finden kann. Sie geht Gelegenheitsarbeiten nach, um nach dem Weggang ihres Sohnes nach Wien Geld zu verdienen. Zu Franz hat sie ein sehr inniges und mütterliches Verhältnis, das jedoch einer realistischen Sicht auf ihren Sohn und das

Leben an sich nicht im Weg steht. Sie vermisst Franz, schreibt ihm regelmäßig und schickt ihm Weihnachtspäckchen. Ihre emotionale Verbindung zu ihrem Sohn ist so eng, dass sie am Ende der Handlung die Gefahr spürt, in der er sich befindet.

Otto Trsnjek
Nachdem er kriegsversehrt aus dem Ersten Weltkrieg zurückgekehrt ist, hat Otto Trsnjek die Trafik, einen kleinen Laden für Zeitungen, Tabakwaren u. Ä., im neunten Wiener Gemeindebezirk als Entschädigung erhalten. Das linke Bein hat er zur Hälfte im Krieg verloren und kann sich deshalb nur noch mithilfe von Krücken vorwärtsbewegen. Er nimmt Franz bei sich in der Trafik auf, um dessen Mutter einen Gefallen zu erweisen. Trsnjek ist Trafikant aus Leidenschaft, der seine Waren als seine Familie begreift und seine Tätigkeit gewissenhaft ausübt. Als kritischer und unabhängiger Geist verkauft er seine Waren auch an Juden, was im nationalsozialistischen Wien zur Verhaftung durch die Gestapo führt.

Anezka
Anezka ist eine aus Dobrovice stammende Böhmin, die drei Jahre älter ist als der Protagonist, sich ohne Arbeitsgenehmigung in Wien aufhält, und ihren Lebensunterhalt unter anderem als Varietétänzerin verdient. Dass Franz sich in sie verliebt, nimmt sie nicht ernst. Sie lässt sich mit ihm nur auf eine unverbindliche Liebschaft ein, eine von vielen. Für sie bleibt Franz der „Burschi", ein naiver Junge vom Land. Anezka ist auf ihren eigenen Vorteil bedacht und geht nach dem Anschluss Österreichs an das nationalsozialistische Deutschland eine Liaison mit einem SS-Soldaten ein. Erst Jahre später kehrt sie zur verlassenen Trafik zurück – offenbar auf der Suche nach Franz.

Sigmund Freud
Franz Huchel trifft Sigmund Freud, den in Wien lebenden und inzwischen 81 Jahre alten Begründer der Psychoanalyse, in den letzten Jahren seines Lebens(,) kurz vor der Emigration nach London(,) an. Freud ist einer der regelmäßigen Kunden Otto Trsnjeks, bei dem er Zigarren und Zeitungen kauft. Im Roman wird Sigmund Freud als Figur positiv und fast schon großväterlich gezeichnet. Er nimmt sich mehrmals Zeit für den jungen Franz, lässt sich auf Gespräche mit ihm ein und gibt ihm Rat. Durch Fragen und Denkanstöße trägt er zur Entwicklung des Protagonisten bei.

Verzeichnis der Textarten

Diskontinuierlicher Text (Schaubild, Grafik, Tabelle ...)
Aktuelle Jugendstudie: Smartphones wichtiger als TV und Liebesleben   52
Diskontinuierliche Texte – Eine Übersicht   45
Ein Diagramm mit dem Textverarbeitungsprogramm „Word" erstellen   51
Funktionen der Medien für die Gesellschaft   46
Medien   44
Textsorten der journalistischen Publizistik   54
Wort, Gegenstand und Vorstellung   71

Drama
Lessing, Gotthold Ephraim: Emilia Galotti (2. Aufzug, 6. Auftritt)   142 ff.
Lessing, Gotthold Ephraim: Emilia Galotti (3. Aufzug, 5. Auftritt)   150
Lessing, Gotthold Ephraim: Miss Sara Sampson (1. Aufzug, 1. Auftritt)   152 f.
Lessing, Gotthold Ephraim: Miss Sara Sampson (1. Aufzug, 3. Auftritt)   175 f.
Lessing, Gotthold Ephraim: Nathan der Weise (3. Aufzug, 7. Auftritt, Auszug)   135 f.

Fabel
Lessing, Gotthold Ephraim: Der Dornstrauch   138 f.
Lessing, Gotthold Ephraim: Der Esel und der Wolf   227
Lessing, Gotthold Ephraim: Der Löwe mit dem Esel   227
Lessing, Gotthold Ephraim: Der Stier und der Hirsch   137
Lessing, Gotthold Ephraim: Der Tanzbär   139
Lessing, Gotthold Ephraim: Der Wolf auf dem Todbette   225
Lessing, Gotthold Ephraim: Der Wolf und das Schaf   224
Lessing, Gotthold Ephraim: Der Wolf und der Schäfer   137
Lessing, Gotthold Ephraim: Die Gans   137
Lessing, Gotthold Ephraim: Die Sperlinge   137 f.
Lessing, Gotthold Ephraim: Die Wasserschlange   139

Filmskript
Kleefeld, Isabel: Ruhm   183

Filmstandbild
Der Ausweg   32
Ein Beitrag zur Debatte   32
Osten   32
Ralf Tanner im Looppool   39
Rosalie geht sterben   32
Tschick   24

Gedicht
Bachmann, Ingeborg: Entfremdung   199
Braun, Volker: Durchgearbeitete Landschaft   120
Brecht, Bertolt: Schlechte Zeit für Lyrik (Auszug)   117
Brecht, Bertolt: Über das Frühjahr   116
Brockes, Barthold Heinrich: Die Heide   99
Eichendorff, Joseph Freiherr von: Mondnacht   107
Eichendorff, Joseph Freiherr von: Sehnsucht   168
Eichendorff, Joseph Freiherr von: Winternacht   108
Eichendorff, Joseph Freiherr von: Wünschelrute   105
Fels, Ludwig: Natur   121
Fried, Erich: Definition   72
Goethe, Johann Wolfgang von: Früh, wenn Tal, Gebirg und Garten   108
Goethe, Johann Wolfgang von: Mächtiges Überraschen   102
Goethe, Johann Wolfgang von: Mailied   101
Goethe, Johann Wolfgang von: Rastlose Liebe   108
Gryphius, Andreas: Abend   96
Hebbel, Friedrich: Herbstbild   118
Holz, Arno: Rote Dächer   111
Hummelt, Norbert: der erste schnee   121
Kirsch, Sarah: Im Sommer   119
Storm, Theodor: Meeresstrand   109
Trakl, Georg: Im Winter   114
Trakl, Georg: Verfall   118
Turk, Gary: Look Up.   67

Karikatur
„Der Reichtum der Alltagssprache hält Einzug in die Amtsstuben"   73
„Die Bezeichnung Ziege ist negativ konnotiert."   86
Internetnutzung   56
Jugendwort des Jahres   73
„Man sagt nicht runzelig, sondern vielfältig."   86
„Natürlich müssen die Bewerber fließend Deutsch können!"   91

Klappentext
Seethaler, Robert: Der Trafikant   236

Kurzgeschichte
Berg, Sibylle: Hauptsache weit   12 f.
Dominguez, Stefanie: Unter dem Regenschirm   17 f.
Einzmann, Nadja: An manchen Tagen   14
Lettau, Reinhard: Auftritt   205
Marinić, Jagoda: Im Glaskasten   22
Strauß, Botho: Mädchen mit Zierkamm   19 f.
Suter, Martin: Das Bonus-Geheimnis   25 f.

Romanauszug
Herrndorf, Wolfgang: Tschick   23 f.
Hesse, Hermann: Unterm Rad   28 f.
Kehlmann, Daniel: Ruhm. Ein Roman in neun Geschichten (Der Ausweg)   37 f.
Kehlmann, Daniel: Ruhm. Ein Roman in neun Geschichten (Osten)   162
Kehlmann, Daniel: Ruhm. Ein Roman in neun Geschichten (Stimmen)   32 ff.
Pressler, Mirjam: Nathan und seine Kinder: Al Hafi   132 ff.
Süßkind, Patrick: Das Parfum   234
Zeh, Juli: Adler und Engel   29

Sachtext

Aktion „Unwort des Jahres"   89 f.
Bau, Walter: Die Zukunft ist digital   58
Becker, Tobias: Lass uns kurz reden   76 ff.
Braun, Peter: Das Zeitalter der Aufklärung   126 ff.
Brenner, Peter J.: Aufklärung und Religion – Hintergründe zu Lessings Drama „Nathan der Weise"   130
Dehmer, Dagmar: Das Smartphone: Wohl und Wehe   57
Fuchs, Michael und Martin Zurwehme (in Anlehnung an Friedemann Schulz von Thun): Das Kommunikationsquadrat nach Schulz von Thun und die Anwendung auf eine Dramenszene   147 f.
Gipper, Sonja: „Jugendsprache zeichnet sich durch Kreativität aus"   74
Helbig, Ludwig: Identität   15 f.
Hock, Silke: Das Leben verpasst   58
Janowitz, Klaus: Filterblasen, Fake News und neue Medienöffentlichkeiten – Ein Blogeintrag   49
Jugendwort des Jahres – „Wir wissen, was ein Babo ist"   73
Kant, Immanuel: Beantwortung der Frage: Was ist Aufklärung?   128
Kara, Stefanie und Claudia Wüstenhagen: Die Macht der Worte   87 f.
Klopp, Tina: Warum das Telefongespräch verschwindet   186 ff.
Koch, Hannes: Wegweiser durch die Welt   53 f.
Medien: Aufgaben und Funktionen   44 f.
Meedia Redaktion: WDR-Studie: Öffentlich-Rechtliche genießen die höchste Glaubwürdigkeit, jeder Fünfte glaubt an „Lügenpresse"   50
Mersiowsky, Christine: Der Handlungsverlauf und das Ende der Geschichte „Stimmen"   35
Nieder-Entgelmeier, Carolin: Zehn Jahre Smartphone – Neue Debatten   56
Niggemeier, Stefan: Das wahre Leben im Netz   62 ff.
Rapp, Frank: Was ist denn eigentlich Social Media?   47 f.
Schlobinski, Peter: Sprache und Kommunikation im digitalen Zeitalter – Das Beispiel Chatkommunikation   82 f.
Schmitz, Ulrich: Im Zug   42
Schneider, Wolf: Ich habe einen Traum   191 ff.
Schramm, Franziska: Warum ich blogge   84
Sosna, Anette: Robert Seethaler: Der Trafikant – Kurzcharakterisierung der zentralen Figuren   254
Sprachwandel oder Sprachverfall? – Exemplarische Positionen im Streitgespräch: „Geht die deutsche Sprache vor die Hunde?"   90 ff.
Trabant, Jürgen: Die Sprache in digitalen Medien   81
Volk, Stefan: Patrick Süßkind: Das Parfum – Eine Inhaltsangabe (Auszug)   230 f., 233
Wackenroder, Wilhelm Heinrich: Herzensergießungen eines kunstliebenden Klosterbruders (Kapitel 13)   105 f.
Wieland, Christoph Martin: Sechs Antworten und sechs Fragen   125 f.
„Wir sind zusammen allein" – Ein Interview mit der Soziologin Sherry Turkle aus dem Magazin der Süddeutschen Zeitung   59 ff.
Wölke, Alexandra: Lessings Kindheit und Jugend   221
Wölke, Alexandra: Soziale Medien und das Phänomen der „Filterblasen"   48
Wölke, Alexandra: Von der Jugendsprache und den Herausforderungen ihrer Erforschung   75 f.
Wölke, Alexandra: Was sind Medien?   43
Zimmer, Dieter E.: Grundmerkmale der Sprache   70 f.
Zimmer, Dieter E.: Migrationshintergrund   86 f.
Zurwehme, Martin: Der Aufstieg des Bürgertums im 18. Jahrhundert   140 f.
Zurwehme, Martin: Der Weg zu einem Theater des Bürgertums – Der Wandel des Theaters in Deutschland im 18. Jahrhundert   144 ff.
Zurwehme, Martin: Fabeln in der Zeit der Aufklärung   138
Zurwehme, Martin: Grundlegende Merkmale menschlicher Kommunikation – Die Axiome Watzlawicks   149 f.
Zurwehme, Martin: Lessings Drama „Nathan der Weise": Überblick über Handlung und Figuren   131 f.

Stichwortverzeichnis

Akkumulation 207
Alliteration 207
Anapäst 107, 169
Anapher 207
Angesprochenes Standbild 20
Antithese 207
Antithetische Argumentation/Erörterung 59
Argumentieren 59
Assonanz 109, 170, 207
Assoziationsmontage 181
Asyndeton 207
Aufklärung 99, 122 ff.
Auktoriales Erzählverhalten 16, 166
Autor 13, 165

Ballade 170
Barock 97
Beleuchtung 179
Bericht 54
Bewusstseinsstrom 18, 167
Bild (Filmanalyse) 36
Bildhafte Sprache 97
Binnenreim 100, 169
Blende 179

Charakterisierung 21
Chatkommunikation 82 ff.
Chiasmus 207
Correctio 207

Daktylus 107, 169
Darbietungsformen 18, 167
Deutungshypothese 156
Diagramm erstellen 51
Digitale Medien – Sprachgebrauch 80 ff.
Direkte Charakterisierung 22
Direkte Rede 18
Diskontinuierlicher Text 45
Dramenszene – interpretieren 152 f., 174 ff.

Einstellung 179
Einstellungsgröße 179
Einstellungslänge 181
Ellipse 207
Endreim 169
Enjambement 100, 169
Er-/Sie-Erzählform 13
Ergebnisprotokoll 212
Erlebendes Ich 13
Erlebte Rede 18, 167
Erörtern 59
Erzählendes Ich 13
Erzähler 13, 165
Erzählerbericht 18, 167
Erzählerstandort 13, 165
Erzählform 13, 165

Erzählhaltung 16, 166
Erzählperspektive 13, 165
Erzählte Zeit 24, 166
Erzähltechnik 165 ff.
Erzählung – interpretieren 25, 27, 161 ff.
Erzählverhalten 16, 166
Erzählzeit 24, 166
Euphemismus 208
Expressionismus 115

Figurenrede 18, 167
Film – analysieren und interpretieren 36, 179 ff.
Filmsprachliche Mittel 179 ff.
Filterblase 48 f.
Fünf-Schritt-Lesemethode 126

Gedicht – äußere Form 100
Gedicht – interpretieren 107 f., 167 ff.
Gedicht – Klangfarbe 109, 170
Gedichte der Gegenwart 121
Gedichte – vergleichen 118, 198
Gedichtvortrag 101
Gliedsatz 227 ff.
Glosse 54
Großgattungen der Literatur 156

Haufenreim 100, 169
Hymne 170
Hyperbel 208
Hypotaktischer Satzbau 209, 228

Ich-Erzählform 13
Identität 15
Indirekte Charakterisierung 22
Indirekte Rede 18
Inhaltsangabe 158
Innerer Monolog 167
Interjektion 208
Interpretationshypothese 156
Interview 54
Inversion 208
Ironie 208

Jambus 107, 169
Jugendsprache 73 ff.

Kadenz 104, 170
Kamerabewegung 181
Kameraführung 36
Kameraperspektive 181
Klassik 103
Klimax 208
Klingende Kadenz 104, 170
Komma 245 ff.
Kommentar 54
Kommunikation – Axiome 149 ff.

Stichwortverzeichnis

Kommunikation – das Kommunikationsquadrat 147 ff.
Kreuzreim 100, 169

Lautmalerei 208
Leitartikel 54
Lied 170
Lineare Argumentation 59
Lineare Argumentation/Erörterung 59
Lügenpresse 50

Männlicher Reim 100, 169
Materialgestütztes Schreiben 85
Medien 40 ff.
Medienbegriff 43
Meldung 54
Metapher 97, 208
Metrum 104, 169
Mise-en-Scène 181
Mobiles Standbild 20
Modernes Erzählen 30
Motiv 35

Nachricht 54
Naturalismus 112
Nebensatz 227 ff.
Neologismus 208
Neue Sachlichkeit 117
Neutrales Erzählverhalten 16, 166

Ode 170
Off-Ton 36, 181
Onomatopoesie 208
On-Ton 36, 181

Paarreim 100, 169
Parallelismus 208
Parallelmontage 181
Parataktischer Satzbau 209, 228
Personales Erzählverhalten 16, 166
Personifikation 97, 208
Protokollieren 211 ff.

Raumgestaltung in Erzähltexten 22 f., 167
Realismus 110
Rechtschreibung 230 ff.
Reicher Reim 100, 169
Reim 100
Reportage 54
Rhetorische Figuren 207
Rhetorische Frage 208
Rhythmus eines Gedichts 104
Romantik 107

Sachtext – analysieren 66, 190 ff.
Sachtext – erschließen 126, 129
Sachtext – zusammenfassen 55, 186 ff.
Satzglieder 224 ff.
Satzgliedteile 226
Schaubild erstellen 79
Schnitt (Filmanalyse) 36, 182
Schweifreim 100, 169
Sequenz 182
Short Cut 182
Social Media 47
Sonett 98, 170
Sprachbegriff 70 f.
Sprechendes Standbild 20
Standbild 20
Storyboard 38
Stream of consciousness 18, 167
Strophe 169
Stummes Standbild 20
Stumpfe Kadenz 170
Sturm und Drang 102
Symbol 97, 209
Synästhesie 209

Textanalyse 156 f.
Textgebundene Erörterung 66
Textinterpretation 156 f.
Textüberarbeitung 202 ff.
Textvergleich 196
Ton (Filmanalyse) 36
Traditionelles Erzählen 28 f.
Trochäus 107, 169

Umarmender Reim 100, 169
Unreiner Reim 100, 169
Unwort des Jahres 89 f.

Verbformen 217 ff.
Vergleich 97, 209
Verlaufsprotokoll 213
Vers 100, 169
Versmaß 104, 169

Weiblicher Reim 100, 169
Wortarten 214 ff.

Zeilensprung 100, 169
Zeilenstil 100, 169
Zeitdeckendes Erzählen 24
Zeitdehnendes Erzählen 24
Zeitraffendes Erzählen 24
Zeitstruktur in Erzähltexten 24, 166
Zeitung – Textsorten 54
Zitieren 205 f.

Textquellenverzeichnis

Aktion „Unwort des Jahres". 89
Zusammengestellt nach: http://www.unwortdesjahres.net/ Nina Janich (Aufruf: 13.11.2017)

Bachmann, Ingeborg: Entfremdung. 199
Aus: Dies.: Werke, Bd. 1: Gedichte, Hörspiele, Libretti, Übersetzungen, 5. Aufl., Piper Verlag, München 1998, S. 13

Becker, Tobias: Lass uns kurz reden. 76
Aus: www.spiegel.de/spiegel/print/d-142514355.html, 6.2.2016 (Aufruf 20.9.2017)

Berg, Sibylle: Hauptsache weit. 11, 12
Aus: Dies.: Das Unerfreuliche zuerst, Herrengeschichten, Kiepenheuer & Witsch, Köln 2001, S. 98

Braun, Peter: Das Zeitalter der Aufklärung. 126
Aus: Ders.: Von Taugenichts bis Steppenwolf. Eine etwas andere Literaturgeschichte, Bloomsbury Verlag GmbH, Berlin 2008

Braun, Volker: Durchgearbeitete Landschaft. 120
Aus: Ders.: Gegen die symmetrische Welt. Gedichte, Suhrkamp Verlag, Frankfurt/M. 1974, S. 34 f.

Brecht, Bertolt: Schlechte Zeit für Lyrik (Auszug). 117
Aus: Ders.: Ausgewählte Gedichte, Auswahl von Siegfried Unseld. Nachwort von Walter Jens, 7. Aufl., Suhrkamp Verlag, Frankfurt/M. 1973, S. 42 f.

Brecht, Bertolt: Über das Frühjahr. 116
Aus: Ders.: Werke. Große kommentierte Berliner und Frankfurter Ausgabe, hg. von Werner Hecht u. a., Bd. 14: Gedichte 4: Gedichte und Gedichtfragmente 1928–1939, Suhrkamp Verlag, Frankfurt/M. 1993, S. 7

Brenner, Peter J.: Aufklärung und Religion – Hintergründe zu Lessings Drama „Nathan der Weise"* 130
Aus: Ders.: Neue deutsche Literaturgeschichte, Max Niemeyer Verlag, Tübingen 2004, S. 77 f.

Brockes, Barthold Heinrich: Die Heide. 99
Aus: Irdisches Vergnügen in Gott, bestehend in Physicalisch- und Moralischen Gedichten, Hamburg 1739; zitiert nach: http://www.erlangerliste.de/barock/bartext.html

Chatverlauf. 83
CLARIN centre Institut für Deutsche Sprache, Mannheim and CLARIN centre Berlin-Brandenburgische Akademie der Wissenschaften / CC BY 4.0 /https://creativecommons.org/licenses/by/4.0/

Die Aufgabenformate im Überblick. (Einband hinten)
Nach: Ute Kamlah u. a.: Kerncurriculum für das Gymnasium – gymnasiale Oberstufe, die Gesamtschule – gymnasiale Oberstufe, das Berufliche Gymnasium, das Abendgymnasium, das Kolleg. Deutsch, Niedersächsisches Kultusministerium, Hannover 2016, S. 69 ff.

„Die Berührung der Welt …". 69
Aus: Wilhelm von Humboldt: Über die Sprache. Reden vor der Akademie, hg. von Jürgen Trabant, Tübingen/Basel

Die Operatoren im Fach Deutsch. (Einband vorne)
Nach: Ute Kamlah u. a.: Kerncurriculum für das Gymnasium – gymnasiale Oberstufe, die Gesamtschule – gymnasiale Oberstufe, das Berufliche Gymnasium, das Abendgymnasium, das Kolleg. Deutsch, Niedersächsisches Kultusministerium, Hannover 2016, S. 76 ff.

Diskontinuierliche Texte – Eine Übersicht. 45
Grafik: Gert Egle, www.teachsam.de, CC-BY-SA 4.0

Dominguez, Stefanie: Unter dem Regenschirm. 11, 17
(Originalbeitrag)

Eichendorff, Joseph Freiherr von: Mondnacht. 107
Aus: Theodor Echtermeyer/Benno von Wiese (Hg.): Deutsche Gedichte, 3. Aufl., Cornelsen Verlag, Berlin 1993, S. 379

Eichendorff, Joseph Freiherr von: Sehnsucht. 168
Aus: Theodor Echtermeyer/Benno von Wiese (Hg.): Deutsche Gedichte, 3. Aufl., Cornelsen Verlag, Berlin 1993, S. 376

Eichendorff, Joseph Freiherr von: Winternacht. 108
Aus: Ders.: Sämtliche Gedichte und Versepen, hg. von Hartwig Schultz, Insel Verlag, Frankfurt/M. und Leipzig 2001, S. 419 f.

Eichendorff, Joseph Freiherr von: Wünschelrute. 105
Aus: Wolfgang Frühwald (Hg.): Gedichte der Romantik, Reclam (UB 8230), Stuttgart 1984, S. 142

Einzmann, Nadja: An manchen Tagen. 14
Aus: Dies.: Da kann ich nicht nein sagen. Geschichten von der Liebe, S. Fischer Verlag, Frankfurt/M. 2001, S. 41 f.

Fels, Ludwig: Natur. 121
Aus: Ders.: Ernüchterung, Renner Verlag, Erlangen/Berlin 1975, o. S.

Fried, Erich: Definition. 72
Aus: Ders.: Warngedichte, Hanser Verlag, München 1979

Fuchs, Michael/ Zurwehme, Martin: Das Kommunikationsquadrat nach Schulz von Thun und die Anwendung auf eine Dramenszene. 147
Nach: Friedemann Schulz von Thun: Miteinander reden, Rowohlt Taschenbuchverlag, Reinbek bei Hamburg 2008

Gipper, Sonja: „Jugendsprache zeichnet sich durch Kreativität aus". 74
Aus: Kölner Stadtanzeiger, 5.7.2014

Goethe, Johann Wolfgang von: Früh, wenn Tal, Gebirg und Garten. 108
Aus: Ders.: Werke, Hamburger Ausgabe, Bd.1, © dtv Verlagsgesellschaft, München 1982, S. 391

Goethe, Johann Wolfgang von: Mächtiges Überraschen. 102
Aus: Ders.: Werke, Hamburger Ausgabe, Bd. 1, © dtv Verlagsgesellschaft, München 1982, S. 294

Bei allen mit * gekennzeichneten Titeln handelt es sich nicht um Originalüberschriften.

Goethe, Johann Wolfgang von: Mailied. **101, 198**
Aus: Theodor Echtermeyer: Deutsche Gedichte. Von den Anfängen bis zur Gegenwart, hg. von Benno von Wiese, Cornelsen Verlag Schwann-Girardet, Düsseldorf 1990, S. 180

Goethe, Johann Wolfgang von: Rastlose Liebe. **108**
Aus: Ders.: Werke in sechs Bänden, ausgewählt von Walter Höllerer, Bd. 1, Gedichte – Versepen, Insel Verlag, Frankfurt/M. 1993, S. 66

Greffrath, Mathias: „Ich glaube, wir haben in Europa …". **123**
Aus: Rein ins Handgemenge. Ein Disput zwischen dem Schriftsteller Rüdiger Safranski und dem Publizisten Mathias Greffrath; in: ZEIT Geschichte, Heft 2/2010: Aufklärung – Aufbruch in die Moderne, S. 33 ff., hier S. 38

Greffrath, Mathias: „Man wird, was man sein möchte …". **129**
Aus: Rein ins Handgemenge. Ein Disput zwischen dem Schriftsteller Rüdiger Safranski und dem Publizisten Mathias Greffrath; in: ZEIT Geschichte, Heft 2/2010: Aufklärung – Aufbruch in die Moderne, S. 33 ff.

Gryphius, Andreas: Abend. **96**
Aus: Marian Szyrocki (Hg.): Andreas Gryphius. Sonette, Max Niemeyer Verlag, Tübingen 1963

Hebbel, Friedrich: Herbstbild. **118**
Aus: Theodor Echtermeyer/Benno von Wiese (Hg.): Deutsche Gedichte, 3. Aufl., Cornelsen Verlag, Berlin 1993, S. 470

Helbig, Ludwig: Identität. **11, 15**
Aus: Ders.: Sozialisation. Eine Einführung, Diesterweg, Frankfurt/M. 1979, S. 55 f.

Herrndorf, Wolfgang: Tschick. **23**
Reinbek bei Hamburg 2010, S. 223 f.

Hesse, Hermann: Unterm Rad. **28**
Suhrkamp Verlag, Frankfurt/M. 1972, S. 7 f.

Holz, Arno: Rote Dächer! **111**
Aus: Ders.: Phantasus, bearb. von Michael Holzinger, Berliner Ausgabe, Edition Holzinger, 2017, S. 23

Hummelt, Norbert: der erste schnee. **121**
Aus: Ders.: zeichen im schnee. gedichte, Luchterhand Literaturverlag, München 2001

Janowitz, Klaus: Filterblasen, Fake News und neue Medienöffentlichkeiten – Ein Blogeintrag. **49**
Aus: http://www.klaus-janowitz.de/wordpress/filterblasen-fake-news-und-neue-medienoeffentlichkeiten/ (Aufruf: 1.12.2017)

Jugendwort des Jahres – „Wir wissen, was ein Babo ist". **73**
Aus: www.spiegel.de/lebenundlernen/schule/jugendwort-des-jahres-babo-im-schulhof-test-a-935468.html, Carola Padtberg, Feliks Todtmann, 25.11.2013 (Aufruf: 6.1.2017)

Kant, Immanuel: Beantwortung der Frage: Was ist Aufklärung? **128**
Aus: Ders.: Werke in sechs Bänden, hg. von Wilhelm Weischedel, Bd. VI, Wissenschaftliche Buchgesellschaft, Darmstadt, 5. Auflage, 1983, S. 53 – 61

Kara, Stefanie/Wüstenhagen, Claudia: Die Macht der Worte. **87**
Aus: http://www.zeit.de/zeit-wissen/2012/06/Sprache-Worte-Wahrnehmung/komplettansicht, 9.10.2012 (Aufruf: 27.9.2017)

Kehlmann, Daniel: Ruhm. Ein Roman in neun Geschichten. **31**
5. Auflage, Reinbek 2012, S. 79 (Der Ausweg), S. 51 (Rosalie geht sterben), S. 109 f. (Osten), S. 155 (Ein Beitrag zur Debatte)

Kehlmann, Daniel: Ruhm. Ein Roman in neun Geschichten (Der Ausweg). **37**
5. Auflage, Reinbek 2012, S. 83 – 85

Kehlmann, Daniel: Ruhm. Ein Roman in neun Geschichten (Osten). **162**
5. Auflage, Reinbek 2012, S. 117 – 119

Kehlmann, Daniel: Ruhm. Ein Roman in neun Geschichten (Stimmen). **32**
5. Auflage, Reinbek 2012, S. 7 ff.

Kirchner, Ernst Ludwig: „Mit dem Glauben an Entwicklung …". **113**
Aus: Ulrike Lorenz/Norbert Wolf (Hg.): Brücke – Die deutschen „Wilden" und die Geburt des Expressionismus, Taschen Verlag, Köln 2008, S. 11

Kirsch, Sarah: Im Sommer. **119**
Aus: Dies.: Rückenwind, Aufbau-Verlag, Berlin 1977

Kleefeld, Isabel: Ruhm. Drehbuch zum gleichnamigen Film von Daniel Kehlmann. **183**
Transkription von Christine Mersiowsky (DVD 00:18:10 – 00:19:42), 2012. Mit freundlicher Genehmigung durch Little Shark Entertainment

Klopp, Tina: Warum das Telefongespräch verschwindet. **186**
Aus: ZEIT ONLINE, http://www.zeit.de/digital/internet/2010-08/ende-telefon-internet-email, 27.8.2010 (Aufruf: 16.9.2017), © www.zeit.de

Kunze, Reiner: Poetik. **84**
Aus: Ders.: ein tag auf dieser erde. gedichte, Fischer Taschenbuch Verlag, Frankfurt/M. 2000

Lessing, Gotthold Ephraim: Der Dornstrauch. **138**
Aus: Ders.: Werke in drei Bänden. Bd. 1: Fabeln, Gedichte, Dramen, © dtv Verlagsgesellschaft, München 2003, S. 36

Lessing, Gotthold Ephraim: Der Esel und der Wolf. **227**
Aus: http://gutenberg.spiegel.de/buch/gotthold-ephraim-lessing-fabeln-1184/49, leicht geändert (Aufruf: 5.6.2017)

Lessing, Gotthold Ephraim: Der Löwe mit dem Esel. **227**
Aus: http://gutenberg.spiegel.de/buch/gotthold-ephraim-lessing-fabeln-1184/49, leicht geändert (Aufruf: 5.6.2017)

Lessing, Gotthold Ephraim: Der Stier und der Hirsch. **137**
Aus: Ders.: Werke in drei Bänden. Bd. 1: Fabeln, Gedichte, Dramen, © dtv Verlagsgesellschaft, München 2003, S. 22

Lessing, Gotthold Ephraim: Der Tanzbär. **139**
Aus: Ders.: Werke in drei Bänden. Bd. 1: Fabeln, Gedichte, Dramen, © dtv Verlagsgesellschaft, München 2003, S. 138

Lessing, Gotthold Ephraim: Der Wolf auf dem Todbette. **225**
Aus: http://gutenberg.spiegel.de/buch/gotthold-ephraim-lessing-fabeln-1184/23 (Aufruf: 5.6.2017)

Lessing, Gotthold Ephraim: Der Wolf und das Schaf. 224
Aus: Fabeln. Herausgegeben von Th. Poser, Reclam, Stuttgart 1975

Lessing, Gotthold Ephraim: Der Wolf und der Schäfer. 137
Aus: Ders.: Werke in drei Bänden. Bd. 1: Fabeln, Gedichte, Dramen, © dtv Verlagsgesellschaft, München 2003, S. 14–15

Lessing, Gotthold Ephraim: Die Gans. 137
Aus: Ders.: Werke in drei Bänden. Bd. 1: Fabeln, Gedichte, Dramen, © dtv Verlagsgesellschaft, München 2003, S. 16–17

Lessing, Gotthold Ephraim: Die Sperlinge. 137
Aus: Ders.: Werke in drei Bänden. Bd. 1: Fabeln, Gedichte, Dramen, © dtv Verlagsgesellschaft, München 2003, S. 18

Lessing, Gotthold Ephraim: Die Wasserschlange. 139
Aus: Ders.: Werke in drei Bänden. Bd. 1: Fabeln, Gedichte, Dramen, © dtv Verlagsgesellschaft, München 2003, S. 30

Lessing, Gotthold Ephraim: Emilia Galotti (2. Aufzug, 6. Auftritt). 142
Aus: Ders.: Werke in drei Bänden. Bd. 1: Fabeln, Gedichte, Dramen, © dtv Verlagsgesellschaft, München 2003, S. 538–541

Lessing, Gotthold Ephraim: Emilia Galotti (3. Aufzug, 5. Auftritt). 150
Aus: Ders.: Werke in drei Bänden. Bd. 1: Fabeln, Gedichte, Dramen, © dtv Verlagsgesellschaft, München 2003, S. 556–558

Lessing, Gotthold Ephraim: Miss Sara Sampson (1. Aufzug, 1. Auftritt). 152
Aus: Ders.: Werke in drei Bänden. Bd. 1: Fabeln, Gedichte, Dramen, © dtv Verlagsgesellschaft, München 2003, S. 299–300

Lessing, Gotthold Ephraim: Miss Sara Sampson (1. Aufzug, 3. Auftritt). 175
Aus: Ders.: Werke in drei Bänden. Bd. 1: Fabeln, Gedichte, Dramen, © dtv Verlagsgesellschaft, München 2003, S. 302–303

Lessing, Gotthold Ephraim: Nathan der Weise (3. Aufzug, 7. Auftritt, Auszug). 135
Aus: Ders.: Werke in drei Bänden. Bd. 1: Fabeln, Gedichte, Dramen, © dtv Verlagsgesellschaft, München 2003, S. 667–668

Lettau, Reinhard: Auftritt. 205
Aus: Ders.: Auftritt Manigs, Hanser Verlag, München 1963, S. 177 f.

Lichtenberg, Georg Christoph: „Man spricht viel von Aufklärung …". 123
Aus: Ders.: Sudelbuch L, 1796–1799. [L 472]; zit. nach: https://www.aphorismen.de/zitat/71002 (Aufruf: 28.9.2017)

Machen Smartphones Jugendliche dumm? – Eine Streitfrage polarisiert betrachtet. 58
Aus: http://www.derwesten.de/leben/digital/machen-smartphones-jugendliche-dumm-id9601157.html, 16.7.2014 (Aufruf: 3.1.2017)

Malcom X: „Die Medien sind die mächtigste Einrichtung der Welt …". 40
Aus: http://izquotes.com/quote/202665; Übersetzung: A. Wölke

Marinić, Jagoda: Im Glaskasten. 22
Aus: Dies.: Eigentlich ein Heiratsantrag. Geschichten, Suhrkamp Verlag, Frankfurt/M. 2001, S. 40

Medien: Aufgaben und Funktionen. 44
Aus: http://www.bpb.de/politik/grundfragen/24-deutschland/40490/medien, Martin Hetterich, 28.8.2013 (Aufruf: 20.9.2017)

Meedia Redaktion: WDR-Studie: Öffentlich-Rechtliche genießen die höchste Glaubwürdigkeit, jeder Fünfte glaubt an „Lügenpresse". 50
Aus: http://meedia.de/2017/01/16/wdr-studie-findet-heraus-oeffentlich-rechtliche-programme-geniessen-die-hoechste-glaubwuerdigkeit/ (Aufruf: 16.1.2017)

Mersiowsky, Christine: Der Handlungsverlauf und das Ende der Geschichte „Stimmen". 35
(Originalbeitrag)

Niggemeier, Stefan: Das wahre Leben im Netz. 62
Aus: http://www.faz.net/aktuell/feuilleton/cybergesellschaft-das-wahre-leben-im-netz-11447755.html, 1.8.2011 (Aufruf: 13.11.2017)

Patrick Süßkind: Das Parfum – Eine Inhaltsangabe (Auszug). 230, 231, 233
Aus: Patrick Süßkind: Das Parfum. EinFach Deutsch … verstehen. Erarbeitet von Stefan Volk. Herausgegeben von Johannes Diekhans, Schöningh Verlag, Paderborn 2016, S. 7 f.

Pressler, Mirjam: Nathan und seine Kinder: Al-Hafi (Auszug) 132
Aus: Dies.: Nathan und seine Kinder. Roman, Beltz & Gelberg, Weinheim/Basel 2009, S. 160 ff.

Rapp, Frank: Was ist denn eigentlich Social Media? 47
Aus: https://lehrerfortbildung-bw.de/faecher/deutsch/bs/6bg/fb3/medien/sozialmedia/mat22/index.html (Aufruf: 16.1.2917)

Schlobinski, Peter: Sprache und Kommunikation im digitalen Zeitalter – Das Beispiel Chatkommunikation. 82
Aus: http://www.duden.de/sites/default/files/downloads/Dudenpreis_2011_Schobinski.pdf (Aufruf 11.2.2017)

Schmitz, Ulrich: Im Zug. 42
Aus: Ders.: Sprache in modernen Medien. Einführung in Tatsachen und Theorien, Themen und Thesen, Erich Schmidt Verlag, Berlin 2004, S. 7

Schneider, Wolf: Ich habe einen Traum. 191
Aus: ZEIT Nr. 19/2005, http://www.zeit.de/2005/19/Traum_2fWolf_Schneider_19 (Aufruf: 25.10.2017)

Schramm, Franziska: Warum ich blogge. 84
www.franziskaschramm.de; mit freundlicher Genehmigung der Autorin

Seethaler, Robert: Der Trafikant (Klappentext, Zitate). 236, 246, 248
Verlag Kein & Aber, Pocket, Zürich/Berlin 2013

Sosna, Anette: Robert Seethaler: Der Trafikant – Kurzcharakterisierung der zentralen Figuren. 254
Aus: Dies.: EinFach Deutsch Unterrichtsmodell. Robert Seethaler: Der Trafikant, Schöningh Verlag, Paderborn 2017, S. 10

Sprache (Lexikoneintrag). 68
Aus: Pons Großwörterbuch Deutsch als Fremdsprache, bearbeitet von Werner Wolski, Stuttgart 2015, S. 1308 (gekürzt)

„**Sprache der Nähe" – „Sprache der Distanz".** 81
Zusammenstellung nach: Peter Koch/Wulf Oesterreicher (1985): Sprache der Nähe – Sprache der Distanz. Mündlichkeit und Schriftlichkeit im Spannungsfeld von Sprachtheorie und Sprachgeschichte; in: Romanistisches Jahrbuch 36/1985, S. 15–43

„**Sprachen sind kostbare und wunderbare Gebäude …".** 69
Aus: Jürgen Trabant: Europäisches Sprachdenken von Platon bis Wittgenstein, München 2003, S. 6

Sprachwandel oder Sprachverfall? – Exemplarische Positionen im Streitgespräch: „Geht die deutsche Sprache vor die Hunde?"* 90
Aus: GEO Wissen, 40/2007, S. 24 ff.

Storm, Theodor: Meeresstrand. 109
Aus: Theodor Echtermeyer/Benno von Wiese (Hg.): Deutsche Gedichte, 3. Aufl., Cornelsen Verlag, Berlin 1993, S. 474

Strauß, Botho: Mädchen mit Zierkamm. 11, 19
Aus: Ders.: Niemand anderes, Hanser Verlag, München/Wien 1987, S. 7–11

Süßkind, Patrick: Das Parfum. 234
Diogenes Verlag, Zürich 1985, S. 5

Suter, Martin: Das Bonus-Geheimnis. 25
Aus: Ders.: Das Bonus-Geheimnis und andere Geschichten aus der Business Class, Copyright © 2009, 2010 Diogenes Verlag AG Zürich

Textsorten der journalistischen Publizistik. 54
Aus: http://www.teachsam.de/deutsch/d_schreibf/schr_beruf/jourtex/jou_01_1.htm; Autor: Gert Egle/www.teachsam.de (Aufruf: 11.4.17)

Trabant, Jürgen: Die Sprache in digitalen Medien* (Auszug). 81
Aus: Ders.: Die Sprache, München 2009, S. 96

Trakl, Georg: Im Winter. 114
Aus: Ders.: Das dichterische Werk, Gesamtausgabe, hg. von Walter Killy und Hans Szklemar, © dtv Verlagsgesellschaft, München 1972

Trakl, Georg: Verfall. 118
Aus: Theodor Echtermeyer/Benno von Wiese (Hg.): Deutsche Gedichte, 3. Aufl., Cornelsen Verlag, Berlin 1993, S. 589

Turk, Gary: Look up. 67
‚Look Up' – http://www.garyturk.com/portfolio-item/lookup/; Copyright © Gary Turk All Rights Reserved

Wackenroder, Wilhelm Heinrich: Herzensergießungen eines kunstliebenden Klosterbruders. 105
Aus: Wilhelm Heinrich Wackenroder/Ludwig Tieck: Herzensergießungen eines kunstliebenden Klosterbruders, hg. von Martin Bollacher, Reclam, Stuttgart 2005, S. 57 f.

„**Wenn es um die Glaubwürdigkeit der Medien in Deutschland geht …".** 51
Aus: http://meedia.de/2016/10/28/luegenpresse-debatte-die-deutschen-vertrauen-tv-und-zeitungen-aber-nicht-deren-social-media-kanaelen/, 28.10.2016 (Aufruf: 6.2.2017)

Wieland, Christoph Martin: Sechs Antworten und sechs Fragen. 125
Aus: Der Teutsche Merkur, 1789, zit. nach: http://gutenberg.spiegel.de/buch/sechs-antworten-auf-sechs-fragen-7567/1

„**Wir sind zusammen allein" – Ein Interview mit der Soziologin Sherry Turkle aus dem Magazin der Süddeutschen Zeitung.** 59
Aus: http://sz-magazin.sueddeutsche.de/texte/anzeigen/37827/2/1 (Aufruf: 4.1.2017)

Wölke, Alexandra: Bernhard Schlink: Der Vorleser – Die Einleitung zu einer Textanalyse. 253
Aus: Dies.: EinFach Deutsch … verstehen. Bernhard Schlink: Der Vorleser, Schöningh Verlag, Paderborn 2013, S. 153 f.

Wölke, Alexandra: Bernhard Schlink: Der Vorleser. 250
Aus: Dies.: EinFach Deutsch … verstehen. Bernhard Schlink: Der Vorleser, Schöningh Verlag, Paderborn 2013, S. 5 f. (leicht geändert)

Wölke, Alexandra: Gotthold Ephraim Lessing: „Nathan der Weise" – Der Anfang einer Inhaltszusammenfassung. 220
Aus: Dies.: EinFach Deutsch. Gotthold Ephraim Lessing: Nathan der Weise … verstehen, Schöningh Verlag, Paderborn 2011, S. 7 (leicht geändert)

Wölke, Alexandra: „Hannas Selbstverständnis …". 252
Aus: Dies.: EinFach Deutsch … verstehen. Bernhard Schlink: Der Vorleser, Schöningh Verlag, Paderborn 2013, S. 131 ff. (in Auszügen und leicht geändert)

Wölke, Alexandra: „Im Roman der Vorleser …". 249
Aus: Dies.: EinFach Deutsch … verstehen. Bernhard Schlink: Der Vorleser, Schöningh Verlag, Paderborn 2013, S. 8 f.

Wölke, Alexandra: Lessings Kindheit und Jugend. 221
Aus: Dies.: EinFach Deutsch … verstehen. Gotthold Ephraim Lessing: Nathan der Weise, Schöningh Verlag, Paderborn 2011, S. 7 (geändert)

Wölke, Alexandra: Michael Berg – Eine Charakterisierung (Auszug). 253
Aus: Dies.: EinFach Deutsch … verstehen. Bernhard Schlink: Der Vorleser, Schöningh Verlag, Paderborn 2013, S. 134 f.

Wölke, Alexandra: Soziale Medien und das Phänomen der „Filterblasen". 48
(Originalbeitrag)

Wölke, Alexandra: Von der Jugendsprache und den Herausforderungen ihrer Erforschung. 75
(Originalbeitrag)

Wölke, Alexandra: Was sind Medien? 43
Nach: Hartmut Winkler: Mediendefinition; in: Medienwissenschaft, Nr. 1/2004 – website creation date: 26.2.04, update: 26.2.04, expiration date: 26.04.2007, 56 KB, url: www.uni-paderborn.de/~winkler/medidef.html, language: German, © H. Winkler 2004, http://homepages.uni-paderborn.de/winkler/medidef.html, (Aufruf: 7.4.2017)

Wörterbuchausschnitt „Treffer" – „Treter". 244
Aus: Duden – Die deutsche Rechtschreibung, 26. Auflage, Dudenverlag, Berlin 2013, S. 1073

Zeh, Juli: Adler und Engel. **29**
13. Auflage, München 2003, S. 9 f.

Zeh, Juli: Einer erzählenden Autorität ... **30**
Aus: Dies.: Sag nicht ER zu mir; in: Sigrid Löffler (Hrsg.): Literaturen. Das Journal für Bücher und Themen, Ausgabe März (5. Jg.), Friedrich Berlin Verlag, Berlin 2004

Zimmer, Dieter E.: Grundmerkmale der Sprache. **70**
Aus: Ders.: So kommt der Mensch zur Sprache – Über Spracherwerb, Sprachentstehung, Sprache & Denken, Heyne Verlag, München 2008, S. 20 ff.

Zimmer, Dieter E.: Migrationshintergrund. **86**
Aus: Ders.: Die Wortlupe. Beobachtungen am Deutsch der Gegenwart, Hoffmann und Campe, Hamburg 2006, S. 134 ff.

Zurwehme, Martin: Der Aufstieg des Bürgertums im 18. Jahrhundert **140**
(Originalbeitrag)

Zurwehme, Martin: Der Weg zu einem Theater des Bürgertums – Der Wandel des Theaters in Deutschland im 18. Jahrhundert. **144**
(Originalbeitrag)

Zurwehme, Martin: Fabeln in der Zeit der Aufklärung. **138**
(Originalbeitrag)

Zurwehme, Martin: Grundlegende Merkmale menschlicher Kommunikation – Die Axiome Watzlawicks. **149**
(Originalbeitrag)

Zurwehme, Martin: Lessings Drama „Nathan der Weise": Überblick über Handlung und Figuren. **131**
(Originalbeitrag)

Bildquellenverzeichnis

|akg-images GmbH, Berlin: 96, 97, 105, 106, 111, 114, 125, 127, 130, 136, 137, 140, 141, 145, 145; Lessing, Erich 128. |alamy images, Abingdon/Oxfordshire: ART Collection 98; Barritt, Peter 94; Fearn, Paul 122, 123; Hero Images Inc. 52; Lebrecht Music and Arts Photo Library 123. |Bibliothek für Bildungsgeschichtliche Forschung, Berlin: 139. |bpk-Bildagentur, Berlin: 101; © Ludwig Meidner-Archiv, Jüdisches Museum der Stadt Frankfurt am Main 115. |Bridgeman Images, Berlin: Hamburger Kunsthalle, Hamburg, Germany 99, 103; Photo © Christie's Images 95; Private Collection / Agra Art, Warsaw, Poland 131. |Bundeszentrale für politische Bildung - bpb, Berlin: 2009, www.bpb.de", Lizenz ist „Creative Commons by-nc-nd/3.0/de 44; Quelle: Chill, Hanni / Meyn, Hermann 1996: Funktionen der Massenmedien in der Demokratie. In: Informationen zur politischen Bildung, Heft 260, 3/1996. Heinz Bonfadelli: Medien und Gesellschaft im Wandel. Beitrag im Dossier Medienpolitik der bpb, 2013 46. |Carl Hanser Verlag GmbH & Co. KG, München: Diana Marossek, Kommst du Bahnhof oder hast du Auto? Warum wir reden, wie wir neuerdings reden © 2016 Hanser Berlin in der Carl Hanser Verlag GmbH & Co. KG, München 78. |Congstar - Pressestelle: obs 52. |ddp images GmbH, Hamburg: Capital Pictures 24; Willnow, Sebastian 92. |Diogenes Verlag AG, Zürich: aus: Bernhard Schlink: Der Vorleser Copyright © Diogenes Verlag AG Zürich 250; aus: Patrick Süskind Das Parfum Copyright © 1985 Diogenes Verlag AG Zürich 230. |Dominguez, Stefanie, Paderborn: 17. |Domke, Franz-Josef, Hannover: 80. |Drescher, Heinrich, Münster: 180, 180, 180, 180, 180, 180, 181, 181. |Fotostudio Henke, Paderborn: 55; © Westermann Gruppe 154, 154. |Getty Images, München: Horacio Villalobos/Corbis 22. |Gipper, Dr. Sonja, Köln: © Ingeborg Swanhild Fink 74. |Interfoto, München: Austrian National Library 105. |iStockphoto.com, Calgary: Shkrabaliuk, Iryna 80. |Janowitz, Klaus M., Köln: 49. |Kassing, Reinhild, Kassel: 38, 42, 69, 71, 71, 72, 149; Anfertigung der Zeichnung mit freundlicher Genehmigung von Little Shark Entertainment 36, 36, 36. |Kein & Aber Verlag, Zürich: Robert Seethaler, Der Trafikant Copyright © 2012 KEIN & ABER AG, Zürich - Berlin 236. |Little Shark Entertainment GmbH, Köln: 32, 32, 32, 32, 39, 39. |Microsoft Deutschland GmbH, München: 51. |Münchner Verlagsgruppe GmbH, München: Andreas Hock: Günther hat sein Käsebrot fotografiert. 342 Freunden gefällt das, riva Verlag 2016 56. |Oldenburgisches Staatstheater, Oldenburg: Stuke, Karen 151. |peitschphoto.com - Peitsch, Peter, Hamburg: 149. |Picture-Alliance GmbH, Frankfurt/M.: 215; AAPimages®/Panckow 32; akg-images 109, 113, 114, 123, 124; APA/picturedesk.com / PEROUTKA Guenther 254; Christandl, Juerg/KURIER/picturedesk.com 62; dpa 28; dpa / Kappeler, Michael 41; dpa / Marc M‚ller 89; dpa / Pleul, Patrick 77; dpa / Seeger, Patrick 23; dpa/ Killig, Oliver 215; dpa/dpaweb/Wagner, Ingo 119; dpa/Senator Film 253; Elsner, Erwin 29; May, Frank 121; PictureLux/The Hollywood Archive Fotograf: Marion S. Trikosko 40; Prautsch, Susann/dpa 82; Schindler, Karlheinz/dpa-Zentralbild/ZB 25, 191; Weigel, Armin 80; ZB 41; ZB/Kalaene, Jens 120; ZB/Morgenstern 205. |Plaßmann, Thomas, Essen: 56. |Rheinisches Landestheater Neuss, Neuss: Foto: Björn Hickmann / stage pictures 152. |Rittershaus, Monika, Berlin: 133. |Rohwedder, Julia, Rastatt: 10. |Schimpf, Hergen, Hamburg: 70. |Schramm, Franziska, Konstanz: 84. |Schulz von Thun, Prof., Hamburg: www.schulz-von-thun-institut.de 147. |SLUB/Deutsche Fotothek, Dresden: Pisarek, Abraham 135. |SPIEGEL-Verlag Rudolf Augstein GmbH & Co. KG, Hamburg: 40/2006 69. |stock.adobe.com, Dublin: alexlmx 36; catgrig 95; Elenathewise 94; fresnel6 112; Givaga 110; H&C 95; leonidp 95; olgavolodina 52; studio2013 69; sutthinon602 60; Syda Productions 41; v_sot 52; Yemelyanov, Maksym 52; © georgejmclittle 52; © HarryGR20 40. |toonpool.com, Berlin, Castrop-Rauxel: Feicke 73; Zeller, Bernd 86, 86. |Turk, Gary, Seafor, East Sussex BN25 3SA: 'Look Up' - http://www.garyturk.com/portfolio-item/lookup/; Copyright © Gary Turk All Rights Reserved 67. |ullstein bild, Berlin: Bauer, Jürgen 14; Galuschka 12; Keystone 116; Lieberenz 142; Schiffer-Fuchs 120. |Verein Deutscher Sprache e.V., Dortmund: 69. |Verlagsgruppe Beltz, Weinheim: Mirjam Pressler: Nathan und seine Kinder, Gulliver, Beltz & Gelberg 132. |VG BILD-KUNST, Bonn: 2017/Installationsansicht Neuer Berliner Kunstverein (n.b.k.), Foto: n.b.k. /Jens Ziehe 11. |Walz, Ruth, Berlin: 19. |Wiedenroth, Götz/www.wiedenroth-karikatur.de, Flensburg: 73, 91. |www.roggenthin.de, Nürnberg: Roggenthin, Peter 121.